W. Frank

Psychiatrie

Wolfgang Frank

Psychiatrie

zum Gegenstandskatalog 3

14. Auflage

URBAN & FISCHER
München · Jena

Zuschriften und Kritik an:
Urban & Fischer, Lektorat für Medizinstudenten, Andrea Rauneker, Karlstraße 45, 80333 München

Adresse des Autors:
Dr. Wolfgang Frank
Ärztl. Direktor und Chefarzt der Nervenklinik Gauting und
der Fachklinik f. Psychiatrie und Psychotherapie, Inzell-Eck
Postfach 1560
82131 Gauting

Die Deutsche Bibliothek – CIP-Einheitsaufnahme
Ein Titelsatz für diese Publikation ist bei
Der Deutschen Bibliothek erhältlich
ISBN 3-437-42600-1

Alle Rechte vorbehalten
1. Auflage 1980
14. Auflage 2000

© **2000 Urban & Fischer Verlag München · Jena**

00 01 02 03   5 4 3 2 1 0

Das Werk einschließlich aller seiner Teile ist urheberrechtlich geschützt. Jede Verwertung außerhalb der engen Grenzen des Urheberrechtsgesetzes ist ohne Zustimmung des Verlages unzulässig und strafbar. Das gilt insbesondere für Vervielfältigungen, Übersetzungen, Mikroverfilmungen und die Einspeicherung und Verarbeitung in elektronischen Systemen.

Um den Textfluß nicht zu stören, wurde bei Patienten und Berufsbezeichnungen die grammatikalisch maskuline Form gewählt. Selbstverständlich sind in diesen Fällen immer Frauen und Männer gemeint.

Programmleitung: Dr. med. Hennessen
Lektorat: Andrea Rauneker
Herstellung: Cornelia Reiter
Satz: Mitterweger & Partner Kommunikationsgesellschaft mbH, Plankstadt bei Heidelberg
Druck und Bindung: Spiegel Buch, Ulm
Umschlaggestaltung: prepress ulm GmbH, Ulm

Aktuelle Informationen finden Sie im Internet unter der Adressen:
Urban & Fischer: http://www.urbanfischer.de

Vorwort zur 14. Auflage

Vor genau 20 Jahren entstand dieses Buch aus dem Antwortkatalog Psychiatrie, und es orientierte sich schon damals stark an den Bedürfnissen der Medizinstudenten. Durch mehrfaches Überarbeiten und grundlegende Veränderungen werden ebenfalls andere Berufssparten berücksichtigt. Damit ist dieses Lehrbuch auch in der 14. Auflage nicht nur allen in der Psychiatrie und Psychotherapie Tätigen, Medizinstudenten und Ärzten, sondern auch Psychologen, Sozialpädagogen, Musik- und Ergotherapeuten, dem Pflegepersonal und Juristen eine wertvolle Hilfe. Das Buch möge zudem jedermann, der sich für Psychiatrie interessiert, als Leitfaden und Nachschlagewerk dienen und Krankheitsbilder und Behandlungsweisen verstehen helfen.

Für die Medizinstudenten wurde berücksichtigt, daß die mündlichen Prüfungen einen zunehmend hohen Stellenwert einnehmen. Dabei halten sich die Prüfer erfahrungsgemäß nicht immer an die neueste Nomenklatur und Klassifikation. Daher sind im vorliegenden Buch auch ältere Einteilungen und Klassifikationen weiterhin mit aufgenommen. Die Zahl der Häkchen an den Unterkapiteln weist auf die Relevanz der entsprechenden Themen in den IMPP-Prüfungsfragen hin.

Nicht immer war es einfach, den Charakter eines Kurzlehrbuches beizubehalten und dennoch die neuesten Erkenntnisse aufzunehmen. Auf eine starre Gliederung und an einem Festhalten an einer Klassifikation wurde im Hinblick auf die Mehrdimensionalität der Psychiatrie und die multifaktoriellen Krankheitsursachen verzichtet.

Der Tatsache, daß ab 1. Januar 2000 die ICD 10 gesetzlich eingeführt ist, wurde Rechnung getragen, wenngleich auf eine ausschließliche Orientierung an dieser ICD 10 aus obengenannten Gründen verzichtet wurde.

Allen Kolleginnen und Kollegen, die beim Verfassen und Überarbeiten des Buches in den letzten 20 Jahren mit Rat und Tat zum Gelingen dieses Kurzlehrbuches beitrugen, sei an dieser Stelle gedankt. Für konstruktive Kritik und Anregungen bin ich stets dankbar.

München-Gauting, im Januar 2000   Der Autor

Inhaltsverzeichnis

Erster Teil: Allgemeine Psychiatrie

1	**Untersuchung und Dokumentation**	**2**
1.1	Wichtige Regeln bei der Untersuchung und Anamneseerhebung	2
1.2	Untersuchungsmethoden und Befunderhebung in der Psychiatrie	3
1.3	Die psychiatrische Anamnese	4
1.4	Die Dokumentation der psychiatrischen Krankengeschichte und der Arztbrief	6
1.5	Beurteilung und Diagnosestellung	7
2	**Nosologie und Klassifikation**	**8**
2.1	Nosologie	8
2.2	Klassifikation	9

3	**Psychopathologische Symptome und Syndrome**	**10**
3.1	Sinnestäuschungen und Wahrnehmungsveränderungen	10
3.2	Wahnerscheinungen	13
3.3	Denkstörungen	17
3.4	Gedächtnisstörungen, Aufmerksamkeitsstörungen und Auffassungsstörungen	21
3.5	Ich-Störung und Entfremdungserlebnisse	25
3.6	Zwangssymptome	26
3.7	Antriebsstörungen	29
3.8	Affektstörungen	32
3.9	Kontaktstörungen	33
3.10	Bewußtseinsstörungen	34
3.11	Orientierungsstörungen	35

Zweiter Teil: Spezielle Psychiatrie

4	**Körperlich begründbare psychische Krankheitsbilder** **38**
4.1	Akute symptomatische Psychosen, akute organische Psychosen, Durchgangssyndrom. 38
4.2	Hirnorganisches Psychosyndrom, organische Wesensänderung und Demenz. 39
4.3	Einige wichtige Krankheitsbilder 41
5	**Affektive Psychosen**. **48**
5.1	Allgemeines 48
5.2	Formen. 48
5.3	Geschlechtsverteilung und Entstehungsbedingungen, Erkrankungsrisiko und Erkrankungsalter. 49
5.4	Biochemische Befunde 50
5.5	Phasenauslösung 52
5.6	Klinik der affektiven Psychosen 52
5.6.1	Zyklothyme (endogene) Depression . . . 52
5.6.2	Larvierte Depression 54
5.6.3	Endogene Manie (manische Episode nach ICD 10) 55
5.6.4	Soziale und rechtliche Folgen. 56
5.7	Varianten der zyklothymen Depression und deren Merkmale 57
5.8	Verlauf der affektiven Psychosen 60
5.8.1	Verläufe der Phasen. 60
5.8.2	Prognose 60
5.9	Diagnostik und Differentialdiagnostik . . 62
5.9.1	Zyklothyme Depression (syn. phasische Depression, depressive Episode). 62
5.9.2	Manie. 62
5.10	Therapie und Prävention affektiver Psychosen 63
5.10.1	Therapie der zyklothymen Depression . . 63
5.10.2	Therapie der Manie 71
5.10.3	Prophylaxe. 72
6	**Schizophrenien** **78**
6.1	Vorkommen und Entstehungsbedingungen. 78
6.1.1	Erkrankungshäufigkeit und Manifestation 78
6.1.2	Bedeutung hereditärer und peristatischer Faktoren 79
6.1.3	Auslösung der Schübe 82
6.1.4	Primärpersönlichkeit 83
6.1.5	Formen der Schizophrenie 83
6.2	Symptomatik 85
6.2.1	Typische psychopathologische Symptome 85
6.2.2	Wahnformen und Wahnthemen. 86
6.2.3	Halluzinationen. 86
6.2.4	Leibliche Beeinflussungserlebnisse. 87
6.2.5	Coenästhesien. 88
6.2.6	Formale Denkstörungen 88
6.2.7	Sprachlicher Ausdruck und Schrift 89
6.2.8	Emotionale Störungen und Antriebsstörungen 90
6.2.9	Ichstörungen 91
6.2.10	Autismus 91
6.3	Verlauf der Schizophrenie 91
6.3.1	Vorposten-Syndrom und Prodromi 91
6.3.2	Verlauf und Ausgang der Erkrankung, Prognose 92
6.3.3	Soziale Heilung. 93
6.3.4	Schizophrene Persönlichkeitsveränderungen, Residuen 93
6.4	Diagnostik und Differentialdiagnostik . . 94
6.4.1	Diagnostische Bedeutung der Symptome 94
6.4.2	Differentialdiagnostische Überlegungen 95
6.4.3	Psychodiagnostische Verfahren 96
6.5	Therapie der Schizophrenie 96
6.5.1	Auswahl der Medikamente 97
6.5.2	Einteilung und Eigenschaften der Neuroleptika 98
6.5.3	Erwünschte und unerwünschte Wirkungen der Neuroleptika 99
6.5.4	Nebenwirkungen der Neuroleptika 100
6.5.5	Antiparkinsonmittel und deren Anwendung 105
6.5.6	Prophylaktika und Langzeitmedikation. 105
6.5.7	Elektrokonvulsionstherapie und Insulinschocktherapie 106
6.5.8	Psychotherapeutische Maßnahmen 107

6.5.9	Soziotherapie und Stufenrehabilitation.. 107		8.3.5	Psychostimulantien (Psychotonika) 136
6.5.10	Behandlung einzelner schizophrener Krankheitsbilder 110		8.3.6	Cannabis und Halluzinogene 137
			8.3.7	Opiate und deren Derivate, Opioide und Cocain................. 140
6.6	Diagnostische Leitlinien nach dem ICD 10 111		8.3.8	Schnüffelsucht 143
			8.3.9	Nikotin 144
7	**Wahnentwicklungen und paranoide Syndrome** **112**		8.4	Folgen des Alkoholismus, des Mißbrauchs und der Abhängigkeit von Drogen und Arzneimitteln........... 144
7.1	Paranoide Erlebnisreaktion 112		8.4.1	Prädelir und Delir 144
7.2	Sensitiver Beziehungswahn 112		8.4.2	Weitere psychische Folgen des Alkoholismus 147
7.3	Paranoia 113			
7.4	Kontaktmangelparanoid 113		8.4.3	Halluzinosen in Zusammenhang mit Abhängigkeit............. 147
7.5	Paraphrenie 114			
7.6	Induzierte Psychose, Folie à deux 114		8.4.4	Eifersuchtswahn und andere Wahnbildungen................ 148
7.7	Querulantenwahn (expansive Wahnentwicklung)............... 114		8.4.5	Wernicke-Krankheit 148
7.8	Paranoide Syndrome bei Schwerhörigen 115		8.5	Irreversible Folgen des Mißbrauchs und der Abhängigkeit............... 149
7.9	Psychogene Psychose 115			
8	**Mißbrauch und Abhängigkeit** **116**		**9**	**Abnorme Erlebnisreaktionen, Neurosen, Persönlichkeitsstörungen**........... **151**
8.1	Allgemeines 116			
8.1.1	Definition von Abhängigkeit und Sucht 116		9.1	Abnorme Erlebnisreaktionen und andere Reaktionen 151
8.1.2	Faktoren für Entstehung und Abhängigkeit 117		9.1.1	Entstehungsbedingungen.......... 151
			9.1.2	Formen.................... 152
8.1.3	Präventive Maßnahmen 119		9.1.3	Therapie 154
8.1.4	Entwicklung psychischer und körperlicher Abhängigkeit......... 120		9.2	Allgemeine Neurosenlehre 155
			9.2.1	Pathogenese aus lerntheoretischer Sicht..................... 165
8.1.5	Psychische Auswirkung der Abhängigkeit 120			
8.1.6	Körperliche Auswirkung der Abhängigkeit 121		9.2.2	Charakteristische und unspezifische Symptome 165
			9.2.3	Differentialdiagnostische Überlegungen.................. 165
8.1.7	Soziale Folgen der Abhängigkeit...... 121			
8.1.8	Behandlung – Entgiftung und Entwöhnung................. 121		9.2.4	Verlaufsformen und Prognose 166
			9.3	Spezielle Neuroseformen........... 167
8.2	Alkoholismus 125		9.3.1	Psychovegetative Syndrome und psychosomatische Reaktionen............ 167
8.2.1	Verbreitung 125			
8.2.2	Formen des Alkoholismus und Alkoholismus als Krankheit......... 125		9.3.2	Neurotische Depression 169
			9.3.3	Angstneurose und Paniksyndrom 170
8.2.3	Alkoholtoleranz 128		9.3.4	Phobien.................... 173
8.2.4	Gewöhnlicher Alkoholrausch 129		9.3.5	Konversionsreaktionen (hysterische, histrionische Neurose) 174
8.2.5	Pathologischer Rausch und komplizierter Rausch 129			
			9.3.6	Hypochondrische Neurose......... 176
8.3	Drogenmißbrauch und Drogenabhängigkeit................. 130		9.3.7	Zwangsneurose (Anankasmus)....... 177
			9.3.8	Neurotische Entfremdungssyndrome.................. 179
8.3.1	Verbreitung 130			
8.3.2	Analgetika und Schlafmittel......... 131		9.3.9	Rentenneurose 179
8.3.3	Tranquilizer 132		9.3.10	Spätfolgen von Kindesmißbrauch und sexuellem Mißbrauch 180
8.3.4	Clomethiazol 136			

9.3.11	Anorexia nervosa, Bulimie und Bulimarexie 180	10	Sexualstörungen und Sexualabweichungen **190**
9.3.12	Masochistische und sadistische Reaktionen und Entwicklungen 181	10.1	Sexuelle Funktionsstörungen und deren Entstehung 190
9.3.13	Borderline-Syndrom.............. 182	10.2	Spezielle Formen sexueller Funktionsstörungen 192
9.3.14	Pubertätskrisen 183	10.2.1	Sexuelle Funktionsstörungen des Mannes........................ 192
9.4	Persönlichkeitsstörungen.......... 183	10.2.2	Sexuelle Funktionsstörungen der Frau .. 193
9.4.1	Definition 183	10.2.3	Sexuelle Funktionsstörungen mit Vorkommen bei beiden Geschlechtern.. 193
9.4.2	Pathogenese................... 184	10.2.4	Sexuelle Funktionsstörungen bei Kontrazeption................... 194
9.4.3	Differentialdiagnostische Überlegungen 184	10.3	Psychodynamische Erklärungsmodelle sexueller Funktionsstörungen........ 194
9.4.4	Paranoide Persönlichkeit.......... 184	10.4	Therapie sexueller Funktionsstörungen...................... 195
9.4.5	Depressive Persönlichkeit 185	10.5	Abweichendes sexuelles Verhalten, Perversion 195
9.4.6	Erregbare (emotional instabile) Persönlichkeit.................. 185	10.5.1	Definition und Formen 195
9.4.7	Zwanghafte (anankastische) Persönlichkeit..................... 185	10.5.2	Psychodynamik sexuell abweichenden Verhaltens 198
9.4.8	Histrionische (hysterische) Persönlichkeit..................... 185	10.5.3	Therapie abweichenden sexuellen Verhaltens 198
9.4.9	Asthenische Persönlichkeit 186	10.6	Homosexuelles Verhalten 199
9.4.10	Gemütsarme (gefühlskalte) Persönlichkeit..................... 186	10.6.1	Definition und Entstehung 199
9.4.11	Dissoziale (soziopathische) Persönlichkeit..................... 186	10.6.2	Psychoanalytische Erklärungsversuche und Gegenübertragungsgefahr ... 200
9.4.12	Sensitive (selbstunsichere) Persönlichkeit..................... 187	10.6.3	Formen der Homosexualität 200
9.4.13	Hyperthyme Persönlichkeit 187	10.6.4	Therapie 201
9.4.14	Querulatorische Persönlichkeit...... 187	10.7	Transvestismus und Transsexualismus... 202
9.4.15	Schizoide Persönlichkeit 187	10.7.1	Definition, Verläufe und soziale Probleme...................... 202
9.4.16	Haltschwache Persönlichkeit 188		
9.4.17	Narzißtische Persönlichkeit 188		
9.4.18	Borderline-Persönlichkeitsstörung.... 188	10.7.2	Abgrenzung zur Perversion 203
9.4.19	Münchhausen-Syndrom 189	10.7.3	Therapeutische Möglichkeiten 203
9.4.20	Ganser-Syndrom 189		
9.4.21	Therapie der Persönlichkeitsstörungen.. 189		

Dritter Teil: Kinder- und Jugendpsychiatrie

11	**Oligophrenie und Demenz** **206**	11.6	Differentialdiagnostik und Überlegungen 208
11.1	Definition 206	11.7	Prävention, Therapie und Prognose.... 209
11.2	Ätiologie...................... 206	**12**	**Zustände nach frühkindlichen Hirnschädigungen** **211**
11.3	Manifestationsbedingungen 207		
11.4	Symptomatik................... 207		
11.5	Grundprinzipien der Diagnostik..................... 208	12.1	Hirnschädigungen und Funktionsstörungen..................... 211

12.2	Formen 212	15.2	Frühkindlicher Autismus 221
12.3	Zerebrale Bewegungsstörung 212	15.3	Formen 222
12.4	Frühkindliches hirnorganisches Psychosyndrom 213	15.4	Diagnose und Differentialdiagnose 222

13 Umschriebene Funktionsstörungen des Gehirns im Kindesalter 214

13.1 Lese/Rechtschreibschwäche (Legasthenie) 214
13.2 Akustische Wahrnehmungsstörungen beim Kind 216
13.3 Entwicklungsstörungen der Sprache . . . 216
13.4 Störungen des Sprechens 217
13.5 Sensorisch-expressive Störungen 218
13.6 Rechenstörungen (Dyskalkulien) 218

14 Schulversagen 219

14.1 Intellektuelle Leistungsfähigkeit 219
14.2 Psychische und psychosoziale Ursachen von Schulversagen 219
14.3 Spezifische Testdiagnostik 220

15 Frühkindliche Psychosen 221

15.1 Vorkommen und Ätiologie 221

15.5 Therapie und Verlauf 223
15.6 Endogene Psychosen im Kindesalter . . . 223

16 Hyperaktive Syndrome 224

16.1 Vorkommen und Ätiologie 224
16.2 Symptomatik 224
16.3 Diagnostik, Therapie und Prognose 225

17 Häufige emotionale Störungen in Kindheit und Jugend 226

17.1 Formen und Symptomatik 226
17.2 Diagnostik, Therapie und Prognose 231

18 Störungen des Sozialverhaltens 232

18.1 Ätiologie und Pathogenese 232
18.2 Symptomatik und Verlauf 232
18.3 Sozial unsicheres Verhalten 233
18.4 Diagnostik und Therapie 233
18.5 Prognose und Prävention 234

Vierter Teil: Suizidalität

19 Formen der Selbsttötung 236

20 Epidemiologie und Einflußfaktoren 237

20.1 Häufigkeit 237
20.2 Besonders gefährdete Personengruppen 237
20.3 Typische psychische Krankheiten mit gehäuftem Suizid 238
20.4 Psychodynamik 238

21 Prophylaxe suizidaler Handlungen 240

21.1 Hinweise auf Suizidgefahr 240

21.2 Präsuizidales Syndrom 241
21.3 Wichtige Maßnahmen zur Suizidverhinderung 242

22 Therapeutisches Handeln nach Suizidversuchen 243

22.1 Gezielte therapeutische Maßnahmen kurz nach dem Suizidversuch 243
22.2 Abschätzung des Wiederholungsrisikos 244
22.3 Therapeutische Maßnahmen auf längere Sicht 244

Fünfter Teil: Psychotherapeutische Verfahren

23	Übersicht über die psychotherapeutischen Verfahren und Definition 246
24	**Psychoanalytische Verfahren** 248
24.1	Ziel, Wesen, Definition und Begriffe ... 248
24.2	Charakteristische Techniken und Varianten 249
24.3	Indikationsstellung und Prognose 250
25	**Klientzentrierte Psychotherapie** 252
25.1	Ziel, Wesen und Definition 252
25.2	Techniken und deren Indikationen 253
26	**Verhaltenstherapie** 254
26.1	Ziel, Wesen und Definition 254
26.2	Techniken und deren Indikation 254
27	**Suggestive Verfahren** 256
27.1	Wichtige Formen und Indikation...... 256
27.1.1	Fremdhypnose 256
27.1.2	Autogenes Training 256
27.1.3	Progressive Relaxation............ 257
28	**Führende und stützende Psychotherapie auf längere Sicht** 258
29	**Ärztlich-psychotherapeutisches Gespräch und psychologische Beratung** 259
30	**Gruppenpsychotherapie** 261
31	**Paartherapie und Familientherapie** 263

Sechster Teil: Forensische Psychiatrie

32	**Rechtliche Bestimmungen** 266
32.1	Strafrecht..................... 266
32.1.1	Schuldfähigkeit 266
32.1.2	Maßregeln zur Besserung und Sicherung..................... 267
32.2	Zivilrecht (Bürgerliches Recht – BGB) 267
32.2.1	Geschäftsfähigkeit 267
32.2.2	Vormundschaft und Pflegschaft nach altem Recht 268
32.2.3	Betreuungsrecht 268
32.2.4	Testierfähigkeit 270
32.2.5	Eherecht 271
32.3	Jugendgerichtsgesetz 271
32.4	Gesetz über die Unterbringung psychisch Kranker 271
33	**Psychische Erkrankungen und psychische Störungen und deren forensische Besonderheiten** 273
33.1	Schizophrenie.................. 273
33.2	Depression.................... 273
33.3	Schwachsinn................... 274
33.4	Epilepsie 274
33.5	Neurosen und Psychopathien 275
33.6	Alkoholeinfluß und Alkoholismus..... 275
33.7	Hirnorganische Erkrankungen und Geriatrie 277
33.8	Homosexualität................. 277
33.9	Borderline-Syndrom.............. 277
34	**Spezielle Delikte und deren Bedeutung für die forensische Psychiatrie**................... 278
34.1	Notzucht und Vergewaltigung........ 278
34.2	Unzucht mit Kindern und Abhängigen, Verführung und Inzest 278
34.3	Exhibitionismus 279
34.4	Brandstiftung 279
34.5	Kindestötung 279
34.6	Affekttaten 280
34.7	Schwangerschaftsabbruch 280

Siebter Teil: Notfallpsychiatrie

35	**Die wichtigsten notfallpsychiatrischen Interventionen** **284**
35.1	Angstzustände und Panikattacken 284
35.2	Akute Suizidalität und schweres depressives Syndrom 285
35.3	Erregungszustände und Aggressivität . . . 285
35.4	Delirante Zustände 285
35.5	Halluzinationen und Wahn 285
35.6	Bewußtseinsstörungen 286
35.7	Verwirrtheit 286
35.8	Stupor 286
35.9	Komplikationen bei Drogenkonsum . . . 286
35.10	Intoxikationen mit Psychopharmaka . . . 287
35.11	Dyskinesien 287
35.12	Schwere psychogene Reaktionen 287

Achter Teil: Anamneseerhebung und psychischer Befund in der Psychiatrie

36	**Anamneseerhebung und psychischer Befund** **290**
36.1	Familiäre und persönliche Grunddaten 290
36.2	Biographische Anamnese („Werdegang") 290
36.3	Familienanamnese und Familienerkrankungen 291
36.4	Somatische Anamnese 291
36.5	Frühere psychische Erkrankungen 291
36.6	Jetzige Erkrankung 291
36.7	Psychischer Befund 292
36.8	Körperlich-neurologischer Aufnahmebefund 292
36.9	Fremdanamnese 292
36.10	Diagnosestellung 292
36.11	Therapie und Verlauf 292
36.12	Epikrise oder Arztbrief 292

Anhang 295
Index 302

Erster Teil

Allgemeine Psychiatrie

1 Untersuchung und Dokumentation

Die eingehende Erhebung der Anamnese, eine ausführliche Untersuchung, sowie eine umfassende und genaue Dokumentation sind Voraussetzung für Diagnostik und Therapie beim psychisch kranken Menschen.

Die richtige Vorgehensweise bei der Untersuchung kann für den Erfolg der Arzt-Patienten-Beziehung entscheidend sein.

1.1 Wichtige Regeln bei der Untersuchung und Anamneseerhebung

Die Untersuchung eines psychisch kranken Menschen ergibt sich aus dem freien Gespräch mit diesem und wird vom Untersucher inhaltlich strukturiert. Im Rahmen der Untersuchung und der Anamneseerhebung sollten folgende Regeln beachtet werden.

- *ruhige Umgebung schaffen* – möglichst keine anderen anwesenden Personen, keinesfalls gleichzeitig mitdiktieren oder von Beginn an mitschreiben.
- *vertrauensvollen Kontakt aufbauen* – den Patienten begrüßen, Sitzgelegenheit anbieten, nicht sofort mit detaillierten Fragen beginnen, bewährte Sitzposition einnehmen (am besten über Eck), auf angemessene Distanz achten.
- *adäquat Verständnis zeigen* – nicht übertriebenes Verständnis anbieten, kein kumpelhaftes Verhalten, kein Fachjargon, Umgangssprache auf ein Mindestmaß beschränken, möglichst nicht widersprechen, auch übertriebene Befürchtungen nicht in Abrede stellen.
- *keine überschießenden Reaktionen* – unerwarteten aggressiven Reaktionen nicht mit Aggressionen begegnen, kein übertrieben selbstbewußtes Auftreten, keine provokativen Äußerungen oder Streitgespräche. Gespräch gezielt strukturieren und eine Zeit vorgeben
- *Akzeptanz zeigen, wenn Fragen nicht beantwortet werden* – dann keinesfalls weiter nachfragen und den Patienten unter Druck setzen.
- Angehörige bei der Erstuntersuchung möglichst nicht mit hinzuziehen.
- Gespräch und Untersuchung niemals abrupt beenden und keine Deutungen oder unange-

nehme Eröffnungen zum Ende des Gesprächs machen.
- Mit einfachen Worten dem Patienten die geplante Vorgehensweise erklären.

1.2 Untersuchungsmethoden und Befunderhebung in der Psychiatrie

Grundlage der psychiatrischen Untersuchung ist die gezielte **Exploration** des Patienten. Sie bedarf keiner komplizierten Mittel, ist jedoch mit erheblichem Zeitaufwand verbunden. Parallel zur Exploration ist eine eingehende Beobachtung von Verhalten und Ausdruck des Patienten erforderlich.

Mit dem Ausdruck *Exploration* (Erkundung) verbindet man die Vorstellung, daß die Initiative mehr vom Untersucher ergriffen wird und daß bestimmte Bewußtseinsinhalte aktiv erfragt werden. Mit der Bezeichnung „Interview" hingegen wird die Vorstellung verbunden, daß dem Patienten Gelegenheit gegeben wird, die eigenen Ansichten zu äußern und sich selbst darzustellen. In der Psychiatrie verwendet man oftmals Exploration, Interview und ärztliches Gespräch synonym.

Die **Anamnese** ist zentraler Teil der Exploration. Sie entwickelt sich im freien Gespräch mit dem Patienten und wird in dessen Verlauf vom Untersucher inhaltlich strukturiert. Sie wird durch Befragung des Patienten und seiner nächsten Bezugspersonen erhoben. Die durch Befragung des Patienten selbst erhobene Anamnese wird als *subjektive Anamnese* bezeichnet, die Erhebung der Vorgeschichte durch Angehörige, Bekannte und der Umgebung des Patienten als sogenannte *objektive Anamnese* oder *Fremdanamnese*.

Auch die **körperliche und neurologische Untersuchung** sind wesentliche Untersuchungsmethoden in der Psychiatrie. Da sich hinter den psychischen Störungen organische Erkrankungen als Ursache verbergen können, ist die körperliche und neurologische Untersuchung grundsätzlich erforderlich. Dadurch wird dem Patienten auch gezeigt, daß man ihn in seiner körperlich-seelischen Gesamtheit sieht und akzeptiert. Psychiatrische Diagnosen sollten nur nach Ausschluß einer organischen Erkrankung gestellt werden (z.B. bei Depressionen u.a. Ausschluß einer Schilddrüsenfunktionsstörung); bis dahin ist bei Erstaufnahme eine **Syndromdiagnose** zu stellen. Ferner ist der körperliche Befund für eine spätere, eventuell medikamentöse Therapie notwendig (Auswahl der Medikamente bei organischen Grunderkrankungen).

Von erheblicher Bedeutung ist ein **umfassender und detaillierter psychischer Befund**. Durch den psychischen Befund erhält man ein Bild vom Verhalten, vom Befinden und Erleben des Patienten in der aktuellen Untersuchungssituation. Grundsätzlich muß im Rahmen der Erstuntersuchung eine Erhebung des psychischen Befundes erfolgen. Im Verlauf der Behandlung sollte dieser dann in regelmäßigen Abständen kontrolliert werden (Verlaufsbeschreibung).

Es hat wenig Sinn durch systematisches Abfragen aneinandergereihte Symptome zu benennen. Der psychische Befund sollte immer im freien Gespräch erhoben werden. Dazu muß der Untersucher die Grundbegriffe der deskriptiven Psychopathologie und der klinischen Psychiatrie kennen. Außerdem sind für ein psychodynamisch orientiertes Erstinterview theoretische Kenntnisse und praktische Erfahrungen im Bereich der psychoanalytischen Neurosenlehre erforderlich.

Für wissenschaftliche Zwecke ist die Erfassung und Dokumentation des psychischen Befunds mit **standardisierten Untersuchungsinstrumenten** (Fremd- und Selbstbeurteilungsskalen) sinnvoll. Damit können psychopathologische Syndrome oder seelische Befindlichkeitsbereiche dokumentiert und vorliegende Störungen auch quantitativ erfaßt werden.

Bei der Erhebung des psychischen Befundes ist zu achten auf:

- *äußeres Erscheinungsbild* (Statur, Haltung, Körperpflege, Kleidung, Haartracht)
- *dynamischen Gesamteindruck – Psychomotorik* (Benehmen und Umgangsformen, Gangart, Ausdrucksverhalten)
- *Affektivität – Emotionalität* (Stimmung, Affektverhalten, Gefühlsleben)
- *Antrieb – Wille* (gesteigerter oder reduzierter Antrieb, Unentschlossenheit oder Zielstrebigkeit)
- *Kontaktverhalten, Redefluß*
- *Triebtendenzen und Triebstörungen, Impulskontrolle* (z. B. Unbeherrschtheit oder Gehemmtheit, gesteigerte oder reduzierte Triebtendenzen, Perversionen usw.)
- *Bewußtseinslage und Orientiertheit* (Bewußtseinsklarheit, Bewußtseinengung, zeitliche, örtliche und personelle Orientiertheit)
- *Wahrnehmung* (Wahrnehmungsschärfe, Wahrnehmungsstörungen)
- *Denken* (Auffassung, Konzentration, Denkablauf, wahnhafte Bewußtseinsinhalte)
- *Merkfähigkeit – Gedächtnis* (Gedächtnisstörungen, Reproduktionsfähigkeit)
- *Intelligenz* (Gesamteindruck, höhere Intelligenzfunktionen)
- *psychische Werkzeugstörungen* (z. B. Aphasie, Alexie, Agraphie, Apraxie, Agnosie)
- Gesamteindruck.

> Mitunter ist es erforderlich, bei der Erhebung des psychischen Befundes gewonnene Eindrücke durch testpsychologische Untersuchungen zu ergänzen und zu objektivieren.

Dazu dienen verschiedene Testverfahren:

- **Intelligenztests**: Hamburg-Wechsler-Intelligenztest für Erwachsene (HAWIE), Intelligenz-Struktur-Test (IST – 70, Amthauer-Test)
- **Leistungstests**: Benton-Test, d2 Aufmerksamkeits-Belastungs-Test, Diagnostikum für Cerebralschädigung (DCS), Mehrfachwahl-Wortschatztest
- **Persönlichkeitstests**: projektive Verfahren (Rohrschach-Test, thematischer Apperzeptionstest, Farbpyramidentest), Fragenbogentests (Minnesota multiphasic Personality Inventory, Freiburger Persönlichkeitsinventar = FPI).

Testpsychologische Untersuchungen sind sinnvolle Ergänzungen der klinischen Befunderhebung, können diese jedoch keinesfalls ersetzen.

> Grundsätzlich werden **psychometrische Tests** in zwei große Gruppen eingeteilt, nämlich in:
> - **objektive Tests** und
> - **projektive Tests**.

Aufgrund der Anamnese und der übrigen Untersuchungsergebnisse ergibt sich die Indikation für psychometrische Untersuchungen. Einfache Prüfungen intellektueller Leistungsfähigkeit offenbaren Gedächtnisausfälle, fehlerhafte situative Einschätzungen, Lücken im Allgemeinwissen und Rechenschwierigkeiten.

Von Bedeutung im Rahmen der Untersuchung ist auch die Heranziehung von Dokumenten aller Art (Zeugnisse, Briefe, Selbstschilderungen der seelischen Vorgänge, Zeichnungen, künstlerische Produktionen, Tagebücher). Aus diesen kann häufig wertvolles Material für eine Beurteilung des Krankheitsbildes sowie für die weitere Diagnostik gezogen werden.

1.3 Die psychiatrische Anamnese

Bei der psychiatrischen Anamnese handelt es sich nicht nur um eine reine Krankheitsvorgeschichte; vielmehr umfaßt sie alle biographischen Begebenheiten. Anzustreben ist eine biographische Anamnese mit Beschreibung der Krankheitsentwicklung in einem biographischen Kontext. Krankheits- und Lebensgeschichte bilden für den Patienten eine Einheit. Nach dem ersten Kontakt mit dem Patienten und seinen Angehörigen sollte das Gespräch allein mit ihm durchgeführt werden.

Familiäre und persönliche Grunddaten
- **Familie**: Vater, Mutter, Geschwister, andere Familienangehörige mit Angaben über Name, Alter, Beruf, Familienstand, Todesjahr und Todesursache
- **Patient**: Geburtsangaben, Geschwisterzahl, Stellung in der Geschwisterreihe, Kindheit, Schule, Beruf, Ausbildung, Ehe, Kinder usw.

Biographische Anamnese („Werdegang")
- **Kindheit, Pubertät, Adoleszenz:** Geburt, frühe Kindheit, Verhalten als Säugling und Stillverhalten der Mutter, Entwicklungsphasen, Gehen und Sprechenlernen, Reinlichkeitserziehung, Familienatmosphäre, Kindheitserinnerungen, pathogene Umweltfaktoren und neurosefördernde Frühbedingungen, Heimerziehung, Verwöhnungen, neurotische Symptome im Kindesalter, Ängste in der Kindheit.
- **Sexualanamnese**: Menstruation, Menopause, Schwangerschaften, Fehlgeburten, infantile Sexualphantasien, Masturbation, erste Partnerschaft sexuelle Aufklärung, Perversionen, sexuelle Beziehungen, Einstellung zur Sexualität, Ehe- und Familienplanung
- **Soziale Entwicklung**: Alter, Beruf, schulische Ausbildung, Einschulung, sonstige Ausbildung, Wehrdienst, soziale Anpassung Muttersprache und sprachliche Einordnung, Rollenübernahme, Freundschaften und Lebensstil, religiöse und ethische Orientierung, Weltanschauung, bisherige Lebensbewältigung und Bewältigung von Schwellensituationen.
- **jetziger sozialer Status**: berufliche Stellung, Beschäftigungsdauer, finanzielle Gegebenheiten, Wohnverhältnisse, Kinderstand, Schulden, Vorstrafen, Einkommen
- **Charakterisierung weiterer Bezugspersonen**: Ehefrau, Ehemann, Kinder, Freund/in, stabile oder instabile Beziehungen

Familienanamnese und Familienerkrankungen
Frage nach psychischen Erkrankungen und Auffälligkeiten bei Verwandten I. Grades und bei ferneren Verwandten. Somatische, vor allem neurologische Erkrankungen und Frage nach Erkrankungen der Mutter in der Gravidität.

Somatische Anamnese
Kinderkrankheiten, ZNS-Erkrankungen, frühkindliche Hirnschäden, zerebrale Anfälle, Schädel-Hirn-Traumen, zerebrale Durchblutungsstörungen, delirante Syndrome, Geschlechtserkrankungen, endokrine Erkrankungen, weitere Hirnerkrankungen. Frage nach sonstigen somatischen Erkrankungen, Operationen, Unfällen, gynäkologischen Erkrankungen, vegetativen Funktionen. Frage nach derzeitigem Gesundheitszustand, nach Schlaf, Appetit, Verdauung, nach Speichelfluß, Schweißsekretion und Miktion. Ferner Frage nach Genußmitteln und Drogen, nach Allergien. Frage nach medikamentösen Vorbehandlungen.

Frühere psychische Erkrankungen
Zeitpunkt und Beginn, Dauer, Art und Behandlungsweise früherer psychischer Störungen. Vorausgegangene Suizidversuche (Anzahl, Wie, Warum). Anzahl bisheriger abgrenzbarer Erkrankungsmanifestationen, Anzahl stationärer Aufnahmen in psychiatrische Abteilungen (Wann, Warum und Wo?). Bisherige Vorbehandlungen, psychotherapeutische Interventionen (Welche, Wielange?)

Jetzige Erkrankung
Bisherige Symptomatik mit Schilderung der Beschwerden und Anlaß zur stationären Aufnahme oder zum Vorstelligwerden. Eingehende Symptomdarstellung durch den Patienten, auch an Hand von konkreten Beispielen und Situationen. Wiedergabe spontaner Äußerungen. Beschreibung des Verhaltens des Patienten während des Aufnahmegesprächs und Charakterisierung der Gesprächssituation. Beginn und Entwicklung der jetzigen Symptomatik, Reaktion auf Symptome und Verarbeitung.

Fremdanamnese
Befragung der Angehörigen, Bekannten, Freunde, Arbeitskollegen.

1.4 Die Dokumentation der psychiatrischen Krankengeschichte und der Arztbrief

Erstdokumentation
In der Krankengeschichte versucht man die erhobenen Befunde zu einem *objektiven Bericht* unter Einbeziehung der *subjektiven Wahrnehmungen* des Befunderhebenden zusammenzufassen. Die psychiatrische Krankengeschichte unterscheidet sich insofern von den Krankengeschichten anderer Fachgebiete, als bei ihr doch in größerem Umfang noch subjektive Anteile des Untersuchers einfließen.

> In der Krankengeschichte werden die durch Exploration erhobene subjektive Anamnese sowie die Fremdanamnese getrennt voneinander in *indirekter Rede* festgehalten. Die chronologische Reihenfolge der Entwicklung der Beschwerden und Störungen wird unter Angabe des Datums oder des Zeitabstandes vom Tag der Untersuchung notiert. Am Ende der Dokumentation sollte der Untersucher auch seinen persönlichen Eindruck über die Vertrauenswürdigkeit des Referenten bei der Fremdanamnese sowie seine eigene Einstellung zum Patienten und sein Interesse an der Sache festhalten. Eine psychiatrische Krankengeschichte sollte in etwa nach folgendem Schema abgefaßt werden:
>
> - Beginn der Behandlung und Einweisungsmodus

> - aktuelle Beschwerden und aktuelle Situation
> - Biographische Anamnese
> - Angaben der Angehörigen (Fremdanamnese)
> - körperliche Befunde
> - psychischer Befund
> - testpsychologischer Befund
> - vorläufige Diagnose, bzw. Syndromdiagnose und diagnostische Überlegungen.

Verlaufsbeobachtungen
Etwa wöchentlich sollten Verlaufseinträge in die Krankengeschichte erfolgen, ferner sich während der Behandlung ergebende Nachträge zur Anamnese. Therapiebeschreibungen und Therapieerfahrungen müssen detailliert zusammen mit sich ergebenden diagnostischen und weiteren therapeutischen Überlegungen aufgezeichnet werden.

> Vor der Entlassung oder der Verlegung bzw. der Überweisung und bei Abschluß einer stationären Behandlung sollten Überlegungen zum weiteren Vorgehen, zur Prophylaxe und zu Rehabilitationsmaßnahmen festgehalten werden. Auch wichtige Punkte beim Entlassungsgespräch, müssen in schriftlicher Form wiedergegeben werden, ebenso weitere Gespräche mit Angehörigen oder anderen Personen. Möglicherweise können auch vorsichtig Äußerungen zur Prognose gegenüber dem Weiterbehandler oder Angehörigen gemacht werden.

Arztbrief (Epikrise)
Am Ende einer ambulanten oder stationären Behandlung wird eine *Epikrise* oder ein *Arztbrief* gefertigt. Hierin müssen Name, Geburtsdatum, stationäre Aufenthaltsdauer und/oder Behandlungsdauer enthalten sein. Somit wird die dokumentierte Krankengeschichte in ihren

wesentlichen Punkten zusammengefaßt wiedergegeben. Epikrise und/oder Arztbrief sollten weiterhin folgendes enthalten: Entlassungsdiagnose mit ICD- und/oder DSM-III Bezifferung, eventuell Angabe von differentialdiagnostischen Überlegungen; Anlaß zur stationären Aufnahme, somatischen und psychischen Status, apparative Untersuchungsbefunde (Neuroradiologie, Neurophysiologie, Labor, EKG, usw.); eventuell Daten aus tiefenpsychologischer Exploration; Angaben zur Behandlung, zum Verlauf während des stationären Aufenthaltes, Begründung der Diagnosestellung und Therapievorschlag für den weiterbehandelnden Arzt. In geschlossenen psychiatrischen Kliniken wird als weiterer Punkt „Rechtsgrundlage zur Aufnahme in eine geschlossene Anstalt" hinzukommen.

> Wesentlich für einen guten Arztbrief sind eine *klare Gliederung* sowie die Beschränkung auf die Wiedergabe von für den einweisenden Arzt oder den Weiterbehandler *notwendigen Informationen*. Intime und vertrauliche Mitteilungen des Patienten sollten in einem Arztbrief, soweit diese für die notwendige weitere Therapie nicht von Belang sind, entfallen.

1.5 Beurteilung und Diagnosestellung

Unter Abwägung und Berücksichtigung aller vorliegenden Untersuchungsergebnisse wird zunächst als vorläufige Diagnose eine **Syndromdiagnose** erstellt. Es handelt sich dabei gleichsam um eine *Arbeitsdiagnose*, die durchaus revidierbar ist. Erst im Verlauf einer Behandlung wird sich nach Erhebung weiterer Befunde, vor allem des Verlaufsbefundes selbst, die endgültige Diagnose ergeben. Eine psychiatrische Diagnose darf sich nie aus einem Einzelsyndrom allein ergeben und ohne genaue körperliche, vor allem neurologische, serologische und interne Untersuchung darf grundsätzlich keine definitive psychiatrische Diagnose gestellt werden. Wie erwähnt, ist bei vielen psychiatrischen Krankheitsbildern und Störungen eine sichere Diagnose erst nach Beobachtung des Verlaufs möglich. Beispielsweise wird man nach Befunderhebung statt der Diagnose „paranoid-halluzinatorische Schizophrenie" nach erstmaliger Vorstellung eines Patienten zunächst die Arbeitsdiagnose „paranoid-halluzinatorisches Syndrom" stellen. Auch kann man eine festgestellte Depression nicht unmittelbar einer Krankheit zuordnen und muß deshalb zunächst ein „depressives Syndrom" diagnostizieren.

Die wichtigsten Syndrome sind
- depressives Syndrom
- manisches Syndrom
- paranoid-halluzinatorisches Syndrom/paranoides S.
- katatones Syndrom
- delirantes Syndrom
- amentielles Syndrom
- amnestisches Syndrom (Korsakow-Syndrom)
- Angstsyndrom und phobisches Syndrom
- Zwangssyndrom
- dissoziales Syndrom
- Suchtsyndrom
- suizidales Syndrom
- neurasthenisches Syndrom

2 Nosologie und Klassifikation

2.1 Nosologie

Von jeher stieß man in der Psychiatrie bei der Erstellung einer sinnvollen Systematik auf Probleme. Zahlreiche systematische Einteilungen der psychischen Krankheiten wurden aufgestellt und wieder verworfen, z. B. eine topologische Gliederung, d. h. eine Einteilung der Krankheiten nach Einzelsyndromen oder nach bestimmten körperlichen Ursachen. Auch eine ätiologisch orientierte Systematik konnte nicht befriedigen. Gleiches gilt auch für ein morphologisches System aus den Begriffen „endogen, organisch und psychoreaktiv". Endogene Psychosen sind von Lebensgeschichte und Situation ebenso beeinflußt wie Neurosen von konstitutionellen, bzw. somatischen Voraussetzungen. Situative Zusammenhänge sind aber auch für organische Psychosen von Bedeutung und wiederum sind bestimmte organische Psychosen anlagebedingt bzw. mitbedingt. Auch würden bestimmte Erkrankungen (z. B. Anorexie, Sucht) sich in eine Einteilung der psychischen Krankheiten nach „endogen, organisch und psychoreaktiv" nicht einordnen lassen.

Auch die Einteilung nach Verläufen erschien nicht sinnvoll, so auch nicht eine Systematik nach schizophrenen und affektiven Psychosen einerseits und symtomatischen, exogenen oder organischen Psychosen andererseits.

Um zu einer Diagnose zu kommen, benötigt man die Symptomatikerfassung sowie eine weitestgehende Abklärung der Entstehungsbedingungen. Erst hieraus ergibt sich möglicherweise die Notwendigkeit zur Behandlung. Dazu ist eine Morphologie, wie sie einzelne psychiatrische Schulen aufzustellen versuchten, von relativ geringer Bedeutung.

Ungeachtet dessen benötigt man aber eine gültige diagnostische Einteilung zur klinischen Dokumentation und für wissenschaftliche Verständigung, die letztlich auch der Orientierungshilfe dient – das tetradische System durch die vier Gruppen:

- körperlich begründbare psychische Störungen
- endogene Psychosen
- psychogene Störungen
- Persönlichkeitsstörungen und Intelligenzminderungen

2.2 Klassifikation

Eine Klassifikation von Krankheiten beginnt zunächst mit einer Aufstellung von Krankheitsbezeichnungen, auf die man sich geeinigt hat. Dabei hat jede Krankheit nur eine Bezeichnung. Eine solche Aufstellung wird als **Nomenklatur** bezeichnet.

Psychiatrische Klassifikationen sind bemüht, Krankheiten auf der Syndromebene zu beschreiben, nicht jedoch sie zu definieren. Selbstverständlich kann ein solches Diagnoseschema nicht allen praktischen und wissenschaftlichen Erfordernissen gerecht werden, ist aber eine wertvolle Hilfe zur Diagnosefindung.

Bekannt und brauchbar sind heute drei verschiedene internationale Klassifikations- bzw. Diagnosesysteme:

- **ICD** (International Classification of Diseases), entwickelt von der Weltgesundheitsorganisation (WHO). Gültig ist zur Zeit die zehnte Revision (ICD-10). – Siehe Anhang.
- **DSM-IV-R** (Diagnostic and Statistical Manual) der amerikanischen Psychiatrie. Dieses System wird von der neuen ICD-10 berücksichtigt.
- **RDC** (Research Diagnostic Criteria), als System psychiatrischer Diagnostik für naturwissenschaftliche Forschungszwecke. Bezeichnungen und Systematik sind zum Teil in das DSM-III-R und DSM-III-X (als Software-Version) eingegangen.

Ab 1. Januar 2000 gilt für das Gesundheitswesen die gesetzliche Pflicht, nach der ICD 10 zu klassifizieren. Bislang mußte die ICD 9 bei Krankenkassen und Rentenversicherungsträgern Anwendung finden, da der Versuch, die ICD 10 einzuführen, u. a. an datenschutzrechtlichen Bedenken scheiterte. Ein Überblick über die ICD 10 findet sich im Anhang dieses Buches.

3 Psychopathologische Symptome und Syndrome

Bei der Psychopathologie handelt es sich um eine wissenschaftliche Methodenlehre der Psychiatrie zur Erfassung von abnormen seelischen Zuständen und Geisteskrankheiten aus den psychischen Veränderungen. Man untersucht die *psychische* Seite der Mechanismen und Gesetze psychischer Anomalien und des psychischen Krankseins. Die „Allgemeine Psychopathologie" von Jaspers bestimmte im wesentlichen den Gang der weiteren Entwicklung und die von ihm aufgezeigten Wege des Verstehens und Erklärens werden auch fernerhin als Grundlagen anerkannt. Auch außerhalb Deutschlands fand ein von Freud errichtetes geschlossenes System von Hypothesen über die psychologischen Mechanismen, Neurosen, Perversion und Psychosen Anerkennung.

3.1 Sinnestäuschungen und Wahrnehmungsveränderungen

✓✓✓

Bei einer Sinnestäuschung handelt es sich um die Störung der Wahrnehmung, wobei eine vermeintliche Wahrnehmung von etwas nicht oder in der wahrgenommenen Form nicht Vorhandenem als gegeben angenommen wird. Wahrnehmungsveränderungen sind Sinnestäuschungen, bei denen natürliche Wahrnehmungen verändert erscheinen.

Halluzinationen

Hierbei handelt es sich um in allen Sinnesbereichen vorkommende Sinnestäuschungen mit Wahrnehmungen **ohne Objekt**. Die Elemente sind bei Halluzinationen frei kombiniert; so kann beispielsweise auch ein halluziniertes Pferd Flügel tragen oder aber eine halluzinierte Person aus unterschiedlichen Teilen und Eigenschaften anderer Personen zusammengesetzt sein. Der halluzinierende Patient glaubt fest an die Realität der Wahrnehmung im Gegensatz zur *Pseudohalluzination*, bei welcher der Trugcharakter der Halluzination erkannt wird. Halluzinationen lassen grundsätzlich noch keinen sicheren Schluß auf das Vorhandensein eines psychotischen Prozesses zu. So finden sich auch Halluzinationen bei Hypnose, Massensuggestion oder im Halbschlaf (sog. hypnagoge H.).

Bekannt sind folgende Halluzinationsformen:
- *akustische H.* (Wahrnehmung nicht vorhandener Laute)
- *Geruchshalluzinationen* (olfaktorische Halluzinationen) und Geschmackshalluzinationen (gustatorische H.)
- *optische H.* (mehr elementarer Art als Photopsie oder mehr komplexer Art als Morphopsie)
- *taktile H.* (auch haptische H. genannt, z.B. Gefühl des Elektrisiertwerdens, der Bestrahlung usw.)
- *kinästhetische H.* (H. des Bewegungsgefühls; ein Kranker glaubt z.B., daß ein Körperteil bewegt wird)
- *teleologische H.* (akustische H., bei denen dem Kranken Ratschläge erteilt werden oder bei denen er gewarnt wird)
- *elementare H.* (umgestaltete H. mit Sehen von Licht, Funken, Hören von Rauschen usw. Werden sie gesehen, so spricht man von Photopsien, werden sie gehört von Akoasmen).
- *szenenhafte H.* (zu Szenen zusammenfließende, traumähnliche optische H., wie Weltuntergang, Himmelfahrt, Jüngestes Gericht)
- *vestibuläre H.* (Gefühl zu schweben oder zu fallen).

Während der Wahn zu den Störungen des Denkens gehört, handelt es sich bei der Halluzination um *Störungen der Wahrnehmung*. Von den normalen Wahrnehmungen unterscheiden sich Halluzinationen dadurch, daß die Auslösung der Wahrnehmung nicht durch einen äußeren Gegenstand, also eines Sinnesreiz ausgelöst wird. Die Patienten sind fest und *unkorrigierbar* von der Realität dessen, was sie erleben, überzeugt. Grundsätzlich kommen Halluzinationen auf allen Sinnesgebieten vor. Nachfolgend eine Auswahl der wichtigsten Halluzinationsformen.

Akustische Halluzinationen
Vorkommen häufig bei Schizophrenen und chronischem Alkoholismus. Die Kranken hören Geräusche oder Stimmen, zum Teil in Form von Rede und Gegenrede. Stimmen können aber auch das eigene Tun mit Bemerkungen kommentieren oder dem Kranken Selbstmord oder Mord befehlen (sog. imperative Stimmen). Mitunter führen Kranke auch akustisch halluzinierte Befehle aus.

Optische Halluzinationen
Häufiges Vorkommen bei organisch begründeten Psychosen, seltener bei Schizophrenien. Im Delir beobachten Kranke oftmals szenenhafte Abläufe mit vielen kleinen beweglichen Figuren. Vorkommen aber auch nach Einnahme von bestimmten Rauschmitteln (Halluzinogene), gelegentlich auch bei eitriger Meningitis und Contusio cerebri.

Olfaktorische und gustatorische Halluzinationen
Geruchs- und Geschmackshalluzinationen finden sich bei der Aura des Epileptikers, gelegentlich auch als Initialsyndrom bei Schizophrenen z.B. als schlechter Geschmack, übler Geruch, nach Gift schmeckende Speisen oder Giftgas.

Leibhalluzinationen
Die Kranken spüren Druck an verschiedenen Körperstellen oder meinen, berührt worden zu sein. Das Krankheitsbild der chronischen taktilen Halluzinose findet sich bevorzugt bei älteren Menschen, ist häufig aber auch hirnorganisch bedingt. Typisch für Leibhalluzinationen ist das Gefühl „des von außen Gemachten" (im Gegensatz zu den Coenaesthesien).

Vestibuläre Halluzinationen
Die Kranken meinen zu schwanken, fühlen den Boden unter ihren Füßen weggezogen oder ver-

lieren gar ihr Gleichgewicht, geraten ins Taumeln und stürzen zu Boden, obwohl neurologische Ausfälle nicht nachweisbar sind.

Halluzinosen

Hier handelt es sich um akut auftretende oder chronische Halluzinationen auf einem bestimmten Sinnesgebiet, wobei die Halluzination die Krankheit derart beherrscht, daß eventuell vorkommende andere Krankheitserscheinungen als „Zutaten und Nuancen" erscheinen. Am häufigsten sind **Verbalhalluzinosen** (akustische Halluzinosen). Diese Form findet sich *vorrangig beim Alkoholismus* (Alkoholhalluzinose). Der Gebrauch von Halluzinogenen (z.B. LSD) führt meist zu optischen Halluzinosen, der von Amphetamin-Derivaten zu taktilen Halluzinosen.

Weitere Sinnestäuschungen

Pseudohalluzinationen

Hierbei handelt es sich strenggenommen nicht um Halluzinationen im eigentlichen Sinn. Halluzinationen in dieser Art werden nicht leibhaftig erlebt und haben nicht derart uneingeschränkten Realitätscharakter für den Kranken wie „echte" Halluzinationen. Man findet sie bei getrübtem Bewußtsein in Form sogenannter hypnagoger Sinnestäuschungen. Das kritische Realitätsurteil bleibt erhalten und die Halluzination wird vom Kranken als unecht empfunden.

Pareidolie

Es handelt sich um Sinnestäuschungen, die einer realen Wahrnehmung *hinzugefügt* werden. Dies ist z.B. der Fall, wenn in einer realen Abbildung Dinge gesehen werden, die in Wirklichkeit nicht vorhanden sind. Pareidolie kommt vor bei starker Übermüdung.

Eidetisches Phänomen

Hier handelt es sich um bildhafte Vorstellungen, die der besonders lebhaften Phantasie eines Gesunden entspringen. Bei Jugendlichen kommt es zu solchen „Tagträumen" im Zuge der Phantasiebefriedigung. Man spricht von Eidetikern.

Illusion und Affektillusion

Im Gegensatz zu den Halluzinationen sind Illusionen an reale Sinneseindrücke gebunden. Dem Kranken erscheinen Wahrnehmungsgegenstände verändert, was hauptsächlich unter dem Einfluß starker Affekte der Fall ist (Affektillusion). Illusionen sind letzlich krankhaft verfälschte Wahrnehmungen, d.h. tatsächliche Sinneseindrücke werden fehlgedeutet. **Affektillusionen** begegnet man vorrangig bei Kindern mit Angstzuständen oder hohem Fieber.

▶ **Beispiel:** Im Gedicht „Der Erlkönig" von J.W. v. Goethe erschienen dem kranken, fiebernden Kind die vorhandenen Erlen, Baumstümpfe und Büsche des nebeligen Moores als Geister und Hexen. Ein am Boden liegender Bademantel kann von einem Kranken mit hohem Fieber als böser Wolf verkannt werden.

Einfache Wahrnehmungsveränderungen

Hierbei handelt es sich um Identitäts- und Qualitätsverschiebungen der verschiedenen Sinneseindrücke. Einfache Wahrnehmungsveränderungen können bei jedem Gesunden vorkommen. Man begegnet ihnen bei Übermüdung (Verschwommensehen), nach Überdosierungen von Medikamenten (z.B: bei Digitalispräparaten) und nach Vergiftungen. Gelegentlich erlebt der gesunde Mensch bei Übermüdung das Gefühl, eine momentane Situation schon einmal erlebt zu haben. Vielfach werden solche Täuschungen von bestimmten Gruppen als Seelenwanderung erklärt. Man spricht vom **Déjà-vu-Erlebnis**. Andererseits gibt es auch *Kryptomnesien* mit Erlebnissen, die der Erinnerungsrealität verloren gegangen sind und deshalb dem Patienten als Neugeschichte erscheinen. Letzlich handelt es sich bei den einfachen Wahrnehmungsveränderungen um Intensitäts- und Qualitätsverschiebung der Sinneswahrnehmung, was vorrangig am optischen und akustischen Sinn deutlich wird. Die Einnahme von Mescalin, Haschisch, LSD und bestimmter Medikamente führt zum *Farbigsehen*. Medikamenüberdosierungs- und nebenwirkungen können Ursachen für akustische Wahrnehmungsänderungen sein (Lauthören, Leisehören). Desweiteren begegnet man gelegentlich der *Mikropsie* (Kleinersehen von Gegenständen) bei Akkommodationskrämpfen, Retinopathia centralis serosa, Hysterie, Epilepsien, sowie der *Makropsie* (Größersehen von Gegenständen) bei Schläfenlappentumoren, Netzhautablösungen, Netzhautentzündungen, Epilepsien und psychischen Störungen. Beim Verzerrtsehen von Gegenständen spricht man von *Metamorphopsie*. Vorkommen dieser Formen auch bei Benzodiazepinentzug.

3.2 Wahnerscheinungen

Während die Halluzination den Störungen der Wahrnehmung zugeordnet wird, rechnet man den Wahn zu den Störungen des inhaltlichen Denkens. Wahn und Halluzination sind Symptome psychotischer Krankheiten und finden sich bei exogenen wie endogenen Psychosen. Allerdings kann Wahn auch außerhalb solcher Psychosen vorkommen.

Seit jeher nimmt der Wahn eine wichtige Stellung in der psychiatrischen Forschung ein, und lange Zeit galt er als die Geistesstörung schlechthin. Eine Definition für den Wahn zu finden, wirft jedoch erhebliche Probleme auf.

Eine mögliche **Definition** wäre: „Beim Wahn handelt es sich um eine krankhaft falsche Überzeugung, bei der ein Kranker trotz Unvereinbarkeit mit der Realität unkorrigierbar bleibt". Als besonders wichtiger Teilaspekt des Wahns muß die Urteilsstörung der Beziehung des Ich's zur Umwelt angesehen werden (krankhafter Ich-Bezug). Der völligen Unkorrigierbarkeit des Kranken begegnet man meist am Höhepunkt der Erkrankung, während zu Beginn des Wahns sich der Patient zumindest noch teilweise oder zeitweise von der Unwirklichkeit seines Wahns überzeugen läßt.

Auch der Gesunde mißt gelegentlich Vorgestelltem und Wahrgenommenem eine überwertige, abnorme Bedeutung bei; eine eingehende Aufklärung wird ihn aber dann doch überzeugen und von seiner Idee meist rasch abbringen.

▶ **Beispiel:** Der Besitzer eines neuen Autos glaubt häufig, alle würden seinem Wagen nachsehen und diesen bewundern, und die Verliebte deutet nicht selten belanglose Gesten und Worte des Verehrten als gewollte oder bewußte Zeichen der Zuneigung. Der Dieb dreht sich nach seiner Tat häufig um im „wahnhaften" Glauben, er werde verfolgt, und er deutet harmlose Verhaltensweisen anderer Menschen als Hinweise dafür, daß man ihn durchschaut hat.

Ein Gesunder ist jederzeit in der Lage „umzuschalten"; meist beruhigt er sich selbst oder er versucht es zumindest, und nach einiger Zeit gelingt es ihm dann auch, von seiner wahnartigen Idee abzukommen. Der Gesunde ist in der Lage, das Bezugssystem zu wechseln, wie einer, der im Zug sitzt und erkennen kann, daß sich der Zug und nicht die Landschaft bewegt. Der Wahnkranke dagegen ist nicht mehr in der Lage zu erkennen, daß er nur ein Teil der Welt, der Gesellschaft ist; er meint, alles drehe sich um ihn. Meist bleibt aber die affektive Resonanz gemessen an der Ungeheuerlichkeit des Wahninhaltes relativ gering.

In den vielen Fällen bezieht sich der Wahn des Kranken nur auf einen schmalen Lebensbereich, während er ansonsten klar denkt, empfindet und sich erinnert, auf anderen Bereichen durchaus zu einem kritischen Urteil fähig ist und Kontakt im mitmenschlichen Bezug findet (z. B. bei wahnhaften Entwicklungen).

Die konkreten Wahninhalte werden häufig mitbestimmt durch Ausgangspersönlichkeit, Lebensgeschichte, soziale und psychodynamische Faktoren. Wahn finden wir in vielen Bereichen der Psychiatrie, und zwar bei fast allen Psychosen, aber auch bei akuten symptomatischen Psychosen sowie bei chronischen Folgezuständen organischer Hirnschädigung.

An Verfolgungswahn leidende Kranke suchen nicht selten Schutz und Hilfe bei der Polizei. Um dem im Wahn erlebten drohenden Schicksal zu entgehen, können Kranke mit Verfolgungs- oder Schuldwahn Suizidversuche unternehmen. In aktiven Stadien führen wahnhafte Erlebnisse fast immer zu auffälligen Verhaltensweisen des Kranken für seine Umgebung. Wahnähnliche Reaktionen können auch durch Verarbeitung nicht psychotischen Erlebens entstehen, aber auch aus motivierter angstvoller Erregung heraus. Gelegentlich kommt es auch bei Schwerhörigen zu wahnähnlichen Entwicklungen.

Wichtige Wahnkriterien
- krankhaft falsche Überzeugung, die mit einer subjektiven Gewißheit erlebt wird, die die Gewißheit normaler Überzeugungen übertrifft
- unmittelbare Gewißheit und Unkorrigierbarkeit auf dem Höhepunkt der Erkrankung trotz Unvereinbarkeit mit der Realität mit fehlendem Überstieg in andere Bezugssysteme
- mangelhaftes Bedürfnis nach Realitätsüberprüfung
- Urteilsstörungen über die Beziehung des eigenen Ichs zur Umwelt bei erhaltener Intelligenz
- Entstehung aus krankhafter Ursache
- Im Gegensatz zum Irrtum ist trotz ausreichender Information eine Korrektur nicht möglich

Wahnformen
- *Wahnstimmung*
Man spricht auch von Wahnspannung oder Wahnbedürfnis. Diese geht als Vorstufe dem verbalisierten, festgefahrenen Wahn voraus, und in diesem Zustand erscheint die Welt dem Betroffenen unheimlich und bedrohlich verändert, ohne daß der Kranke den Zustand genau erklären kann. Aus der Wahnstimmung heraus bildet sich die Wahngewißheit, also der eigentliche manifeste Wahn.

- *Wahnwahrnehmung*
Der Kranke mißt einer objektiv wirklich vorhandenen Wahrnehmung eine abnorme Bedeutung bei. Er nimmt einen Gegenstand oder eine sich abspielende Szene wahr, kann sie meist auch richtig benennen; die Bedeutung der Szene oder eines Gegenstandes ist jedoch wahnhaft verzerrt und nur für den Kranken gültig.

▶ **Beispiel:** Ein Wahnkranker sieht eine Truppe Soldaten vorbeimarschieren und ist der festen Überzeugung, daß der Krieg ausgebrochen ist. Er läßt sich von dieser Überzeugung auch durch noch so intensive Bemühungen von Gesunden nicht abbringen.

- *Wahneinfall und Wahngedanken*
Man spricht auch von Wahnvorstellung und Wahnidee. Während bei Wahnwahrnehmungen einer objektiv richtigen Wahrnehmung eine abnorme Bedeutung beigemessen wird, enstehen Wahneinfälle in der Vorstellung des Kranken. Nicht immer ist ein Wahneinfall von anderen Einfällen mit Sicherheit abzugrenzen und wird nur dann als Wahn erkennbar, wenn das Ausmaß des Unwahrscheinlichen und Unglaubwürdigen so groß ist, daß der Einfall offensichtlich ist. Wahneinfällen begegnet man bei fast allen endogenen (häufig bei Manien und schweren endogenen Depressionen) sowie bei körperlich begründbaren Psychosen (z. B. Alkoholdelir, Intoxikationen).

▶ **Beispiel:** Um einen Wahneinfall handelt es sich, wenn ein Kranker der unkorrigierbaren Überzeugung ist, daß er von Napoleon abstammt oder wenn er meint, er sei der reichste Mann der Welt.

- *Wahnhafte Personenverkennung*
Hier verkennen Wahnkranke häufig Personen, die ihnen eigentlich bekannt sein müßten. Gelegentlich verkennen sie aber ihnen unbekannte Menschen und so wird beispielsweise der Nachbar für Karl der Große gehalten oder der Mitreisende im Zug für den Bundeskanzler.

- *Wahnerinnerung*
Wahnerinnerung kann auch als „psychotische Rückdatierung" bezeichnet werden. Erinne-

rungen an ein Lebensereignis aus einer ursprünglich gesunden Vergangenheit werden vom Kranken nachträglich umgedeutet oder verfälscht. Vereinzelt beobachtet man Wahnerinnerung auch in leichter Form bei Gesunden.

- *Wahnsystem und Wahnarbeit*
  Hier gestaltet der Wahnkranke seine diversen Wahnerlebnisse zu einem Wahnsystem oder einem Wahngebäude aus. Wahnerlebnisse werden somit also sekundär verarbeitet. Um die Erlebnisse zu verarbeiten und zu erklären, benützt der Kranke den **Erklärungswahn.**

Dieser ist Hauptbestandteil der sekundären Bearbeitung (Wahnarbeit), die dann zu einem geschlossenen unangreifbaren Wahnsystem führt. Solch ein in sich geschlossenes folgerichtiges Wahnsystem ist der Querulantenwahn.

Häufige Wahnthemen

Beziehungswahn
Häufigste Form der Wahnentwicklung. Alles, was sich in der Umgebung ereignet, bezieht der Kranke auf sich: Rundfunkdurchsagen, Zeitungsmitteilungen, Lachen, Husten oder Blicke der Mitmenschen. Es erscheint ihm nicht nur das verdächtig, was Menschen tun oder sagen, sondern auch das, was sie nicht tun oder nicht sagen. Auch das Schweigen einer Person erscheint ihm verdächtig. Häufiges Vorkommen bei paranoid-halluzinatorischen Syndromen, so auch bei der Schizophrenie. Auslösend für den sogenannten **sensitiven Beziehungswahn** sind oft Erfahrungen eigener psychischer Niederlagen. Beginn dieser Wahnform häufig im 4. Lebensjahrzehnt und häufiges Vorkommen bei Schwerhörigen.

Der **Bedeutungswahn** ist eine Unterform des Beziehungswahns. Vorgänge, Gegenstände und Gesprochenes erhalten für den Kranken eine neue und bisher meist unbekannte, oft die eigene Person betreffende Bedeutung. Oft können zu Beginn noch keine näheren Angaben über Art und Umfang der Bedeutung gemacht werden.

Beeinträchtigungswahn
Während der Kranke im Beziehungswahn freundliche und feindliche Handlungen auf sich bezieht, nimmt er im Beeinträchtigungswahn alles, was um ihn herum geschieht nicht nur für auf sich bezogen, sondern auch gegen sich gerichtet wahr. Er fühlt sich betrogen, bestohlen und verdächtigt, benachteiligt. Häufig beobachtet man diese Wahnform als Vorstufe des Verfolgungswahns.

▶ **Beispiel:** Ein Kranker klagt immer wieder darüber, daß während seiner Abwesenheit oder während seines Schlafes Menschen in seine Wohnung eindringen und Möbel umstellen, Teppiche verschieben oder nur den Milchtopf an einen anderen Platz stellen.

Verfolgungswahn
Weitere Steigerung des Beeinträchtigungswahns. Selbst harmlose Vorkommnisse um den Kranken werden als Anzeichen massiver Bedrohung und Verfolgung angesehen. Häufiges Vorkommen: Schizophrenie.

▶ **Beispiel:** Der Kranke wähnt sich von vorbeifliegenden Flugzeugen gejagt, und Polizisten hält er für Verfolger. Selbst vorbeifahrende Kraftfahrzeuge haben nur ein Ziel, nämlich ihn totzufahren. Kombiniert mit Geruchshalluzination riechen die Kranken Giftgas in der Wohnung, werfen ihre Lebensmittel weg, da sie ihnen vergiftet erscheinen und sie das Gift „eindeutig herausschmecken". Der Nachbar wird zum Drahtzieher und Helfershelfer der Verfolger und deren Hintermänner.

Eifersuchtswahn
Dieser Wahn ist besonders häufig bei Männern, weniger oft bei Frauen anzutreffen. Besonders häufig findet man ihn bei organisch begründeten Psychosen, vor allem aber beim chronischen Alkoholismus (mit „Nebenwirkung" Impotenz!) sowie gelegentlich auch bei Schizophrenien in Kombination mit anderen Wahnthemen.

Der Kranke ist fest von der Untreue seines Ehepartners überzeugt, selbst wenn keinerlei Indizien dafür sprechen; er begründet seinen Verdacht zum Teil mit grotesken Behauptungen, verfolgt den Ehepartner und vernachlässigt dabei seinen Beruf. Jede Handlung und jede Bewegung des Ehepartners kommen dem Kranken verdächtig vor, z. B. ihr „langes Ausbleiben beim Einkaufen, der vielsagende Blick in der Trambahn".

Größenwahn (Megalomanie)
Man spricht auch vom expansiven Wahn, bei dem der Kranke seine eigene Person, seine Fähigkeiten, Bedeutung und Leistungen überschätzt. Er fühlt sich ungeheuer mächtig, unermeßlich reich und hält sich für ein großartiges Genie. Im allgemeinen begegnet man allen Graden der Megalomanie, wobei die Wahninhalte im Bereich des Möglichen bleiben können, aber auch oft weit darüber hinaus gehen. Häufig werden auch Mitpatienten bei stationären Kranken mit in den Wahn einbezogen und dann zu hohen Würdenträgern ernannt. Man begegnet den pathologischen Selbstübersteigerungen im Alkoholrausch, bei Rauschgiftsüchtigen sowie bei Manien, ferner auch bei Schizophrenien und bestimmten symptomatischen Psychosen (Stirnhirnerkrankungen, progressive Paralyse, Dämmerzustände).

Eine Sonderform des Größenwahns ist der **Berufungswahn**, bei dem Kranke sich zum Propheten berufen oder zum Retter der Menschheit auserwählt fühlen. Gelegentlich wird dieser Wahn mit Weisungen überirdischer Stimmen und Eingebungen begründet.

Nichtigkeitswahn
Man spricht auch vom Kleinheitswahn als Gegenteil des Größenwahns. Der Kranke fühlt sich schwach, nichtig, bedeutungslos in der Gemeinschaft, glaubt sich verloren und ist der festen Ansicht, er lebe in Wirklichkeit gar nicht mehr, er lebe nur noch zum Schein. Stellt der Kranke sein Leben völlig in Zweifel, kann dies soweit führen, daß er seine Existenz völlig leugnet, gelegentlich auch die seiner Angehörigen und seiner Kinder, selbst die der Welt (nihilistischer Wahn). Man begegnet dieser Wahnform häufig bei schweren endogen Depressionen.

Versündigungswahn
Der Kranke glaubt an allem Schuld zu haben. Seine Sünden hält er für den Grund großer Naturkatastrophen und für alles Unglück in der Welt. Bei leichteren Formen glauben die Patienten, nichts geleistet, aber viel versäumt zu haben.

Verarmungswahn
Der Kranke fühlt sich völlig verarmt, hält seinen ganzen Besitz für verloren oder in Kürze verbraucht. Die Kranken haben panische Angst elendiglich zu verhungern und selbst die ganze Familie in das Unglück zu reißen.

Hypochondrischer Wahn
Die Kranken sind von ihrer „hoffnungslosen und qualvollen Krankheit, dem drohenden Siechtum und Tod" völlig überzeugt. Sie fühlen sich auch dementsprechend krank, laufen von Arzt zu Arzt, da man sie mit noch so plausiblen Erklärungen nicht überzeugen kann.

Eine Krankheitseinsicht besteht bei hypochondrisch Kranken nicht. So gelingt es auch schwer, einen hypochondrisch Kranken einer psychiatrischen Behandlung zuzuführen. Man beobachtet diese Wahnform häufig bei endogenen Depressionen und Schizophrenien.

Erklärungswahn
Der Wahnkranke versucht, wahnhafte und andere psychotische Primärerlebnisse rational zu erklären. Diese Wahnform tritt vor allem dann auf, wenn man versucht, einem Wahnkranken dessen Wahn auszureden. Durch den Erklärungswahn wird ein bestehender Wahn noch weiter verfestigt, weshalb das „Ausreden eines Wahns" grundsätzlich vermieden werden sollte.

▶ **Beispiel:** Ein Patient mit handlungsbegleitenden akustischen Halluzinationen vermutet, daß die Träger der Stimmen sein Verhalten mit einem im Raum befindlichen und wie eine Kamera funktionierenden Fernsehapparat beobachten.

Folgen wahnhafter Erlebnisse

Da der Wahnkranke keinerlei Versuche unternimmt, sein Wahnerleben zu überprüfen oder zu verstehen, andererseits jedoch durchaus bereit ist, seine Erlebnisse zu erklären, fehlt ihm auch die nötige Kontrolle über seine Tätigkeiten und Handlungen, die aus dem Wahnerleben heraus resultieren. Der Wahnkranke ist nur krank in Bezug auf einen ganz bestimmten Erlebnisbereich. Ein Patient mit Verfolgungswahn fühlt sich zwar verfolgt, kann aber oftmals noch seinen Beruf, solange dieser nicht durch den Wahn beeinträchtigt wird, sinnvoll und ohne Einschränkung weiter ausüben. Ein Mann mit Eifersuchtswahn ist auf allen anderen Bereichen des Lebens völlig normal, die Partnerbeziehung wird jedoch durch den Wahn sicherlich schwer beeinträchtigt.

Jede Wahnform hat ganz bestimmte, mehr oder minder schwere Folgen für den Kranken und seine Umwelt. Während beim Schuldwahn und dem Kleinheitswahn der Kranke selbst massiv gefährdet sein kann (Suizid!), ist nicht selten die unmittelbare Umgebung des Wahnkranken beim Verfolgungswahn, Eifersuchtswahn und Beeinträchtigungswahn bedroht (Fremdaggression!). Ein Wahn stellt immer eine Belastung für Partnerbeziehungen, Berufswelt und Familienleben dar. Der Kranke wird häufig von Arbeitskollegen, Freunden und sogar von der eigenen Familie belächelt oder gar verspottet.

Breitet sich ein Wahn auf einen Mitmenschen (z. B. Familienangehörigen) aus, so spricht man von **symbiontischen Wahn** (Folie à deux).

3.3 Denkstörungen

> Die beiden wichtigsten Formen von Denkstörungen sind
> - die **formalen Denkstörungen** und
> - die **inhaltlichen Denkstörungen**.

Neben diesen beiden Denkstörungen wird vielfach noch eine dritte Gruppe aufgeführt, nämlich die **subjektive Störung im Denken**, bei der ein Patient zwar richtig denkt, aber beim Denken „leidet". Man spricht auch vom Zwangsdenken.

Bei der formalen Denkstörung handelt es sich um eine **Störung des Denkablaufes**, bei der inhaltlichen Denkstörung um eine **Störung des Gedachten**, also um eine Verzerrung und „Verrücktheit" des Denkens. Zu den inhaltlichen Denkstörungen gehören die Wahnformen (siehe Abschnitt 3.2). Maßgeblich ist der Inhalt des Gedachten, nicht die Form und Art des Gedachten, wie bei den formalen Denkstörungen. Bei der Schizophrenie finden sich formale und inhaltliche Denkstörungen nebeneinander.

Einzelformen formaler Denkstörungen

Sperrung des Denkens
Man spricht auch vom sogenannten Gedankenabreißen. Dabei wird der zunächst flüssige Gedankengang unterbrochen, gelegentlich mitten im Satz. Der Betroffene ist unfähig, den Gedanken zu Ende zu führen, schweigt und ist sich dieser Denkstörung manchmal in einer für ihn quälenden Weise bewußt.

Bei einigen Patienten führt die Denksperrung zu einer wahnhaften Erklärung: sie machen andere Personen oder überirdische Wesen für den Entzug ihrer Gedanken verantwortlich. Häufiges Vorkommen bei der Schizophrenie.

Abb. 1: Typisches Beispiel für einen Begriffszerfall bei einem Schizophrenen.

Begriffszerfall und Kontaminationen
Beim Begriffszerfall geht die exakte Bedeutung bestimmter Begriffe verloren und ebenso deren scharfe Abgrenzung gegenüber anderen Begriffen. Bei Kontaminationen werden verschiedene Bedeutungen, die meist logisch nicht zusammengehören, miteinander verbunden. So entstehen für den Außenstehenden unlogische, nicht zusammengehörige Verbindungen. Zur Erfassung von Kontaminationen dient der Rorschach-Test.

▶ **Beispiel:** Zeigt man einem Schizophrenen auf Bildertafeln Gestalten mit Flügeln und andere Tafeln mit Bärenköpfen, so kontaminiert er die womöglich zum Wort „Eisbärenengel".

Zerfahrenes Denken
Das zerfahrene Denken ist eine typische Denkstörung des Schizophrenen. In der Vorstufe zeigt sich ein zusammenhangloses und alogisches Denken, das sich dann bis zum unverständlichen Gefasel und zum Wortsalat mit unzusammen-

3.3 Denkstörungen

> Zur heiligen Opferung
> Gegrüßet seist Du Maria, Du bist voll der Gnaden,
> der Herr ist mit Dir; du bist gebenedeit unter
> den Kindern, und gebebedeit ist die Frucht Dei-
> nes im Leibes; Jesus das hochgelobte Wort des
> Vaters. Dreimal wunderbare Mutter Maria, Du Köni-
> gin der Kinder, eine Du mich mit allen Knaben zu
> einer immerwährenden Opfergabe im Angesichte des
> Herrn, unserem Heiland Jesus Christus, dem Gott
> der Liebe, der Güte und des Wohlgefallens vor d
> dem Vater.
> Maria Du Himmelskönigin segne uns und alle Seelen
> ganz besonders sieh auf die Knäblein, die heute
> sterben werden; die Gott heute in die Verborgen-
> heit rufen wird, die heute neu ins Lebentreten
> werden, die heute die heilige Taufe erhalten wer-
> den:, die im Geiste der Heiligkeit in Ihrer
> Auserwählung durch das Wort sind, die im Namen
> des Herrn Verfolgung und den Tot erhalten, die
> mit täglich begegnen ::: + diese weihe in deiner
> Ganzhingabe Deinem lieben Jesusknaben, ihre ganze
> Freude, den sie doch besitzen sollen, ganz im
> Angesichte ihrer kleinen Freunde im Himmel: Laß
> sie alle mir und allen Lieben Schatz in deinem
> mütterlichen Herzen sein: Alles zur größeren Ehre
> des dreifaltigen einen Gottes und zurx Ehre
> und Erbaulichkeit unseres lieben Jesusknaben.
> Amen.

Abb. 2: Bsp. eines zerfahrenen Denkens; Ausschnitt aus dem Gebet eines schizophrenen Patienten.

hängenden Wörtern und Wortresten steigern kann. Das zerfahrene Denken erscheint nur dem Außenstehenden zerfahren; für den Schizophrenen ergibt es innerhalb des psychotischen Erlebens durchaus einen Sinn. Die leichtere Form des zerfahrenen Denkens ist das sprunghafte Denken, wobei der logische Zusammenhang des Gedankenganges durch alogische Sprünge unterbrochen wird. Vorkommen: bei Schizophrenie.

Inkohärentes Denken

Hier ist das Denken völlig zusammenhanglos und die einzelnen Denkglieder zeigen keinerlei Beziehung zueinander. Pathologische Verknüpfungen, wie man sie beim schizophrenen zerfahrenen Denken beobachtet, werden hier nicht beobachtet. Inkohärentem Denken begegnet man bei symptomatischen (exogenen) Psychosen mit Verwirrtheit. Von einigen Autoren wird diese formale Denkstörung auch bei endogen Psychosen beschrieben (z. B. bei hochgradiger Ideenflucht, bei schweren Manien).

Begriffsverschiebung

Hier unterscheidet man zwischen *Konkretismus* und *Symboldenken*. Beim Konkretismus können Patienten Sprichwörter nicht mehr im übertragenen Sinn erklären. Vorkommen bei dementiellen Syndromen. Beim Symboldenken erfolgt das Denken nicht in konkreten Begriffen, sondern unter reichhaltiger Verwendung von Symbolen. **Vorkommen**: Schizophrenie, Neurosen.

▶ **Beispiel:** Ein Patient gibt an, in seinem Bauch knurre ein Hund – ihm knurrte lediglich der Magen. Eine Patientin hört in ihrem Leib den Storch klappern, und will damit ausdrücken, daß sie sich schwanger glaubt.

Gehemmtes Denken

Hier erscheint dem Patienten der Denkablauf hinsichtlich Denkgeschwindigkeit, Inhalt und Zielsetzung erschwert. Der Patient ist nicht in der Lage, die Hemmung im Denken zu beseitigen und leidet erheblich darunter. **Vorkommen**: vor allem bei endogener Depression.

Perseveration

Verlangsamtes, schwerfälliges, auf einzelne Themen eingeengtes Denken, wobei die Themen häufig und immer wieder aufs Neue wiederholt werden. Dem Kranken fällt es immer schwerer, das Wesentliche zu erkennen und im Auge zu behalten. Zunehmend führt dies zur röhrenförmigen Einengung des Denkfeldes auf Weniges und Althergebrachtes. Der Betroffene bleibt bei einem Wort oder bei einem Gedanken meist lange und konstant haften. Vorkommen beim organischen Psychosyndrom, sowie bei der epileptischen Wesensänderung. Strenggenommen liegt bei der Perseveration eine inhaltliche Denkstörung vor, da die Betroffenen an einem Thema „haften" bleiben und die Umstellung auf neue Denkziele kaum möglich ist. Werden Worte oder Silben krankhaft wiederholt so spricht man von **Verbigeration** (verbale Perseveration als sprachliche Form der Stereotypie).

▶ **Beispiel:** „Sie müssen wissen, ich bin ein Philosoph, Philosoph, bin ein Philosoph, der große Schriften verfaßt hat. Diese Tätigkeit bei mir entstand aus Berufung, aus Berufung, Berufung. Sie brauchen mir das ja nicht glauben, mir nicht glauben, nicht glauben. Es ist mir völlig gleich, gleich, gleich."

Ideenflüchtiges Denken

Die Kranken reden viel und ununterbrochen, warten mit immer wieder neuen Einfällen auf, wobei diese mit dem Vorhergehenden oft durch lockere Wort- oder Klangassoziationen verknüpft sind.

Der Kranke spricht meist nur über das, was um ihn herum geschieht und springt von einem Thema zum anderen. Er verliert sich immer wieder im Unwesentlichen, und es gelingt ihm nicht, einen umfassenden und etwas längeren Gedankengang zu Ende zu führen. Bemerkenswert ist oft der unstillbare Rededrang und Schreibdrang. Denkfähigkeit und Gedächtnis sind im allgemeinen erhalten, das Bewußtsein ist nicht getrübt.

Vorkommen: Manie.

Wird das manische Bild ganz von der Ideenflucht beherrscht, spricht man von einer **verworrenen Manie**. Fehlt die Ideenflucht, liegt eine **geordnete Manie** vor.

▶ **Beispiel** (nach G. Kloos): Auf die Frage nach seinen Erblichkeitsverhältnissen antwortet ein Maniker: „Erbtanten habe ich nicht, Inzucht liegt bei mir auch nicht vor, nicht einmal Unzucht, dafür stamme ich aber von Karl dem Großen, folglich auch von Karl Martell, dem „Hammer" ab. Im Hammer-Verlag sind seinerzeit sehr bedeutende politische Schriften erschienen. Der „Hexenhammer" allerdings nicht, der ist mindestens 500 Jahre älter. Meine „Alte" fällt auch darunter, die hätt' man damals glatt mitverbrannt. Heirate oder heirate nicht, bereuen wirst du beides, sagt Kierkegaard. Die Axt im Haus erspart den Scheidungsrichter, sage ich; ich bin aber nicht gemeingefährlich, ich bin nur Gemeinen gefährlich! Ach, da kommt ja schon wieder die Straßenbahn mit ihrem saudummen Geklingel! Kennen sie Max Klinger? Haben sie schon sein Beethovenstandbild gesehen? Oder besser gesagt: Sitzbild? Ich möchte übrigens heute wieder ein Sitzbad haben für meinen wunden Südpol, den weder bisher Amundsen noch Scott entdeckt haben. Schreiben sie das doch nicht hin, sie frisch laxierter Staatshämorrhoidarius! Nun lacht er auf allen vier Backen!"

Dementielles Denken

Hier liegt der schwerste Grad einer Denkstörung vor. Die Betroffenen sind unfähig, sich neue Sachverhalte zu merken oder aber aus Erkenntnisinhalten Schlüsse zu ziehen. Meist sind auch Urteils- und Kritikfähigkeit sowie die Merkleistung auf ein Minimum reduziert. So ergibt sich ein in jeder Hinsicht oft schwer gestörtes formales Denken. Vorkommen bei hirnorganischen Psychosyndromen jeglicher Genese.

3.4 Gedächtnisstörungen, Aufmerksamkeitsstörungen und Auffassungsstörungen

Gedächtnis- und Merkfähigkeitsstörungen

> Grundsätzlich wird zwischen „Langzeitgedächtnis" und „Kurzzeitgedächtnis" unterschieden. Beim Aufbau des Gedächtnisses spielen drei verschiedene Mechanismen zusammen:

- Mechanismen zur sofortigen Erinnerung an augenblicklich ablaufende Vorkommnisse
- Mechanismen für die Erinnerung an Minuten bis Stunden zurückliegende Vorgänge
- Mechanismen für die Erinnerung an die entfernte Vergangenheit.

Bemerkenswert ist, daß bei vielen neurologischen Erkrankungen das „Kurzzeitgedächtnis" im Gegensatz zum „Langzeitgedächtnis" häufig gestört ist. Bei Erkrankungen des Gehirns schwinden in der Regel abstrakte Kenntnisse eher als konkrete Ereignisse aus dem Gedächtnis.

Unter Gedächtnis versteht man die Fähigkeit, Wahrnehmungen und psychische Erlebnisse zu merken (engraphieren) und sich zu erinnern (ekphorieren). Eigentlich lassen sich Gedächtnis und Merkfähigkeit nicht auseinanderhalten, da das Engraphieren durch das Ekphorieren kontrolliert wird. Gedächtnis besteht also aus Merkfähigkeit und Erinnerungsfähigkeit, wobei letzeres das erstere überprüft. Dennoch wird aber vielfach zwischen Merkfähigkeitsstörungen und Gedächtnisstörungen unterschieden.

Merkfähigkeitsstörung

Minderung bis hin zur völligen Aufhebung der Fähigkeit, neue Eindrücke über eine Zeit von ca. 10 Minuten zu merken und in das Gedächtnis einzuprägen.

Gedächtnisstörung

Störung der Erinnerungsfähigkeit mit Minderung oder Aufhebung der Fähigkeit, länger als 10 Minuten zurückliegende Eindrücke in das Gedächtnis aufzunehmen und abzurufen.

> Das Gedächtnis ist ein wesentliches Intelligenzmerkmal und zeigt sich in der Jugend häufig besser ausgebildet als im Alter. Gedächtnisstörungen können sich zeigen als

- Amnesie
- Hypermnesie
- Hypomnesie
- Paramnesie
- Zeitgitterstörung
- Ekmnesie

Bei **Amnesien** handelt es sich um zeitlich oder inhaltlich begrenzte Gedächtnislücken, die entweder organisch oder emotionell bedingt sein können. Bei Schädigung der Gehirnfunktionen oder der Hirnstrukturen kommt es zu zeitlich begrenzten Gedächtnislücken. Emotionale Wallungen, abnorme Erlebnisreaktionen und bestimmte Bedürfnisse sind hingegen oft Ursache für inhaltlich begrenzte Gedächtnislücken. Solche beobachtet man gelegentlich auch beim Gesunden. **Vorkommen**: zeitlich begrenzt und organisch bedingt bei Schädelhirntraumata, nach einer Narkose, nach schweren Vergiftungen, nach Delir und Dämmerzuständen, nach epileptischen Anfällen sowie bei schweren affektiven Erschütterungen.

Unterschieden werden retrograde Amnesien (Erinnerungslücke von Minuten oder Stunden, seltener Tagen oder Wochen für die Zeit unmittelbar vor dem hirnschädigenden Ereignis), kongrade Amnesie (Gedächtnislücke über die Dauer der initialen Bewußtlosigkeit nach dem Schädelhirntrauma), anterograde Amnesie (Gedächtnislücke für einen Zeitraum *nach* dem Trauma mit noch gestörter Merkfähigkeit aber wieder uneingeschränkter Bewußtseinhelligkeit).

Die **transitorische globale** Amnesie findet sich hauptsächlich bei älteren Menschen; sie zeigt sich in einer transitorischen vollständigen Erinnerungsunfähigkeit. Bei der transistorischen globalen Amnesie kommt es ohne scheinbaren Grund und schlagartig, aber ohne weitere Symptomatik zur Einschränkung der Erinnerungsfähigkeit für vorangegangene Tage oder Wochen. Örtlich und zur Person sind die Betroffenen jedoch noch gut orientiert. In der Regel kommt es zur Rückbildung der Amnesie innerhalb weniger Stunden, und es besteht dann lediglich noch eine bleibende amnestische Lücke.

Bei der **retrograden Amnesie** ist der Betroffene nicht in der Lage, die letzten Ereignisse vor dem Unfall zu reproduzieren. Von Bedeutung ist, daß man zwar von der Dauer der retrograden Amnesie auf den Schweregrad eines Schädelhirntraumas schließen kann, die zeitliche Ausdehnung aber zu Schwere und Dauer der Bewußtseinsstörung nicht proportional ist. Trotz langer Bewußtlosigkeit kann eine nur kurze retrograde Amnesie vorliegen. Die Tatsache, daß eine retrograde Amnesie sich spontan aufhellen kann und daß durch Hypnose oder Narkoanalyse unter Umständen der Ablauf der Geschehnisse bis zum Unfall geschildert werden kann, ist ein Hinweis dafür, daß die Ereignisse vor dem Unfall nicht völlig aus der Erinnerung gelöscht, sondern lediglich nur momentan nicht verfügbar sind.

Da für die Bewußtlosigkeitsdauer nach dem Unfall eine „komplette" Amnesie besteht, jedoch meist nicht feststellbar ist, wann die Bewußtlosigkeit beendet war, wie lange sie gedauert hat, wird die nach der Bewußtlosigkeit folgende Amnesie und die Bewußtlosigkeit selbst vielfach zur **anterograden Amnesie** zusammengefaßt. Strenggenommen beginnt jedoch die anterograde Amnesie erst nach der „kompletten" Amnesie, also nach der Bewußtlosigkeit. Eigentlich darf der Begriff „anterograde Amnesie" nur dann verwendet werden, wenn eindeutig wieder eine normale Bewußtseinshelligkeit nach dem Trauma vorliegt und lediglich nur noch die Merkfähigkeit gestört ist.

Hypermnesie

Bei der **Hypermnesie** liegt ein abnorm oder krankhaft gesteigertes Erinnerungsvermögen vor, etwa in der Form, das jemand sich überdurchschnittlich viele Einzeldaten (z. B. aus einem Kalender) mühelos merken kann. Ein solches „Kalendergedächtnis" ist von der Intelligenz unabhängig und tritt gelegentlich bei Schwachsinnigen oder Autisten auf. Eine nicht pathologische Sonderform der Hypermnesie ist die **Lebensbilderschau**, bei der in Augenblicken akuter Lebensgefahr innerhalb kürzester Zeit wie in einem Zeitrafferfilm eine lange Serie von Erinnerungen abläuft.

Hypomnesie

Bei der **Hypomnesie** besteht eine krankhafte Minderung von Gedächtnisinhalten bzw. Erinnerungen. Dabei ist dieser Ausdruck allgemeiner als „Amnesie". Amnesien bezeichnen eher zeitlich begrenzte Gedächtnisstörungen und stellen eine Untergruppe der Hypomnesie dar.

Paramnesie

Bei den **Paramnesien** handelt es sich um Gedächtnistäuschungen, bzw. Trugerinnerungen. Erinnerungen können bereits im Normalfall durch Affekte umgedichtet werden. Eigentlich stellt aber auch das **Déja-vu-Erlebnis** eine Paramnesie dar. Von einer einfachen **Paramnesie** spricht man, wenn die Gegenwart als Vergangenheit erlebt wird und die wirklichen Erlebnisse mit falschen Erinnerungen vermischt werden. Bei der **Ekmnesie** wird die Vergangenheit als Gegenwart erlebt. Zu dieser Gruppe der Gedächtnisstörungen muß auch das **Jamais-vu-Erlebnis** gerechnet werden, bei dem ein Gefühl der Fremdheit in einer bestimmten Situation besteht.

Zeitgitterstörung

Besteht eine Unfähigkeit, Gedächtnisinhalte in ein richtiges Netz von biographischen Daten einzugliedern, so spricht man von einer **Zeitgitterstörung**. Die Betroffenen haben zwar viele Einzelerinnerungen, können diese aber nicht einer entsprechenden Zeit zuordnen.

Beim amnestischen (Korsakow)-Syndrom wird von der Gedächtnisstörung vorrangig das Kurzzeitgedächtnis betroffen und die amnestischen Lücken werden **durch Konfabulationen** und **Pseudoamnesien** („erfundene" Begebenheiten) überbrückt). Bei Konfabulationen spricht man auch von *wechselnden Pseudoerinnerungen*, die eine Leere ausfüllen,. Bei weiterem Fortschreiten einer Merkveränderung kommt es schließlich zur Desorientiertheit.

Demenz

Eine nur minimale Merkleistung findet sich beim schwersten Grad der Denkstörung, der **Demenz**. Neben der Merkleistung schwinden dann auch Urteils- und Kritikfähigkeit und dem Betroffenen wird es unmöglich, sich neue oder frühere Geschehnisse zu merken. Man spricht auch von „amnestischer Demenz". Merkfähigkeitsstörungen im Zuge eines irreversiblen organischen Psychosyndroms kann man unter anderem auch beim Morbus Wilson (hepatolentikuläre Degeneration) beobachten.

Weitere Störungen, die mit Amnesien einhergehen

Beim sogenannten **geordneten oder orientierten Dämmerzustand** (besonnener Dämmerzustand) als Bewußtseinsstörung erscheinen die Betroffenen äußerlich geordnet und nicht desorientiert. Es kommt zu keiner erkennbaren Trübung des Bewußtseins, jedoch zu einer **Bewußtseinseinengung**. Es besteht Besinnungsunfähigkeit. Das Verhalten des Patienten wird durch einige wenige Triebe und Strebungen bestimmt, die allerdings unkontrolliert ablaufen (Gewalt- und Sexualverbrechen!). Für Straftaten besteht **Amnesie** für die Zeit der Tat und davor. Geordnete Dämmerzustände gehören zu den Durchgangssyndromen. Man beobachtet sie beim pathologischen Rausch, bei Enzephalitiden und Epilepsien.

Beim **ungeordneten Dämmerzustand** erscheinen die Patienten nach innen gekehrt, der Kontakt zur Außenwelt scheint unterbrochen. Gerade hier sind Gewalt- und Sexualverbrechen häufig.

▶ **Beispiel:** Ein Epileptiker steckt im Dämmerzustand seine eigene Werkstatt in Brand, im Glauben, Feuer unter der Leimpfanne anzuzünden (ungeordneter Dämmerzustand).

▶ Ein anderer fährt an seinen weit entfernt gelegenen Heimatort, um seine bereits vor Jahren verstorbenen Eltern zu besuchen; er geht dabei aber planmäßig und voll orientiert vor, benutzt die entsprechenden Verkehrsmittel, hält sich an Uhrzeiten, wie jeder andere, normale Mensch auch (geordneter Dämmerzustand).

In beiden Fällen besteht Amnesie für die Zeit der Tat.

Beim Gesunden, häufiger jedoch beim psychisch Kranken, kommt es nach Wut- und Verzweiflungszuständen und anderen Affektausbrüchen zu emotional begründeten Amnesien. Diese sind inhaltlich umschrieben und betreffen solche Erinnerungen, die für Selbstbewußtsein und bewußte Tendenzen nicht tragbar sind. So wird vergessen, daß man früher einmal eine Prüfung oder ein Testat nicht bestanden hat, daß man einmal feige oder sehr unhöflich war, und der „Rentenneurotiker" vergißt, bereits vor einem entschädigungspflichtigen Unfall unter Kopfschmerzen gelitten zu haben.

▶ **Beispiel:** Ein Prokurist in einer Firma gerät in einen Dämmerzustand, nachdem ihm von seiner Firma die Kündigung ausgesprochen wurde, da durch seine Leichtfertigkeit der Firma größere Geldsummen verloren gegangen waren. Einen Teil seines Ehelebens, die Geburt seines 2. Kindes und seine eigene Geburtstagsfeier waren diesem Mann nicht bewußt zu machen, eine Belehrung über seine Verhaltensweisen in der Firma war nicht möglich. Nach einiger Zeit jedoch kam es zu einer Aufklarung im Bewußtsein, und als die Firma die Kündigung zurückzog und der Mann damit rehabilitiert war, verschwand der Dämmerzustand und er erinnerte sich auch wieder an seine Verfehlungen, nicht jedoch an die Zeit des Dämmerzustandes.

Amnesien bestehen scheinbar bei den **negativen Halluzinationen des Gedächtnisses**. Hier sind die Betroffenen völlig überzeugt davon, genau zu wissen, was in einer fraglichen Zeitphase abgelaufen ist, und sie meinen auch sicher zu wissen, daß die tatsächlichen Ereignisse nicht geschehen sind. Hier handelt es sich aber um inhaltliche Denkstörungen, nicht um Amnesien in eigentlichen Sinne.

▶ **Beispiel:** Ein an Schizophrenie erkrankter Patient erhält zur Beschäftigungstherapie Farbkasten und Malpapier; nach etwa 15 Minuten Tätigkeit steht er auf, geht zwei Stockwerke nach unten zum Schwesternzimmer und beschwert sich darüber, daß alle anderen Patienten im Hause die Gelegenheit hätte, am Malen teilzunehmen, er jedoch ausgeschlossen sei und keine Farbe und Malpapier erhalten habe. Von der Wirklichkeit war der Patient nicht zu überzeugen.

Aufmerksamkeits-/ Konzentrationsstörungen

Bei einer Aufmerksamkeitsstörung ist der Betroffene unfähig, die Aufmerksamkeit über längere Zeit dem gleichen Gegenstand oder dem gleichen Sachverhalt zuzuwenden. Die Betroffenen können nicht „bei der Sache bleiben", sich einer bestimmten Tätigkeit oder einem Sachverhalt nicht ausdauernd aufmerksam zuwenden. Man beobachtet Aufmerksamkeitsstörungen bei der Schizophrenie sowie nach Hirnverletzungen.

Konzentrationsstörungen bzw. Konzentrationsschwäche zeigen sich in der Regel dadurch, das störende Nebengedanken nicht ausgeblendet werden und Gedanken nicht auf einen Gegenstand fixiert werden können. **Vorkommen**: bei Ermüdung, bei aufwühlenden Erlebnissen oder nach Überforderung, bei Intoxikationen (Coffein, Amphetamine usw.), bei manischen Syndromen (in Form von Ideenflucht) sowie bei den meisten Hirnkrankheiten und bei Schizophrenien.

Auffassungsstörungen

Bei Auffassungsstörungen liegt eine Unfähigkeit vor, Wahrnehmungs- und Vorstellungsmaterial in das Bewußtsein aufzunehmen. Auffassungsstörungen führen häufig zu einer Falschbeurteilung der aktuellen Situation. Auffassungsstörungen zeigen sich je nach Erkrankung in unterschiedlicher Form: bei Schwachsinn besteht eine geringe Auffassungsfähigkeit, bei Schizophrenie eine qualitative und inhaltliche Abwandlung der Auffassung. Depressive klagen über eine Auffassungserschwernis und bei Neurosen liegen mitunter komplexbedingte Auffassungsstörungen vor. Beim Korsakow-Syndrom besteht eine Oberflächlichkeit der Auffassung.

Zur Prüfung von Gedächtnis, Merkfähigkeit, Aufmerksamkeit und Auffassung existieren zahlreiche Tests. Auffassungsstörungen und Merkfähigkeitsstörungen lassen sich aber bereits erkennen, wenn man den Patienten kleine Geschichten nacherzählen läßt, bzw. den Sinn solcher Geschichten mit eigenen Worten erklären läßt. Das Kurzzeitgedächtnis überprüft man durch das Behalten von Testwörtern und Zahlen, das Langzeitgedächtnis durch Erfragen von biographischen Daten und Inhalten sowie aktuellen politischen Ereignissen, die Tage, Wochen oder Jahre zurückliegen.

Die Konzentrationsleistung läßt sich durch laufendes Subtrahieren einer ungeraden Zahl von einer Ausgangszahl oder durch den Aufmerksamkeits-Belastungs-Test (d2-Test) prüfen.

3.5 Ich-Störung und Entfremdungserlebnisse

Beim **Icherleben** handelt es sich um das Erleben der eigenen seelischen Vorgänge als dem eigenen Ich zugehörig, ohne daß darüber reflektiert würde. Bei der Ich-Störung handelt es sich um die Störung des Einheitserlebens des Ichs, also der „Meinhaftigkeit" im aktuellen Augenblick.

Ich-Störungen finden sich bei einer Reihe psychischer Erkrankungen, speziell bei Psychosen und bestimmten Neurosen. Besonders deutlich wird die Ich-Störung beim Schizophrenen; so gehören auch die Störungen des Ich-Erlebens zu den schizophrenen Symptomen 1. Ranges und bestehen darin, das eigene seelische Vorgänge, Zustände und Akte als von Außen her und von Außen gemacht, gelenkt und beeinflußt erlebt werden. Schizophrene bringen alles Erlebte und Empfundene mit einer Beeinflußung von Außen in Zusammenhang.

Aber auch bei Neurotikern beobachtet man ähnliche Ich-Störungen in Form von Depersonalisation, wobei einzelne Teile als nicht zum Ich gehörig erlebt werden. Dies wird jedoch nicht – wie bei der Schizophrenie – auf das Einwirken ichfremder Instanzen zurückgeführt.

Ichstörung des schizophren Kranken

Bei der schizophrenen Ich-Störung ist der „Ich-Verlust" kombiniert mit einer „Ich-Beeinflussung". Zur Trennung von Ich und Körper kommt die *Beeinflussung von Außen*. Der Schizophrene erlebt die Fernbeeinflussung als Bedrohung, die mittels Hypnose, Magnetismus, Strahlen usw. durchgeführt zu werden scheint. Während der neurotische Patient die „Entfremdung" als „scheinbar" empfindet, fehlt dem Schizophrenen jegliche Einsicht: für ihn ist es völlig sicher, daß sein Gehirn von Außen gesteuert wird, nicht mehr ihm gehört, seine Gedanken von fremden Mächten beeinflußt werden und sein Herz ebenfalls von Außen gesteuert wird. Beim Schizophrenen ist das Ich-Erleben noch tiefergehender gestört; es geht zusätzlich die Einheit des Erlebens verloren. Es handelt sich um eine Desintegration, die sich überwiegend auf die persönliche Einheit erstreckt.

Man bezeichnet das Phänomen auch als **Persönlichkeitsspaltung**.

▶ **Beispiel:** der Finanzbeamte Harald F. hält sich für eine hochgestellte Persönlichkeit, ist also offensichtlich zwei Personen zugleich. Er ist fest davon überzeugt nicht krank, sondern ein verkanntes Genie zu sein. In eine psychiatrische Krankenabteilung eingeliefert, ordnet er sich wie jeder andere Patient in die Abteilung ein, wähnt sich trotzdem weiterhin als bedeutende Person, verkehrt aber dann andererseits mit seinen Angehörigen wie immer.

Beherrscht die Ich-Störung das Denken mit dem gleichzeitigen Gefühl der Steuerung von Außen und der Fremdbeeinflußung, dann zeigen sich die Ich-Störungen als **Gedankenentzug, Gedankenenteignung, Gedankeneingebung oder Gedankenausbreitung**. Werden die eigenen Antriebe und Handlungen und Bewegungen als von Außen gelenkt oder gemacht erlebt, spricht man von **Willensbeeinflußung**. Besteht das Gefühl der körperlichen Beeinflussung von Außen, spricht man von **leiblichen Beeinflussungerlebnissen**.

▶ **Beispiel:** Ein Kranker glaubt immer, daß er ständig hypnotisiert werde, daß er nicht so denken und fühlen könne wie er wolle, Handlungen ausführen müsse, die er nicht wolle.

 Störungen des Ich-Erlebens und der Ich-Desintegration sind gekennzeichnet durch:
- Gefühl der Fremdbeeinflussung
- Gespaltenheit der Person, Verlorengehen der Erlebenseinheit
- Loslösung psychischer Regungen oder Leibempfindungen vom eigenen Ich
- Fehlende Einsicht (beim Schizophrenen)
- gelegentlich Projektion eigenen Krankseins auf andere (Transitivismus).

Depersonalisation und Derealisation

Bei der **Depersonalisation** und der **Derealisation** handelt es sich um **Entfremdungerlebnisse**. Der Kranke erlebt alles an sich fremdartig, sein Fühlen, Denken und Handeln. Für ihn sind sein Körper und sein Ich voneinander getrennt. Während die Depersonalisation die eigene Person betrifft, bezeichnet die Derealisation das Erlebnis einer abnorm veränderten Umwelt.

Depersonalisations- und Derealisationserscheinungen kommen außer bei Schizophrenen auch bei Neurotikern häufig vor. Beim neurotischen Patienten bleibt aber die Einheit des Ich-Erlebens erhalten.

Entfremdungerlebnisse sind meist therapeutisch nur schwer beeinflußbar; anders beim Depersonalisations-Syndrom der Pubertät, welches als Reifungskrise imponiert. Man nimmt diese Form der Depersonalisation als Abwehrmanöver gegenüber aggressiv-sadistischen Impulsen mit gleichzeitigem Ich-Rückzug von Objekten und der Realität an. Bekanntlich treten bereits in der Pubertät realitätsverneinende Tendenzen auf, die ihre Ursache in der Problemverarbeitung, der Ablösung vom Elternhaus und der Partnerfindung haben. Die Prognose ist hier sehr günstig, eine ambulante Psychotherapie erfolgversprechend.

Entfremdungerlebnisse finden sich:

- im normalpsychologischen Bereich: Erlebnisreaktionen, asthenische Persönlichkeitsvarianten, Adoleszentenkrisen, Übermüdung beim Gesunden.
- im pathologischen Bereich: neurotische Entwicklungen, schizophrene Psychosen, depressive Syndrome, Zyklotymien, autochthone juvenile Asthenien, organische Hirnkrankungen, Epilepsien, nach Einnahme von Halluzinogenen und bei Durchgangssyndromen.

Bei den Depersonalisationen unterscheidet man:

- **Allopsychische Depersonalisation:** diese entspricht der Derealisation; Entfremdung der Wahrnehmungswelt.
- **Autopsychische Depersonalisation:** Entfremdungerlebnisse eigener psychischer Akte, Handlungen und Gefühle.
- **somatopsychische Depersonalisation:** Verfremdung und Veränderung des subjektiven Erlebens; Körper und einzelne Körperteile, aber auch eigene Bewegungen, werden als fremd oder nicht vorhanden erlebt.

3.6 Zwangssymptome

Ein Zwang liegt vor, wenn es nicht gelingt, sich immer wieder aufdrängende Denkinhalte oder Handlungsimpulse zu unterdrücken oder zu verdrängen, obwohl erkennbar ist, daß diese unsinnig oder unbegründet sind. Werden sich aufdrängende Handlungsimpulse oder Denkinhalte nicht durchgeführt oder wird versucht, diese zu verdrängen, so resultiert daraus mitunter erhebliche Angst. Nicht die Zwangsinhalte sind das pathologische, sondern vielmehr der dominierende Charakter und die Unfähigkeit des Verdrängens, sowie die Tatsache, daß die Zwangsinhalte als unsinnig und persönlichkeitsfremd erlebt werden. Hier unterscheidet sich der Zwang insofern vom Wahn, als der Patient beim Zwang zwar auch nicht die Bewußtseinsinhalte verdrängen kann, diese aber gleichzeitig als unsinnig oder als ohne Grund beherrschend erkennt und beurteilt. Im allgemeinen neigen Zwangserscheinungen zu ständiger Wiederholung und zur Ausbreitung auf andere Gebiete. Leichtere Zwangsphänomene, die noch nicht dem pathologischen Bereich zugeordnet werden können, finden sich auch beim Gesunden.

▶ **Beispiel:** Häufig beobachtet der Gesunde an sich, daß er von bestimmten Namen, Wortfolgen oder Melodien nicht loskommt; verläßt er seine Wohnung, hat er manchmal auch das starke Bedürfnis, wieder in diese zurückzukehren um sich davon zu überzeugen, daß Gashahn und Licht ausgeschaltet sind.

Viele Menschen wiederholen bestimmte Handlungen mehrmals, um sich der Angelegenheit völlig sicher zu sein. Immer wieder begegnet man zwanghaften Ritualen beim Essen, Einschlafen, Waschen usw., ohne daß die Betreffenden diese fixierten Gewohnheiten als qualvoll empfinden. Der pathologische Zwang ist gegenüber diesen Zwangshandlungen des Alltags dem Inhalt nach nur graduell, der Intensität nach jedoch grundlegend zu unterscheiden.

> Der pathologische Zwang, auch **Anankasmus** genannt (anankastisches Syndrom), kann sich im Denken, Fühlen und Handeln äußern.

Zwänge können sich zeigen als:
- Zwangsvorstellungen und Zwangsbefürchtungen
- Zwangseinfälle
- Zwangsimpulse
- Zwangshandlung
- Zwangszeremoniell
- Zwangsdenken.

Zwangsvorstellung und Zwangsbefürchtung

Bei der *Zwangsvorstellung* drängen sich Vorstellungen, Zweifel, Befürchtungen dem Bewußtsein auf und können durch Willen nicht beseitigt werden. Es besteht ein Kampf zwischen den sich ständig aufdrängenden Ideen und Befürchtungen und dem vernunftmäßigem Denken.

▶ **Beispiel:** Während einer kirchlichen Veranstaltung mußte sich eine Paticntin immer den Pfarrer nackt und bei der Stuhlentleerung vorstellen.

Bei *Zwangsbefürchtungen* ängstigen sich die Betroffen um Angehörige, wähnen diese in großer Gefahr, obwohl sie sich der Unsinnigkeit dieser Befürchtungen bewußt sind.

Zwangsimpulse

Hier handelt es sich bevorzugt um Zwänge aggressiver Art, wobei die Patienten in ständiger Angst leben, dem Mitmenschen oder einen nahen Angehörigen impulsiv zu verletzen oder sonst irgendwie zu schädigen. Gewöhnlich geben die Kranken dem Zwangsimpuls aber nicht nach, eine ausführende Handlung erfolgt in der Regel nicht.

▶ **Beispiel:** Eine zwangsimpulsive Mutter ist unfähig, mit ihrem Kind auf dem Arm über eine Brücke zu gehen, da sie befürchtet, auf der Brücke „den Kopf zu verlieren" um mit ihrem Kind in das Wasser zu springen.

▶ **Beispiel:** Einem zwangsimpulsiven Mann ist es nur unter schwerer Angst möglich, ein Messer in die Hand zu nehmen, da er befürchtet einen Menschen impulsiv damit zu verletzen.

Zwangsimpulse werden vorübergehend auch bei Gesunden beobachtet: Impuls, sich beim Blick von einem Turm in die Tiefe zu stürzen.

Patienten, die aus Angst, ihre Mitmenschen zu verletzen, kein Messer mehr zur Hand nehmen können, werden auch bald keinen spitzen Gegenstand mehr gebrauchen, keinen Bleistift, keinen Kugelschreiber und keine Gabel.

Zwangshandlungen
Hier besteht der unwiderstehliche Drang, gegen oder ohne den eigenen Willen Handlungen ausführen zu müssen. Man begegnet hier zahlreichen Varianten: Zählzwang, Kontrollzwang, Ordnungszwang, Waschzwang usw.

Besonders häufig ist der **Kontrollzwang**, bei dem wiederholt überprüft wird, ob der Gashahn abgedreht, das Licht ausgeschaltet, die Türe zugesperrt und der Brief auch richtig eingeworfen ist. In schweren Fällen sind Patienten mit Kontrollzwang nahezu unfähig, ihre Wohnung zu verlassen, kommen meist nur bis zur Wohnungstür, um dann wieder umzukehren und den Gashahn erneut auf seine Dichtheit zu überprüfen. Beim **Ordnungszwang** muß eine festgefahrene und bestimmte Ordnung immer wieder aufs Neue hergestellt werden, beim **Waschzwang** werden Hände und andere Körperteile abnorm häufig, gelegentlich bis hin zu schweren Hautschäden gewaschen und gereinigt.

Zwangshandlungen sind häufig progredient und nehmen an Intensität zu. Aus einem Zwangssymptom kann sich eine **Zwangskrankheit** (malignes Zwangssyndrom) entwickeln. Ebenfalls zu den Zwangshandlungen wurde bisher die **Kleptomanie** gezählt, bei der der unwiderstehliche Drang verspürt wird, alle möglichen Dinge, auch nicht benötigte Gegenstände (u.a. auch Fetische) zu stehlen. Nach der ICD 10 wird die **Kleptomanie** neuerdings zu den Impulsstörungen gerechnet.

Zwangszeremoniell (Zwangsritual)
Das Zwangszeremoniell gehört zu den Zwangshandlungen, wobei es sich hier um eine komplexere Handlung, also um eine Zeremonie handelt. Der Betroffene muß eine ganz bestimmte Folge häufig wiederkehrender Verrichtungen ständig wiederholen; unterläßt er dies, entsteht schwere Angst.

▶ **Beispiel:** Eine Frau mit Anziehzwang zieht sich ununterbrochen aus und an; dabei kann es durchaus vorkommen, daß mehrere Lagen von Kleidungstücken übereinander angezogen werden. Das Anziehen erfolgt in einer ganz bestimmten Reihenfolge. Erst wenn ein weiteres Ankleiden in Folge „Stoffmangel" nicht mehr möglich ist, zieht sie sich wieder aus und beginnt von neuem.

Vorkommen von Zwangssyndromen
- *zwanghafte (anankastische) Persönlichkeiten:* hier zeigen sich meist leichtere Ausprägungen mit gelegentlicher Verstärkung bei Gravidität, Klimakterium oder bei Erschöpfungszuständen.
- *selbstunsichere Persönlichkeitsstrukturen:* auch hier zeigen sich Zwänge bei ständig bestehendem Insuffizienz- und Schuldgefühl des Selbstunsicheren, der ständig in der Angst lebt, etwas versäumt oder etwas Schlimmes verbrochen zu haben.
- *Zwangsneurose:* hier finden sich Zwangserscheinungen in allen Variationen, von leichter bis zu schwerster Form. Manifestation im allgemeinen während oder kurz nach der Pubertät. Gelegentlich Vorkommen von Zwangslachen, d.h. einem gegen den Willen auftretendes und vom Kranken als wesensfremd empfundenes Lachen.
- *depressive Phasen bei Zyklothymie:* Gelegentlich kann bei depressiven Phasen im Rahmen einer Zyklothymie die Zwangssymptomatik ganz im Vordergrund stehen. Man spricht dann von anankastischer Depression, die häufig auch mit starken Schuldgefühlen einhergeht. Häufiges Zwangsphänomen bei Depressiven ist das Zwangsdenken, (Zwangsgrübeln, Gedankenkreisen).
- *Schizophrenie:* hier finden sich Zwangssymptome meist zu Beginn der Erkrankung. Im weiteren Verlauf nimmt dann die Zwangssymptomatik mehr wahnhaften Charakter an, und gerade hier besteht dann der Unterschied zur echten Zwangssymptomatik: wahnhafte Patienten empfinden ihre Vorstellungen keinesfalls als unsinnig. Ihnen fehlt beispielswei-

se im Gegensatz zum Zwangsneurotiker die Einsicht in die Krankhaftigkeit.
- *Hirnerkrankungen:* speziell bei Erkrankungen des Stammhirns zeigen sich Zwangssyndrome; aber auch bei der Multiplen Sklerose, bei den vaskulären Demenzen, bei Epilepsien und bei M. Wilson.

Zwangserscheinungen beobachtet man letztlich bei den verschiedensten psychischen Krankheiten; es handelt sich um die häufigsten und letztlich unspezifischen psychischen Reaktionsweisen des Menschen. Zwangsphänomene sind multifaktoriell bedingt und lassen sich wohl kaum auf eine einzige Entstehungsursache zurückführen. Das therapeutische Vorgehen wird von der Grundkrankheit bestimmt.

3.7 Antriebsstörungen
✓

Bei der Störung des Antriebs ist eine psychische Grundfunktion gestört, die die Voraussetzung für die normale Funktion anderer höherer psychischer Leistungen ist. Dabei liegt eine Veränderung vor, die vom Willen nicht zu steuern ist, und die sich als Hemmung oder als Steigerung, also in herabgesetztem oder enthemmtem Antrieb zeigen kann.

Formen des herabgesetzten Antriebs

Antriebsminderung, Antriebsmangel
Der Spontanantrieb fehlt oder ist deutlich herabgesetzt. Dies zeigt sich klinisch in Trägheit, Interessenlosigkeit, oft verbunden mit reaktiver Verstimmung, in fortgeschrittenen Fällen auch mit affektiver Gleichgültigkeit und Stumpfheit, Schwerfälligkeit bis hin zur Apathie. Antriebsminderung kann häufig durch Fremdantrieb gebessert werden. **Vorkommen:** Störungen der Frontalhirnkonvexität (Stirnhirn-Abulie), Hypophysentumoren, Hypothyreose, Enzephalitis, Hirntumoren, verschiedene Schwachsinnsformen.

Antriebsverarmung
Ursprünglich vorhandene Antriebe sind geschwunden. Der Antrieb kann weder durch eigene Anstrengung noch durch Fremdantrieb gebessert werden. **Vorkommen:** bei organischer Hirnschädigung, bei schizophrenen Residuen.

Antriebsschwäche
Gelegentlich wird diese der Antriebsminderung (Antriebsmangel) gleichgesetzt. Mitunter differenziert man dahingehend, daß bei Antriebsschwäche ein zunächst vorhandener Antrieb rasch erlahmt oder aber bei genügender Anstrengung des Patienten der Antrieb einigermaßen aufrechterhalten werden kann, während bei der Antriebsminderung der eigene Antrieb von Anfang an geschwächt ist und nur durch Fremdantrieb – meist mangelhaft – verbessert werden kann. **Vorkommen:** hauptsächlich Störungen der Stirnhirnkonvexität.

Antriebshemmung
Hier ist der Antrieb mehr oder weniger stark herabgesetzt, wobei der Betroffene darunter leidet und gerne einen stärkeren Antrieb hätte. Durch Willensanstrengung ist der Antrieb nicht steigerbar. Es besteht also eine Unfähigkeit zur Durchführung beabsichtiger Handlungen, häufig liegt auch eine nach außen hin nicht feststellbare innere Unruhe und Getriebenheit vor. Antriebshemmung äußert sich in einer Verlangsamung der Bewegungsabläufe und in einem mehr oder weniger ausgeprägten Minderung der Entschluß- und Handlungsfähigkeit. Das Spektrum kann hin bis zum sogenannten „depressiven Stupor" reichen, wobei dann der Kranke nahezu völlig bewegungslos ist und kaum mehr auf Aufforderungen und Fragen reagiert. **Vorkommen:** endogene Depression.

Antriebssperre
Hier halten Patienten schlagartig und spontan in einer momentanen Tätigkeit inne, d. h. der An-

trieb wird spontan „gesperrt". Ist der Zustand aufgehoben – was unter Umständen plötzlich geschehen kann – so findet sich normaler Antrieb. **Vorkommen:** katatone Form der Schizophrenie.

Formen des gesteigerten Antriebs

Antriebsenthemmung (Antriebssteigerung)
Vermehrung des spontanen Antriebs bis hin zum unkontrolliert gesteigerten Antrieb. Dies äußert sich in allgemeiner Unruhe, Rastlosigkeit, Triebhaftigkeit, ständigem Sprechen, und in schweren Fällen auch in plötzlich einschießenden Impulshandlungen. **Vorkommen:** sowohl normalpsychologisch bei affektiver Erregung als auch als Krankheitssymptom bei Manie, Enzephalitiden, agitierter Depression, Rauschzuständen (z.B: Amphetaminmißbrauch), Durchgangssyndromen, bei organischer Wesensänderung und bei katatoner Erregung (katatone Form der Schizophrenie).

Beschäftigungszwang
Häufig als quälend empfundener Zwang zu ununterbrochener und meist unproduktiver Beschäftigung. Vorkommen gelegentlich auch als rastloser Tätigkeitsdrang als neurotisches Symptom. **Vorkommen**: Zwangsneurose, Anorexia nervosa.

Weitere psychomotorische Störungen mit Störungen des Antriebs

Mutismus
Trotz organisch intakter Sprechorgane schweigen die Patienten beharrlich, wobei das Schweigen einer Absicht entsprechen kann oder mit einer krankhaften Geistesstörung in Zusammenhang steht. **Vorkommen**: Neurosen, psychogener Stupor, Schrecklähmung, heftige Gemütsbewegungen, Katatonie, Wahnkrankheiten.

Abzugrenzen davon ist der **akinetische Mutismus** als unspezifisches klinisches Syndrom mit Hemmung aller motorischen Funktionen einschließlich Sprache, Mimik und Gestik. Die Patienten bewegen und sprechen nicht spontan, folgen Aufforderungen nur zögerlich und stark verlangsamt. Dennoch besteht volle Wachheit und volles Bewußtsein. Eine Sonderform stellt der **elektive Mutismus** dar als seltene Störung im Kindesalter, bei der ein Kind nicht oder kaum spricht, obwohl ausreichende Sprachfähigkeiten vorliegen.

Hypokinese und Akinese
Hierunter versteht man einen Mangel an Bewegung, bzw. eine Bewegungslosigkeit. **Vorkommen**: Stupor, Schrecklähmung und weitere seelische Ursachen, ferner bei schwerem Parkinsonismus.

Katalepsie
Hier verharren Patienten in einer einmal eingenommenen Körperhaltung mit Muskeltonuserhöhung und Willensstörung über einen längeren Zeitraum hinweg. Hierbei handelt es sich um ein Einzelsymptom der katatonen Form der Schizophrenie. Der Begriff wird uneinheitlich gebraucht, gelegentlich mit der **Flexibilitas cerea** gleichgesetzt, mitunter aber auch zur Beschreibung einer absoluten Passivität mit Unfähigkeit zu Spontanbewegungen angewendet.

Das ständige Einnehmen einer unbequemen Haltung über einen längeren Zeitraum hinweg führte früher häufig zu schweren organischen Schäden, da solche unbequemen Stellungen gelegentlich Monate beibehalten wurden. Kataleptische Dauerzustände sind heute selten.

Vorkommen: künstlich erzeugt durch Hypnose, Hysterie, katatone Form der Schizophrenie.

Stupor
Beim Stupor fehlt jegliche körperliche oder psychische Aktivität, obwohl der Betroffene bewußtseinsklar ist, dennoch aber in keiner Weise in Beziehung mit dem ihn Ansprechenden tritt. Spontane Bewegungen fehlen, und es besteht

Amimie mit starrem Gesicht und ausdruckslosem Blick. Auch auf Schmerzreize folgt meist keine Reaktion und es besteht ein Nichtsprechen (Mutismus). Je nach Schwere ist künstliche Ernährung erforderlich. **Vorkommen**: Psychogen, gehemmt-depressives Syndrom in schwerer Ausprägung, endogene Depression, epileptische Psychosen (postepileptischer Stupor), katatone Form der Schizophrenie (sog. negativistischer Stupor).

Negativismus
Der Kranke weigert sich, auf Außenreize aktiv oder passiv in adäquater Weise zu reagieren. Häufig tut er auch genau das Gegenteil von dem, was er tun soll. Man unterscheidet zwischen äußerem und innerem Negativismus. Zum äußeren Negativismus gehört der passive Negativismus (Widerstand gegen passive Bewegungen) und der aktive Negativismus (Befehlsnegativismus). Zum inneren Negativismus rechnet man den Willensnegativismus und den intellektuellen Negativismus. **Vorkommen**: katatone Form der Schizophrenie.

▸ **Beispiel**: Der Patient ißt seine Suppe mit der Gabel und den Nachtisch mit dem Suppenlöffel. Andere Patienten sagen wiederum bei einer jeden Äußerung immer das Gegenteil: „Ich bin beim Arzt, ich bin nicht beim Arzt" (intellektueller Negativismus). Gelegentlich ist Negativismus auch die Ursache von Aggressionen oder gar Wutanfällen.

Kataplexie
Schlagartiges Nachlassen des Muskeltonus bei Affekten wie Schreckerlebnisse, Freude, Lachen. **Vorkommen**: Narkolepsie.

Kataplexie kann sich aber auch durch plötzliche Erhöhung der Muskelspannung am ganzen Körper zeigen. **Vorkommen**: heftige Schreckreaktionen.

Stereotypie
Die Patienten wiederholen ständig die gleichen Bewegungen, laufen ständig mit gleicher Schrittzahl im Zimmer auf und ab. Stereotypien können sich als rhythmisch ablaufende Bewegungsstereotypien oder als sprachliche Stereotypien (Verbigeration) zeigen. Sprachstereotypien haben zwanghaften Charakter und können vom Zwang kaum unterschieden werden. Auch Manieriertheit kann den Stereotypien zugeordnet werden.

▸ **Beispiel**: Ein Patient murmelt ununterbrochen: „Ich kann mir dies vorstellen, ich kann mir dies nicht vorstellen, ich kann mir dies vorstellen, ich kann mir dies nicht vorstellen, ich kann...".

Raptus
Hierbei handelt es sich um einen ungeordneten Bewegungssturm mit gewaltsamen Handlungen, die aus einem Zustand der Ruhe heraus auftreten. **Vorkommen**: als Raptus melancholicus aus schwerer depressiver Hemmung heraus und als Raptus hystericus als plötzlicher hysterischer psychogener Erregungszustand mit Gewalthandlungen, Tötungsdelikten und Fortlaufen. Ferner bei Manien und Schizophrenien.

Befehlsautomatie
Zwanghaftes Befolgen von Befehlen gegen den eigenen Willen. Der Kranke führt alles aus, was man ihm befiehlt. **Vorkommen**: Schizophrenie.

Echopraxie und Echolalie
Bei der Echopraxie ahmen die Patienten vorgemachte Bewegungen nach, bei der Echolalie sprechen sie vorgesprochene Sätze oder Worte mechanisch nach. Es besteht Verwandtschaft zum Zwang. **Vorkommen**: Schizophrenie.

Erregung

> Erregung kann sich psychomotorisch und sprachlich äußern: die Kranken schreien, lärmen, schlagen Purzelbäume, hüpfen über die Betten und schaukeln an der Deckenlampe. Letzlich bezeichnet der Ausdruck „Erregung" in der Psychiatrie einen Zustand gesteigerter psychischer oder motorischer Funktionen.

Vorkommen: Manie, agitierte Depression, katatone Form der Schizophrenie, Dämmerzustände, symptomatische Psychosen, Drogenrausch, aufwühlende und belastende Erlebnisse. Erregung geht häufig einher mit **Hyperkinese**, einer Bewegungsunruhe von impulsivem Charakter mit Steigerung der Motorik. Hyperkinese beobachtet man bei hirngeschädigten Kindern sowie bei Psychosen.

3.8 Affektstörungen

Bei Affektstörungen liegt eine krankhafte Veränderung in Ansprechbarkeit und Entäußerung der Affekte vor. Affekte sind kurzzeitige, allerdings überaus heftige Gefühlsausbrüche, wobei Quantität und Qualität des Affektes von der jeweiligen Grundstimmung abhängig sind.

Formen der Affektstörungen

Inadäquater Affekt (Parathymie)
Dies bezeichnet einen einer Situation nicht entsprechenden Affekt bzw. Affektäußerung; d.h. Gefühlsausdruck und Gedankeninhalt, bzw. Erlebnisinhalt stimmen nicht überein. Ein inadäquater Affekt liegt beispielsweise vor, wenn eine Person auf einer Beerdigung plötzlich laut zu lachen beginnt. **Vorkommen:** Schizophrenien (vor allem Hebephrenie)

Affektive Verarmung
Hier überwiegen affektive Steifigkeit und/oder Modulationsarmut. Bei schweren Fällen zeigt sich vollkommene Gleichgültigkeit und Apathie. Man spricht bei diesem Zustand von Gemütsverödung oder Athymie. **Vorkommen:** Schizophrenien, organische Psychosyndrome.

Affektinkontinenz
Hier liegt eine verringerte Steuerungsfähigkeit der Gefühlsäußerung vor, d.h. es fehlt die Beherrschung von Affektäußerungen. Schon bei geringsten traurigen Eindrücken brechen solche Patienten in Tränen aus. Ebenso wie Freude und Trauer können auch Wut und zornige Verärgerung schon durch leichte auslösende Momente ein extremes Maß annehmen. **Vorkommen:** symptomatische Psychosen, organische Wesensänderung, Schizophrenien, Manie.

Affektlabilität
Hier besteht ein rascher und überschießender Stimmungswechsel, meist schon bei geringfügigen Anlässen. Vielfach sind Affektlabilität und Affektinkontinenz gleichzeitig vorhanden. Häufiger ist der rasche Wechsel von gegensätzlichen Affekten, weniger häufig der Wechsel zwischen Normalstimmung und affektiver Entäußerung. **Vorkommen:** körperlich begründbare Psychosen, Manien, Oligophrenien, Hysterie.

Apathie

 Hier besteht völlige Gefühlslosigkeit und Teilnahmslosigkeit, die spontane Aktivität fehlt.

Vorkommen: schwere Depressionen, Schizophrenie, Neurosen, abnorme Erlebnisreaktionen.

Torpidität

 Stumpfheit bei Schwachsinnigen. Meist haben solche Kranken nur Freude am Essen und Schlafen, zeigen ansonsten mangelhafte Interessen. Aber auch vorhandene Fähigkeiten werden nur mangelhaft oder nicht ausgenutzt. Gelegentlich zeigt sich auch Verwahrlosung.

Vorkommen: Schwachsinnige.

Affektstauung
Affekte stauen sich an und werden subjektiv als Spannungs- und Unruhegefühl erlebt. Plötzlich kann sich dann diese Affektstauung in Form eines Affektsturms entladen. **Vorkommen:** endogene Depression, Schizophrenien.

Affektstarre
Affekte können nicht geäußert werden, obwohl sie vorhanden sind. In schweren Fällen zeigt sich die Affektstarre als Affektstupor (Emotionsstupor). **Vorkommen**: Schizophrenien, Zwangsneurosen.

Affektstupor (Emotionsstupor)
Fast vollständige Sperrung der Affektivität bei plötzlichen schweren seelischen Erschütterungen. Häufig besteht gleichzeitig mehr oder weniger starke Reduktion der Psychomotorik, während Denkvorgänge weiterlaufen. **Vorkommen**: bei Katastrophenerlebnissen, Soldaten im Kampf, bei Prüfungen i. S. e. akuten Belastungsreaktion.

Angst
Es handelt sich um ein im Gegensatz zur Furcht gegenstandsloses, qualvolles und unbestimmtes Gefühl der Beengung, Bedrohung und des Ausgeliefertseins. Während sich die Furcht auf reale Objekte bezieht, ist die Angst ungerichtet, unbestimmt und geht ebenso mit einer Reihe vegetativer Erscheinungen einher (Hitzegefühl, Magenschmerzen, Zittern, Herzklopfen, Schweißausbrüche, Herzschmerzen, Harndrang usw.). Angst kann sich als frei flottierende, unbestimmte Angst, aber auch als anfallsartig auftretende Panikattacke zeigen.

Vorkommen: gelegentlich beim psychisch Gesunden, z. B. bei Überforderung, im Examen oder in Erwartung unangenehmer Ereignisse. Ferner bei agitierten Depressionen, bei Angstneurosen, Zwangsneurosen, Wahnerkrankungen und schizophrenen Psychosen. Paroxysmal auftretende Zustände elementarer Angst zeigen sich bei neurotischer Herzangst (Herzneurose), bei der die Betroffenen (Verhältnis Männer zu Frauen 3:2) von der extremen Angst erfüllt sind, ihr Herz könne jeden Moment aussetzen.

Phobien
Bei einer Phobie handelt es sich um ein an bestimmte Vorstellungen oder Lebenssituationen gebundenes, inhaltlich grundloses Angstgefühl, das meist zu bestimmten Handlungen und Unterlassungen zwingt. Grundsätzlich ist die Phobie – im Gegensatz zur frei flottierenden, gegenstandslosen Angst – immer an bestimmte Situationen, an Räume, an Tiere, an Gegenstände oder Menschen gebunden. Die Phobien als Neuroseformen können in vielerlei Gestalt auftreten und über Jahre und Jahrzehnte hinweg existieren. Besonders häufig sind Agoraphobie (Platzangst), Agrophobie (Höhenangst), Klaustrophobie (Angst vor geschlossenen Räumen) und Tierphobie. Phobische Ängste breiten sich in einem Teil der Fälle immer weiter und auf viele Lebensbereiche aus.

Vorkommen: als Neuroseform.

3.9 Kontaktstörungen

> Unfähigkeit, Isolation zu überwinden und die soziale Distanz zum Mitmenschen zu verringern.

Die Beeinträchtigung des emotionalen Kontaktes ist für die Frühdiagnose ein wichtiges Symptom, vor allem bei Verläufen mit blandem Wesenswandel. Dabei ist aber zu beachten, daß wirklich nur bei deutlicher bis sehr deutlicher Ausprägung die Symptomatik diagnostisch brauchbar und der Subjektivität des Eindrucks enthoben ist.

Mit Kontaktstörungen vergesellschaftet sind häufig Sexual- und Antriebsstörungen. Häufig sind auch Ersatzbefriedigungen wie Alkoholismus, Medikamenten- und Drogensucht Begleitstörungen kontakgestörter Menschen („Flucht in die Sucht"). Während die genannten Ersatzbefriedigungen nahezu immer aus Kontaktstörungen resultieren, können Kontaktstörungen auch Folge primär vorhandener Sexualstörungen sein.

Die Kontaktfähigkeit des Menschen kann quantitativ und/oder qualitativ gestört sein.

Quantitative Kontaktstörung

Hier findet sich ein fließender Übergang von totaler Distanzlosigkeit bis hin zur völligen Kontaktunfähigkeit. Distanzlose und „kontaktsüchtige" Menschen finden aufgrund ihrer mangelhaften Erlebnistiefe häufig zeitlebens keinen Menschen, dem sie vertrauen und der sie versteht. Eine mehr oder minder starke Distanzlosigkeit beobachtet man beim Alkoholiker, bei manischen Syndromen, bei Morbus Pick, bei Frontalhirnschäden, bei Minderbegabung und bei abnormen Persönlichkeiten (geltungssüchtige, hysterische und hyperthyme Persönlichkeiten). Kontaktunfähigkeit bzw. Kontaktschwäche beobachtet man bei selbstunsicheren Persönlichkeiten, bei Neurosen, Schizophrenen, ferner bei schizoiden Persönlichkeiten sowie bei allen Formen der Depression. Anhaltender Kontaktmangel führt gelegentlich zum sog. **Kontaktmangelparanoid** (nach Janzarik).

Qualitative Kontaktstörung

Diese gehen in der Regel mit quantitativen Kontaktstörungen einher. Die qualitative Form kann sich folgendermaßen äußern: mißtrauisch, aggressiv, bizarr, ängstlich, oberflächlich usw. So sind beispielsweise Hysteriker zwar leicht kontaktfähig aber im Kontakt oberflächlich (quantitativ gesteigerte Kontaktfähigkeit bei qualitativer Oberflächlichkeit).

3.10 Bewußtseinsstörungen
✓

Die Bezeichnung „Bewußtseinsstörung" steht für alle wichtigen krankhaften Veränderungen des Bewußtseins. Dabei kann das Bewußtsein *vermindert* (quantitative Bewußtseinsstörung) oder *verändert* (qualitative Bewußtseinsstörung) sein. Während es sich bei den **quantitativen Bewußtseinsstörungen** um graduelle Abstufung von der Wachheit über Somnolenz handelt, sind bei den qualitativen Bewußtseinsstörungen Bewußtseinstiefe oder Bewußtseinsklarheit vermindert, wie dies bei Delir, beim einfachen Verwirrtheitszustand oder beim Dämmerzustand der Fall ist.

Hier ist die Wachheit abgestuft vermindert. Jede quantitative Bewußtseinsstörung zeigt eine akute Gefährdung des Patienten an. Man teilt die **quantitativen Bewußtseinsstörungen** ein in:

- **Somnolenz**: Verlangsamung aller psychomotorischen Funktionen und vermehrte Schlafneigung. Patienten wirken abwesend, apathisch-stumpf, zeigen stark herabgesetzte Konzentration und Aufmerksamkeit und in schwereren Fällen auch bereits Orientierungsstörungen.
- **Sopor**: schlafähnlicher Zustand, aus dem der Patient nur noch durch stärkste Reize zu wecken ist.
- **Koma:** der Kranke führt im Präkoma nur noch auf Schmerzreize koordinierte Bewegungen aus und reagiert im schweren Koma nicht mehr auf Schmerzreize. Zudem bestehen im schweren Koma ausgeprägt vegetative Funktionsstörungen.

Qualitative Bewußtseinsstörung
(verminderte Bewußtseinsklarheit)

- **Delir**: es besteht zeitliche, örtliche und situative Desorientiertheit, oft verbunden mit Halluzinationen, starker Sugestibilität, amnestischen Lücken und vegetativen Symptomen.
- **Dämmerzustand:** hier sind die einzelnen psychomotorischen Funktionen eingeschränkt und verzögert und die Patienten bewegen sich „traumwandlerisch". Halluzinationen und illusionäre Verkennungen kommen vor. Rede und Gedankengang sind verlangsamt und eingeengt, gelegentlich besteht aber auch ein ungezügelter Rededrang. Das Denken verläuft ungeordnet (ungeordneter Dämmerzustand) oder aber lediglich verlangsamt und geordnet (orientierter Dämmerzustand). Gelegentlich kommt es zu plötzlichen Veränderungen von Affektivität, Stimmung und Antrieb und es

setzen heftige Erregungszustände, Angstanfälle, Zorn und Wutausbrüche ein, die ebenso rasch wieder durch Apathie und stuporös-somnolentes Verhalten ersetzt werden können. Für die Zeit des Dämmerzustandes besteht Amnesie. Häufiges Vorkommen als postparoxysmale Dämmerzustände, bei Epilepsien sowie bei seltenen psychogenen Dämmerzuständen.

- **einfacher Verwirrheitszustand:** hier stehen Denkstörungen im Vordergrund: Ideenflucht, Weitschweifigkeit oder Umständlichkeit des Denkens, Verlust der Zielvorstellung, sprunghaftes oder inkohärentes Denken. Die Patienten reagieren auf Fragen nicht adäquat, wechseln rasch das Thema und führen oftmals Selbstgespräche. Häufig bestehen örtliche und zeitliche, seltener aber situative Desorientiertheit.

Illusionäre Verkennungen sowie sich daraus ergebende Fehlhandlungen kommen häufiger vor. Eine Vielfalt von Denkstörungen kann in unterschiedlichem Maß vorhanden sein.

Vorkommen: bei hirnorganischen Psychosyndromen (Multiinfarktdemenz, M. Alzheimer). Bei letzteren zeigt sich häufig Affektinkontinenz und Affektlabilität, ferner Umtriebigkeit und Unruhe mit der Neigung, davonzulaufen. Weitere Ursachen: schwere grippale Infekte, Leberleiden, Diabetes mellitus, schleichende Infektionen des Urogenitalsystems.

3.11 Orientierungsstörungen

Bei Orientierungsstörungen ist die Orientierung mangelhaft, unsicher oder gänzlich aufgehoben. Orientierungsstörungen können Ort und Raum, die Situation, das Zeitgefühl oder die eigene Person betreffen.

Zeitliche Orientierungsstörung
Unfähigkeit zur Bestimmung der Zeit und mehr oder weniger gestörtes Zeitgefühl. Schon bei geringer Bewußtseinstrübung oder Gedächtnisstörung ist die zeitliche Orientierung gestört, vor allem die Orientierung über Tag und Tageszeit wegen des relativ häufigen Wechsels.

Räumliche Orientierungsstörung
Unfähigkeit zur Orientierung innerhalb eines Raumes (Wohnung, Ortschaft usw.). Vorkommen bei Alzheimerscher Demenz und anderen Demenzformen sowie bei Hirnschädigungen in der Parieto-Occipital-Region.

Örtliche Orientierungsstörung
Unfähigkeit zur Bestimmung des gegenwärtigen Aufenthaltsortes. Vorkommen bei Bewußtseinstrübung und während Demenzen, auch bei leichteren hirnorganischen Krankheiten, wenn der Kranke in eine fremde Umgebung gebracht wird.

Autopsychische Orientierungsstörung
Unfähigkeit, über die eigene Person richtige Angaben zu machen. Vorkommen bei schweren organischen Hirnkrankheiten.

Zweiter Teil

Spezielle Psychiatrie

4 Körperlich begründbare psychische Krankheitsbilder

Viele körperliche Erkrankungen können zu psycho-pathologisch unterschiedlichen Syndromen führen. Dabei können sowohl produktive Symptome (sogenannte **Plussymptome**) mit Wahn oder Halluzinationen als auch **Minussymptome** (z. B. Gedächtnisstörungen, Antriebsverlust) auftreten. Die Symptomatik entsteht dabei durch diffuse oder lokale Schädigung des Gehirns im Rahmen der jeweiligen körperlichen Erkrankung.

4.1 Akute symptomatische ✓✓✓ Psychosen, akute organische Psychosen, Durchgangssyndrom

Unter einer symptomatischen Psychose versteht man einen psychotischen Zustand als Folge einer akuten, schweren Allgemeinerkrankung oder einer organischen Hirnkrankheit, bzw. Hirnschädigung. Bei den symptomatischen Psychosen wirken Noxen direkt oder indirekt auf das Gehirn ein und veranlassen dieses zu akuten Reaktionen. Man spricht bei symptomatischen Psychosen auch von **exogenen** Psychosen, körperlich begründbaren Psychosen oder von akuten exogenen Reaktionstypen (nach BONHOEFFER) und gelegentlich auch von Funktionspsychosen. Am gebräuchlichsten ist heute jedoch noch der Ausdruck „symptomatische Psychose".

Symptomatische Psychosen beobachtet man bei fast allen Hirnerkrankungen und bei vielen allgemein-körperlichen Erkrankungen. Grundleiden sind Nieren- und Leberinsuffizienz, Tumoren und andere raumfordernde Prozesse, entzündliche Prozesse, Traumata, Gefäßprozesse im Gehirn, Anämien, Epilepsien, schwere Infektionskrankheiten, Intoxikationen (Alkohol, Pharmaka), akute intermittierende Porphyrie, Vitaminmangelsyndrome.

Nahezu jeder Mensch erleidet im Zusammenhang mit körperlichen Erkrankungen (Fieber, Operationen, Unfälle, Intoxikationen) im Laufe seines Lebens körperlich begründbare psychische Störungen. Im höheren Alter sind diese gehäuft.

Ätiologisch sind symptomatische Psychosen unspezifisch, d. h. das äußere Erscheinungsbild der Psychose hängt nicht von der zugrundeliegenden körperlichen Erkrankung ab. Das Gehirn reagiert verhältnismäßig gleichförmig, weitgehend unabhängig vom zugrunde liegenden Leiden.

Symptomatische Psychosen unterscheiden sich von endogenen Psychosen zum einen durch Vorgeschichte und körperlichen Befund, zum anderen durch den psychopathologischen Befund. Wichtigstes Kriterium für eine symptomatische Psychose ist die **Bewußtseinstrübung**; diese läßt eine deutliche Abgrenzung zur endogenen Psychose zu. Das Fehlen einer Bewußtseinstrübung schließt eine körperlich begründbare Psychose nicht aus, so daß man deshalb bei den reversiblen organischen Psychosen Formen mit Bewußtseinstrübung (die eigentliche symptomatische Psychose) und solche ohne Bewußtseinstrübung, die sogenannten Durchgangssyndrome (nach WIECK), unterscheidet.

Klinisch lassen sich Durchgangssyndrome und Bewußtseinstrübung symptomatischer Psychosen mittels psychopathometrischer Verfahren genauer differenzieren. Bei leichteren Bewußtseinstrübungen kann der Patient dem Gespräch mehrerer Personen am Bett gewöhnlich nicht mehr mit Augenbewegungen folgen, während er dazu bei vorliegendem Durchgangssyndrom in der Lage ist. Die Kriterien einer Bewußtseinsstörung werden häufig verschieden definiert; brauchbare Merkmale sind unter anderem: **Aufmerksamkeitsstörungen, Merkfähigkeitsstörungen, Auffassungsstörungen, Konzentrationsstörungen, zeitliche und/oder räumliche Orientierungsstörungen, Hypo- oder Amnesie.**

Im allgemeinen klingen symptomatische Psychosen rasch ab und remittieren meist vollständig; denn dauerhafte Strukturschäden des Gehirns liegen im allgemeinen nicht vor. Allerdings können sie über ein Durchgangssyndrom ohne Bewußtseinsstörung in ein residuales organisches Psychosyndrom übergehen. Beim Durchgangssyndrom zeigen sich dann Orientierungs- und Gedächtnisstörungen, Reduktion von Antrieb und Affektivität, manchmal kombiniert mit Wahneinfällen und Trugwahrnehmungen, jedoch ohne Bewußtseinstrübung.

Symptomatische Psychosen gehen häufig mit optischen Halluzinationen einher (z.B. Alkoholhalluzinose). Das Delir ist das häufigste und somit diagnostisch ausschlaggebende Merkmal symptomatischer Psychosen.

Neuerdings erfolgt eine Einteilung auch in **akute organische Psychosen (akuter exogener Reaktionstyp)** und **chronische organische Psychosen (hirnorganisches Psychosyndrom)**, wobei die akuten organischen Psychosen den symptomatischen Psychosen entsprechen.

4.2 Hirnorganisches Psychosyndrom, organische Wesensänderung und Demenz

Das hirnorganische Psychosyndrom ist **ätiologisch unspezifisch** und kann die unterschiedlichsten Ursachen haben. Die psychopathologische Symptomatik wird aber vom Ausmaß und der Geschwindigkeit der Schädigung bestimmt; so tritt das **organische Psychosyndrom hauptsächlich bei allmählich einsetzender und chronisch voranschreitender Hirnschädigung** auf.

Organische Psychose und psychometrische Tests

Bei organischen Erkrankungen und Hirnverletzungen treten Einschränkungen der intellektuellen Leistungsfähigkeit und emotionale Labilität auf, deren Ausmaß aber nicht mit der Schädigung korreliert. Für Schädigungen des Gehirns gibt es keine spezifischen Testverfahren. Beobachtet man stärkere Einschränkungen bei der Prüfung von Gedächtnis, Schnelligkeit oder Lernfähigkeit als bei Tests, mit denen Wortschatz und Allgemeinwissen geprüft werden, so mag dies ein Hinweis sein auf eine Verschlechterung intellektueller Leistungsfähigkeit. Gerade Patienten mit organischen Erkrankungen und konsekutiv eingeschränkter Hirnleistungsfähigkeit zeigen auch eine Tendenz zur Stereotypie. Häufig bleiben solche Menschen in ihren Gedankengängen am Konkreten haften. Aufgrund der Anamnese und der übrigen Untersuchungsergebnisse ergibt sich die Indikation für psychometrische Untersuchungen (Testverfahren). Einfache Prüfungen intellektueller Leistungsfähigkeit offenbaren Gedächtnisausfälle, fehlerhafte situative Einschätzung, Lücken im Allgemeinwissen und Rechenschwierigkeiten. Bei *psychometrischen Tests* bedient man sich **objektiver Testverfahren** sowie **projektiver Testverfahren**.

> Eine organische Psychose muß angenommen werden und bedarf weiterer Abklärung, wenn nachfolgende Verhaltensweisen auftreten, die zuvor nicht beobachtet wurden:
>
> - Verhaltensabweichungen (Wutausbrüche, Exhibitionismus usw.)
> - Veränderungen im emotionalen Verhalten
> - Nachlassen von Gedächtnisleistungen
> - Gefühlsverarmung
> - Interesselosigkeit (vor allem Hobbies)
> - Verlust schöpferischer Leistung
> - Vernachlässigung der eigenen Person (Körperpflege, Essen, Beruf)
> - Hemmungslosigkeit, Gleichgültigkeit
> - Versagen beim Ausführen gewohnter Tätigkeiten

Wenn eine Hirnfunktionsstörung mit affektiver Störung und insbesondere mit Einschränkungen der intellektuellen Leistungsfähigkeit einhergeht, wird sie als Demenz bezeichnet. Die charakteristischen Erscheinungen dieser Störungen werden als „organisches Psychosyndrom" zusammengefaßt, wofür eine Vielzahl pathologischer Prozesse als Auslöser oder Ursache in Frage kommt.

Beispiele für das hirnorganische Psychosyndrom

- **Demenz vom Alzheimer Typ** (z. B. M. Alzheimer und M. Pick) Die Alzheimer-Demenz ist die häufigste Ursache des organischen Psychosyndroms im Alter. Sie stellt über 50 % aller dementiellen Erkrankungen bei alten Menschen dar (siehe 4.3).
- **Vaskuläre Demenz** (Demenz vom Multiinfarkt-Typ, MID). Hier handelt es sich um die zweithäufigste Erscheinungsform. Multiinfarktdemenz ist der neuere Ausdruck einer auf vaskulärer Ursache beruhenden Demenz, (z. B. bei chronischem arteriellen Hypertonus). Früher sprach man auch von arteriosklerotischer Demenz, wobei aber diese Form der Demenz nicht auf einer arteriosklerotischen Gefäßveränderung allein beruht, sondern auf den daraus resultierenden Miniinfarkten (siehe 4.3).
- **Sekundäre Demenzen**. Sie sind extracerebralen Ursprungs und können als Sekundärsymptomatik internistischer Erkrankungen entstehen.
- **Infantile Demenz**. Hier liegt ein akut oder schleichend beginnender Abbau intellektueller Fähigkeiten mit Beginn im 3.-4. Lebensjahr nach zunächst normaler Entwicklung vor. Man beobachtet Charakterveränderungen, Sprachstörungen und Denkstörungen. Die Ätiologie ist meist unklar; gelegentlich sind Stoffwechselstörungen die Ursache.

Viele Patienten werden trotz erheblicher organischer Veränderungen am Gehirn nicht auffällig, wenn ihr soziales Umfeld stabil ist. Emotional stark belastende Veränderungen im psychischen bzw. sozialen Bereich können jedoch zu einer Dekompensation und damit zu einem hirnorganischen Psychosyndrom führen. Entsprechende Auslöser sind:

- Ortswechsel
- Vereinsamung
- operative Eingriffe.

Typische Symptomatik des hirnorganischen Psychosyndroms
- Beeinträchtigung des Kurzzeitgedächtnisses, später des Langzeitgedächtnisses.
- Störungen des Auffassungsvermögens und der Konzentrationsfähigkeit
- Verlust der Abstraktionsfähigkeit
- Einschränkung der Kritik- und Urteilsfähigkeit
- Orientierungsstörung in Zeit und Raum
- Störungen des Nacht-Tag-Rhythmus
- psychomotorische Unruhe und depressive Verstimmung
- Affektlabilität und Affektinkontinenz
- Halluzinationen und Wahnideen
- organischer Persönlichkeitswandel.

Organische Wesensänderung und Demenz sind Leitsymptome chronischer körperlich begründbarer Psychosen.

Die organische Wesensänderung äußert sich insbesondere in Affekt- und Antriebsstörungen mit erhöhter Reizbarkeit, Verstimmbarkeit, Minderung der schöpferischen Fähigkeiten und in einer möglichen Entdifferenzierung des Charakters. Ehemalige Persönlichkeitseigenschaften werden oftmals deutlich zugespitzt, während andererseits differenzierte Persönlichkeitszüge abgeschwächt werden können. Letzteres äußert sich in Abnahme von Anstand und Takt, in Rücksichtslosigkeit, Beeinträchtigung ethischer Gefühle und Wertungen sowie in Verlust des Schamgefühls.

Erfaßt werden organische Wesensänderungen am besten durch Verhaltensbeobachtungen und Fremdanamnesen.

4.3 Einige wichtige Krankheitsbilder

Delir

Beim Delir handelt es sich um eine akute reversible (exogene) Psychose mit Bewußtseinstrübung und Sinnestäuschungen. Es finden sich Verwirrtheit, Angst und Erregung im Sinne einer Beschäftigungsunruhe neben Akoasmen (Gehörhalluzinationen mit Knallen, Zischen, Rascheln) und **optischen Halluzinationen** (Szenen mit kleinen Figuren). Meist finden sich auch **körperliche Symptome**, wie Tremor, vegetative Störungen und Kreislaufinsuffizienz. Häufig beobachtet man Greif- und Zupfbewegungen auf der Bettdecke (sog. Flockenlesen als Hinweis auf optische Halluzinationen) sowie Greifen nach halluzinierten Gegenständen und Tieren. Ferner kommt es zu sinn- und zweckloser stereotyper Leerlaufmotorik mit kleinen Bewegungsexkursionen.

Manchmal werden phantastische traumähnliche Bilder von szenischem Charakter erlebt, was man als **Oneiroid** bezeichnet. Das Bewußtsein ist im allgemeinen nur schwach getrübt, eine Amnesie besteht selten. Ebenso wie bei anderen Syndromen ist das Delir eine unspezifische Reaktion des Gehirns auf Noxen unterschiedlicher Art. Man beobachtet diese Reaktion bei chronischen Alkoholintoxikationen, hauptsächlich aber beim Alkoholentzug, ferner in allen Gradausprägungen bei Fieber, Hyperthyreosen und anderen inneren Krankheiten sowie nach Anwendung verschiedener Pharmaka (z.B. Trizyklische Antidepressiva in hoher Dosierung). Auch Entzüge von Benzodiazepinen und Barbituraten zeigen häufig delirante Zustände. Da das amentielle Syndrom und das Delir häufig ineinander übergehen, faßt man beide zum **amentiell-deliranten Syndrom** zusammen.

Dämmerzustand

Hier ist das Bewußtsein vorrangig verschoben, weniger getrübt oder eingeengt. Bemerkenswert ist, daß sich die Patienten meist gut zurechtfinden, jedoch sich in einem gewissen traumwandlerischen Zustand befinden. Die Patienten können dann die momentane Situation nicht verstehen, verkennen zumindest Zeit, gelegentlich auch Ort und Personen ihrer Umgebung. Dämmerzustände werden häufig nicht erkannt, da der Patient sich nach außen hin klar und besonnen zu verhalten scheint. Dennoch ist das Verhalten bezüglich einzelner Strebungen und Triebe unkontrolliert, weshalb im Dämmerzustand Gewalt- und Sexualverbrechen vorkommen.

Vorkommen: Epilepsien (postiktal), pathologische Rauschzustände, Intoxikationen und psychogene Störungen (Hysterie).

Verwirrtheitszustand (amentielles Syndrom)

Dieser Zustand geht einher mit Trübung des Bewußtseins, Verwirrtheit, Ratlosigkeit und Inkohärenz des Denkens. Halluzinationen stehen hier im Hintergrund. Im Gegensatz zum zerfahrenen Denken des Schizophrenen fehlt beim amentiellen Syndrom die Sprunghaftigkeit; vielmehr haften solche Personen „an aufgetauchten Gedanken" und zeigen außerdem eine gewisse Einbuße an kritischer Einschätzung. Häufig fehlt die vollständige Orientierung über Zeit und Raum und die eigene Person, dies führt zu Angst, Aggressivität und Ratlosigkeit. Nach Beendigung des Verwirrtheitszustandes besteht Amnesie.

Vorkommen: Hirnorganische Psychosyndrome, Hirntraumata.

Bei allgemeiner Hypotonie, insbesondere bei allen Formen cerebraler Minderperfusion zeigt sich eine verstärkte Symptomatik.

Halluzinosen

Hier stehen Halluzinationen von einem Sinnesgebiet im Vordergrund des psychopathologischen Bildes; es bestehen keine Bewußtseinsstörungen.

Die häufigsten Halluzinosen sind die

- **akustische Halluzinose** (vorwiegend bei chronischem Alkoholismus, wobei die Patienten Stimmen nicht anwesender Personen hören, die sie entweder beschimpfen oder über sie sprechen. Die Patienten reagieren überängstlich, versuchen zu fliehen und verstecken sich.
- **optische Halluzinose**: meist beim Mißbrauch von Halluzinogenen (z. B. LSD, Mescalin)
- **taktile Halluzinose:** oft bei Amphetamin-Abusus und bei älteren Menschen mit cerebraler Durchblutungsstörung sowie bei körperlich begründbaren Psychosen. Die Patienten sind unkorrigierbar davon überzeugt, daß auf ihrer Haut Ungeziefer, kleine Parasiten oder anderes Getier herumkrabbelt. Es kommt zu einer raschen Steigerung der Symptomatik; die Patienten klagen über Juckreiz und versuchen, dem vermeintlichen Ungeziefer durch starke Desinfektionsmittel oder durch Einfangen Herr zu werden. Bei Halluzinosen besteht keine Bewußtseinsstörung.

Hirnlokales Psychosyndrom (E. Bleuler)

 Man spricht auch vom psychoorganischem Syndrom (POS). Nach M. Bleuler stellt dieses eine Sonderform der organischen Wesensänderung dar. Es äußert sich in:

- Stimmungsänderungen
- Änderung des Antriebs
- Änderung der vitalen Einzeltriebe.

Die langandauernden oder episodischen Antriebsstörungen können sich in Steigerung oder Herabsetzung des Antriebs äußern. Meist kommt es zur Verschiebung der Stimmungslage, entweder zur Heiterkeit oder Gereiztheit hin. Elementare Einzeltriebe wie Hunger, Durst, Libido und Schlaf sind ebenfalls gestört. Allerdings kommt es beim hirnlokalen Psychosyndrom nicht zu mnestischen und intellektuellen Ausfällen, wie sie sich bei der *typischen* organischen Wesensänderung zeigen.

Grundkrankheiten sind häufig: Hirntumoren, postenzephalitische Zustände, Chorea Huntington und Hirntumoren bei Stammhirnsyndromen oder Stirnhirnsyndromen, Enzephalomyelitis disseminata.

Zusammenfassung der Symptomatik
- relativ früh erhöhte Ermüdbarkeit
- Antriebs- und Affektstörungen (vor allem Affektlabilität und Affektinkontinenz)
- Verminderung der Kritikfähigkeit
- Abulie (besteht aus Antriebsstörung, Mangel an Eigeninitiative, Verminderung der Spontaneität und Erlahmung früherer Interessen)
- gestörte Psychomotorik (Mimik, Gestik, Sprachmodulation betreffend)
- Persönlichkeitsveränderungen (Taktgefühl, Rücksichtnahme, akzentuierte und karikaturierte Eigenschaften)
- häufig Anosognosie (Nichterkennen der vorhandenen Erkrankung)
- erhöhte Reizbarkeit und gelegentlich Euphorie

Die Fassade ist häufig noch längere Zeit gut erhalten, ebenso wie der affektive Rapport. Notwendig sind deshalb gezielte Fragen, psychologische Testungen, ferner eine neurologische Untersuchung und Computertomographie und Kernspintomographie (NMR).

Korsakow-Syndrom

 Hierbei handelt es sich um eine ausgeprägte und typische Form des amnestischen Syndroms. Das Korsakow-Syndrom ist gekennzeichnet durch:

- Amnesie
- Desorientiertheit
- Konfabulation

Hinzu kommen Auffassungsstörungen, Euphorie, Kritiklosigkeit, gelegentlich Passivität.

Vorkommen: chronischer Alkoholismus; nach einer Wernicke-Enzephalopathie, Kohlenmonoxidvergiftungen, schweren Schädel-Hirn-Traumata.

Demenz vom Alzheimer Typ

Man spricht auch von der Alzheimer'schen Erkrankung oder vom Morbus Alzheimer. Der Gipfel des Erkrankungsbeginns liegt zwischen dem 55. und 65. Lebensjahr. Selten ist der Beginn bei jüngeren Personen. Frauen werden häufiger befallen als Männer und die Dauer der Erkrankung beträgt etwa 2–10 Jahre.

Pathologisch-anatomisch erkennt man eine diffuse, temporo-parietal gelegene Atrophie der Hirnrinde. An histologischen Veränderungen findet man die sog. Alzheimer'schen Fibrillenveränderungen sowie senile Plaques.

Die Erkrankung beginnt meist mit uncharakteristischen Erscheinungen wie Kopfschmerzen, Schwindel und Leistungsschwäche. Zunehmend aber entwickelt sich auch häufig eine depressive Verstimmung.

Als Ursache der Erkrankung nimmt man eine Störung aller klassischen Neurotransmittersysteme an, wobei am stärksten wohl das cholinerge, aber auch das noradrenerge System betroffen sind. Wegen der familiären Häufung erscheint auch eine genetische Komponente wahrscheinlich (Genort auf Chromosom 21?), und seit einiger Zeit wird auch eine virale Beteiligung (slow-virus Infektion?) diskutiert. Auch Aluminium scheint eine Rolle zu spielen, da man im Zentrum der neuritischen Plaques eine hohe Konzentration an Aluminiumsilikat findet, und die Erkrankung in Mittelnorwegen mit hohem Aluminiumsilikatgehalt im Trinkwasser gehäuft vorkommt.

Das gehäufte familiäre Auftreten spricht für den oben erwähnten genetischen Faktor.

Typische Symptomatik
- schleichender Beginn mit mnestischen Störungen bei länger erhaltener Persönlichkeit
- Störung von Merkfähigkeit und Gedächtnis
- Wortfindungsstörungen
- Einengung der Interessen und affektive Erstarrung
- im fortgeschrittenen Stadium Apraxie, Aphasie und Verfall der Sprache, später auch Apathie oder Gereiztheit
- in schweren Formen Stupor, Delir und Wahn
- zunehmende Orientierungsstörung auf allen Gebieten
- Störung der Begriffsbildung, des logischen Denkens und der Kombinationsfähigkeit
- Unfähigkeit Sinnzusammenhänge zu erfassen.

Weitere Symptome sind
- extrapyramidale Störungen, Dyskinesien, Tremor
- Störung der Glukosebilanz im Gehirn
- vor allem temporo-parietal gelegene Atrophie im CCT.

Mit zunehmendem Verlauf kommt es zu voranschreitendem körperlichen Verfall.

Da die Patienten nur selten in der Lage sind, ihre eigenen Geschäfte zu tätigen, ist fast immer eine Betreuung notwendig.

Die Therapie beschränkt sich vorrangig auf körperliche Pflege, Aufklärung und Beratung der Angehörigen sowie leichte Sedierung des Patienten bei Unruhe. Vorrangiges Ziel ist der Schutz des Patienten vor sich selbst, ferner eine gezielte und nicht überlastende Beschäftigungstherapie sowie die Vermeidung von frühzeitiger Bettlägerigkeit.

Vaskuläre Demenz

Man spricht auch von der sog. **Multiinfarktdemenz**, die meist mit fluktuierenden psychopathologischen Veränderungen einhergeht. Untersuchungen zeigen in den Hirngefäßen sklerotische Wandveränderungen, welche auch bereits in jüngeren und mittleren Lebensaltern vorkommen können. Die typischen klinischen Erscheinungen zeigen sich aber meist erst jenseits des 50. Lebensjahres. Die vaskuläre Demenz wird nach neueren Erkenntnissen durch das Auftreten zahlreicher kleiner und meist neurologisch stummer Erweichungsherde im Gehirn verursacht, wobei das Gesamtvolumen dieser vielen kleinen Infarkte den Schweregrad bestimmt (Multiinfarktdemenz).

Typische Symptomatik
- plötzlicher Beginn und fluktuierender Verlauf
- in der Vorgeschichte häufig arterieller Hypertonus, transitorische ischämische Attacken (TIA) oder PRIND's (prolongierte ischämische neurologische Defizite)
- relativ lange unverändertes Gedächtnis
- über lange Zeit hinweg unverändert bestehende Persönlichkeit
- häufig emotionale Störungen mit Affektlabilität und Affektinkontinenz
- häufig Gefäßstenosen, Thrombosen und Embolien an hirnversorgenden Gefäßen
- im CCT entweder keine, geringe oder diffus verteilte Hirnatrophie
- häufiger paranoide Ideen
- meist in fortgeschrittenen Stadien zunehmende Zuspitzung der Persönlichkeit
- relativ häufig Episoden von Bewußtseinstrübung (oft delirante Zustände)
- typische nächtliche Verwirrtheitszustände
- häufig gleichzeitig bestehende neurologische Defizite

- Einengung des schöpferischen Denkens und der Urteilskraft

Im Vordergrund der Therapie stehen Herz- und Kreislaufbehandlung, die Einstellung des Blutdrucks (Erfordernishochdruck!), sowie die aktivierende Behandlung mit Beschäftigungs- und Physiotherapie.

Morbus Pick

Wie der Morbus Alzheimer verläuft auch der Morbus Pick schleichend progredient ohne Fluktuationen. Sie tritt bei Frauen doppelt so häufig auf wie bei Männern und ist seltener.

Diese degenerative Erkrankung betrifft ganz vorrangig das Frontalhirn sowie das Temporalhirn, zeigt eine starke Erblichkeit und beginnt etwa ab dem 4. Lebensjahrzehnt mit einer Verlaufsdauer von etwa 2–10 Jahren. Im Vordergrund stehen frühzeitig progrediente Persönlichkeitsveränderungen mit Verlust des Taktgefühls bei zunehmender Distanzlosigkeit, während die kognitiven Funktionen noch verhältnismäßig lange erhalten sind. Die Patienten fallen vor allem durch Enthemmung, Triebhaftigkeit (mit Kriminalität) und dem Verlust sozialer Fähigkeiten und Funktionen auf.

Symptomatik
- relativ langsam voranschreitende Persönlichkeitsveränderung mit Affektlabilität und Schlafstörungen
- erst in späteren Stadien auch Zunahme kognitiver Störungen
- in weiterem Verlauf Gedächtnis- und Orientierungsstörungen neben neuropsychologischen Ausfällen
- gelegentlich motorische Enthemmung, Dyspraxie oder Apraxie
- relativ geringe neurologische Defizite
- zunehmende Vernachlässigung von Haushalt, Freundeskreis und Beruf
- häufig Verlust moralischer Wertvorstellung und soziale Entgleisungen

Die **Therapie** beschränkt sich auf pflegerische Maßnahmen; eine kausale Therapie ist nicht möglich.

Expansiv-maniformes Syndrom bei progressiver Paralyse

Bei der progressiven Paralyse handelt es sich um eine chronisch entzündliche Erkrankung im Spätstadium einer nicht ausreichend behandelten Lues. Die progressive Paralyse zeigt sich vorwiegend in psychiatrischen Symptomen und tritt etwa 10–20 Jahre nach erfolgter Infektion in Erscheinung. Etwa 5–10% der mit Lues Infizierten erkrankten an einer progressiven Paralyse, wobei Männer überrepräsentiert sind. Es besteht eine Panenzephalitis des Großhirns mit konsekutiver Hirnatrophie und gleichzeitiger Stammganglienatrophie.

Das expansiv-maniforme Syndrom zeigt sich als Megalomanie mit Selbsterhöhung und zum Teil äußerst abstrusen und übertriebenen Größenideen (die Patienten besitzen „Billionen Mark", sind „Milliarden Jahre alt", usw.). Gerade in dieser Übertreibung unterscheidet sich das expansiv-maniforme Syndrom der progressiven Paralyse von der Manie der Zyklotymien. Das selbe Syndrom zeigt sich auch bei fieberhaften Infekten sowie bei Fleckfieber nach der Entfieberung.

Die progressive Paralyse beginnt zunächst mit einem pseudoneurasthenischen Vorstadium mit Verlust an Merkfähigkeit, Kopfschmerzen, Konzentrationsstörungen und Nachlassen der körperlichen Leistungsfähigkeit, verbunden mit Schlafstörungen. Es kommt dann entweder zu einer Verflachung der Persönlichkeit und zu affektiver Labilität bis hin zu einer stumpf-dementen oder euphorisch-dementen Form oder aber zu einer expansiven Form mit Größenwahn und Umtriebigkeit. Seltener sind depressive oder paranoide Formen. Jedenfalls entwickelt sich ohne Behandlung eine Demenz.

Weitere Demenzformen

- Demenz bei Creutzfeld-Jakob'scher Erkrankung: Progrediente Demenz mit vielen neurologischen Symptomen mit Beginn im mittleren und höheren Lebensalter, meist im 5.Lebensjahrzehnt. Vermutlich Virus als Ursache.
- Demenz bei Huntington'scher Erkrankung: Demenz mit ausgeprägter Hirndegeneration und autosomal-dominanter Erblichkeit. Auftreten der Symptome im 3. und 4. Lebensjahrzehnt. Geschlechtsverteilung vermutlich gleich. Tod innerhalb von 15 Jahren.
- Demenz bei Parkinson'scher Erkrankung: Demenz, die sich bei schweren Formen des Morbus Parkinson entwickelt. Beginn mit Bradyphrenie.

Psychosyndrome bei Enzephalitiden

Unterschiedlichste, akute wie auch chronische klinische Bilder können durch Entzündungen des Gehirns unterschiedlicher Ätiologie hervorgerufen werden. Charakteristisches Beispiel einer chronischen Enzephalitis ist AIDS. Nach den Beobachtungen in den letzten Jahren ist eine häufige und frühe Beteiligung des Nervensystems und damit auch der Psyche bei dem erworbenen Immundefektsyndrom gegeben. Bei dem sog. **AIDS-Demenz-Komplex** ist eine progressive Demenz gekoppelt mit motorischen Funktionsstörungen und Verhaltensstörungen. In den meisten Fällen stellt sich die Demenz erst Monate nach der Diagnose von AIDS ein, nachdem es bereits zu opportunistischen Infektion oder Neoplasien gekommen ist.

Das Syndrom beginnt zuerst mit Allgemeinsymptomen wie Müdigkeit, Leistungsabfall und verschiedenen körperlichen Symptomen. Zunehmend treten dann neurologische Ausfälle auf sowie häufig ein depressives Syndrom, ferner Gedächtnis-, Konzentrations- und Antriebsschwäche.

Postoperatives Durchgangssyndrom

Das postoperative Durchgangssyndrom stellt die leichteste Form einer psychopathologischen Auffälligkeit dar. Da ein zunächst leichtes postoperatives Durchgangssyndrom zu schwerwiegenden psychischen Störungen mit Bewußtseinstrübung und den sich hieraus ergebenden ernsthaften Komplikationen fortschreiten kann, sollte jeder behandelnde Arzt zur Aufmerksamkeit aufgerufen werden. Psychopathologisch ist das postoperative Durchgangssyndrom charakterisiert durch Aspontaneität, Affektstörungen und Amnesie, sowie durch produktive Erscheinungsbilder.

Vielfach wird unter diesem Durchgangssyndrom eine reversible psychische Störung ohne Bewußtseinstrübung und ohne dementielle Symptomatik als Folge einer akuten Erkrankung oder einer Operation verstanden. Es gibt einen fließenden Übergang zwischen Normalität und Bewußtseinsstörung, d. h. es kann in eine akute körperlich begründbare Psychose mit Bewußtseinstrübung übergehen. Vorrangiger therapeutischer Grundsatz ist deshalb die sorgfältige Überwachung sowie eine psychopharmakologische Therapie nach psychiatrischen Zielsymptomen.

Sonderformen: Pseudodemenz und Scheindemenz

Bei der **Pseudodemenz** handelt es sich um eine absichtlich oder unabsichtlich vorgetäuschte Intelligenzminderung. Manche hirnorganisch Kranke neigen dazu, ihre Intelligenzminderung noch zu übertreiben. Dies kann soweit führen, daß die Patienten behaupten, nicht lesen, schreiben oder rechnen zu können. Die Patienten können jedoch diese „Vortäuschung falscher Tatsachen" längere Zeit nicht durchstehen. Unter **Scheindemenz** versteht man eine reversible „Demenz". Eine solche beobachtet man toxischmedikamentös bedingt (z. B. Barbiturate, Primidon).

Beim sog. **Ganser-Syndrom** versuchen die Betroffenen, geisteskrank bzw. unzurechnungsfähig zu erscheinen. Man begegnet diesem keineswegs seltenen Syndrom bei Häftlingen, hysterischen Persönlichkeiten und geistig Behinderten. Das Ganser-Syndrom wird von einigen Autoren mit der Pseudodemenz gleichgesetzt. Die Kranken machen gezielt alles falsch, versuchen beispielsweise den Schlüssel umgekehrt in das Schlüsselloch zu stecken oder reiben eine Zündholz mit der Holzseite an der Reibfläche. Verwandt mit diesem Syndrom ist der **hysterische Puerilismus**, bei dem ein Erwachsener ein kleines Kind spielt, dies aber meist inkonsequent.

Besonders häufig begegnet man der Pseudodemenz bei schweren Depressionen, wobei hier die Pseudodemenz nicht vom Kranken vorgetäuscht wird, sondern durch starke motorische Hemmung und Denkhemmung entsteht. Bei Depressionen ergibt sich somit das scheinbare Bild einer Demenz.

Gegenüberstellung von Demenz und Pseudodemenz

Demenz	Pseudodemenz
Beginn schleichend	Beginn plötzlich
Neigung zur Bagatellisierung	Neigung zur Aggravation
Verhalten fordernd	Verhalten passiv
sucht Behinderungsursache bei anderen	sucht Behinderungsursache bei sich
Diskrepanz zwischen Stimmung und Denkinhalten	Übereinstimmung von Stimmung und Denkinhalten
wechselnder Befund in affektiver Hinsicht	Konstanz im Affekt
häufig nächtliche Unruhe und Verwirrtheit	selten Unruhe und sehr selten „psychogene" Verwirrtheit
oft familiäre Belastung mit Demenz	oft familiäre Belastung mit Depressionen
häufig zusätzliche neurologische Befunde	meist depressives Bild ohne organisches Korrelat

5 Affektive Psychosen
(affektive Störungen nach ICD 10)

5.1 Allgemeines

Bei den affektiven Psychosen handelt es sich um Erkrankungen mit Störungen der Affektivität, die sich in zwei entgegengesetzten Richtungen äußern können: als **Manie** oder als **zyklothyme (endogene) Depression (Melancholie)**. Beide verlaufen meist in Phasen und zeigen vollständige Remissionen und gesunde Intervalle. Residualzustände treten nicht oder nur sehr selten auf.

Synonyma: Zyklothymie, manisch-depressive Erkrankungen, affective disorders, endomorphe Depression, major depression, periodische Depression, primäre Depression, psychotische Depression, zirkuläre Depression, Zyklophrenie.

Affective disorders und major depression sind Ausdrücke des **Diagnostischen und statistischen Manuals psychischer Störungen (DSM)**. **Affektive Störungen** ist der Begriff nach ICD 10.

5.2 Formen

Bei der **Manie** besteht gehobene Stimmung oder Erregung mit gehobenen Affekten und gesteigerter Aktivität. In leichten Fällen zeigt sich nur gesteigerte Lebhaftigkeit, in schweren Fällen eine unkontrollierbare Erregung mit Aggression und Gereiztheit.

Bei der **zyklothymen (endogenen) Depression** ist die Aktivität herabgesetzt, es besteht eine allgemeine depressive Verstimmung, häufig kombiniert mit Angst und Hoffnungslosigkeit.

Neben der manischen und depressiven Form ist auch eine **larvierte Form** bekannt. Von einer larvierten Depression spricht man, wenn körperliche Störungen bei Nichtauffinden körperlicher Ursachen ganz im Vordergrund des Beschwerdebildes stehen und psychische Beschwerden nur im Hintergrund bei gezielter Exploration erkennbar sind.

5.3 Geschlechtsverteilung und Entstehungsbedingungen, Erkrankungsrisiko und Erkrankungsalter

Bei den Zyklothymien handelt es sich um relativ häufige Erkrankungen mit einer Krankheitserwartung für die Durchschnittsbevölkerung von etwa 0,4 %. Depressive Phasen kommen häufiger vor als manische Phasen. Bei Frauen besteht ein größeres Erkrankungsrisiko für depressive Phasen als bei Männern (Frauen 62 %, Männer 38 %). Bei den manischen Phasen ist die Geschlechtsdifferenz weniger deutlich ausgeprägt. Zudem besteht ein **regionaler Unterschied** bezüglich Erkrankungstypenverteilung, Geschlechtsverteilung und Gesamthäufigkeit. Oben genannte Zahlen gelten für Mitteleuropa. In den skandinavischen Ländern und den Mittelmeerländern liegt die Erkrankungswahrscheinlichkeit beispielsweise bei 1 %. Der Häufigkeitsgipfel für eine **Ersterkrankung** liegt zwischen dem 3. und 4. Lebensjahrzehnt, wenngleich zyklothyme Depressionen und Manien von der Pubertät bis hin in das Greisenalter beobachtet werden. Nach dem 45. Lebensjahr spricht man von Involutionsdepression oder Spätmelancholie, nach dem 60. Lebensjahr von Altersdepression.

Die Morbidität ist für Familienangehörige deutlich höher, wenn in der Familie bereits eine Zyklothymie aufgetreten ist. Die höchste Morbiditätsrate besteht bei Geschwistern, deren beide Eltern Zyklothymiepatienten sind. Besonders häufig begegnet man Zyklothymien in Familien, bei denen bipolare Verlaufsformen auftreten.

Aufschlußreich bezüglich der Heredität sind Zwillingsuntersuchungen. Sie ergaben, daß bei Auftreten einer Zyklothymie bei einem eineiigen Zwilling die Erkrankungswahrscheinlichkeit für den anderen Zwillingspartner besonders groß ist. Bei zweieiigen Zwillingen ist die Erkrankungswahrscheinlichkeit nicht wesentlich höher als bei gewöhnlichen Geschwistern.

Der Erbgang der manisch-depressiven Psychosen konnte noch nicht geklärt, die Annahme eines dominanten Erbganges mit unterschiedlicher Penetranz nicht bewiesen werden. Möglicherweise liegt ein geschlechtsgebundener Erbgang vor, da Frauen ungleich häufiger erkranken als Männer.

Die meisten zyklothymen Depressionen sind weder an eine spezifische prämorbide Persönlichkeitsstruktur noch an eine typische prädepressive Situation gebunden. Dennoch fallen aber immer wieder bestimmte Charakterzüge bei Patienten mit Zyklothymie auf: sie sind häufig sehr gewissenhaft und korrekt, pflichtbewußt, mitunter sogar zwanghaft und pedantisch. Gelegentlich finden sich grüblerische, empfindsam-launische Charaktere. Die geschilderte Persönlichkeitsstruktur wurde früher als **Typus Melancholicus** TELLENBACH bezeichnet.

Fast immer treten melancholische und manische Phasen *ohne ersichtlichen Anlaß* auf. Beobachtet man aber dennoch zugleich körperliche Erkrankungen oder gingen seelische Erschütterungen und Spannungen voraus, so muß die Frage gestellt werden, ob die zyklothymen Phasen durch solch exogene Faktoren verursacht oder ausgelöst worden sind.

Bei Psychosen während der *Schwangerschaft oder im Wochenbett* handelt es sich um überwiegend depressive Psychosen. Während der Schwangerschaft läßt sich eine Häufung zyklothymer Psychosen nicht feststellen; im Wochenbett hingegen werden sie häufiger beobachtet (hormonelle Auslösung).

Depressive Verstimmungszustände treten im *Klimakterium der Frau* gehäuft auf, was mit der erlebnismäßigen Umstellung dieses Lebensabschnittes in Zusammenhang gebracht werden muß. Depressive Verstimmungszustände im Klimakterium können nicht unmittelbar der Melancholie zugeordnet werden. Treten dennoch zyklothyme Depressionen während des Klimakteriums auf, so dürfte es sich dann um Spätmelancholien handeln, die sich gerade zufällig zu dieser Zeit erstmalig manifestieren. Eine Häufung zyklothymer Depressionen im Klimakterium ist nicht erwiesen.

Eine Rolle bei der Auslösung von Zyklothymien spielen gelegentlich psychische Faktoren. Aber Anstrengungen und zielgerichtete Anspannungen spielen vermutlich nur eine sehr geringe Rolle; Kriegszeiten sowie Notlagen stellen kaum Auslöser von affektiven Psychosen dar. In solchen Zeiten wird *keine* Zunahme, eher eine Abnahme der Erkrankung beobachtet.

Eine besondere Anfälligkeit besteht für den Wechsel gewohnter Situationen oder den Verlust wichtiger Bezugspersonen. So beginnen depressive oder manische Phasen häufig mit dem Antritt einer Urlaubsreise oder mit dem Beginn eines Kuraufenthaltes.

Neben den aktuellen Belastungen (Todesfälle, Isolierungen, berufliche und soziale Enttäuschung) sind auch Konflikte und Belastungen der früheren Lebensabschnitte und der Kindheit zu berücksichtigen.

Für die Entstehung affektiver Psychosen müssen auch *sozialpsychiatrische Aspekte* herangezogen werden. Die Melancholie läßt sich, wenn auch vielfach angenommen, in sozial und wirtschaftlich höher gestellten Schichten nicht häufiger beobachten. Die Abhängigkeit der Zyklothymieerkrankung von soziokulturellen Bedingungen ist bis heute kaum geklärt.

Die **chronobiologische Forschung** im Bereich der Depression beschäftigte sich in den letzten Jahren mit der Störung von Zeitstrukturen. Man beschrieb die Depression als **chronobiologische Desynchronisation**. Die Annahme, daß bei einem zyklothym-depressiven Kranken die Biorhythmik beeinträchtigt ist, wird insofern untermauert, als die zyklothyme Depression periodisch und phasenhaft verläuft, häufig Tagesschwankungen (Morgentief) zeigt und mit typischen Durchschlafstörungen einhergeht. Immer wieder finden sich auch Zusammenhänge mit Jahreszeiten (Frühjahr und Herbst) sowie mit metereologischen Bedingungen. Der Therapieerfolg durch Schlafentzug, wie er in den früheren Jahren häufig Anwendung fand, ist mit einer Resynchronisation des inneren Zeitgebers zu erklären. Im Rahmen chronobiologischer Forschungen und der Schlafforschung stellte man fest, daß REM-Latenz (Zeit vom Einschlafen bis zur REM-Phase) bei zyklothym Depressiven verkürzt ist. Die sogenannten **R**apid-**E**ye-**M**ovement-Phasen (REM-Phasen) treten zu früh auf und möglicherweise auch häufiger als beim Gesunden. Man nimmt an, daß im Rahmen der REM-Phasen vermehrt Serotonin verbraucht wird. Der Depressive wacht deshalb sehr früh morgens auf und hat zu diesem Zeitpunkt sein größtes Tief. Die Verkürzung der REM-Latenz bildet sich mit der Remission der Depression zurück und im gesunden Intervall besteht kein Unterschied zum Gesunden. Die Hypothese, daß die REM-Phasen zu früh und gehäuft auftreten und dadurch in größeren Mengen Serotonin oder andere Transmitter verbraucht werden, wird dadurch gestützt, daß durch antidepressive Medikamente der REM-Schlaf reduziert wird und andererseits die Transmitter angehoben werden. Aber auch durch die Elektrokrampfbehandlung sowie durch den Schlafentzug werden die REM-Phasen reduziert.

Insgesamt läßt sich feststellen, daß melancholische und manische Phasen überwiegend spontan auftreten, gelegentlich aber auch durch körperliche, seelische, soziale und peristatische Faktoren ausgelöst werden, jedoch nicht verursacht werden können.

5.4 Biochemische Befunde

Um das Jahr 1960 wurde von mehreren Arbeitsgruppen festgestellt, daß bei Behandlung der arteriellen Hypertonie mit Reserpin dosisabhängig bei etwa 10 % der Patienten eine depressive Verstimmung auftritt. Darüber hinaus konnte festgestellt werden, daß es bei Verabreichung von Reserpin zunehmend zu einer Senkung der Konzentration verschiedener biogener Amine im Gehirn kommt. Bereits seinerzeit gelang der Nachweis, daß die damals bekannten trizyklischen Antidepressiva sowie die MAO-Hemmer die Neurotransmitterkonzentration von Noradrenalin und Serotonin im synaptischen Spalt erhöhen; die trizyklischen Antidepressiva durch Hemmung der Rückaufnahme (sog. Reuptake-Hemmung) und die MAO-Hemmer durch Hemmung des enzymatischen Abbaus. So stellte 1965 SCHILDKRAUT seine **Katecholamin-Hypothese** der Depression auf, nach der die Erkrankung durch einen Transmittermangel an noradrenergen Synapsen hervorgerufen werden sollte. 1967 formulierte dann COPPEN entsprechend seine **Serotonin-Hypothese** der Depression.

Die über lange Zeit favorisierte **Monoaminmangel-Hypothese** als Ursache der zyklothymen Depression konnte den Mangel von Serotonin und/oder von Noradrenalin insofern belegen, als bei ängstlich-agitierten, vor allem aber unter Schlafstörungen leidenden depressiven Patienten niedrige 5-HIAA-Werte im Liquor, d. h. verminderte Mengen an Abbauprodukt von Serotonin gefunden wurden. Deshalb versuchte man, die zyklothymen Depressionen mit Medikamenten zu behandeln, die den Synapsen vermehrt Serotonin zur Verfügung stellen. Entsprechend gibt es eine weitere Gruppe, vorwiegend psychomotorisch verlangsamter und antriebsgeminderter depressiver Patienten mit normalen 5-HIAA-Werten im Liquor, bei denen MHPG als Abbauprodukt von Noradrenalin in verminderten Mengen mit dem Urin ausgeschieden wird. Diese Form einer Depression wird als noradrenalinempfindlich angesehen. Diesen beiden Formen stellt man eine atypische Depression mit Neigung zu Chronifizierung gegenüber, die jedoch MAO-Hemmerempfindlich ist, d. h. durch Monoaminooxydase gebessert wird.

Die Tatsache, daß der antidepressive Effekt der klassischen Antidepressiva, einzelne oder mehrere Monoamine im Gehirn zu vermehren, erst nach ein bis zwei Wochen einsetzt, hat dazu geführt, nicht mehr die Hemmung der Monoamin-Reuptake als das typisch antidepressive Moment anzusehen. In diesem Zusammenhang entstanden in der Depressionsforschung weitere Modelle: so spricht auch heute vieles für eine Veränderung der Rezeptoren, d. h. der Rezeptor-Empfindlichkeit und der Rezeptor-Dichte. So führt auch eine langfristige Applikation von Antidepressiva zu einer Veränderung der Rezeptorempfindlichkeit und der Rezeptordichte im noradrenergen System, auch im serotoninergen System und möglicherweise im dopaminergen System. Ganz entscheidend ist aber auch die Wirkung der Antidepressiva auf das GABAerge System. So wird auch durch die GABAerge Wirkung antidepressiver Medikamente ein **GABAerges Defizit** im Rahmen einer Depression impliziert. Es wurde mehrfach von niedrigen GABA-Spiegeln im Liquor bei Depressiven berichtet, und Hemmsubstanzen zur GABA-Synthese, wie etwa Cycloserin führen zu erheblichen Stimmungseinbrüchen bis hin zum Suizid. So wurde als weitere Hypothese die **GABA-Hypothese** aufgestellt.

Eine Modifikation der Monoaminmangel-Hypothese ist die Theorie, daß bei zyklothym-depressiven Personen nicht nur ein Mangel einzelner biogener Amine im ZNS vorliegt, sondern zudem auch Balancestörungen der Monoamine zueinander.

Aus den USA mehren sich Berichte, nach denen schwere Depressionen auch mit einer chronischen Virusinfektion in Zusammenhang stehen könnten. So fand man bei 89 % zyklothym-depressiver Kranker abnormale Antikörper-Titer gegen das Epstein-Barr-Virus (EBV). Diese Befunde folgen einem noch recht neuen Trend in der Psychiatrie, der die gegenseitige Beeinflußung von Immunsystem und Gehirn beschreibt.

5.5 Phasenauslösung

Wie in Abschnitt 5.3. erwähnt, tritt die Mehrzahl der Fälle depressiver und manischer Phasen ohne ersichtlichen äußeren Anlaß auf. Bekannte, jedoch nicht immer nachweisbare Auslösefaktoren sind psychische und psychosoziale Auslöser sowie somatische Auslöser.

Psychische und psychosoziale Auslöser
- über einen längeren Zeitraum hinweg dauernde affektive Spannungen mit vegetativen Störungen und Schlafstörungen
- Wohnungswechsel
- Verlust einer wichtigen Bezugsperson
- Störungen in der familiär-häuslichen Sphäre (Erkrankung, Heirat der Kinder, Familienkonflikte usw.)
- Arbeitsplatzwechsel oder Arbeitsplatzverlust
- Zurückstufung oder auch Beförderung an der Arbeitstelle
- plötzliche Entlastung nach langandauerndem psychophysischem Streß
- Partnerproblematik (z. B. sexuelle Probleme)
- neue Rollenverpflichtungen, die schwer zu integrieren sind
- soziale Veränderungen (sozialer Abstieg oder sozialer Aufstieg).

Somatische Auslöser
- Erkrankungen (grippale Infekte, hormonelle Störungen, schwere Operationen)
- Kur- und Erholungsaufenthalte, Urlaubsreisen mit Klimawechsel
- Abmagerungskuren (vor allem auch bei Einnahme von Appetitzüglern)
- Wochenbett, seltener Schwangerschaft.

5.6 Klinik der affektiven Psychosen

Die zyklothyme Depression (Melancholie) unterscheidet sich von anderen Depressionszuständen ebenso wie die Manie von anderen Erregungszuständen und anderen Krankheiten mit Antriebssteigerung. Die zyklothyme Depression und die Manie sind durch eine Reihe typischer psychischer und vegetativer Symptome gekennzeichnet.

5.6.1 Zyklothyme (endogene) ✓✓✓ Depression

Psychische Symptomatik der zyklothymen Depression
- depressive Verstimmung
- Denkhemmung
- Angstsyndrom
- Antriebsstörung
- leibliche Mißempfindungen
- innere Unruhe
- depressive Wahneinfälle
- Zwangssymptome
- Entfremdungserlebnisse
- Zwangsphänomene, Zwangsdenken.

Vegetative Symptome der zyklothymen Depression (vegetative Depression)
- Schlafstörungen
- Appetitlosigkeit
- Obstipation
- Gewichtsabnahme (seltener -zunahme)
- Libido- und Potenzverlust
- Amenorrhoe
- Störungen der Tränen-, Speichel- und Schweißdrüsensekretion
- Herzrhythmusstörungen
- Muskeltonusabnahme.

Darstellung der klinischen Symptome

Depressive Verstimmung

Diese ist immer unmotiviert und das Leitsymptom der zyklothymen Depression. Der Gesichtsausdruck des Patienten ist ernst, jede freudige Erregung der Mimik ist verloren, der Blick verrät häufig ängstliche Beunruhigung, eine eigentümliche Unberührtheit und Ferne von allem, was um den Kranken herum geschieht. Jegliche freudige Erregung fehlt und schwere Insuffizienzgefühle mit Selbstentwertungstendenzen herrschen vor. Es handelt sich dabei nicht um eine Trauer im herkömmlichen Sinne; die Kranken betonen sogar, sie hätten verlernt traurig zu sein, seien auch nicht mehr im Stande zu weinen. Da auch die Tränensekretion häufig versiegt, kommt es zum sogenannten „tränenlosen Weinen". Dem Kranken erscheint der eigene Zustand völlig aussichtslos; für ihn ist das Weiterleben sinnlos und der Selbstmord der einzige und letzte Ausweg.

Man beobachtet das typische Gefühl der **Gefühllosigkeit**, wobei Unglücksfälle in der Familie den Kranken nicht traurig stimmen und freudige Ereignisse in ihm keine Freude erwecken. Der Gefühlsverlust wird vom Patienten als besonders quälend empfunden. Die Kranken fühlen sich „wie ausgebrannt, wie tot, nur noch körperlich am Leben".

Denkhemmung

Gelegentlich kann dieses Symptom fehlen, bzw. in weniger ausgeprägten Fällen für den Arzt nicht erkennbar sein. Das gehemmte Denken ist keinesfalls eine Denkinhaltsstörung wie bei den Wahnerlebnissen, sondern vielmehr eine formale Störung des Denkablaufes. Das Denken ist verlangsamt und einfallsarm und bleibt auf einige wenige Themen eingeengt. Die Patienten sind wortkarg und einsilbig, wobei man den Eindruck gewinnt, daß der Kranke durchaus den Wunsch verspürt, etwas zu erzählen, dies aber trotz aller Anstrengung nicht kann. Die verminderte Konzentrations- und Aufnahmefähigkeit, ferner die Merkfähigkeitsstörungen erwecken häufig den Eindruck einer Störung intellektueller Funktionen (Pseudodemenz).

Störungen des Antriebs

Je nachdem, ob es sich um eine gehemmte Depression oder um eine agitierte Depression handelt, beobachtet man Antriebshemmung oder Antriebssteigerung.

Bei der **Antriebshemmung** erkennt man eine Verlangsamung der Bewegungsabläufe und eine Minderung der Entschluß- und Handlungsfähigkeit. Am auffälligsten ist jedoch die Bewegungsarmut, die fast immer mit einer inneren Unruhe einhergeht. Gestik, Mimik und Sprache erwecken den Anschein von Entschlußlosigkeit, Hoffnungslosigkeit und Abgespanntheit. In besonders schweren seltenen Fällen besteht ein **depressiver Stupor**, bei dem der Kranke regungslos und teilnahmslos ist, kaum noch spricht. Gelegentlich tritt die innere Unruhe durch unproduktive hektische Bewegungen oder durch ununterbrochenes „Auf-der-Stelle-Treten" in Erscheinung. Meist ist die psychomotorische Hemmung zusammen mit der depressiven Verstimmung in den Morgenstunden besonders stark ausgeprägt. Im Laufe des Tages nehmen die Symptome oftmals an Stärke deutlich ab und die Patienten können abends völlig unauffällig sein.

Bei der agitierten Form der endogenen Depression kommt es zu einer **Antriebssteigerung** mit zum Teil erheblicher innerer und/oder geäußerter Unruhe. Diese Unruhe wird nicht immer deutlich sichtbar. Tritt sie jedoch nach außen in Erscheinung, so erkennt man die oben erwähnten unproduktiven hektischen und monotonen Bewegungen. Die Agitiertheit kann sich aber auch in lautem Klagen, Schreien und Lamentieren äußern, wobei man dann auch von **Jammerdepression** spricht.

Leibliche Mißempfindungen (Vitalstörung)

Die sogenannten Vitalstörungen gehen einher mit Verlust der vitalen Spannkraft. Sie treten häufig zusammen mit vegetativen Störungen auf, wobei die depressiven Verstimmungen zurücktreten. Im Fall einer vegetativen Depression mit nahezu fehlender depressiver Verstimmung spricht man von einer **larvierten Depression** (siehe 5.6.2).

Vital-, Gemein- oder Leibgefühlsstörungen sind meist statischer Art: die Patienten äußern Druck-, Schwere- und Schmerzempfindungen in Herz-, Brust-, Magen- und Kopfregion. Relativ häufig beobachtet man eine verminderte Speichelsekretion. Bestehen qualitativ eigenartige Körpermißempfindungen, so spricht man zoenästhetischen Depressionen. Die vom Kranken geäußerten Klagen sind fremd und uneinfühlbar, so daß sich nur selten differentialdiagnostische Schwierigkeiten gegenüber Konversions- und Organneurosen ergeben. Bei der **Entfremdungsdepression** im Rahmen einer Zyklothymie beobachtet man körperliche Mißempfindungen mit Entfremdungserlebnissen am eigenen Körper und zur Wahrnehmungswelt.

Depressives Wahnerleben

Meist fehlt dem Patienten jegliche Krankheitseinsicht und er glaubt seinen Zustand als Folge seines persönlichen Verschuldens, Versagens und Versäumens. Der Patient macht dann kleine und lange Zeit zurückliegende Verfehlungen (kleiner Betrug, Schwangerschaftsabbruch, Versäumnisse) für seinen Zustand verantwortlich. In schweren Fällen glaubt er sich schuldig an Kriegsereignissen und Hungersnöten. Man spricht vom melancholischen **Schuld- oder Versündigungswahn**.

Gelegentlich spüren Kranke auch ihre leibliche Gesundheit zerstört, ihren Körper ausgebrannt, ausgehöhlt. Sie glauben dann, nichts könne ihnen helfen. Dabei bleibt auch der Versuch, den Patienten von der Unrichtigkeit seiner Vorstellung zu überzeugen, ohne Erfolg. Er glaubt sich körperlich unheilbar krank und todgeweiht. In solchen Fällen spricht man vom **hypochondrischen depressiven Wahn**. Im hypochondrischen Wahn schwerer Ausprägung besteht ein starkes Krankheitsgefühl bei gleichzeitig fehlender Einsicht, daß es sich um eine psychische Erkrankung handelt.

Glaubt sich der Kranke schwach, nichtig, völlig verloren, zweifelt er sogar seine eigene Existenz an, so spricht man vom **nihilistischen Wahn**. In solchen Fällen äußern die Kranken, daß sie eigentlich nicht mehr leben, daß sie nur noch eine „menschliche Hülle" darstellen.

Etwas häufiger ist der **Verarmungswahn**, bei dem die Patienten unverrückbar der Ansicht sind, ihren Lebensunterhalt nicht mehr erwerben zu können, und alles verloren zu haben. Sie glauben sich völlig verarmt, halten sich und ihre Angehörigen für Bettler und äußern die Befürchtung, mit ihrer Familie verhungern zu müssen. Noch so große Bankguthaben, Rentenansprüche oder Versicherungen bringen sie nicht von diesem Wahn ab. Vor allem bei Spätdepressionen wird der Verarmungswahn häufiger beobachtet.

Zwangssymptomatik

Zwangsphänomene sind bei zyklothymen Depressionen häufig (v. a. bei älteren Patienten) und zeigen sich vorwiegend in Form von Zwangsdenken (Gedankenkreisen), seltener als Zwangshandlungen.

5.6.2 Larvierte Depression

Zyklothyme Depressionen, bei denen vegetative Symptome und leibliche Mißempfindungen im Vordergrund stehen, bezeichnet man als larvierte Depressionen. Die depressive Verstimmung ist dann meist nur als Hintergrundsymptom faßbar. Der Begriff „larvierte Depression" wird heute, wenn auch nicht korrekt, bei körperlichen Störungen verwendet, die im Rahmen von neurotischen Erkrankungen auftreten. Der Wert des Begriffs der larvierten Depression liegt aber darin, daß zyklothyme Depressionen sich wegen im Vordergrund stehender körperlicher Störungen bei oberflächlicher Betrachtung nicht als solche erkennen lassen. So ist es notwendig, durch gezielte Exploration das hintergründige depressive Syndrom und den phasischen Verlauf zu erfassen und einer adäquaten Therapie zuzuführen.

An Vitalsymptomatik beobachtet man häufig

- allgemeines Abgeschlagensein
- andauernde Müdigkeit und fehlende Erholung durch Schlaf
- Einschlafstörungen, Durchschlafstörungen oder beide Formen
- Obstipation, seltener Diarrhoe
- Druckgefühl auf der Brust oder im Bauchraum
- zugeschnürte Kehle und „Kloß im Hals"
- schwerer Kopf und Gefühl, „als wenn ein Reifen um den Kopf ist"
- Beklemmungsgefühl und Unruhegefühl in Brust und Bauchraum.

5.6.3 Endogene Manie (manische Episode nach ICD 10) ✓✓

Dies ist die zweite wichtige Form der Zyklothymie, wobei bei der Manie *die gehobene Stimmung, der gesteigerte Antrieb und die Ideenflucht* typisch sind. Dem Patienten fehlt meist auch das subjektive Krankheitsgefühl. Man kann die Manie als Gegenform zur Melancholie ansehen.

Gehobene Stimmung

Die Patienten sind meist gut gelaunt, heiter, gelegentlich auch fröhlich, ausgelassen und witzig. Sie neigen zur Scherzhaftigkeit und sind auch gute Unterhalter. Daneben findet man Patienten, die überwiegend anspruchsvoll, streitsüchtig, gereizt und aggressiv sind, vor allem dann, wenn ihnen Unannehmlichkeiten begegnen oder wenn ihr Selbstwertgefühl verletzt wird. Zu aggressiven Äußerungen kann es kommen, wenn man ihrem Tatendrang Einhalt gebieten will oder muß. Traurigen Ereignissen gegenüber sind solche Patienten wenig empfänglich. Die Stimmung ist weitestgehend von Euphorie geprägt. Aggressivität besteht bei der sogenannten *gereizten Manie.* Grundsätzlich besteht immer ein Übermaß an Affektivität.

Antriebssteigerung

Es besteht fast immer erhöhte Aktivität, unermüdliche Betriebsamkeit und starker Bewegungsdrang. Aus diesem Grunde kann der Maniker für die Umwelt sehr lästig werden. Im Gegensatz zum zyklothymen Depressiven ist der Maniker enthemmt, verliert unter Umständen auch sein Schamgefühl, reißt derbe Witze, macht Liebesanträge, wird sexuell aufdringlich, neigt zu harmlosen oder ernsthaften Streichen. Beim schwersten Grad manischer Erregung spricht man von **Tobsucht.** In solchen Fällen sind die Kranken hoch aggressiv und in ihrem Bewegungsdrang extrem gesteigert, zerreißen und zerschlagen alles um sich herum. Mit den Trümmern konstruieren sie unter Umständen wieder neue Dinge, Statuen, Kunstwerke oder ein Möbelstück. Sie beschmieren dann die Wände, schreien, singen und machen auf sich aufmerksam. Der gesteigerte Antrieb zeigt sich aber auch in einer gesteigerten Redseligkeit in einer mitunter extremen Logorrhoe. Gelegentlich wird die Antriebssteigerung aber auch in einem Schreibdrang des Patienten deutlich. Er wechselt dann die Schriftform, verwendet gleichzeitig verschiedene Sprachen und schreibt völlig unkontrolliert kreuz und quer über das Blatt. Wieder andere verzieren ihr Geschriebenes mit Skizzen und Zeichnungen.

Aus den Schriftstücken eines Manikers erkennt man deutlich die Anregbarkeit. Am Anfang herrscht noch relative Ordnung und mit zunehmender Schreiblänge wird das Schriftbild immer krankhafter. Die Anregbarkeit ist überhaupt eine wichtige Eigenschaft des Manikers; Anregbarkeit ist eine Form der Antriebssteigerung. Aufgrund dieser Antriebssteigerung essen die Kranken wenig, magern auch ab, schlafen kaum noch, empfinden dies aber im Gegensatz zu den Depressiven nicht als störend.

Ideenflucht

Die Ideenflucht ist die typische *formale Denkstörung* des Manikers. Die Betroffenen reden ununterbrochen, zeigen unübertroffenen Einfallsreichtum, wobei die neuen Einfälle mit dem

Vorhergehenden meist nur durch Wort- oder Klangähnlichkeit verbunden sind. Maniker sind sehr sprunghaft, d. h. sie wechseln schnell das Thema, verlieren sich im Detail und können keinen Gedankengang zu Ende führen. Dennoch sind beim Maniker Gedächtnis und Denkfähigkeit erhalten und das Bewußtsein ist keinesfalls getrübt. Auffassungsfehler machen sich kaum bemerkbar und zeitliche und örtliche Orientierung sind, außer in schweren Fällen, meist ungestört.

Besteht keine Ideenflucht, so spricht man von **geordneter Manie**; steht die Ideenflucht jedoch ganz im Vordergrund, so spricht man **verworrener Manie**. Ein **submanischer Zustand** liegt vor, wenn ein Patient in seiner Aktivität gesteigert, jedoch nicht ideenflüchtig ist.

Das ideenflüchtige Denken mit seinem Inhalt muß im Zusammenhang mit der gesteigerten Betriebsamkeit und der Selbstüberschätzung des Patienten gesehen werden. Die Patienten selbst halten sich für höchst intelligent und sind fest der Ansicht, schwierige Probleme lösen zu können. Häufig hört man von umwälzenden Erfindungen, politischen Neuerungen und großen finanziellen Unternehmungen.

Vitalsymptome
Bei der Manie wird eine ausgeprägte vitale Symptomatik wie bei den zyklothymen Depressionen kaum beobachtet. Allerdings begegnet man beim manischen Patienten gelegentlich einer Abmagerung, was sich vermutlich zum größten Teil auf die massive, jedoch subjektiv häufig nicht als quälend empfundene Schlafstörungen zurückführen läßt. Der Appetit hingegen ist nur selten gestört. Libido und Potenz sind meist erheblich gesteigert.

Weitere charakteristische Symptome
Das Selbstwertgefühl des Manikers ist fast immer deutlich gesteigert, gelegentlich bis hin zum Größenwahn als Ausdruck extremer Selbstüberschätzung und Hochstimmung. Gleichzeitig besteht keine oder nur sehr geringe Krankheitseinsicht.

Die Selbstüberschätzung des Manikers führt auch fast immer zu größeren Geldausgaben und mitunter zu horrenden Verschuldungen. Gelegentlich beobachtet man völlig unsinnige und ungesteuerte Käufe und Vertragsabschlüsse.

5.6.4 Soziale und rechtliche Folgen

Zyklothym Depressive kommen nur selten zur forensisch-psychiatrischen Begutachtung, da Suizidversuche heute nicht mehr zu strafbaren Handlungen gehören. Allerdings kann es bei schwerer zyklothymer Depression zum erweiterten Suizid kommen, bei dem der Kranke seine Angehörigen in den Freitod mit einbezieht, um diese vor vermeintlicher Not, vor Leid und Schande zu bewahren. Gelingt bei einem erweiterten Suizidversuch der Freitod nicht, kommt aber der Angehörige ums Leben, so kann gegen den Depressiven Anklage erhoben werden. Läßt sich eine Zyklothymie nachweisen, so tritt möglicherweise § 20 StGB in Kraft, d. h. der Kranke kann für seine Tat nicht verantwortlich gemacht werden.

Bei manischen Patienten sind die häufigsten Straftaten Eigentums- und Sittlichkeitsdelikte, ferner Geldausgaben mit ungezügelter Verschuldung. Bei Nachweis einer manischen Erkrankung besteht aufgehobene Geschäftsfähigkeit. Auch hier würde im Falle einer strafbaren Handlung § 20 StGB in Kraft treten.

Bei ausgeprägter zyklothymer oder manischer Phase ist der Kranke entsprechend § 104 BGB geschäftsunfähig sowie nach § 2229 BGB testierunfähig.

Für die Dauer von beiden Phasenformen kann die Errichtung einer Betreuung (siehe 32.2.3) angezeigt sein. Entsprechend dem Unterbringungsgesetz kann nach Anhörung des Patienten durch einen Richter auch die Unterbringung zur stationären Behandlung verfügt werden. Besteht unmittelbare Gefahr für die Allgemeinheit und ist die Unterbringung unaufschiebbar, kann die Polizei eine sofortige Unterbringung in einer geschlossenen Einrichtung veranlassen.

Unmittelbare und mittelbare soziale und rechtliche Folgen **manischer** Phasen können sein:

- Verstöße gegen Konventionen, Normen und Gesetze
- Schuldunfähigkeit gem. § 20 StGB
- Nichtigkeit einer Willenserklärung nach § 105 Abs. 2 BGB
- Errichtung einer Betreuung
- Arbeitsplatzkündigungen, Kündigung der Wohnung und schwere Partnerschaftskrisen
- Unterbringung zur stationären Behandlung gem. dem Unterbringungsgesetz
- Feststellung einer Geschäftsunfähigkeit und Testierunfähigkeit.

Unmittelbare und mittelbare soziale und rechtliche Folgen **depressiver** Phasen können sein:

- Unterbringung zur stationären Behandlung bei akuter Suizidalität sowie Fremdgefährdung (erweiterter Suizid)
- Einrichtung einer Betreuung bei depressivem Stupor oder depressiver Wahnsymptomatik
- Geschäftsunfähigkeit bei bestehender Wahnsymptomatik.

5.7 Varianten der zyklothymen Depression und deren Merkmale

Bei den unterschiedlichen depressiven Zustandsbildern können selbstverständlich vergleichbare oder identische depressive Symptome vorkommen. Über die nosologische Zuordnung entscheidet dann hauptsächlich der Verlauf.

Einige Depressionsformen lassen sich der zyklothymen Depression zuordnen, wieder andere Depressionsformen zeigen mehr oder weniger ausgeprägte endogene Anteile.

Wochenbettdepression (postpartale Depression)

Definition: Während der ersten 6 Wochen post partum auftretende depressive Verstimmung.

Häufigkeit: Etwa 0,4–2 Promille bei Wochenbettpsychosen; nahezu 50 % aller Wöchnerinnen leiden jedoch unter mehr oder weniger starken reaktiven Verstimmungen. Bei ebenfalls etwa 50 % aller Wöchnerinnen kommt es am 3. Tag post partum zu einem sogenannten *Heultag*, wobei dann die Frauen energielos sind, unter Konzentrationsstörungen leiden, überaus empfindlich und weinerlich reagieren.

Symptomatik: In depressiver Verstimmung kommt es manchmal auch zu psychomotorischer Reduktion sowie Wahnsymptomen (Schuldwahn, Versündigungswahn). Gelegentlich beobachtet man auch paranoide Anteile. Die Suizidgefährdung sowie die Gefahr eines erweiterten Suizids sind im Rahmen einer Wochenbettdepression relativ hoch einzuschätzen.

Ursache: Als Ursache einer Wochenbettdepression wird eine fundamentale Umstellung des Hormonhaushaltes in den ersten Tagen post partum diskutiert. Entsprechend der Statistik ist eine Psychose als Ursache sehr wahrscheinlich. Psychodynamische Ursachen spielen aber sicherlich auch eine nicht unerhebliche Rolle.

Klimakterische Depression

Ob es sich bei der klimakterischen Depression um einen selbständigen zyklothymen Depressionstyp oder um eine körperlich begründbare depressive Psychose, eventuell aber auch um eine vorwiegend reaktiv bedingte Depression handelt, ist bis heute noch nicht eindeutig geklärt. Eine Beteiligung hormonaler Ursachen ist aber sehr wahrscheinlich. Bei einer Vielzahl klimakterischer Depressionen lassen sich anamnestisch oft vorangegangene, bereits vor Jahren abgelaufene depressive Episoden in Erfahrung bringen.

Letztlich findet sich bei der Depression im Klimakterium ein Spektrum von depressiven Reaktionen (z.B bei Auszug der Kinder, Ehekrisen, Libidominderung, äußerlich körperliche Veränderungen usw.) bis hin zur zyklothymen Depression.

Erschöpfungsdepression

Hierbei handelt es sich um eine nach Spitzenbelastung und Dauerbelastung auftretende Depression, besonders häufig bei neurotischen Persönlichkeitsstrukturen. Man beobachtet Erschöpfungsdepressionen häufig bei pedantischen, ehrgeizigen und aggressionsgehemmten Personen mit geringer Frustrationstoleranz. Der Erkrankungsgipfel liegt zwischen dem 30. und 50. Lebensjahr, wobei das weibliche Geschlecht überrepräsentiert ist.

Symptomatik und Verlauf: Diese Depression beginnt zunächst mit einer hyperästhetisch-asthenischen Prodromalphase (Überempfindlichkeit, Reizbarkeit und Nervosität über Monate und Jahre hinweg), gefolgt von einer psychosomatischen Phase (mit wechselnden vegetativen und funktionellen Symptomen). Es folgt dann die eigentliche depressive Phase mit ängstlich-depressiven Zügen, Entschlußunfähigkeit, innerer Unruhe, Versagens- und Insuffizienzgefühlen, Konzentrationsschwäche, Schlafstörungen, Lärm- und Schmerzempfindlichkeit. Die zyklothymen (endogenen) Anteile sind bei der Erschöpfungsdepression oft nur gering ausgeprägt.

Larvierte Depression (siehe 5.6.2)

Mehrschichtige Depression

Es ist nicht immer möglich ein depressives Syndrom eindeutig und exakt einzuordnen. In diesen Fällen sollte eine „gewaltsame" Einteilung unterlassen und auf die Diagnose *mehrschichtige Depression* zurückgegriffen werden. Noch gebräuchlich sind die älteren Begriffe

- **endo-reaktive Depression** (endogen/reaktiv)
- **endoneurotische Depression** (endogen/neurotisch).

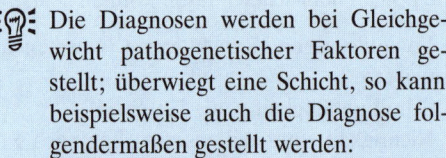 Die Diagnosen werden bei Gleichgewicht pathogenetischer Faktoren gestellt; überwiegt eine Schicht, so kann beispielsweise auch die Diagnose folgendermaßen gestellt werden:

„zyklothyme Depression mit reaktiver Komponente" oder aber „reaktive Depression mit zyklothymer Komponente".

Die Einführung des Begriffs der *mehrschichtigen Depression* hatte auch Konsequenzen für die Therapie; denn eine mehrschichtige Depression bedeutet eine mehrschichtige Therapie, also eine Kombinationsbehandlung mit entsprechender Anpassung an die individuelle Situation des Patienten (medikamentöse, psychotherapeutische und soziotherapeutische Kombinationsbehandlung).

Involutionsdepression

Hierbei handelt es sich um depressive Syndrome mit Erstmanifestation zwischen dem 45. und 65. Lebensjahr. Häufig findet sich eine psycho- oder auch somatogene Auslösung. Eine große Rolle spielen somatische Erkrankungen sowie ein bevorstehendes Ausscheiden aus dem Berufsleben. Von einer *Involutionsdepression* spricht man, wenn eine zyklothyme Depression im Rückbildungsalter mit ausschließlich depressiven Phasen auftritt. Dabei müssen nicht unbedingt depressive oder manische Phasen in der Vorgeschichte vorhanden sein. Den Gipfel der Involutionsdepression findet man bei Frauen zwischen dem 50. und 60. und bei Männern zwischen dem 60. und 65. Lebensjahr. Bei Frauen sind sicher auch hormonelle Einflüsse an der Depression beteiligt.

Tritt eine Depression mit typischen endogenen Symptomen erstmals nach dem 60. Lebensjahr auf, so spricht man von **Altersdepression**.

Umzugsdepression

Diese Depressionsform tritt im Zusammenhang mit einem Wohnungswechsels auf und läßt sich mit einer einfachen reaktiven Depression nicht gleichsetzen. In der Regel tritt nämlich auch dann eine Depression auf, wenn der Patient in seine alte Wohnung zurückzieht. Eine derart ausgelöste Depression scheint eigengesetzlich im Sinne einer endogenen Phase voranzuschreiten. Einige Autoren unterscheiden zwischen Umzugsdepression vor dem Wohnungswechsel und nach dem Wohnungswechsel, wieder andere berichten auch vom Auftreten einer Depression im Rahmen von Wohnungsumbauten und Wohnungsrenovierungen.

Bei Umzugsdepressionen finden sich häufig charakteristische endogene Verläufe.

Schizoaffektive Psychose
hier handelt es sich um eine Psychose mit depressiver oder manischer und zugleich schizophrener Symptomatik. (Siehe 6.1.5).

Depressive Reaktion bei Schizophrenen

Schizophrene Patienten sind besonders häufig von depressiven Stimmungslagen betroffen. Die Depressivität Schizophrener wird oftmals übersehen und in vielen Fällen wird man auf die Not solcher Patienten erst dann aufmerksam, wenn diese einen Suizidversuch unternommen haben. Die depressiven Stimmungslagen Schizophrener verlaufen besonders häufig typisch „endogen" mit Morgentief und weiteren typischen Charakteristika.

Entlastungsdepression

Ebenso wie Belastung ein depressives Syndrom bewirken kann, kann auch eine Entlastung nach vorangegangener Dauerbelastung zu Depressionen führen (z. B. nach langer Vorbereitungszeit auf ein Staatsexamen). Die Entlastung bedeutet ätiopathogenetisch bereits wieder eine neue Belastung. Entlastungsdepressionen können Monate nach Eintritt der Entlastung auftreten, und dabei wird die Entlastung nicht als auslösende Ursache angegeben. Vielfach wird die Entlastungsdepression als vitalisierte depressive Erlebnisreaktion angesehen; andererseits sprechen aber einige Autoren von einer situativ ausgelösten depressiven Phase einer Zyklothymie.

Symptomatische Depression

Hierbei handelt es sich um Depression in Begleitung körperlicher Erkrankungen. Man begegnet dieser Form nach Operationen oder Infekten, bei Vergiftungen, bei Störungen im Hormonhaushalt sowie bei bestimmten Medikamenten (z. B. längere Reserpineinnahme). Oft findet man diese Depressionen in biologischen Krisenzeiten wie Pubertät, Gravidität, Wochenbett, Klimakterium, Prämenstruum sowie bei endokrinen Erkrankungen (Hypo- oder Hyperthyreose, M. Cushing, M. Addison).

Symptomatik und Verlauf sind meist abhängig von der Ursache. So findet sich bei postinfektiösen Depressionen und während der Rekonvaleszenz ein eher apathisch-resignatives Bild, während bei Herz- und Kreislauferkrankungen eher ängstlich-depressive Versagenszustände vorkommen. Eine Dauermedikation mit Reserpin führt meist zu einer ängstlich-agitierten Depression, während bei endokrinen Umstellungen häufiger dysphorisch-gereizte Stimmungslagen auftreten.

Einige Autoren ordnen bestimmte symptomatische Depressionen der zyklothymen (endogenen) Depressionsform zu.

5.8 Verlauf der affektiven Psychosen

Zyklothymien verlaufen phasenförmig, wobei zwischen den einzelnen Phasen beschwerdefreie Intervalle von mehr oder weniger langer Dauer liegen. In dieser Zeit kommt es praktisch nicht zu einer Wesensänderung oder einem Persönlichkeitsverfall, wie gelegentlich bei anderen Psychosen. Phase und beschwerdefreies Intervall werden als Zyklus bezeichnet.

5.8.1 Verläufe der Phasen

Sowohl zyklothyme Depressionen als auch Manien können **monophasisch** (einmalig) oder aber **mehrphasisch** (wiederholt) auftreten. Daneben beobachtet man **monopolare** und **bipolare** Verlaufsformen. Zeigt sich eine Zyklothymie nur mit depressiven oder nur mit manischen Phasen, so spricht man von monopolarem Verlauf. Finden sich bei einer Zyklothymie melancholische und manische Phasen, so liegt ein bipolarer Verlauf vor. Von bipolarem Verlauf spricht man bereits dann, wenn einer depressiven Phase eine hypomanische Nachschwankung folgt oder einer manischen Phase eine leichte depressive Verstimmung folgt.

Depressive Phasen sind deutlich häufiger als manische Phasen; etwa 2/3 der Zyklothymien zeigen ausschließlich depressive Phasen. Mehrphasische zyklothyme Depressionen sind häufiger als monophasische (Verhältnis 3:1). Die Häufigkeit von ausschließlich aus manischen Phasen bestehenden Zyklothymien beträgt etwa 5-10 %; aber auch hier überwiegt die mehrphasische Form deutlich.

Ca. 25 % der Zyklothymien zeigen bipolare Verlaufsformen.

Die Dauer der einzelnen melancholischen oder manischen Phasen beträgt unbehandelt etwa 3–12 Monate. Die Unterschiede sind beträchtlich; man findet Schwankungen zwischen wenigen Tagen bis zu mehreren Jahren, in Extremfällen sogar von wenigen Stunden bis zu vielen Jahren. Die depressiven Phasen werden mit zunehmendem Lebensalter länger, während die freien Intervalle zur Verkürzung neigen. Die Dauer der Phasen wird durch pharmakologische Behandlung verkürzt; gelegentlich kommt es aber auch nur zu einer Abschwächung der Symptomatik.

Im Anschluß an die melancholische Phase folgt oft eine kurzdauernde **hypomanische Nachschwankung,** also eine leichte manische Phase von kurzer Dauer. Entsprechend kann auch eine manische Phase in eine depressive Nachschwankung übergehen. Vereinzelt beobachtet man bei manischen Phasen **depressive Vorstadien**. Die Zeit zwischen zwei Phasen ist ebenso wie die Phasendauer selbst variabel.

Phasen treten meist allmählich, seltener akut auf und klingen in ähnlicher Weise ab. Der Beginn und die Rückbildung verläuft nicht selten unter Schwankungen.

Sehr selten begegnet man einem **Mischzustand** im Rahmen einer circulären Verlaufsform einer manisch-depressiven Psychose. Hier finden sich manische und depressive Symptome gleichzeitig, also z. B. Ideenflucht, Logorrhoe und Größenideen kombiniert mit depressiver Stimmungslage.

Mischzustände können sich aber auch in einem extrem raschen Wechsel von Minuten und Stunden zwischen depressiver und manischer Symptomatik zeigen. Hier besteht ein fließender Übergang zu den sogenannten Rapid Cyclers, bei denen manische und depressive Phasen innerhalb von Tagen oder Stunden abwechseln können.

5.8.2 Prognose

Im Gegensatz zu anderen Psychosen (z. B. Schizophrenien) kommt es bei den Zyklothymien im allgemeinen zu keinen wesentlichen bleibenden

Residuen. Man beobachtet höchstens bei einem Drittel der Patienten leichte psychische Veränderungen: asthenische Residuen, symptomarme Chronifizierung, hypomanische Dauerverstimmungen, Entdifferenzierung der Persönlichkeit. Solche psychischen Veränderungen sind jedoch selten, und in der Regel kommt es zur einer vollständigen Remission der einzelnen Phasen.

Residuen beobachtet man etwas häufiger bei mehrphasischen Manien sowie bei bipolaren Zyklothymien. Strenggenommen sind derartige Residuen weniger direkte Krankheitsfolge als vielmehr Folge gestörter Persönlichkeitsentwicklung und sozialer Schwierigkeiten im Rahmen der Erkrankung. **Asthenische Residuen** lassen sich erst dann feststellen, wenn bereits einige vollständig remittierte Phasen abgelaufen sind. **Symptomarme Chronifizierungen** entwickeln sich allmählich unter Verlust der typischen endogen-depressiven Symptomatik aus der Phase heraus und unterscheiden sich von einer ungewöhnlich langen Phase durch die besondere Farblosigkeit. **Hypomanische Dauerverstimmungen** (progressive Manie) sind selten; ihnen geht meist eine symptomarme Chronifizierung voraus. Die Richtungsprognose ist insofern weniger günstig, als in den meisten Fällen mehr als eine Phase auftritt.

Eine wenig günstige Prognose haben solche Zyklothymien, bei denen sehr kurze freie Intervalle zwischen den Phasen bestehen und die Phasen im Wechsel manische und depressive Zustände zeigen. Mitunter beträgt der Wechsel bei solchen Formen nur wenige Tage oder gar Stunden. Man spricht bei solchen Patienten von **Rapid Cyclers**; die Behandlung dieser bipolaren Sonderform gestaltet sich meist sehr schwierig.

Die zyklothyme Depression hat die höchste Suizidrate aller Depressionsformen. Dabei ist vor allem zu beachten, daß bei zyklothymen Depressionen wenig demonstrative Suizidversuche sondern meist gezielte Selbsttötungsabsichten vorkommen.

Die Rückfallgefährdung bei mehrphasischen Verlaufsformen ist durch mangelnde Compliance sowie durch chronische Stressoren und mangelhaftes soziales Netz deutlich erhöht.

Psycho-soziale Folgen der Zyklothymien
Besonders typisch ist der Rückgang zwischenmenschlicher Kontakte und die dadurch auftretende Gefahr emotionaler Vereinsamung bei der Depression. Der Kranke zieht sich von der Umwelt zurück, wird klagsam, jammerig und hypochondrisch und wird gerade deshalb von seinen Mitmenschen gemieden. Es kommt zu Problemen am Arbeitsplatz und in der Familie; der Kranke fühlt sich dann nicht verstanden und verstärkt dadurch seine Isolierung. Als besonders gravierend wird der Leistungsabfall im Beruf erlebt, der sich weitgehend auf psychomotorische Hemmungen zurückführen läßt, mitunter auch auf eine leere Aktivität bei agitiert-depressiven Phasen. Der Leistungsabfall eines Depressiven kann dann unter Umständen eine Versetzung oder gar den Verlust des Arbeitsplatzes zur Folge haben, was wiederum die depressive Symptomatik verstärkt, die Minderwertigkeits- und Schuldgefühle fördert.

Leichte manische Phasen haben zunächst keine psycho-sozialen Folgen; zu diesen kommt es erst bei Verstärkung der manischen Symptomatik. Durch Distanzlosigkeit, Logorrhoe, Größenideen und Gereiztheit kommte es dann rasch zu einer Reaktion der Mitmenschen; Distanzlosigkeit, sexuelle Enthemmung und Hyperaktivität haben nicht selten rechtliche Folgen.

Oft muß die Unterbringung in einer geschlossenen Abteilung eines psychiatrischen Krankenhauses veranlaßt werden.

5.9 Diagnostik und Differentialdiagnostik

5.9.1 Zyklothyme Depression
✓ (syn. phasische Depression, depressive Episode)

Keines der vielen Symptome der zyklothymen Depression ist grundsätzlich obligatorisch. Meist beobachtet man aber Energieverlust und Vitalsymptome. Die Diagnose ist besonders schwer zu stellen, wenn die Klagen des Patienten sich auf ein einziges oder auf wenige Vitalsymptome beziehen und wenn eine depressive Stimmungslage fast völlig fehlt, wie es bei der *larvierten Depression* (siehe 5.6.2) der Fall ist.

Eine Diagnosestellung ist dann erleichtert, wenn bereits manische oder melancholische Phasen vorausgegangen sind. In typischen Fällen beginnt eine Phase plötzlich mit Schlafstörungen und anderen Vitalsymptomen. Beweisend für die Diagnose *zyklothyme Depression* sind markiertes Phasenende und manische oder hypomanische Nachschwankungen.

Der depressiven Phase einer Zyklothymie sind depressive Verstimmungen schizophrener Psychosen und depressive Momente organischer Hirnerkrankungen ähnlich. Der Verstimmungstyp und die übrige Symptomatik lassen jedoch meist eine deutliche Abgrenzung zu.

Bei zyklothymen Depressionen zeigen sich einigermaßen scharf markierte Phasen und relativ häufig hypomanische Nachschwankungen.

Zyklothyme Depression, depressive Reaktion und depressive Neurosen unterscheiden sich aber auch in den qualitativ unterschiedlichen Erscheinungsbildern. Dabei ist auch zu beachten, daß bei schweren depressiven Reaktionen sowie bei schweren depressiven Neurosen gelegentlich wie bei der zyklothymen Depression eine Vitalisierung, bzw. eine Somatisierung auftritt. Eine Unterscheidung depressiver Neurosen von zyklothymen Depressionen ergibt sich auch aus Befunden der experimentellen Psychopathologie: so zeigen testpsychologische, physiologische und pharmakologische Untersuchungen prinzipielle Unterschiede. Bei der zyklothymen Depression ist die Sedierungsschwelle erniedrigt, bei depressiven Neurosen hingegen meist erhöht. Außerdem findet man grundlegende Unterschiede in den hirnelektrischen Potentialen nach Photostimulierung.

Das Aufdecken psychoreaktiver Faktoren darf hingegen keinesfalls unmittelbar zur Diagnose *„depressive Reaktion"* führen; denn auch bei zyklothymen Depressionen können solche psychoreaktiven Faktoren der Erkrankung vorausgehen.

Bedeutung von Markern in der Diagnostik der zyklothymen Depression

Die Monoamin-Hypothese postuliert, daß bei affektiven Erkrankungen ein funktioneller Noradrenalin- und Serotoninmangel an den Synapsen des ZNS besteht. Aus Untersuchungen geht hervor, daß **DOPEG** (bedeutendster desaminierter Noradrenalin-Metabolit im ZNS) ein brauchbarer Marker der noradrenergen Neuronenaktivität im ZNS ist. Ein weiterer wichtiger Marker ist die **REM-Latenz**; d.h. die REM-Phasen treten zu früh auf. Zusätzlich sind die REM-Phasen verlängert, treten im Verlauf der zweiten Nachthälfte vermehrt auf.

5.9.2 Manie
✓

Gelegentlich wird überschießendes, unvorhergesehenes und unangemessenes Verhalten als abnormer Charakterzug verkannt. Manien lassen sich von hyperthymen Persönlichkeiten nicht immer leicht abgrenzen, vor allem dann nicht, wenn es sich um eine leichte manische Phase handelt. Kommt es in einer manischen Phase zum „Überkochen" der Manie, so besteht leicht die Möglichkeit einer Verwechslung mit einer schizophrenen Psychose, da bei schweren manischen Zuständen ebenfalls paranoide und katatone Symptome auftreten können. Allerdings bleiben diese bei der Manie auf den Gipfel der Phase beschränkt und bestehen meist nur kurze Zeit, während bei den Schizophrenien solche Symptome andauernd bestehen.

Um die Manie differentialdiagnostisch von einer *euphorisch-expansiven Form der progressiven Paralyse* abgrenzen zu können, müssen neurologische, serologische und Liquorbefunde erhoben werden.

Bei der Diagnosestellung ist zu bedenken, daß manische Syndrome auch bei körperlichen Erkrankungen als exogene Reaktionstypen auftreten. Somit ist es außerordentlich wichtig, genaue körperliche Untersuchungen vorzunehmen, auch wenn zunächst alles für eine endogene Erkrankung spricht.

Maniformen Bildern begegnet man gelegentlich bei Frontalhirnsyndromen.

Eine **stationäre Behandlung** ist in schweren Fällen immer empfehlenswert, da durch sie eine intensive Therapie gewährleistet und die Suizidgefahr weitmöglichst gebannt ist. Dadurch wird ferner die Entlastung des Kranken von seinen Pflichten erreicht. Keinesfalls darf außer acht gelassen werden, daß eine Klinikeinweisung für den Patienten eine erneute Belastung darstellen kann. Leichtere und mittelschwere Ausprägungsformen können – vor allem wenn zuverlässige Angehörige den Patienten betreuen – durchaus auch ambulant behandelt werden.

> Zur Therapie der zyklothymen Depression stehen nachfolgende Verfahren zur Verfügung:
>
> - gezielte medikamentöse Behandlung mit Antidepressiva
> - Schlafentzug
> - Elektrokrampftherapie
> - Psychotherapie
> - Tranquillantien.
>
> Opiumkuren, Psychostimulation und Substitutionstherapie sind heute obsolet.

5.10 Therapie und Prävention affektiver Psychosen

5.10.1 Therapie der zyklothymen Depression ✓✓✓

Wichtigstes Behandlungsziel bei depressiv Kranken ist die Beseitigung der depressiven Symptomatik. Beim zyklothym Depressiven stellt die Pharmakotherapie mit Antidepressiva den Tragpfeiler der Behandlungmaßnahmen dar. Bei den neurotischen und reaktiven Depressionen hingegen werden Antidepressiva eher als Begleittherapie eingesetzt. Grundsätzlich sollte man sich immer bewußt sein, daß bei diesen Depressionsformen psychotherapeutische Verfahren die Grundlage der Behandlung sein sollten.

Antidepressive Behandlung

Antidepressiva entfalten bei der zyklothymen Depression eine gezielte therapeutische Wirkung. Bei anderen Depressionsformen fällt die Wirkung deutlich geringer aus, und bei Gesunden haben alle Antidepressiva außer Nebenwirkungen praktisch keine Wirkung.

Antidepressiva wirken entweder

- durch Hemmung der Wiederaufnahme der Neurotransmitter in die Vesikel oder
- durch Hemmung des enzymatischen Abbaus der Neurotransmitter oder
- durch Substitution biochemischer Vorstufen von Neurotransmittern oder
- durch Beeinflußung der Rezeptorsensibilität.

Zur Behandlung bedient man sich vier verschiedener Substanzen, die aufgrund ihrer chemischen Struktur eingeteilt werden in

1. trizyklische, tetrazyklische, bizyklische und monozyklische Antidepressiva
2. nicht-klassifizierte Andidepressiva
3. MAO-Hemmer
4. niederpotente Neuroleptika

Man ist sich heute darüber einig, daß trizyklische Antidepressiva das beste Wirkprofil besitzen. Trizyklische Antidepressiva sind deshalb heute die Mittel erster Wahl unter den Antidepressiva. Häufig werden jedoch die trizyklischen und/oder tetrazyklischen Antidepressiva nicht vertragen, so daß auf monozyklische Präparate sowie auf nicht-klassifizierte Antidepressiva zurückgegriffen werden muß.

Die am längsten im Gebrauch befindlichen Antidepressiva sind die MAO-Hemmer. Bisher war das Tranylcypromin das einzige im Handel befindliche Medikament dieser Gruppe. Um die recht erheblichen Nebenwirkungen zu beseitigen, entwickelte man selektive MAO-Hemmer; so bezieht sich die Selektivität des neueren Moclobemid (Aurorix®) auf die Inhibition der Monoaminooxydase vom A-Typ. Dabei zeichnet sich das Moclobemid durch deutlich geringere Nebenwirkungen aus, als man sie bei den nichtselektiven MAO-Hemmern beobachtet.

Strukturchemischer Aufbau
Alle Antidepressiva bestehen entweder aus einem einringigen, dreiringigen oder vierringigen Grundgerüst. Entsprechend unterscheidet man auch zwischen monozyklischen, trizyklischen und tetrazyklischen Antidepressiva. Ausgangssubstanz dieser Formen ist das 1957 entdeckte und in die Therapie eingeführte Imipramin (Tofranil®).

Zwischen trizyklischen Neuroleptika und trizyklischen Antidepressiva besteht strukturchemische Verwandtschaft. Von der räumlichen Struktur der Substanzen hängt es ab, ob neuroleptische oder antidepressive Wirkung besteht.

Wirkform
Man unterscheidet drei Qualitäten, die bei den unterschiedlichen Antidepressiva unterschiedlich ausgeprägt sind:

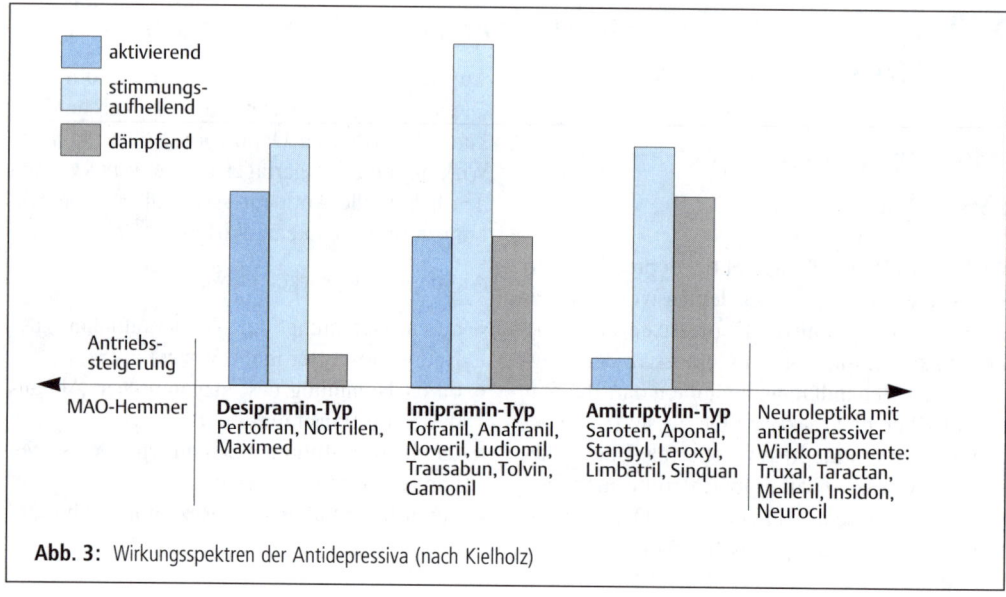

Abb. 3: Wirkungsspektren der Antidepressiva (nach Kielholz)

- vorwiegend antriebshemmend, anxiolytisch und primär sedierend
- vorwiegend stimmungsaufhellend, psychomotorisch bipolar (indifferent)
- vorwiegend antriebssteigernd, psychomotorisch aktivierend.

> Nach KIELHOLZ unterscheidet man drei Grundtypen von Antidepressiva:
> - Amitriptylin-Typ (vorrangig dämpfend und stimmungsaufhellend)
> - Imipramin-Typ (vorwiegend stimmungsaufhellend)
> - Desipramin-Typ (vorwiegend antriebssteigernd, kaum dämpfend).

Nachfolgend einige wichtige im Handel befindliche Präparate und ihre Zuordnung
- **Amitriptylin-Typ**: Aponal, Equilibrin, Insidon, Laroxyl, Saroten, Sinquan, Stangyl, Thombran
- **Imipramin-Typ**: Anafranil, Dogmatil, Gamonil, Ludiomil, Noveril, Tofranil, Tolvin, Vivalan, Fevarin, Fluctin, Tagonis.
- **Desipramin-Typ**: Nortrilen, Parnate, Pertofran

Alle Antidepressiva werden in der Regel oral verabreicht und zeigen eine gute Resorptionsrate. Antidepressive Medikamente werden auch zur parenteralen Verabreichung angeboten. Angeblich soll es durch parenterale Applikation zu einem schnelleren Anfluten des Medikaments im ZNS kommen, vermutlich durch teilweise Umgehung des **First-Pass-Effektes** in der Leber. Von Bedeutung ist aber bei parenteraler Applikation auch die psychologische Wirkung durch eine intensivere Zuwendung des Pflegepersonals. Bei Nichtansprechen eines Antidepressivums nach ca. 3-4 Wochen kann mittels Plasmakonzentrationsbestimmung die applizierte Dosis überprüft werden (z.B. Amitriptylin-Plasmakonzentration 200 ng/ml als Normwert).

Auch die **Metaboliten** der Antidepressiva wirken antidepressiv, weisen jedoch keine neue Wirkqualität auf. Die Ausscheidung der Antidepressiva erfolgt vorwiegend über die Nieren.

Trizyklische Antidepressiva zeigen neben den erwünschten antidepressiven Eigenschaften auch starke zentrale und periphere **anticholinerge Wirkung**, die sich zu Beginn der Therapie stark störend auswirken. Deshalb sollte man einschleichend therapieren. Bei nicht trizyklischen Antidepressiva ist die anticholinerge Wirkung geringer. Dies gilt auch für die tetrazyklischen Antidepressiva, wie z.B. Mirtazapin (Remergil®), ein tetrazyklisches Antidepressivum aus der Reihe der Piperazinoazepine sowie für das tetrazyklische Maprotilin (Ludiomil®).

In den letzten Jahren setzte sich zunehmend eine neuere Antidepressivaklasse durch, die **selektiven Serotonin-Wiederaufnahmehemmer** (selektive Serotonin-Reuptake-Inhibitoren = **SSRI**). Durch deren Gabe erfolgt – wie auch bei den älteren Präparaten – jedoch ganz selektiv eine Blockade des aktiven Rücktransports und damit Hemmung der Wiederaufnahme von Serotonin in das präsynaptische Neuron, was zur Anhäufung von Serotonin im synaptischen Spalt und damit zur verstärkten Stimulation der postsynaptischen Serotoninrezeptoren führt. Im Unterschied zu den Trizyklika sind bei den SSRI's kardiovaskuläre und anticholinerge Nebenwirkungen sehr selten und weitaus schwächer. Sie sind ferner praktisch untoxisch, wirken kaum sedierend und sind somit insgesamt sehr gut anwendbar bei Berufstätigen, ferner bei alten und multimorbiden Patienten, ferner bei all denen, die anticholinerge Präparate nicht vertragen. Überdosierungen sind meist unproblematisch. Bekannteste Vertreter dieser Gruppe sind Fluvoxamin (Fevarin®), Paroxetin (Seroxat®) und Fluoxetin (Fluctin®). Eine Sonderstellung nehmen die **SNRI** ein (Serotonin-Noradrenalin-Reuptake-Inhibitoren) mit dualem Wirkmechanismus und angeblich sehr frühem Wirkungseintritt.

Gefährlich ist die gleichzeitige Gabe von MAO-Hemmern und SSRI oder SNRI, was zu einem sog. Serotoninsyndrom mit letalem Ausgang führen kann. Ein Sicherheitsabstand von wenigstens 5 Wochen für ein Umsetzen von einem SSRI oder SNRI auf einen MAO-Hemmer ist unabdingbar. Umgekehrtes Umsetzen bedarf eines zweiwöchigen Abstandes. SSRI sind auch bei Zwangsstörungen, Bulimia nervosa und bei Panikstörungen erfolgreich einsetzbar. Geprüft werden Einsätze bei Alkoholabhängigkeit (Anticraving-Eigenschaften) und bei der Borderline-Persönlichkeitsstörung.

Die Erfolgsquote bei der Behandlung zyklothymer Depressionen mit Antidepressiva liegt bei etwa 60-70 %. Je nach Färbung der depressiven Psychose (entweder gesteigerter oder geminderter Antrieb) muß man das entsprechende Pharmakon auswählen. Um eine möglichst hohe Erfolgsquote, wenige Nebenwirkungen und einen langanhaltenden Effekt zu erzielen, müssen nachfolgende **Regeln** beachtet werden:

Regeln zur Therapie mit Antidepressiva

1. Antidepressiva wirken *symptomatisch* und nicht krankheitsdauerverkürzend. Die Medikation ist für die gesamte Phasendauer erforderlich, selbst wenn sich nach Medikamentenverabreichung eine Besserung bereits frühzeitig einstellt. Vorzeitiges Absetzen der Antidepressiva führt meist zum Rezidiv.
2. Antidepressiva können das *Auftreten erneuter depressiver Phasen nicht immer verhindern*. Bei nur kurzen freien Intervallen ist eine Dauertherapie mit Antidepressiva in einer Erhaltungsdosis dennoch angezeigt.
3. Antidepressiva sollten immer *frühzeitig eingesetzt* werden, um eine möglichst hohe Erfolgsquote zu erreichen.
4. Das gewählte Präparat ist *ausreichend hoch zu dosieren*, da eine zu niedrige Dosierung keine therapeutische Wirkung zeigt.
5. Antidepressiva vom Imipramin-Typ und vom Desipramin-Typ führen in der Anfangsphase der Applikation zu einer Antriebssteigerung und erst später zu einer Beseitigung der depressiven Verstimmung (Phasenregel). Beginnt die Antriebssteigerung noch vor Beseitigung der Depression, bzw. Hervorhebung der Stimmung, so wird die *Suizidgefahr wesentlich erhöht*. Selbstmordabsichten, die zunächst wegen mangelnden Antriebs nicht ausgeführt werden konnten, werden im Zuge der initialen Antriebssteigerung möglicherweise zur Ausführung gebracht. Es ist deshalb ratsam, einschleichend zu behandeln, ferner vor allem bei agitierten Depressionen antriebsmindernde Präparate vom Amitriptylin-Typ zu wählen und gegebenenfalls die Antidepressiva durch dämpfende Medikamente zu ergänzen (z.B. Benzodiazepine).
6. Bei Beendigung der Behandlung sollen Antidepressiva *langsam über 3–4 Wochen hinweg abgesetzt* werden. Eine Rückfallgefahr während dieser Zeit und einiger Wochen nach Absetzen – vor allem bei zu raschem Absetzen – ist besonders hoch.
7. Mehrere verschiedene Antidepressiva sollten möglichst *nicht kombiniert* werden. Werden verschiedene Antidepressiva kombiniert, ist dies nur dann sinnvoll, wenn sie sich in ihrer Wirkung ergänzen, wie z.B. bei der Kombination von serotonerg wirksamen und noradrenerg wirksamen Antidepressiva (z.B. Anafranil und Ludiomil).
8. Vor jedem Beginn einer Therapie mit Antidepressiva sind *Routineuntersuchungen* durchzuführen, vor allem EKG, möglichst EEG, Blutbild, Transaminasen und Nierenwerte.
9. Ob ein Antidepressivum wirkt oder nicht, läßt sich *erst nach 3-4 Wochen* feststellen, da eine therapeutische Wirkung bei ausreichender Dosierung bis zu diesem Zeitpunkt noch einsetzen kann. Erst ein nach 4 Wochen ausbleibender therapeutischer Effekt rechtfertigt das Absetzen oder das Umsetzen des Antidepressivums.
10. Bei *zu hoher Dosierung* können alle Antidepressiva auch entgegengesetzte Effekte zeigen (Dosisregel).
11. Antidepressiva können manische oder delirant-bewußtseinsgetrübte *Erregungszustände* auslösen.
12. Eine Kombination von niederpotenten, meist trizyklischen und vor allem anticholinerg wirksamen Neuroleptika und anticholinerg wirksamen Antidepressiva sollte nur

den schweren agitierten Depressionen vorbehalten bleiben. Dann ist aber auf Kreislauf und Herzleistung zu achten.
13. Eine *einschleichende Dosierung* ist zur Verminderung der Nebenwirkungen sowie zu einer dadurch verbesserten Compliance sinnvoll; außerdem wird durch einschleichende Dosierung die Gefahr eines Krampfanfalles sowie eines anticholinerg bedingten Delirs vermindert.

Nebenwirkungen der Antidepressiva

Vor allem trizyklische Antidepressiva zeigen unerwünschte Nebenwirkungen. Neben psychischen und motorischen Nebenwirkungen stehen vegetative Nebenwirkungen im Vordergrund. Alle Antidepressiva können zu unterschiedlichen und sogar zu entgegengesetzten Wirkungen führen, je nachdem, welche zentralen oder peripheren vegetativen Effekte durch das Antidepressivum bewirkt werden. Es kommt besonders häufig zu anticholinergen Wirkungen, die besonders zu Therapiebeginn stark störend sein können und die Compliance unter Umständen erheblich beeinträchtigen.

Diese vegetativen Effekte sind von einem vielfältigen Zusammenspiel zentraler und peripherer Wirkungen abhängig. Nebenwirkungen sind patientenspezifisch, d. h. man kann von Kranken zu Kranken unterschiedliche oder gar gegensätzliche Effekte beobachten: so kommt es in seltenen Fällen statt zu einer Blutdrucksenkung zu einer Blutdrucksteigerung, möglicherweise auch zu einer Pulsverlangsamung oder zu einem vermehrten Speichelfluß.

Häufige Nebenwirkungen sind
- Beschleunigung der Herzfrequenz
- herabgesetzte Kreislaufregulationsfähigkeit mit Blutdruckabfall
- Überleitungsstörungen im EKG sowie Repolarisationsstörungen
- orthostatische Regulationsstörungen
- Verstärkung einer Herzinsuffizienz
- Mundtrockenheit und Trockenheit auch an anderen Schleimhäuten
- Appetitsteigerung
- vermehrte Schweiß- und Talgabsonderung
- Obstipation
- selten paralytischer Ileus
- Gewichtszunahme
- Miktionsstörungen
- feinschlägiger Tremor
- delirante Syndrome bei zu rascher Dosissteigerung
- cerebrale Krampfanfälle bei verminderter Krampfschwelle
- Schwindel, Kopfschmerzen, Unruhe und Schlafstörungen (selten)
- ausgeprägte Müdigkeit
- in seltenen Fällen schizophreniforme Symptome
- Steigerung des Augeninnendruckes
- Pupillenerweiterung (Mydriasis)
- Einschränkung des Tränenflusses (Kontaktlinsenträger!)
- Blutbildveränderungen (Leukozytenabfall bei Verminderung der Granulozyten)
- Anstieg der Leberwerte und selten cholestatischer Ikterus
- gastrointestinale Störungen (Übelkeit und Erbrechen)
- Exantheme und Urticaria
- selten extrapyramidale Störungen
- sehr selten sexuelle Störungen
- sehr selten Gynäkomastie und Galaktorrhoe
- selten Veränderungen des Blutzuckerspiegels
- sehr selten Vaskulitiden.

Kontraindikationen der Antidepressiva

Antidepressiva sollten **nicht** oder nur **unter strenger Indikationsstellung** angewandt werden bei:

- akuten Intoxikationen mit zentral dämpfenden Pharmaka und Alkohol
- bestehenden akuten Delirien
- Engwinkelglaukom
- schweren Überleitungsstörungen (Schenkelblock, AV-Block III. Grades)
- gleichzeitiger Gabe von MAO-Hemmern
- schweren Stenosen im Bereich des Magen-Darm-Kanals

- schwerer Prostatahypertrophie mit Blasenentleerungsstörungen und Restharnbildung
- vorgeschädigtem Herz
- schweren bestehenden Leberfunktionsstörungen
- erhöhter Krampfbereitschaft.

Eine Applikation von Antidepressiva während der Schwangerschaft/Stillzeit bedarf einer strengen Indikationsstellung.

Die meisten Melancholien lassen sich thymoleptisch schnell und anhaltend bessern. Bei Wirkungseintritt empfinden die Patienten allmählich ein Nachlassen der inneren Unruhe und des körperlich empfundenen Druckes. Dem behandelnden Arzt wird dann auffallen, daß Blick, Gestik und Mimik des Patienten an Bewegungsmomenten deutlich zunehmen.

Einige der genannten Nebenwirkungen haben zur Folge, daß die Kranken die Einnahme der Medikamente verweigern. Dann sollte man den Klagen des Kranken über seine körperlichen Befindlichkeitsstörungen sorgfältig zuhören, diese mit ihm besprechen und sie ihm als Nebenwirkung der antidepressiven Therapie erklären.

MAO-Hemmer

Wie bei vielen anderen Substanzen auch, erfolgte die Entdeckung der antidepressiven Eigenschaften der Monoaminooxydase-Hemmstoffe (MAO) zufällig durch eine scharfsinnige klinische Beobachtung eines Orthopäden, der in klinischen Prüfungen mit Iponiazid, einer Fortentwicklung von Isoniazid (ein Tuberkulostatikum) arbeitete und dabei feststellte, daß Tuberkulosepatienten, die mit der neuen Substanz behandelt wurden, sehr rasch fröhlicher und weniger depressiv gestimmt waren. In den letzten Jahren spielten Monoaminooxydase-Hemmer, von denen sich als einziges das Tranylcypromin im Handel befand, kaum noch eine Rolle. Die Mehrzahl der MAO-Hemmer erwies sich als therapeutisch schwer steuerbar und war durch komplizierende Begleitwirkungen belastet. Bedeutsam war auch die Hemmung des Abbaus von Tyramin im menschlichen Organismus durch die nicht selektiven und nicht reversiblen MAO-Hemmstoffe. Bei gleichzeitiger Einnahme tyraminreicher Nahrungsmittel (z.B. verschiedene Käsesorten, Rotwein, Salzheringe, Saubohnen, Fleischextrakt, Salami, fermentierte Würste, Geflügelleber, Schokolade, verdorbene und getrocknete Früchte) wird Tyramin aufgrund der MAO-Hemmung nicht in der Leber und anderen intestinalen Geweben abgebaut, sondern erreicht relativ hohe Konzentrationen im Blut, die ausreichend sind, einen deutlichen Blutdruckanstieg zu bewirken (sog. „cheese-effect"). Aufgrund der Irreversibilität der MAO-Hemmung hält der Effekt mitunter bis zu 6 Wochen nach Absetzen der Substanz an.

Verschiedene Autoren schreiben dem MAO-H aber eine den trizyklischen Antidepressiva überlegene Wirkung bei den sogenannten **atypischen Depressionen** zu. Unter diesen versteht man ein depressives Syndrom mit vorherrschender Angst sowie solche mit erhaltener Reaktivität der Stimmung mit atypischen Symptomen (vermehrter Appetit, vermehrter Schlaf, Gewichtszunahme). MAO-H finden aber auch Anwendung zur Prophylaxe und Therapie von Panikattacken sowie zur Therapie schwerer gehemmt-depressiver Formen der Depression. Wegen der stark antriebssteigernden Wirkung haben MAO-Hemmer bei solchen Formen ihr Anwendungsgebiet; zu denken ist jedoch in solchen Fällen an die erhöhte Suizidalität.

Nebenwirkungen
Typische Nebenwirkungen der MAO-H sind Erregungszunahme, Unruhezustände mit Schlafstörungen, Tremor, Hyperhidrosis, Krampfanfälle, orthostatische Hypotonie sowie Schwindel und Kopfschmerzen. Aber auch hypertone Blutdruckkrisen werden beobachtet.

Aus diesen Nebenwirkungen ergeben sich die **Kontraindikationen** der MAO-H: Suizidalität bei ängstlich-agitierten Depressionen, schwere Leber- und Nierenschäden und erhöhte Krampfbereitschaft.

Unverträglichkeiten begegnet man bei Kombination mit Narkotika, Barbituraten, Alkohol, Amphetamin, α-Methyldopa, Diuretika, Acetylsalicylsäure, Anticholinergika und Neuroleptika. Mit trizyklischen Antidepressiva sind MAO-H inkompatibel, wenngleich heute vielfach Kombinationen beider verabreicht werden. Entschließt man sich bei chronifizierten und weitestgehend therapieresistenten Depressionen zu einer Kombinationsbehandlung, dann ist grundsätzlich immer der MAO-H **nach** der Gabe eines trizyklischen Antidepressivums zu verabreichen.

Vor über 20 Jahren entdeckte man, daß der menschliche Organismus über zwei verschiedene Arten des Enzyms Monoaminoxydase verfügt, einen Typ MAO-A und einen Typ MAO-B. Die MAO-A bewirkt überwiegend den Abbau der Überträgersubstanz Serotonin, Noradrenalin und Adrenalin, die MAO-B hingegen verstoffwechselt die beiden Substanzen Phenylethylamin und Methylhistamin. Von beiden Formen hingegen werden Tyramin und Dopamin abgebaut. Da man seit längerem weiß, daß bei depressiven Erkrankungen insbesondere Serotonin, Noradrenalin und Dopamin als Neurotransmitter von großer Bedeutung sind, wurde besonders viel Augenmerk auf die Entwicklung selektiver MAO-A-Hemmer gelegt. Damit wurde eine neue Generation der MAO-Hemmstoffe gefunden, die durch die Eigenschaft der Selektivität und der Reversibilität der Enzym-Hemmung eine neue therapeutische Möglichkeit darstellen. Sie zeichnen sich vor allem durch eine relativ hohe Wirksamkeit bei deutlich besserer Verträglichkeit aus. Dieses neue Wirkprinzip wird **RIMA** genannt (**R**eversible **I**nhibition der **M**onoaminooxydase **A**-Typ). Moclobemid (Aurorix®) ist der erste selektive Inhibitor der Monoaminooxydase vom A-Typ. Durch diese Substanz kann im Normalfall kein Blutdruckanstieg insbesondere keine hypertensive Krise provoziert werden. Moclobemid zeigt keine Tyramin-Interaktion.

Neuroleptika bei zyklothymen Depressionen

Schwach potente Neuroleptika finden bei der Behandlung zyklothymer Depressionen häufig Anwendung. Sie wirken angst- und spannungslösend, beseitigen phobische Momente und lassen sich auch bei Schlafstörungen mit Erfolg einsetzen. Bei der zyklothymen Depression sollte aber grundsätzlich immer als Basismedikament ein „echtes" Antidepressivum seinen Platz finden.

Zur Wirkung der Antidepressiva auf die Rezeptorsensibilität

Antidepressiva bewirken nicht nur eine **Reuptake-Hemmung** der Monoamine, sondern führen auch zu einer **Veränderung der Rezeptorempfindlichkeit** und **Rezeptordichte** im noradrenergen, serotonergen, dopaminergen und GABAergen System. Die wichtigsten Effekte sind eine allen antidepressiven Substanzen gemeinsame **Down-Regulation** (Abschwächung) zentraler β-Rezeptoren bei gleichzeitiger Verstärkung postsynaptischer α-Rezeptoren sowie eine **Up-Regulation** (Verstärkung) frontaler GABA-A-Rezeptoren. Zugleich kommt es zu einer Sensitivitätsänderung der Serotoninrezeptoren. Funktionell gesehen bedeuten Down-Regulation von β-Rezeptoren und Aktivierung von α-1-Rezeptoren synergistisch eine Antriebssteigerung.

Lichttherapie (Phototherapie)

Diese Therapieform setzt sich nur sehr zögerlich durch. Zahlreiche Forschungsprojekte an renommierten Instituten laufen noch. Bisher konnte wissenschaftlich nachgewiesen werden, daß eine Bestrahlung mit tageslichtähnlichen Spektren positive Wirkung bei Patienten zeigt, die an **saisonalen Depressionen (SAD)** leiden. Lichttherapie wird gegebenenfalls kombiniert mit Pharmakotherapie.

Therapeutischer Schlafentzug

Ein therapeutischer Schlafentzug kann bei phasisch verlaufenden depressiven Störungen durchaus zu positiven Ergebnissen führen. Durchwegs indiziert ist ein Schlafentzug bei therapieresistenten Krankheitsbildern.

Totaler Schlafentzug (eine ganze Nacht) oder partieller Schlafentzug (in der zweiten Hälfte der Nacht) lassen sich sehr einfach durchführen. Bei Patienten mit phasischer Depression beobachtet man häufig einen signifikanten Rückgang der Depressionssymptomatik. In einigen Fällen kommt es auch zu einer günstigen Beeinflußung der Tagesschwankungen. Nachteilig ist jedoch die nur kurze, mitunter nur einen Tag anhaltende Wirkung. Keine Besserung oder eher eine Verschlechterung zeigt sich bei depressiven Neurosen.

Neben totalem Schlafentzug und partiellem Schlafentzug kennt man den seltener durchgeführten selektiven Schlafentzug (Entzug der REM-Phasen). Dieser bedarf eines großen personellen und apparativen Aufwandes, weshalb er selten angewandt wird.

Elektrokrampftherapie

Es handelt sich um eine sehr wirksame antidepressive Therapieform mit vorrangiger Anwendung bei medikamentenresistenten zyklothymen Depressionen. Die Elektrokrampftherapie ist bei einer kleinen Gruppe von Depressiven indiziert, bei der jede andere Behandlung ohne Erfolg bleibt. Meist genügen dann einige wenige Behandlungen in mehrtägigen Abständen, anschließend wird medikmentös weiterbehandelt.

Von Gegnern der EKT (Elektrokrampftherapie) werden morphologische cerebrale Schäden und kognitive Defekte als Nebenwirkungen angeführt. Unter Einsatz moderner medizinischer Maßnahmen, Intubation mit Sauerstoffbeatmung, Nüchternheit, vorherigem Absetzen hochdosierter Neuroleptika, Muskelrelaxation, unilateraler Elektrodenplazierung und minimaler Stromapplikation konnte man nur selten EKT-spezifische Störungen finden.

Wesentlichste **Kontraindikation** sind demyelisierende Erkrankungen, gesteigerter Hirndruck, arterielle Aneurysmen und cerebrale Insulte sowie Endokrinopathien, schwere Kreislauferkrankungen und hochgradige Kardiopathien.

Bei der heute standardisiert angewendeten Methode der unilateralen temporoparietalen Elektrodenplazierung der nicht dominanten Hemisphäre unter Narkose und Muskelrelaxation sowie möglichst geringer Stromstärke sind die bekannten retrograd amnestischen Störungen deutlich geringer und bilden sich in relativ kurzer Zeit zurück.

Durchgeführt werden Krampfblöcke (3-8 Elektrokonvulsionen pro Behandlung). Appliziert werden Gleichstromimpulse, wobei die Stromstärke durchschnittlich 500mA und die Spannung etwa 60-130 Volt beträgt.

Nebenwirkungen sind Konzentrationsstörungen, amnestische Durchgangsyndrome und Kopfschmerzen.

Neben der therapieresistenten zyklothymen Depression steht an **Indikationen** die perniziöse Katatonie im Vordergrund.

Psychotherapie bei zyklothymen Depressionen

Bei zyklothymen Depressiven ist neben der Therapie mit Antidepressiva eine psychotherapeutische Zusatztherapie in der Regel angezeigt. Die Ergebnisse mit der psychoanalytischen Standardmethode waren bei Melancholie-Kranken allerdings überwiegend negativ. Der Grund mag darin liegen, daß dem Patienten die entsprechende Motivation zur Behandlung fehlt und es sich bei dieser Erkrankung um eine Pychose und nicht um einen erlernten Konflikt handelt. Sehr hilfreich sind für die Patienten jedoch die unterstützende Gesprächstherapie als Ergänzung zur medikamentösen Behandlung. Psychotherapie allein führt bei den Zyklothymien nicht zum Erfolg; vielmehr ist sie hier ergänzende Zusatztherapie. Neben den unterstützenden Gesprächstherapien können auch verhaltenstherapeutische Maßnahmen ergriffen und somit eine Isolation des Kranken in seinem sozialen Lebensbereich verhindert werden.

Opiumkur, Dauerschlafbehandlung, Leukotomie und Insulinkur

Diese Therapieformen sind heute weitgehend obsolet. Die Insulinkur findet allenfalls noch bei schwer herzgeschädigten älteren Menschen gelegentlich Anwendung

Tranquillantien

Tranquillantien (vorwiegend Benzodiazepine) werden meist zusätzlich bei endogenen Depressionen verabreicht, um die zu Beginn der depressiven Therapie zunehmende Suizidgefahr zumindest teilweise zu beseitigen. Eine weiterreichende Behandlung mit Tranquillantien ist bei endogenen Depressionen nicht sinnvoll, da es sich hierbei um eine rein symptomatische Behandlungsform handelt und außerdem bei längerer und hochdosierter Anwendung die Gefahr der Abhängigkeit besteht.

Psychostimulation

Psychostimulantien wurden bei endogenen Depressionen früher angewendet, sind jedoch nach heutiger Erfahrung nur noch selten indiziert; Psychostimulantien können Hemmungen nicht beseitigen, verstärken hingegen die Schlafstörungen und erhöhen die Suizidgefahr.

Substitutionstherapie

Bei Annahme eines cerebralen Serotonin-Defizits liegt es nahe, den Stoffmangel durch Zufuhr des entsprechenden Stoffes auszugleichen, ähnlich wie es beim M. Parkinson durch die Gabe von L-Dopa als Vorstufe des fehlenden Dopamins gehandhabt wird. Versuche, zyklothyme Depressionen mit L-Tryptophan (5-HTP) zu behandeln, zeigten nicht den gewünschten Erfolg.

Antivirale Therapie

Unter der neueren Annahme, daß schwere Depressionen auch durch Viren verursacht sein können (sog. Borna-Viren), richten sich derzeit Forschungsaktivitäten auf die Behandlung mit antiviralen Substanzen, z.B. Amantadinsulfat (PK-Merz®). Von Erfolgen bei schweren und sich zunächst als therapieresistent zeigenden Depressionen wird berichtet.

5.10.2 Therapie der Manie

Maniker sind im allgemeinen schwer zu behandeln, weshalb die Therapie stationär erfolgen sollte. Dadurch wird eine Störung und Gefährdung der Allgemeinheit sowie eine Schädigung der Interessen des Kranken weitestgehend verhindert. Dem Kranken fehlt es bekanntlich an Einsicht bezüglich seiner Erkrankung; deshalb ist gelegentlich auch eine Unterbringung gegen den Willen des Kranken zur Durchsetzung der erforderlichen Therapie notwendig.

Manisch Kranke sollten schon deshalb einer stationären Behandlung zugeführt werden, weil damit gerechnet werden muß, daß der manisch Kranke unzuverlässig und krankheitsuneinsichtig ist und sich somit an Absprachen nicht hält. Von der Heiterkeit des Manikers sollten sich behandelnde Ärzte und Pflegepersonal nicht mitreißen oder von seiner Aufdringlichkeit und Aggressivität provozieren lassen. Eine Abschirmung von äußeren Reizen zur Verhinderung neuerlicher Erregungszustände ist eine wichtige Voraussetzung der stationären Behandlung.

Da Antriebssteigerung, Enthemmung und Gereiztheit des Manikers hartnäckige Symptome darstellen, erfordert die medikamentöse Behandlung viel Geduld. Medikamente der Wahl sind bei Behandlung manischer Zustände **hochpotente Neuroleptika** und **niederpotente Neuroleptika**. Meist sind eine relativ hohe Dosierung und eine langfristige Anwendung notwendig. Selbstverständlich richtet sich aber die Dosis nach dem Grad der manischen Symptomatik. In der Regel genügt die orale Applikation; schwere manische Erregungszustände müssen unter Umständen auch durch intravenöse Injektionen unterbrochen werden.

Nach Wirkungseintritt kommt es zur Dämpfung der Reizbarkeit, Redseligkeit und Aggressivität; allerdings wird die gehobene Stimmungslage nicht immer vollständig beseitigt. Reichen hochpotente Neuroleptika nicht aus, um die Umtriebigkeit, Hyperaktivität und Distanzlosigkeit zu vermindern, oder wird der Patient für seine Mitmenschen auf der Station oder in der Familie unerträglich, dann können zusätzlich niederpotente Neuroleptika verabreicht werden (z.B,. Neurocil®, Melleril®). Die Müdigkeit erzeugende Wirkung der genannten Präparate wird vom manischen Patienten meist als äußerst unangenehm empfunden, was gelegentlich zu einer Verweigerung weiterer Medikamenteneinnahme führt. Häufig bringt aber eine Ergänzungmedikation mit Tranquilizern für kurze Zeit eine doch überraschende Besserung.

Zeigen die genannten Medikamente keinerlei Wirkung, so kann ein Versuch mit Elektrokrampftherapie unternomen werden; im Anschluß an diese werden dann erneut Neuroleptika in niedrigerer Dosierung verabreicht.

Im symptomfreien Intervall zeigt eine neuroleptische Dauerbehandlung bei periodischen Manien mit rascher Folge kaum Erfolg. Man verabreicht deshalb Lithium zur Prophylaxe. Lithium (siehe 5.10.3) wirkt im Gegensatz zur endogenen Depression bei manischen Zuständen sowohl vorbeugend als auch therapeutisch. Gelegentlich wird berichtet, daß manisch Kranke auf eine Lithiumbehandlung allein besser reagieren als auf Neuroleptika. Die Lithiumtherapie sollte – wenn möglich – nur stationär durchgeführt werden. Sie hat gegenüber der Neuroleptikatherapie den Vorteil geringerer Nebenwirkungen, aber der Wirkungseintritt ist um einiges langsamer. Vorsicht geboten ist bei der Kombination von Lithiumsalzen und hochpotenten Neuroleptika, da es hier gelegentlich zu Intoxikationszuständen kommt.

Da die manische Symptomatik häufig sehr hartnäckig sein kann und hochpotente Neuroleptika oft hochdosiert über längere Zeit verabreicht werden müssen, besteht die Möglichkeit einer Depot-Medikation (Depot-Neuroleptika). Dadurch wird die Medikamenteneinnahme gesichert und der Umgang mit dem Patienten vereinfacht. Nachteilig wirkt sich die Depot-Medikation aber dadurch aus, daß bei einer Wirkungsdauer des Depotneuroleptikums von mehreren Wochen in dieser Zeit die manische Symptomatik in kurzer Zeit in eine depressive Symptomatik umschlagen kann. Dies würde dann ein rasches Absetzen des Neuroleptikums erforderlich machen, was bei einer Depot-Medikation nicht mehr möglich ist. Aus diesem Grunde sollte eine Depot-Medikation manisch Kranker nur sehr unkooperativen Patienten vorbehalten bleiben. Leider werden mit Depotpräparaten auch keine hohen Wirkspiegel erreicht, sondern lediglich Basisspiegel, so daß die Verabreichung von Depotneuroleptika bei akuten Manien nicht ausreichend ist.

5.10.3 Prophylaxe
✓✓

Zur Prophylaxe der Zyklothymien rechnet man:

- Lithium-Prophylaxe
- Carbamazepin-Prophylaxe
- Dauermedikation mit Antidepressiva bei zyklothymer Depression
- gelegentlich Dauermedikation mit Neuroleptika oder mit Depot-Neuroleptika bei Manie (vorrangig bei schizoaffektiven Psychosen)
- begleitende psychotherapeutische Behandlung.

Lithium-Prophylaxe

Lithium, ein besonders reaktionsfähiges einwertiges Alkalimetall, kommt in der Natur in gebundenem Zustand häufig vor und wurde nach der Einführung in die Psychiatrie im Jahre 1949 bald als spezifische Substanz für die Therapie und Prophylaxe der Zyklothymie erkannt. Antidepressiva und Neuroleptika sowie Tranquilizer wirken nur symptomatisch auf die verschiedenen Phasen der Zyklothymie. Lithium hingegen normalisiert die beiden extremen und konträren Stimmungen der Zyklothymie.

Bei nahezu 50 % aller Kranken mit manisch-depressiven Psychosen kann mit einer Besserung gerechnet werden. Vorübergehend fand Lithium aber auch außerhalb der Psychiatrie Anwendung, so z. B. bei Thyreotoxikosen, zytostatikabedingter Myelosuppression, Alkoholabhängigkeit und bei Cluster-headache.

Lithiumsalze werden nach oraler Applikation rasch und nahezu vollständig resorbiert und die Bioverfügbarkeit von Lithiumcarbonat liegt bei gesunden Probanten nach einmaliger Gabe bei etwa 85-90 %. Erst nach etwa einwöchiger Verabreichung wird ein Ausgleich zwischen Resorption und Ausscheidung erreicht (steady state), da sich dann ein dynamisches Gleichgewicht zwischen intra- und extracellulären Konzentrationen entwickelt hat. Lithium passiert den Körper in unveränderter Form und wird vorrangig über die Nieren ausgeschieden (Halbwertzeit 24-30 Stunden). In der Regel liegt die renale Lithium-Clearance bei 20 % der Kreatinin-Clearance. Da sie aber von Mensch zu Mensch erheblichen Schwankungen unterliegt, muß Lithiumcarbonat unter Blutspiegelkontrolle individuell dosiert werden. Daher sollte auch bei instabiler Nierenfunktion Lithium nicht verodnet werden, während eine herabgesetzte Leberfunktion keine Kontraindikation darstellt.

Der Nachteil der Lithiumprophylaxe liegt im teilweise stark verzögerten Wirkungseintritt (bis 6 Monate). Treten in den ersten Monaten trotz Lithiumgabe Rezidive auf, so sollte Lithium weiterhin verabreicht werden, da angenommen werden muß, daß es seine Wirkung noch nicht entfaltet hat. Der genaue Wirkungsmechanismus dieser Substanz bei psychischen Erkrankungen ist noch nicht vollständig geklärt.

Indikationen
Der Einsatz von Lithium ist gerechtfertigt

- zur Prophylaxe zyklothymer Depressionen und Manien
- zur Therapie von Manien
- zur Therapie von schizoaffektiven Psychosen
- zur Behandlung chronisch therapieresistenter Depressionen (nur bedingt)
- gelegentlich bei Aggressivität im Rahmen verschiedener psychischer Erkrankungen (z. B. erethischer Schwachsinn)
- therapeutisch bei pseudopsychopathischen temporallappen-epileptischen Syndromen.

Von Bedeutung ist heute aber vorrangig die Lithiumgabe aus prophylaktischen Gründen.

Behandlungsbeginn und Laboruntersuchungen
Die Lithiumprophylaxe kann im Intervall oder während der Phase begonnen werden. Am besten legt man den Behandlungsbeginn in die abklingende Phase, also in die Zeit, in der die Patienten nicht mehr die volle Antidepressiva- bzw. Neuroleptikadosis erhalten. Zwar ist eine Kombination von Neuroleptika und Lithium möglich, allerdings sind mitunter vegetative Begleiteffekte durch diese Kombination verstärkt.

Von besonderer Bedeutung – und oft unzureichend durchgeführt – ist die umfassende Aufklärung der Patienten über Einnahmeweise, Nebenwirkungen und notwendige Untersuchungen.

Die Vorteile der Lithiumtherapie dürfen nicht darüber hinwegtäuschen, daß die langzeitige Applikation eine eingreifende Behandlung mit nicht zu vernachlässigenden Risiken ist, die **regelmäßige Laboruntersuchungen** notwendig machen. So sollten *vor Beginn* kontrolliert werden: Körpergewicht, Urin, Blut, Kreatinin und Harnstoff, Elektrolyte (einschließlich Lithium), EKG, Schilddrüsenfunktion (T3 und T4), Halsumfang, eventuell EEG. *Nach einer Woche* sollten dann abermals Nüchternblutzucker, Leukozyten, Serum-Elektrolyte und Lithiumspiegel bestimmt werden.

Nach 2 Wochen sind zu kontrollieren: Leukozyten, Serum-Elektrolyte, Lithiumspiegel, EKG, Nüchternblutzucker. Von dieser Zeit an sind bei normalen Werten regelmäßige Lithiumspiegelkontrollen zunächst in wöchentlichen, dann in vierwöchentlichen Abständen angezeigt. Die **Blutentnahme** zur Lithiumspiegelbestimmung sollte morgens vor Einnahme der ersten Tagesdosis, jedoch *12 Stunden* (± 1 Stunde) *nach Einnahme der letzten Dosis* erfolgen.

Beachte: Die Lithiumkonzentration sollte untersucht werden

- zu Behandlungsbeginn einmal pro Woche
- dann in Abständen von 4 Wochen
- wenn die richtige Dosierung gefunden ist, dann vierteljährlich
- immer bei Verdacht auf Überdosierung
- wenn von der Lithiumbehandlung unabhängige Erkrankungen aufgetreten sind
- bei verstärkt auftretenden Nebenwirkungen
- bei eigenwilliger Änderung der Dosierung durch den Patienten
- häufiger bei älteren Menschen und unzuverlässigen Kranken
- wenn es trotz der Lithiumbehandlung zu manischen oder depressiven Phasen kommt
- bei gleichzeitiger Einnahme anderer Medikamente sowie bei Verdacht auf eigenmächtige Diätkuren.

Alternativen

> In Fällen, in denen wegen Lithium-Unverträglichkeit das Präparat nicht verabreicht werden kann, besteht die Möglichkeit weiterer prophylaktischer Maßnahmen. Dabei ist man sich aber einig, daß diese Maßnahmen nicht die prophylaktische Wirkungen haben, wie man sie bei Lithium beobachtet.

Es gibt folgende weitere Möglichkeiten der Prophylaxe bei Zyklothymien:

- **Carbamazepin-Prophylaxe** (auch hier entsprechende Spiegelbestimmung)
- Dauermedikation mit Antidepressiva bei der endogenen Depression mit monopolarem Verlauf und kurzen Intervallen
- begleitende psychotherapeutische Behandlungsmethoden.

Dosierung und Anwendungsweise

Die Therapie wird bis zur individuellen Dauerdosis einschleichend begonnen und dann schrittweise und individuell angepaßt. Ziel ist das Erreichen des sogenannten **therapeutischen Spiegels** mit Werten zwischen **0,6 und 1,0 mmol/l (=mEqu/l)**.

Konzentrationen über 1,6 mmol/l (=mEqu/l) sollte man wegen der ab diesem Spiegel auftretenden Nebenwirkungen vermeiden. Konzentrationen über 2,0 mmol/l (=mEqu/l) entsprechen einer Intoxikation. Allerdings korrelieren die klinischen Erscheinungen nicht immer mit den Lithium-Serumwerten, weshalb der Patient während des gesamten Behandlungsverlaufs hinsichtlich der Nebenwirkungen zu beobachten und zu befragen ist. Bei *älteren Leuten* wählt man gewöhnlich einen etwas niedrigeren Spiegel, nämlich zwischen 0,5 und 0,8 mmol/l (=mEqu/l).

Der Normalspiegel im Blut ohne Lithiumgabe beträgt zwischen 0,04 und 0,06 mmol.

Lithium wird heute vorwiegend in Retardform (z.B. Hypnorex retard®, Quilonum retard®) morgens und abends eingenommen, u.U. auch in einmaliger Gabe am Abend.

Wird Lithium nicht prophylaktisch, sondern therapeutisch bei der akuten Manie und Hypomanie gegeben, dann muß in der akuten Phase die Dosierung häufig höher sein als bei prophylaktischer Anwendung. Ist die manische Phase unter Kontrolle, so soll der Lithium-Serum-Spiegel sofort bestimmt und zur Stabilisierung durch Dosisreduktion gegebenfalls vermindert werden.

Grundsätzlich muß eine Lithiumprophylaxe bzw. Lithiumtherapie ärztlicherseits kontinuierlich überwacht werden. Hierzu dient auch ein Lithium-Ausweis, wie er von verschiedenen Pharmafirmen vertrieben wird.

Nebenwirkungen

Die ersten zwei bis drei Wochen der Behandlung kann es zu leichten Nebenerscheinungen wie Tremor der Hände, Polyurie, Anorexie, Übelkeit, Diarrhoe und Schwitzen kommen. Diese Begleiterscheinungen sind aber nur selten gefährlich; gewöhnlich klingen sie im Verlauf der Behandlung wieder ab. Dennoch ist es empfehlenswert, den Lithium-Serum-Spiegel in solchen Fällen zu überprüfen und gegebenenfalls die Dosis zu reduzieren. Gelegentlich kommt es zu leichter Vergrößerung der Schilddrüse, was durch Gaben von Schilddrüsenhormonen behandelt wird. Jährliche Untersuchungen der Schilddrüsenfunktion sind notwendig, da einige Patienten während einer Lithiumtherapie eine Hypothyreose entwickeln, die dann erfolgreich mit Schilddrüsenhormonsubstitution behandelt werden kann. Deshalb ist es ratsam, den Halsumfang vor Lithium-Medikation sowie auch im Verlauf der weiteren Gabe dieser Substanz zu bestimmen, evtl. auch eine Schilddrüsensonographie durchzuführen.

Dem fein- bis mittelschlägigem Tremor begegnet man entweder durch Reduktion der Dosis oder durch Verlegung der größeren Medikamentendosen auf abendliche Stunden. Durch die Gabe von β-Rezeptoren-Blockern (z.B. Propranolol, 40–80 mg/die) läßt sich der feinschlägige Tremor ebenfalls weitestgehend beheben. Allerdings bessert oder beseitigt die Propranololverabreichung lediglich den Tremor, nicht aber die anderen Nebenwirkungen.

Eine recht unangenehme Nebenwirkung, die häufig zur Verminderung der Compliance führt, ist die Gewichtszunahme. Diese entsteht vorrangig dadurch, daß es im Rahmen der Polyurie auch zur Polydipsie kommt; meist trinken die Patienten kalorienhaltige Getränken, die dann die Gewichtszunahme begünstigen.

Einige Patienten klagen über eine leichte affektive Verarmung, über eine Aktivitätsminderung und eine Einschränkung des normalen Lebenstempos. Allerdings handelt es sich im allgemeinen um Patienten, die früher häufig manische Phasen erlebt haben; sind solche Patienten an ihr neues und stabileres Leben gewöhnt, so leiden sie nicht mehr unter der Abnahme an Dynamik. Gelegentlich wird auch von Müdigkeit, vermindertem sexuellen Interesse und Konzentrationsschwierigkeiten berichtet.

Zu beachten ist auch eine Erhöhung der Krampfbereitschaft (Cave: Lithiumkarbonat; EEG-Kontrolle initial).

Unter Lithiumbehandlung wurden auch Hautveränderungen beobachtet, von denen Akne und Psoriasis die häufigsten sind. Nicht selten ist eine vorübergehende Ödembildung bei lithiumbehandelten Patienten; Ödeme sollten aber nicht oder nur nach sorgfältig Berücksichtigung und unter häufiger Kontrolle des Lithium-Serum-Spiegels behandelt werden.

Lithium-Intoxikation

 Gegen eine Intoxikation mit Lithium bei Konzentrationen über 2,0 mmol/l gibt es kein spezifisches Antidot; man wird aber versuchen, das Lithium mit NaCl-Infusionen auszuschwemmen.

Symptome einer beginnenden Lithium-Intoxikation sind:

- **am Magen-Darmtrakt**: zunehmende Appetitlosigkeit, Diarrhoe und Erbrechen
- **am zentralen Nervensystem:** Benommenheit und Trägheit, Schwindel, Ataxie, grobschlägiger Tremor an allen Extremitäten und am Unterkiefer, Ohrensausen, Sehstörungen, Myoklonien und Dysarthrie, epileptische Anfälle, Muskelschwäche, Schläfrigkeit und verminderte Konzentration.

Zu beachten ist, daß die Symptome nur selten alle gemeinsam auftreten. Bei Auftreten eines der genannten Symptome ist die Medikation sofort abzusetzen und eine Lithium-Serum-Bestimmung durchzuführen. Diese muß etwa alle 6 Stunden wiederholt werden. Eine Lithium-Intoxikation oberhalb 2 mmol/l ist gefährlich, und ab 3 mmol/l kommt es zu Krampfanfällen, Koma und Tod.

Häufig steigt noch nach Absetzen der Lithium-Medikation bei Intoxikation der Lithium-Spiegel vorübergehend leicht an, da Lithium vom extravasalen Speicher in den intravasalen Raum übertritt.

Selbst sofort durchgeführte Natriuminfusionen zeigen nicht den erwünschten ausreichenden Erfolg. Eine Intoxikationsbehandlung umfaßt zunächst forcierte Diurese, dann aber auch Peritoneal- oder Hämodialyse.

Lithiumvergiftungen können **akut** auftreten, wenn ein Patient z.B. in suizidaler Absicht eine zu hohe Dosis einnimmt oder aber häufiger **chronisch**, d.h. allmählich, wenn ein Ungleichgewicht zwischen Lithiumeinnahme und Ausscheidung besteht.

Die Lithiumwerte können bis zu 10 mmol/l erreichen; die Konzentration kann aber unter Umständen auch niedriger als 2 mmol/l sein, wenn bereits mehrere Tage zwischen der letzten Einnahme von Lithium und der Blutentnahme vergangen sind. Eine Lithiumkonzentration im „therapeutischen Bereich" schließt das Vorliegen einer Lithiumvergiftung nicht mit Sicherheit aus. Wenn die Nieren hohen Lithiumkonzentrationen über mehrere Tage ausgesetzt sind, nimmt ihre Fähigkeit, Lithium auszuscheiden ab. Daraus entwickelt sich ein Circulus vitiosus, und die Lithium-Intoxikation verstärkt sich auf diese Weise ständig selbst.

Eine schwere Lithiumvergiftung ist eine lebensbedrohliche Situation, und auch Patienten, die überleben, leiden oft noch lange Zeit danach an Gangstörungen.

Interaktion von Lithium mit anderen Medikamenten
Sämtliche, das Elektrolytgleichgewicht beeinträchtigenden Medikamente, können die Lithiumausscheidung verändern (z.B. Diuretika, Steroide, usw.). Saluretika verstärken die kardiotoxische und neurotoxische Wirkung und Kaliumjodid die strumigene Wirkung. Die erwünschte Lithiumwirkung wird durch Acetazolamid vermindert.

Psychotrope Medikamente sollten in niedrigerer Dosierung als üblich verordnet werden, da deren Nebeneffekte durch Anwendung von Lithium potenziert werden können, was besonders für die Kombination von Lithium und Haloperidol gilt. Weitestgehend bekannt ist heute auch die ungünstige Wechselwirkung von Lithium und nichtsteroidalen antiinflammatorischen Mitteln (z.B. Indometacin, Diclofenac). Werden solche Antiphlogistika über einen langen Zeitraum hinweg zusammen mit Lithium verabreicht, so kann sich allmählich eine Lithiumvergiftung entwickeln, wenn nicht regelmäßig der Lithium-Serum-Spiegel bestimmt worden ist.

Kontraindikationen
Eine absolute Kontraindikation für Lithium besteht bei

- Niereninsuffizienz
- Morbus Addison
- manifester Hypothyreose
- Schwangerschaft und Stillzeit
- schweren Herzerkrankungen
- kochsalzarmer oder kochsalzfreier Diät
- hohen Gaben von Diuretika.

Ist eine Unterbrechung der Lithiummedikation bei vorliegender Schwangerschaft nicht möglich, so muß in den ersten 3 Monaten die Lithiumzufuhr unterbrochen werden; anschließend ist der Lithium-Serum-Spiegel sorgfältig zu überwachen. Es ist dringend erforderlich, daß in den ersten 3 Schwangerschaftsmonaten, also in der Embryonalzeit, eine Lithiumtherapie unterbrochen wird. Lithium kann schwere kardiovaskuläre Schäden beim Kind hervorrufen, weshalb es erforderlich ist, bei erfolgter Lithiumtherapie und aufgetretener Schwangerschaft die kardiovaskulären Verhältnisse beim Kind mit Ultraschall zu überprüfen. Mit Ende des 3. Monats ist eine weitere Gabe von Lithium möglich und sinnvoll, selbstverständlich eine kontinuierliche Lithium-Serum-Spiegel Beobachtung vorausgesetzt. 2 Tage vor Entbindung ist es dann notwendig, Lithium abzusetzen und 2 Tage nach der Entbindung wieder anzusetzen. Die Lithium-Clearance kann während der Schwangerschaft um 50 bis 100 % ansteigen und sich bis zum Zeitpunkt der Geburt plötzlich wieder normalisieren. Eben diesen Veränderungen muß die Dosierung angepaßt werden.

Der Serum-Lithium-Spiegel kann außerdem beeinflußt werden durch:

- schwere infektiöse Erkrankungen (schwere Erkältungen, Virusgrippe, Gastroenteritis)
- schwere Durchfälle
- Nierenerkrankungen
- konsequente Diäten über längere Zeiten (Schlankheitskuren)
- kontinuierliche Saunabesuche mit starkem Schwitzen und damit verbundene Veränderung des Flüssigkeitshaushaltes
- lange Aufenthalte in heißen Klimazonen und damit verbundenem starken Schwitzen.

6 Schizophrenien

6.1 Vorkommen und Entstehungsbedingungen

Im Jahre 1896 faßte KRAEPELIN einige Psychosen zu einer nosologischen Einheit zusammen, der sog. *Dementia praecox*. Diese stellte er den manisch-depressiven Psychosen gegenüber. 1911 nahm dann E.BLEULER eine Neufassung vor und prägte die bis heute allgemein gültige Bezeichnung *Schizophrenie*. Der ursprüngliche therapeutische Nihilismus wurde durch seine Schizophrenie-Konzeption aufgelockert.

6.1.1 Erkrankungshäufigkeit und ✓ Manifestation

Genaue Zahlenangaben über die Häufigkeit der schizophrenen Psychosen lassen sich wegen der hohen Dunkelziffer bei den Schizophrenien nicht geben; vermutlich zeigt sich bei wenigstens **1 % der Bevölkerung** einmal im Leben ein schizophrener Schub (Morbidität 1 Prozent). Etwa **0,3 % der Bevölkerung**, also ungefähr 30 % der an Schizophrenie Erkrankten, sind in ärztlicher Behandlung. In allen Rassen und Kulturen kommt die Erkrankung mit nahezu gleicher Häufigkeit vor. Die Erscheinungsbilder sind jedoch von den soziokulturellen Gegebenheiten abhängig.

Weibliches und männliches Geschlecht sind etwa gleich häufig betroffen, wenngleich Frauen häufiger in Behandlung und zur stationären Aufnahme kommen, was wohl auf sozialen Gründen basiert. Frauen erkranken allerdings etwas später als Männer. Dabei liegt der Manifestationsgipfel bei Frauen zwischen dem 25. und 35. Lebensjahr, bei Männern zwischen dem 20. und 25. Lebensjahr. Eine **Erstmanifestation** ist vom 1.-7. Lebensjahrzehnt möglich, die Hälfte der Manifestationen findet sich jedoch zwischen der Pubertät und dem 30. Lebensjahr. Nur noch 16 % der Erstmanifestationen betreffen die Zeit nach dem 4. Lebensjahrzehnt (Spätschizophrenie).

Schizophrenien beginnen – wenn überhaupt – nur sehr selten im Kindesalter (1–2 %). Schizophreniforme Symptomatik beobachtet man gelegentlich bei Pubertäts-und Adoleszentenkrisen. Solche Zustände sind von den Schizophrenien abzugrenzen, ebenso wie der frühkindliche Autismus (KANNER).

Die wichtigsten Zahlen
- Lebenszeitprävalenz 1 % der Bevölkerung
- Punktprävalenz 0,3–0,4 % der Bevölkerung
- Jahresinzidenz 0,3–0,6 % der Bevölkerung
- Erkrankungshäufigkeit bis zum 12. Lebensjahr ca. 1–2 %
- Erkrankungshäufigkeit 12.–30. Lebensjahr ca. 50 %
- Erkrankungshäufigkeit 30.–40. Lebensjahr ca. 25 %
- Erkrankungshäufigkeit ab dem 40. Lebensjahr ca. 16 %.

6.1.2 Bedeutung hereditärer und ✓✓✓ peristatischer Faktoren

Eine einzige Ursache konnte für die Schizophrenieentstehung bisher nicht gefunden werden. Es existiert ein sogenannter *polyätiologischer Ansatz*, d. h. es gibt nicht nur einen ursächlichen Faktor. Dabei ist zu unterscheiden zwischen Ursache und Auslösung der Erkrankung. Die Erkrankung „Schizophrenie" läßt keine eindimensionale Theorie zu; die Gesamtheit aller Befunde führt zwangsläufig zur mehrdimensionalen Betrachtungsweise.

Die Körperbautheorie KRETSCHMERS, nach der leptosom-asthenische Typen eher zur Schizophrenie neigen sollen, ist heute nicht mehr von Bedeutung.

Genetische Komponente

Unter Verwandten schizophrener Patienten finden sich mehr Schizophrene als in der Durchschnittsbevölkerung. So beträgt die allgemeine Morbidität bekanntlich etwa 1 %; für die Eltern von Schizophrenen liegt sie bei 7–10 %, für Kinder bei 9–16 % und für die Enkel etwa bei 3 %. Fast 50 % der Kinder schizophrener Eltern erkranken ebenfalls an dieser Krankheit.

Zwillingsuntersuchungen ergaben Konkordanzraten von 30–80 % für eineiige Zwillinge im Gegensatz zu 8–25 % bei zweieiigen Zwillingen wie bei Geschwistern sonst auch. Bei eineiigen Zwillingen ist die Konkordanz somit 3–5 mal größer als bei zweieiigen Zwillingen, was auf einen Erbfaktor hindeutet. Andererseits müßte bei ausschließlicher Erblichkeit bei eineiigen Zwillingen eine vollständige Konkordanz vorliegen. Somit sind weitere Entstehungsbedingungen mit Sicherheit vorhanden.

Was vererbt wird, ist unbekannt (biochemischer Defekt? Prädisposition?), und über den Erbgang besteht Uneinigkeit, wobei aber eine **multifaktorielle polygenetische Vererbung** die große Variationsbreite schizophrener Zustandsbilder und Verläufe am ehesten erklären würde.

Um die unterschiedliche Bedeutung von genetischer und „sozialer" Vererbung aufzudecken, untersuchte man Adoptivkinder, bei denen die „biologische" und die soziale Familie nicht ein und dieselbe waren: Kinder schizophrener Eltern, die kurz nach der Geburt von Adoptiveltern aufgenommen wurden, erkrankten ebenso häufig wie Kinder, die bei ihren schizophrenen Eltern aufwuchsen. Andererseits konnte man auch nicht bei Kindern aus gesunden Familien eine erhöhte Erkrankungsrate erkennen, wenn sie von schizophrenen Eltern adoptiert wurden.

Morphologische Befunde

> Bis heute fand man keine sicheren Hinweise auf ein morphologisches Substrat, das einer schizophrenen Erkrankung zugrundeliegen könnte. Zumindest können vorliegende Befunde nicht als die alleinige Ursache der Erkrankung angesehen werden.

Verschiedene Autoren fanden
- erweiterte Seitenventrikel und 3. Ventrikel im CCT bei Langzeitpatienten,
- frontale Atrophien im CCT

- linkshemisphärische Dysfunktionen (neuropsychologische Forschungen von GRUZELIER).

Solche Befunde finden sich nicht bei allen Schizophrenen, sind aber unter Umständen Einzelfaktoren. Außerdem sind perinatale Hirnschädigungen durchaus auch eine Erschwernis für die psychische Entwicklung. So ist es vorstellbar, daß sich bei entsprechender Vulnerabilität eine Psychose leichter entwickeln kann, da die Kompensationsmöglichkeiten des Individuums geschwächt, bzw. nicht voll verfügbar sind.

Biochemische Befunde

Große Bedeutung kommt heute der **Dopamin-Hypothese** zu, wonach eine entscheidende Störung in den dopaminergen Synapsen des mesolimbischen Systems vorliegt. Ausgangspunkt waren die Beobachtungen, daß Amphetaminmißbrauch sowie die Gabe von Dopamin und Dopaminergika bei Parkinsonkranken gehäuft schizophreniforme Symptome bewirken. Andererseits lassen sich Schizophreniesymptome mit **Neuroleptika** beseitigen. Diese bewirken eine postsynaptische Rezeptorblockade mit konsekutivem Anstieg der präsynaptischen Aminsynthese mit Vermehrung von Dopamin und Zunahme der Metaboliten (Homovanillinsäure). Neben einer primären postsynaptischen Rezeptorblockade kommt es damit auch zu einer präsynaptischen Verarmung.

Somit kann das Störungsprinzip einerseits auf einer Übererregbarkeit des dopaminergen Systems bei Überangebot an Dopamin (möglicherweise auch durch verminderte MAOAktivität und damit verminderten Abbau) oder andererseits auf einer Überempfindlichkeit von Dopaminrezeptoren beruhen. Diskutiert werden auch Störungen in anderen Transmittersystemen (z.B. Serotonin, Noradrenalin).

Bei schizophrenen Patienten war außerdem im Liquor ein **vermindertes Glutamat** festzustellen, wobei Glutamat der wichtigste exzitatorische Neurotransmitter ist und dieser Befund daher auch theoretische Überlegungen zum Problem der „Minussymptomatik" der Schizophrenie ermöglicht. Da klassische Neuroleptika die sog. „Minussymptomatik" nicht beeinflussen, kann diese auch nicht über eine dopaminerge mesolimbische Aktivitätsminderung (analog der „Plussymptomatik" mit mesolimbischer Aktivitätssteigerung) gesteuert werden. Letztlich muß man die Dopamin-Hypothese neben der Glutamat-Hypothese stehen lassen. Die antipsychotische Wirksamkeit des Neuroleptikums Clozapin®, das im Gegensatz zu anderen Neurotransmitter-Rezeptoren eine deutlich geringere Dopaminrezeptoraffinität zeigt, ist letztlich ein Argument gegen die alleinige Gültigkeit der Dopamin-Hypothese.

Psychodynamische Komponenten

Sigmund FREUD befaßte sich als erster eingehend mit der schizophrenen Erkrankung. Er war der – später korrigierten – Ansicht, daß eine psychoanalytische Erhellung des schizophrenen Geschehens durchaus immer möglich sei, nicht jedoch eine psychoanalytische Behandlung. Besonders eingehend befaßten sich die Psychiater E.BLEULER und C.G.JUNG mit der Psychodynamik der Schizophrenie. P.FEDERN sah in der Schizophrenieerkrankung eine ICH-Schwächung, die letztlich zur ICH-Niederlage führt. Im Gegensatz dazu stehen seiner Meinung nach die Neurosen, bei denen das ICH Abwehrmaßnahmen zur Verfügung hat. Die ICH-Schwäche oder die mangelhafte ICH-Besetzung läßt nach P.FEDERN eine aktive Auseinandersetzung oder eine Verdrängung nicht zu.

Untersuchungen von WINKLER und WIESER ergaben, daß Risikofaktoren der Schizophreniegenese nicht Belastungen, sondern bestimmte Konflikte sind. Dieser Theorie nach wäre dann Schizophrenie eine mißlungene Konfliktverarbeitung eines geschwächten ICH, bei der andere Abwehrmaßnahmen ergriffen werden als bei den Neurosen.

Weitere Untersuchungen im Leben Schizophrener ergaben, daß die Kranken in ihrer Kindheit vermehrt schweren Belastungen ausgesetzt waren (Scheidung der Eltern, Alkoholismus in der Familie, Heimkindheit usw.). Man faßt solche Lebenssituationen unter dem Begriff „broken home" zusammen. Zwar findet man solche Belastungen des Kindheitsmilieus auch bei Neurosen und Psychopathien, ja selbst bei Gesunden. Beim Schizophrenen findet sich aber eine innere und äußere Familienzerrüttung durchweg regelmäßig und meist auch besonders schwer. Untersuchungen des Psychiaters ERNST ergaben, daß von 50 schizophrenen Patienten nur ein einziger einer nicht sonderlich gestörten Familie entstammte. Die Familienforschung und die Erforschung der Kindheit Schizophrener führten zur Annahme, daß Schizophrenien zumindest teilweise in stärkerer Abhängigkeit von der Umwelt entstehen und verlaufen, als früher angenommen.

Ferner zeigten statistische Erhebungen, daß die Eltern Schizophrener zur Zeit der Geburt im Durchschnitt älter sind als die Eltern in der Allgemeinbevölkerung. Dabei ist besonders die Differenz bei den Müttern größer als bei den Vätern. Familienforschungen ergaben aber nur viele Einzelbefunde, die man jedoch zueinander und zu anderen Ergebnissen nicht in Beziehung bringen konnte.

Ob die Mutter im Leben eines später schizophren gewordenen Menschen in der Kindheit eine wesentliche Rolle spielte, ist heute umstritten. Immer wieder begegnet man mangelndem Verständnis der Mutter bei gleichzeitig übertriebener Versorgung und Bevormundung. Besonders ängstliche und unsichere Mütter neigen zu inkonsequenter Erziehung mit laufendem Wechsel zwischen Nachgiebigkeit und Strenge. Eine ungünstige Auswirkung muß bei ICH-schwachen Kindern auch ein „zerfahren" wirkender, mehrdeutiger Gesprächs-und Denkstil haben. Dies ist zum Beispiel der Fall, wenn Eltern im Gespräch Begriffe in wechselnder und ungewöhnlicher Bedeutung gebrauchen. Folge ist, daß Kinder in Ungewißheit und Inkonsequenz groß werden, was den Keim der späteren schizophrenen Kommunikations – und Denkstörung darstellen könnte. Eine wichtige Form der schizophrenen Kommunikationsstörung in der Familie ist das sogenannte **double bind** (Beziehungsfalle, Zwickmühle). Die double bind-Theorie wurde von BATESON und JACKSON aufgestellt. Nach dieser Theorie existiert bei Kommunikation zwischen zwei und mehr Personen ein „Sündenbock", der wiederholt seine Rolle als Opfer erfährt. Daneben besteht ein primäres negatives Gebot „*Tu' das (nicht) oder ich strafe dich*" sowie ein sekundäres Gebot, das mit dem primären Gebot auf abstrakte Weise in Konflikt gerät. Dieses Verhalten der Eltern in der Kindheit führt zu einer persistierenden Unterentwicklung des ICH's. Folge ist dann möglicherweise der Rückzug in den Autismus oder aber eine defensive Reaktion, wobei sich ein Kind dann an die wörtliche Ebene klammert. Dem Kind wird es unmöglich gemacht, etwas richtig zu machen. Allerdings ist das double bind-Phänomen keinesfalls ursächlich für eine Schizophrenieentstehung verantwortlich zu machen. Zwar scheint die Theorie sehr einleuchtend zu sein, konnte aber nie bewiesen werden.

▶ **Beispiel:** Eine Mutter schenkt dem Sohn zu Weihnachten zwei Hosen, eine braune und eine blaue. Bei der Übergabe des Geschenks bittet sie ihn, eine der beiden anzuziehen, woraufhin der Sohn die blaue anprobiert. Daraufhin fragt die Mutter: „Die braune Hose gefällt dir also nicht?"

Soziokulturelle Faktoren

Es genügt nicht, nur den „mikrosoziologischen Bereich" (Familie) zu untersuchen, sondern es muß auch der „makrosoziologische" Bereich, die Gesellschaft, berücksichtigt werden. In unteren sozialen Schichten sowie in Industriezentren von Großstädten kommen Schizophrenien, vor allem schwere Formen, häufiger vor. Außerdem steigen schizophrene Patienten sozial oftmals ab. Während Schizophrenien in allen Kulturen etwa gleich häufig vorkommen, beeinflussen soziokulturelle Faktoren den Verlauf einer Schizophrenie wesentlich.

Entwicklungspsychologische Faktoren

Nach KISKER wird heute eine basale Schwäche der ICH-Konstitution angenommen (Egopathie). Psychische Strukturen werden wohl nicht allein von der Umwelt geprägt; denn Unverwechselbarkeit und Eigenartigkeit eines Individuums sind schon zu sehr früher Zeit erkennbar. Dies läßt andererseits auch nicht die Folgerung zu, Temperamentstrukturen seien schlichtweg anlagebedingt. Man muß vielmehr davon ausgehen, daß Umweltbeeinflussung und psychische Entwicklung nicht voneinander getrennt werden können. Und hieran lehnen sich entwicklungspsychologische Faktoren zur Schizophrenielehre an. Schizophrenie wird dabei als Erkrankung mit „Überstiegsverlust" angesehen. Überstiegsfähigkeit bedeutet, in der Lage zu sein, zwischen gemeinsamer, mit der Umwelt zu teilender Realität und einer individuellen Vorstellungswelt zu wechseln. Ein Verlust der „Überstiegsfähigkeit" kann nach entwicklungspsychologischen Theorien zur Schizophrenie disponieren.

Zusammenfassung

Es stellt sich nun die Frage, **wie** die vielen einzelnen Entstehungsbedingungen zusammenwirken. Die Schizophrenieentstehung kann man sich nach heutigem Wissensstand in etwa so vorstellen:

- Anlagemäßige Disposition (chromosomaler oder enzymatischer Defekt) mit unterschiedlicher Penetranz.
- Bei starker Penetranz entsteht die schizophrene Psychose weitgehend unabhängig von äußeren Faktoren.
- Bei leichter Penetranz müssen zusätzliche Faktoren bestehen (somatischer und/oder psychischer Art), um eine Manifestation der Erkrankung zu bewirken.
- Somatische und/oder psychische Faktoren können entweder in der Perinatalzeit oder in der Kindheit wirksam werden, jedoch auch kurz vor dem Ausbruch der Erkrankung bestehen.
- Die Ausgestaltung der Symptome wird durch psychosoziale Faktoren beeinflußt.
- Die jeweilige Art der Schizophrenie wird vermutlich vorwiegend durch Erbfaktoren festgelegt, die Thematik (Inhalt) wird hingegen hauptsächlich peristatisch bestimmt (Situation und Erlebnisse vor Ausbruch der Krankheit).
- Die einzelnen schizophrenen Symptome sind das Ergebnis komplizierter Vorgänge von Störung und Defizit, ferner von Abwehr und Bewältigungsversuch. Umweltbedingungen bestimmen den Verlauf.

6.1.3 Auslösung der Schübe

Bei einem Teil der Schizophrenen lassen sich akute Konflikte und Belastungen ausmachen, die dem Erkrankungsbeginn vorausgingen. Dennoch kann man die Schizophrenie nicht als psychoreaktive Erkrankung ansehen. Ob es nun spezifische Erlebniskonstellationen gibt, die eine präschizophrene Situation darstellen, konnte noch nicht sicher eruiert werden. Somatische wie psychoreaktive Faktoren können aber eine **Auslösung** der Erkrankung bewirken.

Somatische Auslösung

Hier stellt man sich vor, daß bei vorhandener Anlage und weiterer Faktoren eine *körperliche Krankheit* eine Schizophrenie manifest werden lassen kann. Insgesamt sind somatische Auslösungen weitaus seltener als ein Krankheitsbeginn ohne jegliche ersichtliche körperliche Erkrankung.

Psychoreaktive Auslösung

Den schizophrenen Symptomen gehen bei einem Teil der Patienten akute Belastungen und/oder Konflikte voraus, ohne daß diese die Ursache der Erkrankung darstellen. Nicht immer lassen sich – gerade bei autistischen und verschlossenen Kranken – psychische und soziale Situation im Vorfeld der Erkrankung durchleuchten. Schwere äußere Belastungen, wie sie in Kriegszeiten, bei Not- oder Katastrophensituationen vorkommen, sind kaum Auslösefaktoren und Strapazen, vitale

Bedrohung und Streßsituationen haben nur eine relativ geringe pathogene Bedeutung. Von weit größerer Bedeutung als Auslöser der Krankheit sind Konflikte in der zwischenmenschlichen Beziehung: Mangel an Zuwendung, Verlust einer menschlichen Bindung oder allzu intensive Beziehungen. Vermutlich stellt dabei Distanzverminderung häufiger eine Auslösesituation dar als eine Distanzerweiterung.

6.1.4 Primärpersönlichkeit
✓

Die Theorie KRETSCHMER's, daß eine erhebliche Beziehung zwischen Schizophrenie und leptosom-asthenischem Körperbau besteht, wurde verlassen, wenngleich sich der leptosom-asthenische Körperbau bei Schizophrenen durchaus häufiger findet. Keinesfalls kann aber eine bestimmte Körperstruktur gleichsam als Nährboden der Schizophrenie angesehen werden. Gleiches gilt auch für die Persönlichkeitsstruktur eines Menschen, wenn auch unter an Schizophrenie erkrankten Menschen häufiger Charakteranomalien als in der Durchschnittsbevölkerung zu finden sind. Eine ausgeprägt abnorme, vor allem schizoide Persönlichkeitsstruktur läßt sich bei der Mehrzahl der Schizophrenen zu Beginn der Erkrankung feststellen, andererseits erkranken nicht die meisten schizoiden Menschen an Schizophrenie.

Heute ist man sich einig darüber, daß es eine gehäuft zur Schizophrenie tendierende Primärpersönlichkeit nicht gibt.

6.1.5 Formen der Schizophrenie

Entsprechend der klassischen Einteilung ergeben sich neun verschiedene klinische Formen:

1. **Schizophrenia simplex**
2. Hebephrene Form (desorganisierter Typus)
3. Katatone Form
4. *Paranoid*-halluzinatorische Form
5. Akute schizophrene Episode (Oneirophrenie)
6. Latente Form (sog. Borderline-Schizophrenie, präpsychotische Form)
7. Chronische Form (residualer Typus)
8. Schizoaffektive Form
9. Coenästhetische Form

Die verschiedenen Formen stehen nicht immer isoliert nebeneinander, sondern gehen oftmals fließend ineinander über. Die einzelnen Syndrome können im Verlauf der Erkrankung nacheinander auftreten oder sich in wiederholtem Wechsel zeigen.

Schizophrenia simplex
Schleichender Beginn mit insgesamt *schlechter Prognose*. Im Vordergrund steht ein absonderliches Verhalten und häufig ein *Knick in der Lebenslinie*. Man erkennt die Erkrankung oft erst durch ein Nachlassen beruflicher Leistungen und durch den Verlust mitmenschlicher Beziehungen sowie durch eine Persönlichkeitsveränderung. Wahn und Halluzinationen sowie andere schizophrene Symptome fehlen oft oder sind weniger deutlich vorhanden. Im Vordergrund stehen schizophrene Grundsymptome. Verschrobenheit und autistisches Verhalten nehmen zu. Die Diagnose ist nur schwer zu stellen und ergibt sich erst aus einem längeren Verlauf. Auftreten meist in jüngeren Jahren.

Hebephrene Form (desorganisierter Typus)
Meist schleichender Beginn im *Jugendalter* mit eher *ungünstiger Prognose*. Im Vordergrund stehen *Affektveränderungen* (inadäquater Affekt, affektive Verflachung oder Enthemmung, gelegentlich Aggressionen mit Wutausbrüchen) und *formale Denkstörungen*. Wahn und Halluzinationen sind eher im Hintergrund. Hauptmerkmale sind *formale Denkstörungen* (vor allem zerfahrenes Denken) sowie ein *flacher, unbeständiger* oder *läppischer Affekt*. Nebenmerkmale sind absonderliche Mimik (Grimassieren) und Gestik mit Manierismen und hypochondrischen Tendenzen sowie Neigung zu sozialem Rückzug und konsekutiver starker sozialer Behinderung.

Katatone Form

Im Vordergrund steht eine ausgeprägte **psychomotorische Veränderung** (Stupor, Negativismus, Sperrung, Mutismus, Erregung, Haltungsverharren mit raschem Wechsel zwischen gegensätzlichen psychomotorischen Zuständen). Nebenmerkmale sind Stereotypien, Flexibilitas cerea, Befehlsautomatie, Echopraxie, Echolalie, Katalepsie und Manierismen. Daneben beobachtet man häufiger Wahnerscheinungen und Halluzinationen. Relativ gutes Ansprechen auf Neuroleptika und eher *gute Prognose*.

Sonderformen sind die **episodische Katatonie** mit kurzer Dauer der jeweiligen Krankheitsabschnitte, akut auftretender Symptomatik aber guter therapeutischer Beeinflußbarkeit sowie die **perniziöse Katatonie** als maximale Steigerung der katatonen Form. Bei letzterer besteht akute Lebensgefahr mit hochgradigen Erregungszuständen, hohem Fieber, Kreatinkinaseerhöhung im Blut, Myoglobinurie mit Gefahr des Nierenversagens, Kreislaufstörungen, Zyanose, Unterhautblutungen, Tendenz zur Selbstvernichtung und schwerer Aggressivität. Gelegentlich zeigt sich diese Form aber auch in maximalem Stupor bei stark erhöhtem Muskeltonus und erheblicher innerer Gespanntheit (stille Erregung). Differentialdiagnostisch abzugrenzen ist das **maligne neuroleptische Syndrom** (siehe 6.5.4).

Paranoid-halluzinatorische Form

Im Vordergrund stehen Wahnideen (z. B. Verfolgungs- oder Größenwahn) oft begleitet von Halluzinationen vorwiegend akustischer Form. Meist Beginn in mittlerem Alter mit noch relativ guter Prognose (Erkrankungsgipfel im 4. Lebensjahrzehnt). Wahnideen tendieren in Richtung Verfolgung, Größenwahn, Hypochondrie und Eifersucht. Der Beginn kann akut oder uncharakteristisch schleichend sein. Gelegentlich finden sich unter Querulanten Schizophrene dieser Form. Persönlichkeitsveränderungen sind meist geringer als bei den Frühformen (Schizophrenia simplex und hebephrene Form).

Akute schizophrene Episode

(akute schizophreniforme psychotische Störung – ICD 10)
Nur wenige Wochen oder gar nur Tage dauernde Form, die sich als traumartiger Zustand mit leichter Bewußtseinstrübung und Ratlosigkeit zeigt. Bedeutungsideen und Beziehungsideen sind häufig. Letztlich können sich aber alle schizophrenen Symptome zeigen. Rückbildung oftmals auch ohne jegliche medikamentöse Behandlung. Akuter Beginn wird definiert als Wechsel von einem Zustand ohne psychotische Symptome in einen eindeutig abnormen psychotischen Zustand innerhalb von 2 Wochen oder weniger. Dauern die schizophrenen Symptome länger als einen Monat an, ist nach ICD 10 die Diagnose in „Schizophrenie" zu ändern, da nach der ICD 10 diese Form keine Unterform der Schizophrenie darstellt.

Latente Form (Borderline-Schizophrenie)

Heute kaum mehr verwendeter Begriff für eine Form, bei der impulsive Gefühlsausbrüche, exzentrische und inkonsequente Verhaltensweisen, Unregelmäßigkeit und Widersprüchlichkeit der Gefühlsbeziehungen sowie Unsicherheit in der eigenen Identität im Vordergrund stehen, gelegentlich mit Wahnbildungen und Verstimmungen. Oftmals wird auch die „psychosenahe Neurose" hier eingeordnet.

Chronische Form (residualer Typus, schizophrenes Residuum)

Chronische Form einer anderen Schizophrenieform, bei der die typischen Symptome der akuten Phase ihr Schärfe verloren haben oder aber nicht mehr existieren. Im Vordergrund stehen oft sog. *negative Symptome*, die meist irreversibel sind. Meist besteht eine mehr oder weniger starke *Persönlichkeitsveränderung* (sozialer Rückzug, abgestumpfter oder inadäquater Affekt) mit noch vorhandenen oder fehlenden psychotischen Symptomen. Der Verlauf kann *chronisch* oder *subchronisch* sein. Siehe auch 6.3.4.

Undifferenzierte Schizophrenie

Diese neue Bezeichnung des ICD 10 bezeichnet eine Schizophrenie mit typischen diagnostischen Kriterien der Schizophrenie ohne die Kriterien für paranoide, hebephrene oder postschizophrene Unterformen und ohne die Kriterien für das schizophrene Residuum oder das postpsychotische Erschöpfungssyndrom (postschizophrene Depression).

Schizoaffektive Form

Es besteht eine Kombination aus *affektiven* und *schizophrenen* Symtomen, wobei diese gleichzeitig oder aber zeitlich verschoben auftreten können. Meist kommt es bei *insgesamt guter Prognose* zur Rückbildung ohne Persönlichkeitsdefekt. *Formale Denkstörungen* sind häufig (gehemmtes oder zerfahrenes Denken). Oft beginnt diese Form mit rein affektiven Symptomen, so daß zunächst eine affektive Psychose angenommen wird. Die ICD 10 unterscheidet schizomanische, schizodepressive und gemischte schizoaffektive Störungen.

Coenästhetische Form

Halluzinatorische Körpermißempfindungen stehen hier ganz im Vordergrund oder sind isoliert vorhanden. Im allgemeinen langsam progredienter und oft therapeutisch nur schwer beeinflußbarer Verlauf. Wichtig ist bei den Körpermißempfindungen das Vorhandensein des „nicht von außen Gemachten".

Als Sonderformen, deren Existenz vereinzelt angezweifelt wird, sind die **Kinderschizophrenien** und die **Alters-oder Spätschizophrenien** zu nennen.

Kinderschizophrenien: In den Jahren vor der Pubertät kann wegen des seltenen Vorkommens schwerer Persönlichkeitsstörungen in diesem Alter nur in sehr seltenen Fällen eine Schizophrenie diagnostiziert werden. Schwierig ist auch die Abgrenzung gegenüber reaktiven Entwicklungsstörungen bei ungünstigem Milieu, gegenüber den Folgen von Hirnkrankheiten und gegenüber dem kindlichen Autismus. Typische schizophrene Symptome des Erwachsenenalters werden bei Kindern praktisch nicht beobachtet.

Spätschizophrenien: Gemeint sind Schizophrenien, die nach dem 5.Lebensjahrzehnt auftreten. Die Symptomatik verläuft hier meist weniger akut und oft monotoner, zeigt oft nur rein paranoide Bilder, so daß eine Abgrenzung zu Wahnentwicklungen und anderen Wahnkrankheiten schwierig ist. Abzugrenzen sind *Kontaktmangelparanoid, Kontaktmangelhalluzinose und paranoide Rückbildungspsychose*, letztere als Begleitsymptomatik einer hirnorganischen Erkrankung.

6.2 Symptomatik

6.2.1 Typische psychopathologische Symptome

Zu den typischen psychopathologischen Symptomen der Schizophrenie gehören

- *Affekt-und Kontaktstörungen*
- katatone Symptome
- formale und inhaltliche Denkstörungen
- Sinnestäuschungen
- Störungen des Icherlebnisses
- Wahnsymptome
- leibliche Beeinflussungssymptome und Coenästhesien.

Nicht alle Symptome müssen gleichzeitig vorhanden sein. Vielmehr zeigen bestimmte Schizophrenieformen charakteristische Symptome, d. h. Symptomkombinationen.

E. BLEULER schuf die heute noch weitgebräuchliche Einteilung nach *Grundsymptomen* und *akzessorischen Symptomen*.

- **Grundsymptome:** Störungen des Denkens, Affektstörungen, Antriebsstörungen. Charakteristisch sind Zerfahrenheit, Ambivalenz, Autismus.
- **Akzessorische Symptome:** Wahn, Halluzinationen, katatone Störungen

Akzessorische Störungen sind nicht spezifisch und spielen für die Diagnosefindung bei der

Schizophrenie eine untergeordnete Rolle, auch wenn sie mitunter sehr eindrucksvoll sein können. Siehe auch Abschn. 6.4.1 – Symptome nach K. Schneider.

6.2.2 Wahnformen und Wahnthemen

Zu Beginn einer schizophrenen Episode geht dem Wahn die Wahnstimmung (siehe 3.2) voraus. Bei den Schizophrenien zeigt sich der Wahn meist als *Wahnwahrnehmung* (siehe 3.2), weniger häufig als *Wahneinfall*. Im Vordergrund steht bei den Schizophrenien der Beziehungswahn und der Verfolgungswahn.

Beim Wahneinfall läßt sich bekanntlich – im Gegensatz zur Wahnwahrnehmung – keine besondere Struktur feststellen. Entsprechend ist auch die diagnostische Bedeutung für die Schizophreniediagnostik geringer. Größenwahn ist ein Wahneinfall: Die Kranken halten sich für berühmte Philosophen, glauben sich als Papst, Kaiser, Prophet.

Wahninhalte Schizophrener können sich akut bis zum *Wahnchaos* steigern. Ist die akute Phase abgeklungen, kann ein *Residualwahn* mit besonderer Therapieresistenz bestehen bleiben.

▶ **Beispiel:** „Bestimmte Dinge haben eine Bedeutung für mich. Ein Strohhalm wurde extra für mich auf den Weg gelegt als Zeichen, ich solle auf einen bestimmten Platz gehen".

▶ **Beispiel:** „In diesem Geschäft um die Ecke hing ein Bild mit einem Mann, der Ziehharmonika spielt und mit zwei Frauen an einem Tisch sitzt. Damit will man mir sagen, daß mein Mann eine andere Frau hat. Immer wieder werde ich mit Hundegebell erschreckt, was sicher ein Test ist. Man will herausbekommen, wie ich darauf reagiere."

Nachfolgend ein Schreiben eines Kranken, der sich für einen Philosophen und Poeten hält, an den Bundeskanzler (siehe Abb. 4). Man erkennt hier zerfahrenes Denken, Größenwahn, Manierismen und Symboldenken im Brief des Kranken.

6.2.3 Halluzinationen

Bei diesen Wahrnehmungen, bei denen der Sinnesreiz von außen fehlt, begegnet man bei der Schizophrenie hauptsächlich akustischen Formen. Häufiger sind auch Leibhalluzinationen. Seltener zeigen sich gustatorische und osmische, relativ selten optische Halluzinationen.

Die akustischen Halluzinationen treten vorrangig als dialogische, kommentierende und imperative Stimmen oder als Gedankenlautwerden auf. Nach Ausschluß körperlicher Grundkrankheiten sprechen akustische Halluzinationen für das Vorliegen einer Schizophrenie.

▶ **Beispiel:** „Mein verstorbener Bruder befiehlt mir jeden Morgen, ich solle mich mit Tabletten vergiften. Immer wieder sagt er es und seit heute morgen sagt er es mir schon den ganzen Tag – ich sei nicht wert, daß ich lebe." (imperative Stimme)

▶ **Beispiel:** „Meine eigenen Gedanken kann ich deutlich hören, aber auch andere sind in der Lage, sie zu verstehen. Ich halte das nicht mehr aus." (Gedankenlautwerden).

▶ **Beispiel:** „Wenn ich am Morgen aufwache, höre ich einige Freunde, die sich über mich lustig machen. Einmal habe ich auch die Stimmen meiner verstorbenen Mutter und meines Bruders gehört, wie sie darüber gesprochen haben, daß ich ein Taugenichts sei." (Dialogische Stimmen).

Bei den Leibhalluzinationen handelt es sich bei der Schizophrenie oft um elektrische Ströme im Körper, um das Gefühl von Blutverschiebungen und Organveränderungen, sowie um abstruse Körpermißempfindungen. Sie treten bei Beeinflussungserlebnissen auf.

Die Kranken zeigen auf ihre Halluzinationen recht unterschiedliche Reaktionen – die einen reagieren aggressiv, andere ziehen sich zurück, lauschen den halluzinierten Stimmen, brechen den Außenkontakt ab.

> München, heute, am Sonntag, den 3.6. : am klassischen Tg meines Allerh
>
> Herr K   W   F   - M   straße   ,8000 München 5
>
> An den hochwürdigen Herrn Bundeskanzler
>   Helmut Kohl
> *Bundeskanzleramt*
> *5300 - Bonn*
>
> Gott Grüße Sie, sehr geehrter Herr Bundeskanzler Helmut Kohl!
>
> Ich, Ihr Freund in Christus liebt Ihre Treue zu Ihrem schweren Amte! Ich
> diene meinem Bayernlandl für Deutschland und allem Volk der Welt als
> "der" Poet frei im Solde meiner Götterwelt in der Treue zum Vermächtnis
> das Christus Seinen Auswerwählten übertrug: Ehern Fest und unerschütterlich
> treu dem Schwure meiner Poetenweihe als die Ethik der Reinheit und der
>   Wahrheit und der Liebe! Sie Herr Bundeskanzler müssen für Deutschland
>   und für die Welt den Frieden der Freiheit kämpfen, als ein Christ der
>   Zuversicht in der Kraft tugendreicher Seelenschöne, was unserem Deutschen
>   Vaterlande die Ehre aller Völker dieser Welt einbringen muß zum Trutze
>   allem Unverstand der noch anherrscht. Friede und Freiheit lebt allein
> der Tugend nie der Zwietracht und dem Hader. Wir Deutsche müssen alle
>   zu einander Die Freundschaft echter Brüderlichkeit leben in der Tapferkeit
>   eherner Liebe und unerschütterlicher Einheit froh dem Lebensleit der
>   Welt unserer Kinderlein, unvergänglich und in heiliger Ehre im Bildnis
> göttlicher Menschenwürdigkeit, bewußt der Ethik der Güte und Gottbefohlen-
> heit, mächtig an der Rechtschaffenheit eines SoziusAngelus, was meine
>   Seele, in meinem Herzen ist, zur Frohbotschaft an die Menschheit.
> Mir liegt die Welt der Zuversicht und des Geborenseins aus Gott zu Füßen,
>   beseeligend ein freies Göttertum lebend der Tugend des Gebetes und der
>   Verherrlichung des Wortes, das unser Dreifaltiger Gott ist, gemäß dem
>   Status des Völkerfriedens und der Hochherzigkeit hohen Lebens.
>
>   Freude, Friede, Menschlichkeit
>   ist der Dank der Völkerliebe,
>   die erchorn dem Heile Gott
>   strebend zu dem Chor der Seele,
>   der wahren Götter Votum
>   am Tisch des Wortes 'Kindlein seid willkommen'
>   Euch lebt mein Gruß .... !
> +++ K   W   F   . / Poet +++ Dein Bonaparte allen zum Gruße, ihr
>   in der Welt des freien Waltens
>   Hochachtungsvoll und in treuer Verbundenheit
>   Ihr Herr   K   W   F   Amen.

Abb. 4: Schreiben eines Schizophrenen an das Bundeskanzleramt

Halluzinationen kommen bei der Schizophrenie meist kombiniert vor und bilden mit gleichzeitig vorhandenem Wahn die paranoid-halluzinatorische Form der Schizophrenie. Halluzinationen trifft man aber ebenso wie den Wahn nicht in jedem Stadium einer schizophrenen Episode an.

6.2.4 Leibliche Beeinflussungserlebnisse

Diese sind mit Leibhalluzinationen fast immer kombiniert. Die Kranken haben das Gefühl von außen mit Strahlen, Apparaten und anderen

Methoden elektrisch und magnetisch beeinflußt zu werden. Leibliche Beeinflussungserlebnisse sind charakteristisch für die Schizophrenie und gelten als Symptome ersten Ranges. Häufig sind diese Beeinflussungen sexueller Natur. Leibliche Beeinflussungserlebnisse kommen meist kombiniert mit anderen Symptomen vor, besonders häufig bei den paranoiden Formen.

▶ **Beispiel:** „Jede Nacht, wenn ich im Bett liege, spüre ich einen Mann neben mir, der mich am Unterleib berührt. Außerdem hält er tagsüber meinen Harn zurück. Er macht dies mit Strahlen, die er mit einem Gerät erzeugt, das einem Taschenrechner gleicht. Er wohnt übrigens zwei Stockwerke über mir."

6.2.5 Coenästhesien

Diese kommen als qualitativ eigenartige und abstruse Leibmißempfindungen gelegentlich auch völlig isoliert vor (coenästhetische Schizophrenie). Es fehlt ihnen das Kriterium des von „außen Gemachten", weshalb sie streng von den Beeinflussungserlebnissen abzugrenzen sind.

▶ **Beispiel:** „Ich habe seit Wochen das Gefühl, meine Speiseröhre ist gespalten. Außerdem läuft seit gestern Flüssigkeit den Rachen hinunter, wobei es sich hier um Hirnwasser handelt. Gestern war es stärker, heute deutlich schwächer, wohl weil mein Gehirnwasser fast ausgelaufen ist."

6.2.6 Formale Denkstörungen

> 💡 Formale Denkstörungen stehen bei der Schizophrenie an erster Stelle. Dabei äußern sich die formalen Denkstörungen Schizophrener als:
>
> - zerfahrenes Denken
> - Sperrung des Denkens (Gedankenabreißen, Gedankenabbrechen)
> - Begriffsverfall des Denkens
> - Begriffsverschiebung
> - Symboldenken.

Das **zerfahrene Denken** ist die ausgeprägteste Denkstörung des Schizophrenen und die Kranken werden für Außenstehende bei ausgeprägter Form nicht mehr verstehbar. Es stellt nur gelegentlich eine konstante Störung dar, kommt aber hingegen in raschem Wechsel neben geordnetem Denken vor.

▶ **Beispiel:** Gedicht von Karl Wilhelm Friedrich, Poet und Philosoph: Ob in München oder Bombay, in Rom und in Paris jeder Mensch der weiten Welt lebt dem Kusse „Paradies" der gezeichnet frohem Äther unter freiem Zirkuszelt traut dem Leben „Holyday" Schmuck der Ära Zeit, die für alle Künste bunter Freude erwählet Takt dem Herzen im Glücke großer Melodei zum Tanze Lust's zu zwein für Herze rein dem Kindelein Fürwieder kommt dem bitter Stock seid Wodan sturz der Mähren

Ebenfalls zu den typischen formalen Denkstörungen des Schizophrenen gehört die **Sperrung des Denkens (Gedankenabreißen)**, wobei hier der flüssige Gedankengang manchmal mitten im Satz abbricht. Der Kranke ist sich des Gedankenabbruchs durchaus bewußt und er leidet darunter. Gelegentlich vermuten die Kranken, daß dies von außen gemacht wird und man spricht dann von **Gedankenentzug**. Weniger häufig zeigen sich bei Schizophrenen **Begriffszerfall, Kontaminationen** und **Begriffsverschiebung**.

▶ **Beispiel:** „Gott ist die Wirbelsäule" und „der Reichstag ist ein elektrischer Funke" oder „der Herrgott ist das Schiff in der Wüste". (Kontaminationen – Gott in der Wüste und Kamel als Wüstenschiff).

Schizophrenen gelingt es manchmal nicht mehr, Begriffe in ihrer übertragenen Bedeutung anzuwenden, was sich darin äußert, daß die Kranken Begriffe wörtlich nehmen. Man spricht dann von **Begriffsverschiebung**. Hier wird die Unfähigkeit des Kranken deutlich, das Bezugssystem zu wechseln. Wenn man nach der Bedeutung von Sprichwörtern fragt (z. B. „ein voller Bauch studiert nicht gern"), dann wird die Wortübertragungsstörung meist deutlich. Der Schizophrene klammert sich an die Realität, das abstrakte Denken geht ihm mehr oder weniger verloren.

Oft denken und sprechen Schizophrene in Symbolen und ersetzen den eigentlichen Begriff durch einen Symbolbegriff. Letztlich muß dieses **Symboldenken** den Begriffsverschiebungen zugeordnet werden. Gelegentlich werden beide Begriffe synonym gebraucht.

Erst im längeren Gespräch mit einem Schizophrenen wird man eine zunehmende Unordnung im Denken des Schizophrenen erkennen. Manchmal läßt sich im ersten Moment keinerlei Desintegration im Denken erkennen. Oft bringt erst eine experimentelle Prüfung diese zum Vorschein. Beste Methode ist das Nacherzählenlassen einer Fabel. Einem Schizophrenen wird dies schwerfallen, und in über der Hälfte der Fälle gelingt Schizophrenen die Sinnerfassung einer erzählten Geschichte nicht.

Uncharakteristische Denkstörungen werden mitunter als „Konzentrationsschwäche" oder „Merkstörung" fehlerkannt.

6.2.7 Sprachlicher Ausdruck und Schrift

Nicht immer zeigen Sprache und Schrift Auffälligkeiten; beide können jedoch in mannigfaltiger Weise gestört sein: abstruser, bizarrer, verschrobener und manirierter Sprachstil, Neologismen, Kontaminationen, verschnörkelte und gekünstelte Schrift, entdifferenzierte Schrift. In die ungestörte Ausdrucksweise können **Wortneubildungen** (Neologismen) eingebaut sein. Manchmal besteht die ganze Sprache aus solchen Neologismen und die Sprache erweckt dann den Eindruck einer „Geheimsprache".

Nicht selten sprechen Patienten in der dritten Person, andere wiederum wiederholen ständig die gleichen Worte.

Zur schizophrenen Ausdrucksweise rechnet man die **Manieriertheit**, die sich in unnatürlicher Sprachtechnik mit übertriebener Artikulation, verschrobener Wortwahl und gespreizter Ausdrucksweise zeigt. In ähnlicher Weise ist der Schreibstil verändert. Als Beispiel seien die Werke Hölderlins genannt. Der Dichter erkrankte im Alter von 30 Jahren an Schizophrenie.

Übersorgfältige, gezierte, verwickelte und hochtrabende Artikulation und Formulierung bei einfachen Sachverhalten nennt man auch **Stelzensprache**. Kranke, die ursprünglich im Dialekt sprachen, zeigen unter Umständen plötzlich ein krampfhaft wirkendes Bemühen, exaktes Schriftdeutsch zu sprechen. Der Stil wirkt dann unnatürlich und schwülstig.

Im Schriftbild erkennt man eigenwillige Buchstabenformen, Buchstabenneuschöpfungen und abstruse Schnörkeleien. Der Text enthält Wiederholungen von Worten und Buchstaben, mehrfache Unterstreichungen (schriftliche Verbigeration), Satzzeichen werden ausgelassen oder in übertriebenem Maße angewendet. Auffallend ist nicht nur die Anordnung der Schrift, sondern gelegentlich auch eine sonderbare Faltung des Papiers. Auch das Schriftbild weist häufig auf ein u. U. vorhandenes zerfahrenes Denken hin.

▶ **Beispiel:** „Die Trinkung von flüssig feuchtem Naß zieht eine Gelabtheit der Dürstung als angestrebten Folgezustand nach sich" (nach Kloos). Einfacher wäre gewesen: „Trinken beseitigt Durst". (Stelzensprache)

▶ **Beispiel:** Für einen Patienten war der Inbegriff aller Geschicklichkeit der Ausdruck „Doppelpolytechnikum" (nach Bleuler). (Neologismen)

▶ **Beispiel:** Das Behandlungsbett für Elektroschock, das von einem Psychiater namens Dr. Schlund „bedient" wurde, nannte ein Kranker „Stromschlundschlachtbank".

▶ **Beispiel:** Ein Patient sprach von „analytischer Geometrie", wenn er den Analverkehr meinte.

▶ **Beispiel:** Jeden Morgen, wenn die Schwester auf der Station den Rundgang machte, sprach sie eine schizophrene, halbseitig gelähmte Patientin an: „Lessüsch eid ettib, negrom netug". Die Schwester kümmerte sich nicht weiter darum, war aber immer sehr erbost, wenn die Patientin dann im Laufe des Tages regelmäßig einmachte. Mehr zufällig kam man dann dahinter, daß die Patientin allmorgendlich bat: „Guten Morgen, bitte die Schüssel" (von hinten gelesen).

6.2.8 Emotionale Störungen und Antriebsstörungen

Emotionale Störungen und Antriebsstörungen der schizophrenen Erkrankung sind vielgestaltig und wechselhaft. Man begegnet Verstimmungen und Affektstörungen verschiedenster Art, depressiven wie gehobenen Stimmungslagen, inadäquatem und labilem, bzw. instabilem Affekt. Die gehobene Stimmung zeigt sich eher als läppische Gestimmtheit, weniger als maniformes Syndrom, wenngleich letzteres auch, vornehmlich bei der schizoaffektiven Form beobachtet wird.

Die depressiven Verstimmungen der Schizophrenie gleichen in etwa denen der Zyklothymie. Häufig begegnet man einer Stimmung von Hilflosigkeit und Ratlosigkeit.

Die **inadäquate Affektivität** (Parathymie) ist ein Grundsymptom der Schizophrenie: Momentane Situation und Stimmungslage passen nicht zueinander. Der Affektausdruck steht im Gegensatz zu dem, was der Patient gerade erlebt hat oder was er ausdrücken will. So erzählt möglicherweise eine schizophrene Patientin mit läppischem Gekichere vom tragischen Tod ihrer Eltern, und ein Schizophrener fängt bei einer Beerdigung plötzlich laut zu lachen an.

Manchmal, hauptsächlich in späteren Stadien, überwiegen auch affektive Steifigkeit und Modulationsarmut. Man spricht dann von **Gemütsverödung** (Athymie). Keinesfalls jedoch ist der Affekt beim Schizophrenen verloren; vielmehr verbirgt sich hinter dem äußeren Bild der Abgestumpftheit eine mitunter sogar empfindliche Affektivität, deren Äußerung dem Kranken jedoch nicht möglich ist.

Das Nebeneinander von gegensätzlichen Gefühlsregungen bzw. widersprüchlichen Strebungen (Ambivalenz) läßt die „Gespaltenheit" deutlich werden. **Ambivalenz** bezeichnet die Doppelwertigkeit des Gefühls, **Ambitendenz** die der Triebe und Strebungen. Neben dem Autismus sind beides schizophrene Grundsymptome.

Eine große Rolle spielt bei Schizophrenien die **Angst**, wobei es sich hier neben einer gerichteten Angst (Furcht) oft auch um eine unbestimmte, frei flottierende Angst handelt. Der Kranke wehrt dann oft jede Annäherung von Menschen ab, zieht sich zurück oder reagiert mit **Aggressionen**. Im akuten Stadium, aber auch in der Frühphase eines Erkrankungsschubes wird man Angst nur selten vermissen.

Schwere Depressionen zeigen sich beim sogenannten **postremissiven Erschöpfungssyndrom** nach einer meist langandauernden schizophrenen Psychose. Dabei kommt es zu depressiven Verstimmungszuständen meist nach Abklingen der produktiven Phase, was bei fast 75 % der Fälle beobachtet wird. Dieses depressive Syndrom kann Monate dauern und ist oft sehr hartnäckig, spricht auf eine entsprechende antidepressive Medikation oft nur wenig zufriedenstellend an. Meist ist eine zweizügelige Behandlung erforderlich (Antidepressiva und Neuroleptika). Die Entstehung eines solchen depressiven Syndroms ist wohl multifaktoriell, zum einen reaktiv durch die sozialen Folgen eines schizophrenen Schubes verursacht, zum anderen aber wohl auch hervorgerufen durch die depressive Eigenwirkung der verabreichten Neuroleptika und durch eine Verschiebung des Gleichgewichts der Neurotransmittersysteme.

Störungen der Motorik und des Antriebes faßt man zu den katatonen Symptomen zusammmen. Diese Störungen können sich in stärkerer Ausprägung als **Stupor** oder in leichterer Form als verminderte oder fehlende Sprachproduktion (**Mutismus**) zeigen.

Bringen Kranke ihre Körperteile in eine oft unbequeme Stellung und verharren längere Zeit in dieser, spricht man von **Katalepsie**, gelegentlich auch von Flexibilitas cerea.

Weitere schizophrene Antriebsstörungen sind **Sperrung**, **Abulie**, **Negativismus**, **Befehlsautomatie**, **Echopraxie**, **Echolalie**, **Stereotypie**.

Die heutige aktive medikamentöse Behandlung hat die katatonen Symptome insgesamt seltener werden und einen leichteren Verlauf nehmen lassen. Ausgeprägte Antriebsstörungen gehören eher zu den Ausnahmen. Schwierig zu beeinflussen ist die permanente **Antriebserlahmung**, bzw. Antriebsminderung, der eine zentrale Bedeutung bei der Entwicklung eines Residualzustandes zukommt.

6.2.9 Ichstörungen

Ichstörungen sind wesentliches Symptom der Schizophrenien. Eigene seelische Vorgänge, Zustände und Akte werden als von außen und von anderen gemacht, gelenkt und beeinflußt erlebt. Die Kranken bringen alles Erlebte und Empfundene mit einer Beeinflussung von außen in Zusammenhang. Parallel zu dieser Depersonalisation verläuft auch die Desintegration.

6.2.10 Autismus

Dies ist ein Kernsymptom der Schizophrenie und bezeichnet den Verlust des Kontaktes mit der Wirklichkeit, die allgemeine Absonderung von der Gesellschaft mit Rückzug auf das subjektive „Binnen-Leben". Autismus ist Ausdruck der Spaltung und der mangelnden Harmonie der Affektivität. Die Kranken scheinen von der Umwelt abgekapselt und auf die eigene Person bezogen. Kranke sprechen oft vor sich hin, als wären sie alleine und stellen Fragen, ohne eine Antwort zu erwarten. Ein Aufbau zwischenmenschlicher Beziehungen ist nicht mehr möglich.

Eine Denkform, die den Widerspruch mit der Wirklichkeit nicht vermeidet und nicht empfindet, bezeichnet man als **autistisches Denken**. Im Gegensatz dazu steht das autistisch-undisziplinierte Denken des Gesunden mit Wunschdenken und Tagträumen, dem aber Grenzen gesetzt sind, da im besonnenen Denken das realistisch-disziplinierte Denken überwiegt. Das autistische Denken des Schizophrenen ist nicht seiner Art nach krankhaft, sondern deshalb, weil es in Bereiche eindringt, die beim Gesunden dem realistischen Denken reserviert sind.

6.3 Verlauf der Schizophrenie

6.3.1 Vorposten-Syndrome und Prodromi

Häufig begegnet man uncharakteristischen Syndromen, die entweder nur vorübergehend bestehen (Vorpostensyndrome) oder in die Psychose übergehen (Prodromi). Zu Beginn der Erkrankung steht oft ein bis zu diesem Zeitpunkt ungewohntes Verhalten, mitunter aber auch ein relativ uncharakteristisches Vorstadium von der Dauer von Monaten oder Jahren. In diesem Zeitabschnitt sind die Kranken besonders empfindlich und reizbar. Bei schleichendem Verlauf versanden Interessen und mitmenschliche Bindungen; Drogenkonsum ist dann gerade unter Jugendlichen nicht selten. Bricht die Krankheit akut aus, so kommt es zu einem *Knick in der Lebenslinie*. Häufiger beginnen schizophrene Psychosen akut, und nur in 30 % der Fälle findet sich ein langsamer Beginn im Verlauf von mehreren Jahren.

Oftmals geht der schizophrenen Erkrankung ein Stadium mit diffusen Ängsten und/oder Zwängen voraus, wobei dies zur Fehldiagnose einer neurotischen Erkrankung oder einer Zyklothymie führen kann. Im Jugendalter muß diagnostisch besonders sorgfältig vorgegangen werden, da sich in der Mehrzahl der Fälle hinter scheinbaren Schizophreniesymptomen neurotische Reifungskrisen, Pubertäts-oder Adoleszentenkrisen verbergen.

Häufige Symptome im Vorfeld der Erkrankung sind auch Mißtrauen, Wahnstimmung, Entfremdungserlebnisse, innere Unruhe und Schlafstörungen.

6.3.2 Verlauf und Ausgang der ✓✓ Erkrankung, Prognose

Der Verlauf der Krankheit wird überwiegend durch die Intensität der Initialbehandlung bestimmt. Aber es spielt auch eine Rolle, ob nach Abklingen der akuten Phase soziotherapeutische und psychotherapeutische Hilfe neben einer möglicherweise notwendigen Langzeitmedikation gewährt wird. Ob eine Remission stabil bleibt, hängt von den Lebensumständen und den zwischenmenschlichen Beziehungen des Kranken ab.

Nach Beendigung des ersten schizophrenen Schubes kann die Erkrankung recht verschiedene Verlaufsformen zeigen. Keinesfalls sind diese überwiegend ungünstig; wiederholte Schübe, Chronifizierung und Residualzustand sind nicht die Regel. Bei über 30 % der Patienten mit einem ersten schizophrenen Schub folgt kein weiterer. Langzeitstudien führten zur **Drittelregel**, nach der 1/3 der Schizophrenien folgenlose Ausheilung, 1/3 Rückfälle mit leichtem Residuum und 1/3 beträchtliche bis schwere Dauerdefekte zeigen (Näheres 6.3.4).

Schizophrene Schübe dauern durchschnittlich 3 Monate. Selbst nach wiederholten Schüben kann es noch zu einem folgenlosen Abklingen der Krankheit kommen. Dennoch beobachtet man nach wiederholten Schüben auch Persönlichkeitsveränderungen, sog. Residualzustände, die unterschiedlich stark ausgeprägt sein können. Bei leichten Formen ist meist noch Anpassungs-und Arbeitsfähigkeit vorhanden (soziale Remission). Nur in wenigen Fällen verlaufen Schizophrenien außerordentlich ungünstig mit kontinuierlichem Persönlichkeitsverfall. Man ist sich heute darüber einig, daß eine Chronifizierung in hohem Maße von psychosozialen Einflüssen abhängig ist. Diesbezüglich wurde ein eigenes Ätiologiemodell (CIOMPI) entwickelt. Aus Beobachtungen liegt es nahe, die chronische Schizophrenie mehr als Artefakt denn als Krankheit zu sehen.

E. BLEULER unterscheidet drei Verläufe
- **Einfache Verläufe**: Verläufe, die akut oder chronisch zu schweren oder leichteren chronischen Zuständen führen oder aber ganz ausheilen.
- **Wellenförmige Verläufe**: Verläufe, die wellenförmig zu schweren oder leichten chronischen Zuständen führen oder nach wellenförmigem Verlauf völlig ausheilen.
- **Sonstige andere Verläufe**

Wie oben erwähnt können Schizophrenien entweder völlig ausheilen oder schubförmig zu überwiegend leichten oder uncharakteristischen Residualzuständen oder aber schubförmig oder allmählich progredient zu charakteristischen schizophrenen Residualzuständen führen.

Zu Beginn der Erkrankung ist es kaum möglich, eine sichere Prognose zu stellen. Dennoch lassen sich günstige und ungünstige Merkmale hervorheben.

Für eine günstige Prognose sprechen
- akuter Krankheitsbeginn
- gute Remission früherer Schübe
- lange Intervalle zwischen den Schüben
- starke Beteiligung affektiver Anteile
- psychoreaktive Auslösung
- starke Ausprägung der Plussymtomatik
- gute soziale Integration (Familie, Arbeitsplatz, Ausbildung)
- unkomplizierte Primärpersönlichkeit mit guter Anpassungs- und Kontaktfähigkeit
- später Beginn der Erkrankung.

Für eine ungünstige Prognose sprechen
- schleichender Beginn
- häufige Schübe in kurzen Abständen
- Überwiegen der Minussymptomatik
- ausgeprägte formale Denkstörungen
- Über- und Unterstimulation im sozialen Bereich beim remittierten Patienten
- fehlender Nachweis eines auslösenden Ereignisses
- mangelnde soziale Integration
- hohe EE-Werte (exepressed emotions – geäußerte Emotionen) in der Familie des Kranken
- Schulversagen
- früher Beginn der Erkrankung (im Jugendalter)
- bestehende Minderbegabung vor Krankheitsausbruch.

6.3.3 Soziale Heilung

Bei über 40 % der Kranken ist eine dauerhafte „soziale"Heilung zu erwarten, d. h. es bleibt die soziale Integration erhalten, und in der Mehrzahl der Fälle ist volle Erwerbsfähigkeit auf früherem beruflichen Niveau wieder möglich.

G. HUBER spricht von 56 % sozialer Heilung und zwar in dem Sinne, daß

- wieder volle Arbeitsfähigkeit besteht
- die Patienten sich subjektiv wohlfühlen
- und auch ihren Angehörigen einen gesunden Eindruck machen
- bei ärztlichen Nachuntersuchungen auch keine psychotischen Symptome mehr nachweisbar sind.
- der soziale Rahmen (Ehe, Familie) durch die Krankheit nicht zerstört ist.

Zu beachten ist, daß der früher schizophren Erkrankte das Krankheitsgeschehen subjektiv beurteilt und nicht immer eine wünschenswert objektive Krankheitseinsicht erlangt. Wesensänderungen beim Kranken verhindern oftmals eine völlige soziale Heilung ebenso wie mißtrauisches Verhalten Angehöriger und anderer Bezugspersonen, Verlust des Arbeitsplatzes, Ehescheidung und Heimunterbringung.

6.3.4 Schizophrene Persönlichkeitsveränderungen, Residuen

Heilt eine schizophrene Erkrankung nicht aus, sondern schreitet sie fort, dann grundsätzlich immer in eine bestimmte Richtung, in den schizophrenen **Residualzustand**, in einen mehr oder weniger fixierten „Endzustand". Dieser ist gekennzeichnet durch

- Erlahmung des Antriebs
- Affekt-und Kontaktstörungen
- Manierismen, verschrobenes Verhalten und andere Ausdrucksstörungen
- formale Denkstörungen
- Verlust sozialer Kontakte und mitmenschlicher Beziehungen
- chronisch persistierende produktive Symptome (Wahn, Halluzinationen)–allerdings sind diese nicht obligatorisch
- rasche Erschöpfbarkeit
- Entschlußlosigkeit
- Reduktion von Interessen und Ausdauer.

Grundsätzlich sind mnestische Störungen oder gar Demenz **nicht** Symptome des Residualzustandes. Auch kann ein Kranker im Residualzustand bei entsprechender therapeutischer Intervention wieder symptomfrei werden, und andererseits kann aber ein Residualzustand erneut in eine akute schizophrene Symptomatik übergehen. Im Rahmen psychotherapeutischer Intervention läßt sich nicht selten in Erfahrung bringen, daß der Residualzustand mit autistischem Bild eine Art „Schutzwall" gegen erneute Aktualisierung der akuten Symptomatik und unbewältigte Konflikte darstellt. Mit ihm kommt es gewissermaßen zu einer Art Entlastung, und er ist nicht direkt Folge des Krankheitsprozesses, sondern das Ergebnis eines psychodynamischen Abwehrvorganges. Residualzustände können durch soziale Unterstimulation und soziale Benachteiligung, also durch Inaktivität oder Isolierung eine Verstärkung erfahren. Ein Teil schwerer Residualsymptome sind letztlich Anstaltsartefakte.

Die Persönlichkeitsveränderungen bei einer schizophrenen Erkrankung werden vielfach auch irreführend als „schizophrener Defekt" bezeichnet. Dabei handelt es sich keinesfalls um einen intellektuellen Defekt sondern ausschließlich um einen **Defekt der Persönlichkeit.** Angesichts des Formenreichtums und der Uneinheitlichkeit teilremittierter und chronischer Schizophrenien muß eine Reihe von Prägnanztypen differenziert werden. Wesentlich ist dabei nach HUBER die Hervorhebung mehr oder minder uncharakteristischer Remissionstypen (43 %) im Sinne einer Reduktion des psychischen energetischen Potentials und charakteristischer Defizienztypen (35 %). Diese beiden Remissionstypen stehen neben der Vollremission (ca. 22 %). Zu den „Geheilten" (ca 30 %) rechnet man dabei Patienten mit sehr leichten Residuen sowie die Vollremissionen.

Uncharakteristische Remissionstypen sind
- Minimalresiduum
- leichtes, reines Residuum
- erheblicher reiner Defekt
- Strukturverformung ohne Psychose.

Charakteristische Defizienztypen sind
- gemischtes Residuum
- typisch schizophrene Defektpsychose
- chronische reine Psychose
- Strukturverformung mit Psychose.

Die Bezeichnungen „reines Residuum" und „reiner Defekt" sind in etwa gleichzusetzen mit dem „schizophrenen Persönlichkeitswandel", bzw. der „schizophrenen Wesensänderung". Hier nehmen die Kranken den „Defekt" selbst wahr und leiden darunter.

Die charakteristischen Defizienztypen weisen alle mehr oder weniger ausgeprägte schizophrene Symptome auf, was bei den uncharakteristischen Remissionstypen nicht der Fall ist.

6.4 Diagnostik und Differentialdiagnostik

Um die Prognose einer schizophrenen Erkrankung zu verbessern, ist es notwendig, die Krankheit frühzeitig zu diagnostizieren; vor einer leichtfertigen Diagnose „Schizophrenie" muß gewarnt werden. Generell sollte man sich vor abgeschlossener Diagnostik auf eine **Syndromdiagnose** beschränken. Die Diagnosestellung wird vor allem erschwert, wenn sich der Krankheitsprozeß schleichend entwickelt, wie dies bei der Schizophrenia simplex und auch bei der Hebephrenie (desorganisierter Typus) der Fall ist. Einfacher und sicherer wird die Diagnosestellung, wenn wiederholt Schübe aufgetreten sind.

6.4.1 Diagnostische Bedeutung ✓✓✓ der Symptome

Besonders die **Grundsymptome der Schizophrenie** führen meist zur richtigen Diagnose, da diese sich in typischer Ausprägung nur sehr selten bei anderen Psychosen zeigen. Zu den Grundsymptomen i.S.v. E.BLEULER gehören *Störungen des Denkens, der Affektivität, der Aufmerksamkeit und des Antriebs, besonders aber Zerfahrenheit, Ambivalenz und Autismus.* Dabei steht das zerfahrene Denken mit an erster Stelle. Im Gegensatz zu den Denkstörungen gehören Störungen des Gedächtnisses nicht zu den Grundsymptomen. Für sich allein können die **akzessorischen Symptome** (Wahn, Halluzinationen, katatone Symptome usw.) die Diagnose Schizophrenie nicht begründen. Grundsymptome werden auch *Primärsymptome*, akzessorische Symptome auch *Sekundärsymptome* genannt.

Aufbauend auf dieser Bewertung wurden von SCHNEIDER, GRUHLE und BERZE verfeinerte Systeme beschrieben. So teilte **K. SCHNEIDER** die Symptome der Schizophrenie ein in

- **Symptome 1. Ranges** (first order symptoms) und in

- **Symptome 2. Ranges** (second order symptoms).

Symptome 1. Ranges sind von besonderem Gewicht für die Diagnose der Schizophrenie, sind aber in keiner Weise spezifisch für Schizophrenie. Wenn eines oder mehrere dieser Symptome bei einem Patienten festgestellt werden und eine andere – z. B. exogene – Ursache nicht erkennbar ist, erlauben sie jedoch mit hoher Wahrscheinlichkeit (jedoch nicht mit Sicherheit) den Schluß auf eine Schizophrenie. Symptome 1. Ranges sind weder identisch mit BLEULERS Primärsymptomen, noch bedeuten sie dasselbe. Symptome 2. Ranges sind von geringerer Bedeutung für die Diagnose der Schizophrenie und bei Vorhandensein kommt es ganz auf den klinischen Zusammenhang an, ob eine Schizophrenie diagnostiziert werden kann. Von den Symptomen 1. und 2. Ranges werden die sog. **Ausdruckssymptome** abgegrenzt, die von weit geringerem diagnostischen Gewicht sind.

Symptome 1. Ranges
- Akustische Halluzinationen
    a) dialogische Stimmen
    b) kommentierende Stimmen
    c) Gedankenlautwerden
- Leibhalluzinationen (leibliche Beeinflussungserlebnisse)
- Ichstörungen
    a) Gedankeneingebung
    b) Gedankenentzug
    c) Gedankenausbreitung
    d) Willensbeeinflussung
- Wahn als Wahnwahrnehmung
- alles von außen Gemachte und Beeinflußte auf dem Gebiet des Fühlens, Strebens (der Triebe) und des Wollens.

Symptome 2. Ranges
- Akustische Halluzinationen anderer Form als bei Symptomen 1. Ranges
- Halluzinationen auf anderen Sinnesgebieten (optische, olfaktorische, gustatorische Halluzinationen)
- Coenästhesien
- Wahn als Wahneinfall
- erlebte Gefühlsverarmung.

Ausdruckssymptome
Alle Symtome, die nicht zu den Symptomen 1. und 2. Ranges nach K. SCHNEIDER gehören wie Denkstörungen, Gedankenabbrechen, Denkhemmung, katatone Störungen mit psychomotorischer Erregung, Stereotypien, Manierismen, Symboldenken, Automatismen, Mutismus, Stupor, nicht erlebte Affektstörungen usw.

Mindestens ebenso von Bedeutung wie die genannten Einzelsymptome sind für die Diagnosefindung der *Gesamteindruck* des Unzulänglichen, Fremdartigen und Unverständlichen, vor allem aber die Störung mitmenschlicher Beziehungen.

Wenngleich heute von der Symptomeneinteilung SCHNEIDER's abgerückt wird, so ist sie oft dennoch in der praktischen psychiatrischen Tätigkeit noch von Bedeutung.

6.4.2 Differentialdiagnostische Überlegungen

Viele schizophrene Symptome können gelegentlich auch bei Psychosen auf der Basis einer körperlichen Erkrankung vorkommen. So sollte die Diagnose „Schizophrenie" selbst bei typischer Symptomatik nur mit großer Vorsicht gestellt werden, wenn eine körperliche Erkrankung mit Gehirnschädigung oder zumindest Hirnbeteiligung nachweisbar ist. Auch bei einer früheren organischen Hirnschädigung sollte keine Schizophrenie diagnostiziert werden. Einige Autoren sprechen hier von „symptomatischer Schizophrenie". Besser ist die Diagnose „organische Psychose mit schizophrenieähnlicher Symptomatik". Schizophreniforme Symptomatik bedeutet noch keine Schizophrenie!

Schizophreniforme Symptome beobachtet man in folgenden Fällen
- Arzneimittelmißbrauch und – unverträglichkeit (z. B. L-Dopa)
- Endokrinopathien (z. B. Morbus Cushing)
- primäre Hirnkrankheiten (z. B. Enzephalitiden, Hirntumoren)
- cerebrovaskuläre Veränderungen
- Epilepsien und postiktale Dämmerzustände
- hirnlokale Psychosyndrome.

Fehldiagnosen kommen vor bei
- Schwerhörigkeit (mit paranoider Entwicklung)
- Vereinsamung (mit Kontaktmangelparanoid)
- akutem Rauschmittelgebrauch (z. B. Halluzinogene)
- chronischem Rauschmittelgebrauch (auch Kokain)
- chronischem Alkoholismus (mit Alkoholhalluzinose und Eifersuchtswahn)
- schweren Neurosen, abnormen Erlebnisreaktionen und Grenzpsychosen (borderline syndrome)
- Delir (z. B. Entzugsdelir)
- akuten Erregungszuständen bei Persönlichkeitsstörungen (die katatonen Erregungen gleichen, meist aber demonstrativer und tendenziöser Art sind).

Schwierigkeiten bereitet manchmal die Differenzierung von schizophrenen und affektiven Psychosen, vor allem wenn letztere mit Wahnsymptomatik einhergehen. Bei Übergangsformen verwischen die Grenzen, und wenn eine Psychose nicht zweifelsfrei schizophrener oder affektiver Art ist, sollte von Mischpsychose oder besser von schizoaffektiver Psychose gesprochen werden.

Hält man sich streng an die schizophrene Grundsymptomatik, so läßt es sich vermeiden, schwere therapieresistente psychopathische und neurotische Störungen als Schizophrenie fehlzudiagnostizieren, da diese Grundsymptome hier nicht vorkommen.

6.4.3 Psychodiagnostische Verfahren

Bis heute sind keine Testverfahren bekannt, die hinsichtlich ihrer Validität bezüglich diagnostischer Entscheidungen bei unklaren Psychosen den Anforderungen moderner Testkonstruktionen voll entsprechen würden. Die Ursache liegt unter anderem im Fehlen eines eigenständigen psychologischen Schizophreniebegriffes.

Auch wenn die Denkstörung das Kernproblem der Schizophrenie ist, bringen Intelligenz- und Leistungstests kaum sinnvolle Ergebnisse, da der Intellekt bei Schizophrenen fast durchweg ungestört ist.

> So bedient man sich vorwiegend projektiver Testverfahren, bei denen der Patient vorgelegte Bilder interpretieren oder entsprechend anordnen muß. Allerdings ist der Wert solcher Testverfahren umstritten, weshalb man diese heute lediglich als Ergänzung zur klinischen Diagnostik sieht und nicht als eigene Diagnoseverfahren.

Anwendung finden:
- Rorschachtest (läßt Kontaminationen erkennen)
- weiterentwickelter Rorschachtest (Holtzmann)
- KTSA (Kahn Test of Symbol Arrangements)
- BPRS (Brief Psychiatric Rating Scale)
- FPI (Freiburger Persönlichkeitsinventar).

6.5 Therapie der Schizophrenie

Der multifaktoriellen Genese der Schizophrenie entspricht eine mehrdimensionale Therapie, die sich aus Pharmakotherapie, Psychotherapie und Soziotherapie zusammensetzt. Alternativen gehören der Vergangenheit an. Verschiedene Möglichkeiten der Therapie müssen zugleich genützt werden. Zum therapeutischen Vorgehen gehört auch die Rehabilitation.

Meist läßt sich die Erkrankung ambulant behandeln, womit auch die sozialen Bezüge des Patienten erhalten bleiben. Bei bestimmten Belastungssituationen sowie bei Fremd-und Selbstgefährdung wird eine Krankenhausbehandlung erforderlich sein.

Seit der Entwicklung des Chlorpromazins (1952, DELAY u. DENIKER) wurden außer der Elektrokonvulsionstherapie die anderen somatotherapeutischen Behandlungswege weitestgehend verdrängt. Die Pharmakotherapie läßt sich durch keine andere Therapieform vollständig ersetzen, was die Notwendigkeit zusätzlicher und parallellaufender rehabilitativer, sozio-und psychotherapeutischer Maßnahmen nicht bestreitet.

6.5.1 Auswahl der Medikamente

Neuroleptika stehen bei der Psychopharmakotherapie der akuten schizophrenen Psychosen im Vordergrund. Bei der Auswahl eines geeigneten Medikamentes müssen sowohl nosologische als auch syndromatologische Aspekte berücksichtigt werden. Man darf sich keinesfalls nur am Symptom allein orientieren, da dieses auch isoliert bei verschiedenen körperlichen Erkrankungen auftreten kann. Auch ist zu beachten, daß die verschiedenen Erscheinungsbilder durchaus nicht einheitlich behandelt werden können, und beispielsweise ein akutes Stadium einer anderen Behandlung bedarf als ein postpsychotisches.

Bei der akuten schizophrenen Psychose ist eine Neuroleptikatherapie die Therapie erster Wahl. Der Therapiebereich dieser Mittel sind produktiv-psychotische Erlebnisweisen wie Halluzinationen, Ich-Störungen, Denkzerfahrenheit, Wahnerleben, katatone Symptome und affektive Erregung.

Neben den Neuroleptika kommen aber auch andere Medikamentengruppen zur Anwendung: *Tranquillantien* (z.B. Benzodiazepine bei Angstzuständen), *Antiparkinsonmittel* (bei Neuroleptikanebenwirkungen) und *Antidepressiva* (bei begleitenden affektiven Symptomen). Für eine Langzeittherapie zur Verhinderung wiederholter Rezidive finden Depotneuroleptika Anwendung.

Für die praktische klinische Arbeit muß aus einem großen Neuroleptikaangebot ein kleiner Teil ausgewählt werden. Mit einem kleinen Spektrum sollte man arbeiten und die notwendigen Erfahrungen gewinnen. Die Auswahl der jeweiligen Neuroleptika orientiert sich an den Zielsymptomen, die man behandeln will. Schwach antipsychotische (schwach potente) und dafür mehr sedierend wirkende Neuroleptika finden Anwendung, wenn affektive Dämpfung, schlafanstoßende Effekte und Beruhigung erzielt werden sollen, während die stärker und stark antipsychotisch wirksamen (stark potenten) Neuroleptika mit geringerer oder minimaler Sedierung mehr bei produktiver Symptomatik ihren Einsatz finden. Gelegentlich wird auch eine Kombination beider Formen notwendig sein.

Keinesfalls darf aber die antipsychotische Potenz das alleinige Kriterium für die Neuroleptikaauswahl sein, da dieses Auswahlkriterium die zu erwartenden Nebenwirkungen unberücksichtigt läßt.

Bringt ein Neuroleptikum nicht den gewünschten Erfolg, so kann ein anderes mit anderer chemischer Struktur versucht werden. Auch kann die zusätzliche Gabe eines Tranquilizers oftmals die erwünschte Beruhigung bei psychomotorischer Erregung bringen.

Antidepressiva werden bei begleitender oder vorherrschender depressiver Symptomatik entweder allein oder kombiniert mit Neuroleptika verabreicht, was beispielsweise bei der schizoaffektiven Form der Schizophrenie aber auch bei postpsychotischen depressiven Zuständen notwendig wird.

6.5.2 Einteilung und Eigenschaften der Neuroleptika

Neuroleptika werden entweder nach ihrer chemischen Struktur oder für den praktischen Gebrauch nach Wirkart und Wirkstärke eingeteilt. Innerhalb der gleichen chemischen Gruppe können Wirkart und Wirkstärke erheblich variieren.

Chemische Einteilung
1. Trizyklische Neuroleptika
   a) Phenothiazin-Derivate
   b) Thioxanthen-Derivate
2. Butyrophenone
3. Diphenylbutylpiperidine
4. Benzamide
5. Rauwolfia-Alkaloide und andere Indol-Derivate
6. Nicht klassifizierbare Neuroleptika

Einteilung nach Wirkart und Wirkstärke
1. Sedierende Wirkung
   a) stark sedierend
   b) mittelstark sedierend
   c) schwach sedierend
2. Antipsychotische Wirkung
   a) stark antipsychotisch
   b) mittelstark antipsychotisch
   c) schwach antipsychotisch

Für die praktische Anwendung ist letztere Einteilung brauchbarer. Dabei ist auch von Bedeutung, daß *mit zunehmender antipsychotischer Wirkung die sedative Wirkung abnimmt* und umgekehrt. Lediglich einige nicht klassifizierbare Neuroleptika halten sich nicht an diese Regel.

Der *klinisch-therapeutische Effekt* der Neuroleptika beruht auf einer dämpfenden Wirkung bei psychomotorischer Erregung, Aggressivität, affektiver Spannung, psychotischen Trugwahrnehmungen und Wahnideen, katatonen Störungen und schizophrenen Ichstörungen. Unabhängig davon, ob ein Medikament extrapyramidalmotorisch wirkt oder nicht, muß es den Neuroleptika zugerechnet werden (nach HIPPIUS).

Biochemische Wirkung

- Blockierung postsynaptischer dopaminerger Rezeptoren (D2 – Rezeptoren mehr als D1 – Rezeptoren), was zu einer Aktivitätsminderung aller zentralnervösen dopaminergen Systeme und somit zu einer vorrangigen Beseitigung der Plussymptomatik, in nur geringem Umfang der Minussymptomatik aber auch zu entsprechenden Nebenwirkungen (Parkinsonoid) führt.
- Zerstörung GABAerger Neurone im Striatum
- Blockierung von Azetylcholin-, Serotonin-, Histamin- und Noradrenalinrezeptoren.

> Die *Hauptwirkung der Neuroleptika* bezieht sich auf die drei dopaminergen Neuronensysteme im ZNS:
>
> - nigrostriatales System
> - mesolimbisch-mesokortikales System
> - tuberoinfundibuläres System.

Hauptangriffspunkt für die antipsychotische Wirkung dürfte das mesolimbisch-mesokortikale System sein, während die Wirkung auf die anderen dopaminergen Systeme mit Nebenwirkungen verbunden ist. Die neuroendokrinologischen Nebenwirkungen (z.B. Hyperprolaktinämie) sind auf die Wirkungen auf das tuberoinfundibuläre System, die extrapyramidalmotorischen Nebenwirkungen auf die Beeinflussung des nigrostriatalen Systems zurückzuführen.

Man konnte feststellen, daß Neuroleptika ebenso wie die Antidepressiva nach längerdauernder Verabreichung zu Empfindlichkeitsveränderungen an den Rezeptoren führen. Eine chronische Verabreichung von Neuroleptika führt zusätzlich zu einer Zunahme der D2-Rezeptoren im Striatum.

Neuroleptische Potenz

Diese ist ein Maß für die antipsychotische Wirkintensität eines Neuroleptikums. Dabei wurde ursprünglich dem ersten Neuroleptikum Chlorpromazin (Megaphen®) die neuroleptische Potenz 1 zugewiesen. Die neuroleptische Potenz stellt nur ein grobes Maß dar, ist aber auch heute noch für die tägliche Praxis gut brauchbar. Nach HAASE steht Chlorpromazin an der Grenze zwischen schwacher und mittelstarker Potenz, d.h. alle Neuroleptika mit Potenz unter 1 werden den schwach antipsychotischen aber stark sedierenden Neuroleptika, alle mit Potenz über 1 den mittelstarken bis starken und sehr starken mit geringerer Sedation zugeordnet. Heute ist man von der Annahme einer *neuroleptischen Schwelle* abgerückt, nach der dann eine spezifisch neuroleptische Wirkung eines Medikamentes eintreten soll, wenn diese neuroleptische Schwelle erreicht ist. Dabei nahm man an, daß dies dann der Fall ist, wenn die Medikation so hoch gewählt wurde, daß extrapyramidale Nebenwirkungen – am empfindlichsten an der Feinmotorik erkennbar (Handschrift) – auftreten. Gegen diese Theorie, der mancherorts noch Gültigkeit zugesprochen wird, spricht die gute antipsychotische Wirkung des Neuroleptikums Clozapin (Leponex®) bei völlig fehlenden extrapyramidalmotorischen Nebenwirkungen sowie die individuelle Wirksamkeit auch in niedrigen Dosierungen anderer Neuroleptika.

Tab. 1: Antipsychotische Wirkung und Eigenschaften

Schwach antipsychotische Wirkung	Stark antipsychotische Wirkung
stark sedierend	schwach sedierend
kaum antipsychotisch	stark antipsychotisch
leicht antidepressiv	teilweise depressiogen
stark antriebshemmend	leicht antriebshemmend
gering extrapyramidalmotorisch	stark extrapyramidalmotorisch
schwach antiemetisch	stark antiemetisch

Tab. 2: Auflistung der Neuroleptika nach ihrer Potenz

neuroleptische Potenz	Neuroleptika Generic name	Handelsname
mit schwacher neuroleptischer Potenz		
1/3–1/2	Promazin	Protactyl®
1/2–2/3	Thioridazin	Melleril®
	Perazin	Taxilan®
	Pipamperone	Dipiperon®
	Sulpirid	Dogmatil®
2/3–4/5	Chlorprothixen	Truxal®
	Prothipendyl	Dominal®
	Melperon	Eunerpan®
	Levomepromazin	Neurocil®
mit mittelstarker neuroleptischer Potenz		
1	Chlorpromazin	Megaphen®
2	Clopenthixol	Ciatyl®
	Triflupromazin	Psyquil®
5	Zotepin	Nipolept®
mit starker neuroleptischer Potenz		
10	Perphenazin	Decentan®
10–20	Trifluoperazin	Jatroneural®
20	Clozapin	Leponex®
	Olanzapin	Zyprexa®
	Risperidon	Risperdal®
mit sehr starker neuroleptischer Potenz		
50	Pimozide	Orap®
	Fluphenazin	Lyogen, Dapotum®
	Flupentixol	Fluanxol®
	Haloperidol	Haldol-Janssen®
	Bromperidol	Tesoprel®, Impromen®
200	Trifluperidol	Triperidol®
400	Benperidol	Glianimon®

6.5.3 Erwünschte und unerwünschte Wirkungen der Neuroleptika

Die Reaktion auf Neuroleptika kann recht unterschiedlich und individuell sein, was vor allem bei den sedierenden Formen der Fall ist. Die Wirkung hängt aber nicht nur vom Grad der anti-psychotischen Wirksamkeit ab, sondern auch von äußeren Faktoren, wie Absorptions- und Anflutungsgeschwindigkeit, Dosierung und Disposition.

Erwünschte Wirkungen

Neuroleptikawirkungen sind weitaus breiter und unspezifischer, als es bei der Symptomenvielfalt des Schizophrenen wünschenswert wäre. Die psychomotorische Dämpfung und die bewirkte affektive Indifferenz führen zu einer deutlichen Beeinflussung der produktiven Symptomatik und zu einer Beruhigung bei Angst, Unruhezuständen und affektiver Erregung. Erwünscht kann auch der sedative Effekt sein, der gerade bei den schwach antipsychotisch wirksamen Medikamenten besonders ausgeprägt ist. In niedriger Dosierung wirken auch die stärker antipsychotisch wirksamen Formen ähnlich wie Tranquilizer.

Von Vorteil ist auch ein leicht antidepressiver Effekt bei einzelnen Neuroleptika, der ebenfalls bei den schwach antipsychotisch wirksamen Neuroleptika zu finden ist.

Die stärker potenten Formen sind gute Antiemetika und können auch bei zentralem Erbrechen eingesetzt werden.

Neuroleptika führen zu einer Unterbrechung der Wechselwirkung zwischen Vegetativum und Psyche, d.h. sie wirken psychovegetativ entkoppelnd, wodurch eine psychische Alteration psychosomatischer Zielorgane (Bronchien, Herz, Magen und Darm, Gefäße) verhindert wird, und dies ihre Anwendung in der Inneren Medizin bei psychosomatischen Erkrankungen rechtfertigt.

Unerwünschte Wirkungen

Diese dürfen nicht mit Nebenwirkungen gleichgesetzt werden. Einerseits bringt die motorische Dämpfung und die Entstehung von affektiver Indifferenz eine erwünschte Beeinflussung der produktiven schizophrenen Symptomatik (Plussymptomatik), andererseits können dadurch bereits bestehende Antriebsstörungen (Minussymptomatik) eine zusätzliche Verstärkung erfahren, was selbstverständlich unerwünscht ist. Weitere ungünstige Eigenwirkungen sind Antriebs- und Interessenverarmung, Müdigkeit und depressive Verstimmung, wobei letztere eine relativ häufige Eigenwirkung vor allem der sehr stark antipsychotisch wirksamen Neuroleptika ist. Trieb-, Affekt- und Antriebshemmung sind je nach Krankheitsbild erwünscht oder unerwünscht.

Neuroleptika bewirken außerdem eine Bewußtseinsbeeinträchtigung, jedoch keine Bewußtseinstrübung.

6.5.4 Nebenwirkungen der Neuroleptika

Diese können sein

- extrapyramidal-motorisch
- vegetativ
- somatisch
- psychisch.

Extrapyramidal-motorische Nebenwirkungen

> Zu Behandlungsbeginn – vor allem mit stark antipsychotisch wirksamen Neuroleptika – zeigen sich gelegentlich **Frühdyskinesien** mit unwillkürlichen Bewegungen (Gesichtsmuskulatur), Zungen-, Schlund- und Blickkrämpfen, Verkrampfungen der Kiefermuskulatur ähnlich dem Bild eines Tetanus und Schiefhalses. Dabei spielt für ihr Auftreten mehr die Geschwindigkeit der Dosissteigerung eine Rolle als die absolute Dosis. Nach Ablauf einer Woche treten Frühdyskinesien meist nur noch bei plötzlichen Dosissteigerungen auf. Zu beachten ist, daß Frühdyskinesien auch bei abruptem Absetzen vorkommen können.

Durch eine einschleichende Dosierung lassen sich Frühdyskinesien weitestgehend vermeiden. Treten sie einmal im Verlauf der Behandlung einer schizophrenen Erkrankung auf, so können sie durchaus bei wiederholtem Einsatz von Neuroleptika ausbleiben.

Behandelt werden Frühdyskinesien rasch und sicher durch langsame intravenöse Injektion von Biperiden (Akineton®), wobei i.d.R eine Ampulle genügt. Dies ist wegen der für die Patienten sehr angsterregenden Situation sofort durchzuführen. Die prophylaktische Gabe von Biperiden ist obsolet. In der Folgezeit kann der Versuch mit einem anderen Neuroleptikum unternommen werden; wird auch dieses nicht vertragen, so kann unter bestimmten Voraussetzungen auf Clozapin (Leponex®) übergegangen werden, da dieses Neuroleptikum nur sehr selten extrapyramidale Nebenwirkungen zeigt.

Bei kontinuierlichem Fortbestehen von extrapyramidalmotorischen Nebenwirkungen leichterer Form ist möglicherweise die gleichzeitige Gabe von Biperiden in oraler Form (z.B. Akineton retard®) über einen längeren Zeitraum hinweg erforderlich. Allerdings lehnen zahlreiche Autoren die gleichzeitige Gabe von Biperiden ab, da angeblich dadurch die neuroleptische Potenz eines Neuroleptikums vermindert wird, und das Präparat dann entsprechend höher dosiert werden müßte.

Frühdyskinesien sind in der Regel ungefährlich, wenn sie rechtzeitig erkannt werden, und wenn nicht der Patient unter der Fehldiagnose Tetanus, Subarachnoidalblutung oder Encephalomyelitis disseminata weiterbehandelt wird.

Deutlich häufiger als Frühdyskinesien begegnet man einem **neuroleptikainduzierten Parkinsonsyndrom**, besser **Parkinsonoid** genannt. Dieses tritt *meist bei Gabe von stark antipsychotisch wirksamen Präparaten* nach Ablauf der ersten Behandlungswochen auf. Dabei ist diese Form hauptsächlich durch *Akinese* und *Amimie* gekennzeichnet; das Gangbild wird gebückt und kleinschrittig, die Mitbewegung der Arme beim Gehen bleibt aus. Auch hier spielt wie bei den Frühdyskinesien eine gewisse Disposition des Patienten eine Rolle, die gewöhnlich bei älteren Patienten größer ist als bei jüngeren. Neben der Art des Neuroleptikums spielt auch die Dosis eine Rolle. So läßt sich auch eine Besserung durch Dosisreduktion erreichen; nur gelegentlich ist das Absetzen des Medikamentes erforderlich. Auch die Gabe von Antiparkinsonmitteln (hauptsächlich Biperiden) führt gewöhnlich zu einer raschen und deutlichen, meist aber nicht vollständigen Besserung.

Nach Absetzen des Neuroleptikums bildet sich das Parkinsonoid meist vollständig zurück. Lediglich bei älteren Patienten kann ein Morbus Parkinson beginnen oder ein bestehender sich nachhaltig verschlechtern.

Maximale Steigerung ist das **maligne neuroleptische Syndrom**.

Malignes neuroleptisches Syndrom

Es handelt sich um eine seltene aber gefährliche, idiosynkratische Reaktion auf Neuroleptika, die sich auch bei gewöhnlichen therapeutischen Dosierungen unabhängig von der Dauer der Therapie zeigen kann, jedoch eher bei hohen und höchsten Dosierungen auftritt, vermutlich durch eine Dopaminrezeptorblockade in den Basalganglien und im Hypothalamus. Typisch für das MNS (malignes neuroleptische Syndrom) sind katatonieartige Symptome mit Fieber und vegetativen Entgleisungen, weshalb auch eine Verwechslung mit der perniziösen Katatonie möglich ist. Häufig sind Rigor und Akinese besonders ausgeprägt, weshalb das Syndrom als maximale Steigerung eines Parkinsonoids angesehen wird. Ferner beobachtet man Tremor, der bei einer perniziösen Katatonie nicht beobachtet wird, und es kommt neben hohem Fieber und Tachykardie zu erheblichen Blutdruckschwankungen, zu Myoglobinämie und Myoglobinurie bei ausgeprägter Myonekrose mit der Gefahr des Nierenversagens. Die Patienten sind gewöhnlich mutistisch und zunehmend stuporös.

Zur Diagnostik sind die Bestimmung der Muskelenzyme sowie die Leberfunktion maßgeblich erforderlich. Kreatinin, Phosphokinase und Aldolase sind erhöht.

Ist die Diagnose zweifelsfrei erbracht und eine Abgrenzung zur perniziösen Katatonie erfolgt, sind sofortiges Absetzen der Neuroleptika erforderlich, ferner rasche Senkung der hohen Körpertemperaturen durch Eispackungen oder Gabe von Dantamacrin (Dantrolen®, 0,8–1,0 mg/kg Körpergewicht alle 6 Stunden oral oder i.v.). Zusätzlich wird Biperiden (Akineton®) infundiert, was auch eine gute Abgrenzung zur perniziösen Katatonie zuläßt, da bei dieser die Biperidengabe keine rasche Beseitigung der Symptomatik zeigt.

Die Mortalität des MNS liegt bei etwa 20 %.

Akathisie und Tasikinese

Bei stark antipsychotisch wirksamen Neuroleptika zeigt sich außer beim Clozapin (Leponex®) gelegentlich eine motorische Unruhe, bei der die Patienten von einem Fuß auf den anderen trippeln (Akathisie) oder ständig hin und her laufen (Tasikinese). Diese Bewegungsunruhe wird als sehr quälend empfunden, verschwindet aber wieder vollständig nach Absetzen der Medikamente. Wichtig ist die Differenzierung der neuroleptikabedingten von der krankheitsbedingten Unruhe, da sich bei Fehleinschätzung durch eine Erhöhung der Medikation die Unruhe noch verstärken würde. Im Gegensatz zum Parkinsonoid lassen sich Akathisie und Tasikinese mit Antiparkinsonmitteln praktisch nicht beeinflussen, verstärken sich mitunter sogar noch. Wenn möglich sollten die verursachenden Neuroleptika abgesetzt werden; zu einer gewissen Besserung führt gelegentlich auch die gleichzeitige Gabe von schwach potenten Neuroleptika (z.B. Melleril®) oder Benzodiazepinen.

Spätdyskinesie (tardive Dyskinesie, terminale Dyskinesie)

Nach langer Neuroleptikatherapie kommt es manchmal zu spontanen und unkontrollierten Mund-und Gesichtsbewegungen. Die Mundbewegungen gleichen denen bei schlechtsitzender Zahnprothese. Häufig beobachtet man auch nur Schmatzen und Leckbewegungen der Zunge. Seltener sind Torticollis und Retrocollis, Ballismus (Schleuderbewegungen der Arme), Pisa-Syndrom (Schiefhaltung von Kopf und/oder Schultern) und Rabbit-Syndrom (rhythmischer Lippentremor). Spätdyskinesien treten nicht immer nur nach langer Neuroleptikatherapie auf, sondern können auch bereits während der Behandlung und nach plötzlichem Absetzen vorkommen. Besonders ältere Menschen neigen zu spätdyskinetischen, oft *irreversiblen* Erscheinungen. Lange Zeit wurden Spätdyskinesien durch eine Überempfindlichkeit der postsynaptischen Rezeptoren im Striatum nach langer Neuroleptikagabe erklärt, was auch das oftmals plötzliche Auftreten nach abruptem Absetzen von Neuroleptika mit Freiwerden überempfindlicher Rezeptoren und das Verschwinden der Symptomatik nach erneutem Ansetzen der Mittel erklärte. Heute spricht aber mehr für einen neuroleptikainduzierten Schwund GABAerger Neurone im Striatum bei gleichzeitiger Aktivitätsminderung des GABAsynthetisierenden Enzyms Glutaminsäure-Decarboxylase (GAD) in Pallidum und Substantia nigra.

Antiparkinsonmittel beseitigen Spätdyskinesien nicht, leisten deren Entstehung vermutlich sogar noch Vorschub. Eine Besserung beobachtet man gelegentlich nach Gabe schwach potenter Neuroleptika oder von Tiaprid (Tiaprídex®). Auch ein Wiederansetzen eines Neuroleptikums reduziert oftmals die Symptomatik der Spätdyskinesien.

Zur Vermeidung der Entstehung dieser relativ schwer zu beseitigenden oder manchmal irreversiblen Spätdyskinesien sollte abruptes Absetzen von Neuroleptika weitestgehend vermieden werden. Die Patienten müssen vor Beginn einer Langzeitbehandlung entsprechend aufgeklärt werden.

Somatische/Vegetative Nebenwirkungen

Neuroleptika zeigen in unterschiedlichem Ausmaß anticholinerge Nebenwirkungen. Diese beobachtet man bei den schwach potenten Neuroleptika (hier vorrangig bei den trizyklischen Formen) häufiger. Sie gleichen denen der trizyklischen Antidepressiva:

- Blutdrucksenkung und orthostatische Erscheinungen
- Tachykardie
- Stenokardische Beschwerden
- Mundtrockenheit, seltener vermehrter Speichelfluß
- Sekretionsstörungen der Schweißdrüsen
- Übelkeit und Erbrechen, gelegentlich trotz antiemetischer Wirkung
- Obstipation
- Kopfschmerzen und Schwindelerscheinungen
- Akkommodationsstörungen (Cave: Engwinkelglaukom)
- Miktionsstörungen (Cave: Prostatahypertrophie)
- Thrombosegefahr (wegen Blutflußverlangsamung)
- Unterschenkelödeme
- Temperaturregulationsstörungen (Steigerung oder Senkung)
- Senkung der Krampfschwelle (bei niederpotenten Neuroleptika und bei Clozapin)
- Allergische Reaktionen (bei Phenothiazinen und Clozapin)
- Arneimittelexantheme und Photosensibilisierung (selten)
- irreversible Pigmentablagerungen an lichtexponierten Stellen, an der Augenlinse und an inneren Organen (bei Phenothiazinen)
- Galaktorrhoe und Regelanomalien (selten)
- Delirante Syndrome (bei trizyklischen Formen oft bei alten Menschen)
- Leberfunktionsstörungen und cholestatischem Ikterus (allergische Verquellung der kleinen Gallengänge; bei trizyklischen Formen)
- Verminderung von Libido und Potenz (besonders stark bei Melleril®)
- Blutbildveränderungen (Cave: Agranulozytose; bei Clozapin und Phenothiazinen).

Deutlich seltener und weniger gefährlich sind vegetative Nebenwirkungen bei den Butyrophenonen, besonders stark aber bei den trizyklischen Formen, vor allem bei den Phenothiazinen.

Psychische Nebenwirkungen

Wie bereits erwähnt, muß gerade hier unterschieden werden zwischen unerwünschten Wirkungen und Nebenwirkungen. Zu ersteren rechnet man hauptsächlich Konzentrationsstörungen, Müdigkeit und depressive Verstimmung. Neben der depressiogenen Eigenwirkung der Neuroleptika (hauptsächlich hochpotente) kann auch der Umschlag einer mit Neuroleptika behandelten Manie in eine Depression im Rahmen einer Zyklothymie vorliegen. Aber auch akinetische Erscheinungen im Rahmen eines neuroleptikabedingten Parkinsonoids gehen häufig mit depressiver Symptomatik einher, wie man ihr auch beim Morbus Parkinson begegnet. Diese depressive Verstimmung läßt sich oftmals erfolgreich durch die Gabe von Biperiden (Akineton®) und Antidepressiva beseitigen.

Eine typische Nebenwirkung stellt aber das *neuroleptikainduzierte Delir* dar, das man, allerdings selten, bei trizyklischen Neuroleptika, meist in höherer Dosierung und vor allem bei älteren Menschen, etwas häufiger beim Wirkstoff Clozapin, beobachtet. Es ist gekennzeichnet durch Desorientiertheit, Verwirrtheit, motorische Unruhe und meist optische Halluzinationen und unterscheidet sich von Entzugsdeliren (z. B. bei Alkohol) durch die fast immer fehlenden vegetativen Symptome. Die Unterscheidung vom eigentlichen schizophrenen Krankheitsbild ist wegen der oftmals ähnlichen Symptomatik nicht immer einfach. Kommt es bei konstanter Neuroleptikatherapie nach bereits eingetretener Besserung erneut zu Halluzinationen und Denkstörungen und treten zusätzlich, bei Schizophrenien nicht zu beobachtende, Verwirrtheitszustände und Desorientiertheit auf, so ist ein neuroleptikainduziertes Delir wahrscheinlich. Behandelt wird erfolgreich durch Reduktion oder Absetzen des Medikamentes, in schweren Fällen durch zusätzliche Gabe von Clomethiazol (Distraneurin®).

Kontraindikationen

Diese bestehen für

- bekannte Blutbildschäden und Neigung zu Blutbildveränderungen, speziell Agranulozytose (vor allem bei Clozapin)
- organische Hirnerkrankungen und schwere cerebrovaskuläre Veränderungen
- akute Intoxikationen (gilt vor allem für trizyklische Formen)
- erhöhte Neigung zu Thrombosen (relative Kontraindikation)
- schwere kardiovaskuläre Erkrankungen (Erregungsleitungsstörungen: AV-Block 3. Grades)
- erhöhte Neigung zu cerebralen Krampfanfällen
- schwere Nieren-und Leberschäden (Gefahr der Kumulation)
- komatöse Zustände
- bestehendes unbehandeltes Engwinkelglaukom
- schwerer Morbus Parkinson (vor allem bei hochpotenten Neuroleptika, außer Clozapin)
- bestehende Miktionsstörungen bei Prostatahypertrophie.

Vorsicht geboten ist bei gleichzeitiger Gabe von Clomethiazol und bei antihypertensiven Medikamenten, ferner bei gleichzeitiger Gabe von Präparaten mit zusätzlicher anticholinerger Wirksamkeit (hypotone Krise).

Notwendige Kontrollen vor und während der Neuroleptikatherapie

Vor Beginn einer Neuroleptikatherapie, zumindest aber umgehend nach notfallmäßig begonnener Therapie, sollten nachfolgende Untersuchungen durchgeführt werden:

- Blutbild (vor allem Leukozyten, besser Differentialblutbild)
- EKG (vor allem bei alten und herzkranken Patienten)
- Blutdruck und Puls (regelmäßig)
- Transaminasen
- Kreatinin und Harnstoff
- EEG (nicht unbedingt erforderlich aber ratsam).

Bei pathologischen Blutbildwerten darf keine Behandlung mit trizyklischen Neuroleptika erfolgen und keine Verabreichung von Clozapin (Leponex®). Bei Leukozytenwerten unter 3000/mm3 oder bei anderen Blutbildveränderungen, vor allem bei Abfall der Granulozyten ist eine Neuroleptikatherapie sofort abzusetzen. Danach sind wöchentliche Blutbildkontrollen bis zur Normalisierung erforderlich.

Clozapin zeigt besonders gehäuft Blutbildveränderungen, so daß der Vertrieb wegen gehäufter Agranulozytosefälle zunächst eingestellt wurde. Seit 1979 bestehen Bestimmungen zur kontrollierten Anwendung (keine Werbung der Firma, Blutbildkontrollen wöchentlich innerhalb der ersten 18 Behandlungswochen, dann 4-wöchentliche Kontrollen, umfassende Aufklärung des Patienten und schriftliche Erklärung des Arztes, die Bedingungen einzuhalten).

Während einer Neuroleptikatherapie sollten keine blutzellschädigenden Mittel gegeben werden (Chloramphenicol, Pyrazolon, Pyrazolidin) und der Patient muß bei Auftreten von Fieber, Zahnfleisch- und Mundschleimhautentzündungen oder bei eitriger Angina sofort einen Arzt aufsuchen. Neben dem Clozapin wurden weitere sog. atypische Neuroleptika entwickelt, die z.T. besser verträglich sind, weniger extrapyramidale Nebenwirkungen zeigen und auch die bislang nur wenig erreichbare Negativsymptomatik beeinflussen. Bei diesen Präparaten handelt es sich um sog. **Serotonin-Dopamin-Antagonisten (SDA)**, die sowohl auf Dopamin als auch auf Serotonin wirken. Bekannteste Vertreter: Risperidon (Risperdal®) und Olanzapin (Zyprexa®). Olanzapin ist dem Clozapin strukturell verwandt, die Gefahr der Blutbildveränderung (speziell Agranulozytose) ist aber angeblich bei den neueren Präparaten kaum gegeben.

6.5.5 Antiparkinsonmittel und deren Anwendung
✓

Diese finden Anwendung bei der Behandlung des durch Neuroleptika verursachten Parkinsonoids. Hierzu sind aber nicht alle Antiparkinsonmittel geeignet, so z.B. nicht L-Dopa oder Bromocriptin (Pravidel®). L-Dopa neigt sogar bei einzelnen Menschen und bei hoher Dosierung zur Entwicklung einer schizophreniformen Symptomatik.

Am häufigsten findet Biperiden (Akineton®) Anwendung. Es handelt sich um ein anticholinerg wirksames Medikament mit entsprechenden Nebenwirkungen und einer unerwünschten euphorisierenden Eigenwirkung (Abhängigkeit möglich). Auch delirante Symptome werden beobachtet, vor allem bei Kombination mit anderen anticholinerg wirksamen Mitteln (trizyklische Antidepressiva oder trizyklische Neuroleptika). Akkommodationsstörungen und Harnverhalten während einer Neuroleptikatherapie können durch gleichzeitig verabreichtes Biperiden verursacht werden. Sinnvoll ist das Vermeiden eines hochpotenten Neuroleptikums aus dem Bereich der trizyklischen Neuroleptika, da die unter Umständen notwendige Gabe von Biperiden dann Probleme macht.

Biperiden wird bei akuten extrapyramidalen Nebenwirkungen parenteral, ansonsten oral in drei Gaben, bei Verwendung der Retardform in 2 Gaben täglich verabreicht. Wählt man ein Depotneuroleptikum, so genügt meist die orale Gabe in den ersten Tagen nach der Injektion. Dauermedikationen sind wegen der Entwicklung einer Suchtgefahr zu vermeiden. Bei Anwendung von Bromperidol (Tesoprel®, Impromen®), mit einmaliger Gabe abends, genügt die einmalige Antiparkinsonmittelgabe am Morgen.

6.5.6 Prophylaktika und Langzeitmedikation
✓

Es besteht die Möglichkeit einer auch ambulant durchführbaren Erhaltungs-, Dauer- und Langzeittherapie. Ziele einer solchen Langzeitmedikation sind:

- Stabilisierung der Remission und Verkürzung der stationären Behandlung
- Verhinderung von psychotischen Rezidiven
- Verhinderung von schweren Persönlichkeitsveränderungen
- Schaffung einer dauerhaften Rehabilitation.

Es kommen fast ausschließlich Neuroleptika zum Einsatz; zu warnen ist vor der routinemäßigen Anwendung von Antiparkinsonmitteln (Verstärkung von Spätdyskinesien). Meist wird die Langzeittherapie kombiniert mit psycho-oder soziotherapeutischen Therapieverfahren. Eine Dauermedikation mit Neuroleptika ist bei Kranken mit chronischem Krankheitsverlauf oder mit hoher Rückfallhäufigkeit sinnvoll.

Umfangreiche Untersuchungen haben ergeben, daß ausschließliche Behandlung mit Neuroleptika signifikant wirksam ist, während andererseits Sozio- oder Psychotherapie allein in den meisten Fällen unwirksam sind. Gerade im labilen Stadium unmittelbar nach der Klinikentlassung ist die Erhaltungsmedikation von großer Wichtigkeit.

Eine Dauermedikation kann entweder oral oder als Depot-Injektion erfolgen, letzteres in 14-tägigem oder 3-wöchigem Abstand. Während die orale Form individuell leicht steuerbar ist, hat die parenterale Form den Vorteil, daß einer unregelmäßigen Medikamenteneinnahme vorgebeugt wird. Auch wird durch Depotmedikation ein regelmäßiger Arztkontakt erreicht. Für zahlreiche Wiederaufnahmen schizophrener Patienten in psychiatrische Krankenhäuser sind am häufigsten unregelmäßige Medikation und Abbruch der Medikamenteneinnahme verantwortlich zu machen.

Bei der Langzeitmedikation werden stark potente Neuroleptika auf Grund ihres geringeren sedierenden Effektes und wegen geringerer Nebenwirkungen als Basismedikation bevorzugt. Nach einem ersten Schub wird 3–6 Monate behandelt, beim zweiten Schub wenigstens 1 Jahr, bei weiteren Schüben und großer Rezidivhäufigkeit 3–5 Jahre. Rückfälle und Wiederaufnahmen im Sinne der sogenannten Drehtürpsychiatrie lassen sich doch überwiegend auf eine fehlende Langzeittherapie zurückführen. Die individuelle Dosierung hängt vom Ausprägungsgrad der Symptomatik ab und wird begrenzt vom Auftreten extrapyramidaler Symptome. Welches Neuroleptikum man wählt, hängt davon ab, ob der Patient regelmäßig wöchentlichen Kontakt wünscht (z.B. Imap®) oder ob dies aus verschiedenen Gründen nicht möglich oder nötig ist (Haldol-Decanoat®, 3-4 Wochen Abstand; Fluanxol-Depot®, 2 Wochen Abstand). Größere Abstände als 2 Wochen erscheinen eher ungünstig, da dann Patienten oft den zeitlichen Überblick verlieren, und die Gefahr des Therapieabbruches groß wird.

Grundsätzlich muß einer Depotmedikation eine orale vorangehen; mit Depotmedikation kann eine Schizophrenietherapie nicht begonnen werden, da die Reaktion des Patienten auf Neuroleptika noch nicht bekannt ist. Nachteilig ist, daß auftretende Depressionen und auch andere unerwünschte Wirkungen und Nebenwirkungen bei Depot-Neuroleptika mit langer Wirkdauer nicht rasch genug und nur unzureichend unterbrochen werden können. Auch die Gabe von Antiparkinsonmitteln beseitigt extrapyramidale Nebenwirkungen oft nur unzureichend.

Tabelle 3 gibt die wichtigsten Depot-Neuroleptika wieder. Bei den meisten ist die Wirksubstanz an eine Trägersubstanz gebunden und wird aus letzterer über einen gewissen Zeitraum hinweg in weitgehend konstanter Menge freigesetzt.

> Bei der schizoaffektiven Form der Schizophrenie ist Lithium als Prophylaktikum indiziert, wobei dadurch aber nur die affektiven Symptome angesprochen werden. Kann Lithium nicht gegeben werden, ist auch die Gabe von Carbamazepin (Tegretal®) oder von Flupentixoldecanoat möglich. Bei letzterem Präparat wird vorrangig den schizophrenen Symptomen vorgebeugt.

6.5.7 Elektrokonvulsionstherapie und Insulinschocktherapie

Unter dem Druck der Öffentlichkeit ist die Anwendung dieser Methode deutlich zurückgegangen. Deutlich überlegen ist die Elektrokonvulsionstherapie (EKT) der Neuroleptikatherapie *bei lebensbedrohlichen Katatonien* (perniziöse Katatonie). Auch einer medikamentösen Therapie widerstehende Schizophrenien lassen sich oftmals noch gut mit der EKT in den Griff bekommen. Die Letalität der EKT ist heute außerordentlich gering und anterograde Gedächtnisstörungen treten bei der heute üblichen unilateralen Elektrodenapplikation über der nicht dominanten Hemisphäre kaum noch auf und bilden sich auch innerhalb von Wochen wieder zurück. Gelegentlich kommt es zu EEG-Veränderungen auch noch Wochen nach der EKT. Die Anwendung erfolgt heute unter Vollnarkose und bei Muskelrelaxation.

Tab. 3: Die wichtigsten Depotneuroleptika

Generic name	Depot-Neuroleptika Handelsname	Wirkdauer
Haloperidoldecanoat	Haldol-Decanoat®	3–4 Wo.
Fluphenazindecanoat	Lyogen-Depot®	Dapotum-D®
cis-Clopenthixoldecanoat	Ciatyl-Depot®	2–3 Wo.
Perphenazinonanthat	Decentan-Depot®	2–3 Wo.
Flupentixoldecanoat	Fluanxol-Depot®	2 Wo.
Fluspirilene	Imap®	1 Woche
Pimozid	Orap®	1 Tag

Mit sogenannten Insulinkuren wurde ein hypoglykämischer Schock erzeugt. Die *Insulinschocktherapie* wurde praktisch völlig durch die Neuroleptikatherapie verdrängt. Die Indikation wäre nur für den Fall denkbar, wenn Neuroleptikatherapie und EKT wirkungslos bleiben.

6.5.8 Psychotherapeutische Maßnahmen

Mit psychotherapeutischen Maßnahmen allein können Schizophrenien nicht behandelt werden. Die vollständige Schizophrenietherapie besteht aus Pharmakotherapie, Psychotherapie und Soziotherapie. Dabei sollte die Neuroleptikatherapie eine eventuell erforderliche Psychotherapie nicht stören sondern erleichtern. Nach MAUZ muß die Atmosphäre einer psychiatrischen Klinik psychotherapeutisch sein; die psychotherapeutische Einstellung bei der Behandlung eines Schizophrenen ist heute ein Leitprinzip, ohne daß man damit der vorrangigen Bedeutung der medikamentösen Behandlung Abbruch tun würde.

Durch die richtige psychotherapeutische Führung eines Kranken können zahlreiche situative Schwierigkeiten und Konflikte mit Erfolg behandelt und erneute Dekompensationen verhindert werden. Im Vordergrund steht dabei die Herstellung und Aufrechterhaltung eines tragenden Kontaktes; eine solche führende und stützende Psychotherapie auf längere Sicht basiert auf einer tragfähigen Arzt-Patienten-Beziehung. Der Psychotherapie kommt bei Schizophrenien ein betont kommunikativer Charakter zu.

Eine wertvolle Psychotherapieform bei Schizophrenien ist die *Familien-und Gruppentherapie*. Störungen zwischenmenschlicher Beziehungen und des sozialen Verhaltens können in der therapeutischen Gruppe bearbeitet und korrigiert werden. Man versucht, in der Gruppe und durch die Gruppe beim einzelnen Patienten fehlerhafte Konditionierungen zu eruieren und neue Verhaltensweisen zu erlernen.

Vorrang wird heute den *verhaltenstherapeutischen Verfahren* gegeben, wobei der Patient durch Belohnung (positive Verstärkung) zu aktivieren versucht wird. Diese Methode ist vor allem bei chronisch Schizophrenen erfolgversprechend. Eine Verbesserung oder Normalisierung der Verhaltensweisen wird mit Gegenständen oder Vergünstigungen belohnt, beispielsweise wenn der Kranke seine Suppe mit dem Löffel ißt statt mit der Gabel.

Entgegen früherer Meinung ist ein Schizophrener durchaus übertragungsfähig. Psychoanalyse in der klassischen Form mit weitgehend stummem Therapeuten ist aber nicht möglich. Der Analytiker muß selbst Initiative ergreifen, um dem Kranken den Kontakt zu erleichtern. Bei Schizophrenen muß der Therapeut sich häufig in die Symbolsprache seines Patienten einleben, da meist nur auf präverbaler Ebene ein Kontakt möglich ist. In der Psychotherapie Schizophrener tritt aber die Aufhellung verdrängter Inhalte zurück, da für die Psychodynamik des Kranken die Verdrängung nicht maßgeblich ist. Der Schizophrene verdrängt nämlich nicht zuviel, sondern zuwenig, d.h. er wird von nicht verdrängungsfähigen Inhalten überflutet (TÖLLE).

Strenggenommen läßt sich mit psychotherapeutischen Verfahren keine Beseitigung akuter Symptomatik und auch keine Heilung erreichen, vielmehr Besserung und Senkung der Rückfallgefahr. So lassen sich auch medikamentöse und psychotherapeutische Behandlungsversuche nicht vergleichen.

6.5.9 Soziotherapie und Stufenrehabilitation

Mit Hilfe der Soziotherapie sind Rezidive, Komplikationen und Persönlichkeitsveränderungen seltener geworden. Allerdings führt Pharmakotherapie kombiniert mit Soziotherapie zu deutlich besseren Ergebnissen als Soziotherapie allein. Alle Maßnahmen im Rahmen der Soziotherapie stellen zugleich Präventivmaßnahmen gegen Wiedererkrankungen und Chronifizierung dar.

Soziotherapie setzt sich zusammen aus
- Beschäftigungstherapie
- Arbeitstherapie
- Milieugestaltung
- Psychotherapie (vorrangig Gruppen- und Verhaltenstherapie).

Beschäftigungstherapie ist mehr auf sinnvolle Betätigung, weniger auf das Ergebnisprodukt hin orientiert, d.h sie ist aktozentrisch, weniger produktozentrisch. Sinngehalt und die Anregung von schöpferischen Impulsen stehen im Vordergrund, der Nutzeffekt tritt zurück. Beschäftigungstherapie bildet zusammen mit der Arbeitstherapie die sogenannte **Ergotherapie** (Werktherapie). In der Beschäftigungstherapie soll auch gemeinschaftfördernde Aktivität entwickelt werden, weshalb Beschäftigungstherapie auch in Gruppen durchgeführt wird.

Arbeitstherapie als Teil der Ergotherapie folgt in der Regel der Beschäftigungstherapie. Dabei soll der Patient nicht den Eindruck gewinnen, daß mit dem, was er tut, nur die Zeit des Klinikaufenthaltes ausgefüllt sein soll. Dazu muß die Arbeit auch Arbeit bleiben und darf nicht in Spiel ausarten. Durch Arbeit versucht man, im Patienten Selbstverantwortlichkeit und Selbstständigkeit zu wecken, so daß der Kranke sein Schicksal und die Verantwortung für sein Wohlergehen selbst bestimmen kann. Es hat sich gezeigt, daß Kranke, die nach Erstaufnahme sofort an Beschäftigungs- und Arbeitstherapie teilnahmen, nur verhältnismäßig kurz hospitalisiert waren. Besonders günstig wirkt sich Arbeitstherapie aus, wenn Arbeitseinsatz, Arbeitsverteilung, Einnahmen und Ausgaben vom Kranken selbst bestimmt werden können.

Typische Arbeitseinsätze sind Schreinerei, Gärtnerei, Montagearbeiten (Elektromontage, Fahrradmontage) und Hausmeisterarbeiten im Klinikbereich. Die Tätigkeiten werden selbstverständlich, wenn auch meist nur mit geringen Beträgen, entlohnt.

Ohne eine entsprechende **Milieugestaltung** in psychiatrischen Kliniken ist keine wirkungsvolle Therapie möglich; ein ungünstiges Behandlungsmilieu kann sich sogar außerordentlich ungünstig auf Genesung und Resozialisation auswirken. Dem Kranken sollte der oftmals lange Aufenthalt in der Klinik so angenehm wie möglich gemacht werden, die Räume sollten wohnlich sein, und es sollte die Gelegenheit bestehen, in Patientengruppen im bestimmten Rahmen mitmenschliche Kontakte zu knüpfen. Jegliche Inaktivität und soziale Isolierung müssen vermieden werden, räumliche und zeitliche Milieugestaltung sollten dem Patienten weitmöglichst selbst überlassen werden. Um das bisherige Milieu in größerem Umfang beizubehalten, sollte auch an eine Teilhospitalisierung in einer Tages- oder Nachtklinik gedacht werden.

Stufenrehabilitation

Die Rehabilitation bei der Schizophrenie beginnt mit der Aufnahme in die Klinik. Ziel ist ein stufenweiser Aufbau der Belastbarkeit; der Patient muß von Anfang an auf das Leben außerhalb der Klinik vorbereitet werden.

Die Ergotherapie im Rahmen der Stufenrehabilitation beginnt mit der Beschäftigungstherapie hin zur Arbeitstherapie mit zunehmenden Anforderungen an Zeitdauer, Intensität und Kompliziertheit der Tätigkeit. Nach Entlassung aus der Klinik wird die gestufte Rehabilitaton fortgesetzt: Es bieten sich verschiedene psychiatrische Übergangseinrichtungen an. Die Eingliederung in eine Tag- oder Nachtklinik stellt deutlich höhere Anforderungen an die Umweltbewältigung. Die Stufe nach der Tag/Nachtklinik wäre dann eine therapeutische Wohngemeinschaft vor der Rückkehr in die eigene Familie oder vor einem Leben in einer eigenen Wohnung.

Oftmals ist die Tätigkeit in einer beschützenden Werkstätte oder die Wiedereinschulung oder Umschulung in einem arbeitstherapeutischen Zentrum realitätsnäher als das letztlich gewaltsame Wiedereingliedern in den ursprünglichen Arbeitsbereich.

Selbst wenn die Kranken nicht über die Stufe einer Unterbringung in einem Wohnheim oder in einer Wohngemeinschaft hinauskommen, kann man auch in diesem Fall noch von einer Teilresozialisierung sprechen.

Die psychiatrische Stufenrehabilitation hat eine große Anzahl von Durchgangswegen: So kann ein Patient von der Aufnahmeambulanz in die klinische Station kommen oder gleich einer Tag- oder Nachtklinik zugewiesen werden. Von hier kann die Entlassung mit Hilfe einer Nachsorgeambulanz in das ursprüngliche soziale Umfeld oder in ein Übergangsheim oder eine Wohngemeinschaft erfolgen. Durch die Aufnahme in Übergangseinrichtungen lassen sich meist Zwangsunterbringungen in geschlossenen Einrichtungen vermeiden. Eine ambulante Nachbetreuung stellt die letzte Stufe dar, und ohne sie kann selbst ein zeitlich begrenzter Rehabilitationserfolg nicht gesichert werden.

Übergangseinrichtungen: Hierzu gehören Tag- und Nachtkliniken, Übergangswohnheime, ambulante therapeutische Clubs, beschützende Werkstätten, arbeitstherapeutische Zentren, Wohngemeinschaften. In *Tagkliniken* werden Patienten betreut, die keiner dauernden Behandlung bedürfen, bei denen aber eine ambulante Therapie allein nicht ausreicht. Die Kranken halten sich tagsüber in der Klinik auf, nehmen an Therapien teil und/oder gehen zur Arbeitstherapie. Sie schlafen zu Hause und halten sich eventuell auch an den Wochenenden zu Hause auf. Patienten der *Nachtkliniken* gehen tagsüber zur Arbeit und kommen nur zum Schlafen und zur Therapie in die Klinik.

Schulische und berufsfördernde Maßnahmen bei Schizophrenen

Eine schizophrene Psychose manifestiert sich oft erstmals gegen Ende der Schul-oder Studiumszeit. Unterstützt werden die Kranken durch gut informierte Angehörige, feste Tagesplanung, regelmäßige fachärztliche Führung, ausbildungsbegleitende Gesprächstherapie und Informierung der Lehrer. Allerdings sind oft Tempo und Leistungsanforderungen der Oberstufe eines Gymnasiums oder eines Studiums bei bleibend stärkerer Behinderung nicht mehr zu erfüllen. Zeichnet sich eine weniger günstige Prognose ab, dann ist ein Wechsel zu mehr praktisch-anschaulich ausgerichteten Schul-und Studiengängen oder zu einer handwerklichen Berufsausbildung empfehlenswert, während bei guter Prognose eine vorübergehende Entpflichtung, Wiederholung von Klassen oder Semestern und Prüfungen sehr hilfreich sein können.

Eine Wiedereingliederung erfordert zunächst Berufsfindungsmaßnahmen und Arbeitserprobung. Dabei sollte immer versucht werden, das Arbeitsverhältnis zu erhalten oder die Umsetzung auf eine weniger konfliktreiche und weniger anspruchsvolle Tätigkeit zu erreichen. Auch der Rückgriff auf eine Teilqualifikation im gewohnten Bereich ist dann sinnvoll. Bei instabiler Remission oder bei manifestem Residualzustand ist die Fortsetzung einer qualifizierten Ausbildung oder die Umschulung mit theoretischen Anforderungen wenig sinnvoll. Empfehlenswert ist eine Arbeitserprobung und/oder die Fortsetzung der Ausbildung am Wohnort unter Einbindung von Familie, Arbeitgeber und behandelndem Arzt. Berufsbildungs- und Berufsförderungswerke sind wegen des Internatscharakters für psychisch Kranke wenig geeignet.

Bei der *Berufswahl* müssen berücksichtigt werden: Zeitdruck, Akkord, hohe Verantwortung, Findigkeit und Wendigkeit, kontinuierliche Zuverlässigkeit, Wechselschicht, Publikumsverkehr, wissenschaftliche und eigenbestimmte Tätigkeiten. Weniger belastend für Schizophrene sind handwerkliche, kaufmännisch-verwaltende Tätigkeiten sowie einfache Dienstleistungen, Teilzeitarbeit, unkomplizierte und wiederkehrende Arbeiten.

Nicht geeignet sind Behindertenwerkstätten. Langfristig können auch die sozialpsychiatrischen Dienste die erforderliche Hilfestellung bieten und soziale Stabilität vermitteln. Wichtig ist die Regel, den Kranken in der Rehabilitationsphase zu fordern, aber nicht zu überfordern.

6.5.10 Behandlung einzelner schizophrener Krankheitsbilder ✓

Bei allen Formen der Schizophrenie muß versucht werden, neben der neuroleptischen Behandlung eine Balance zwischen Über- und Unterforderung zu erreichen. Dabei ist es das Ziel,

- den Kranken frei von Symptomatik zu halten, ihn zugleich zu seelischen und sozialen Leistungen zu befähigen, ihn also zu rehabilitieren;
- eine Chronifizierung zu verhindern und eine persistierende Symptomatik zu vermindern;
- ein Rezidiv zu vermeiden.

Nicht bei allen Formen ist eine neuroleptische Medikation auf Dauer und mit gleichen Mitteln indiziert. Bei strukturverformten Schizophrenen wird eine symptomsuppressive Therapie nur wenig Erfolg zeigen. Durch Neuroleptika soll der Weg über den Abgrund der schizophrenen Erkrankung verbreitert und sicherer gemacht werden. Das schmale Seil des „schizophrenen Seiltänzers" soll zu einer sicher begehbaren Brücke gemacht werden. Die Brücke (Pharmakotherapie) wird flankiert von den Brückengeländern (Soziotherapie und Psychotherapie); beide verhindern den Absturz in die schizophrene Krise (Plussymptomatik, produktive Symptomatik) oder in die soziale Isolation und in den Rückzug (Minussymptomatik).

Schizophrene Plussymptomatik
Vorrangig ist die Anwendung von Neuroleptika, um Wahn und Sinnestäuschungen rasch und sicher zu beseitigen.

Schizophrene Minusymptomatik
Je stärker Rückzug, soziale Entgleisung und Persönlichkeitsveränderungen in den Vordergrund treten, umso bedeutungsloser ist die neuroleptische Therapie und umso wichtiger sind soziotherapeutische und psychotherapeutische Maßnahmen. An Neuroleptika ist Sulpirid als Neuroleptikum (Dogmatil®, Meresa®) sinnvoll, ein Neuroleptikum mit scheinbar antidepressiver und antriebssteigernder Komponente.

Akute schizophrene Psychose und katatone Formen
Hauptsächlich Anwendung von hochpotenten Neuroleptika parenteral; Wahl der Dosierung je nach Akuität und grundsätzlich stationärer Einweisung. Bei schwerer Symptomatik z.B täglich 3mal 3–10 mg Haloperidol. Bei akutem Erregungszustand entweder Benzodiazepine oder niederpotente, vorrangig sedierende Neuroleptika. Bei katatonem Stupor gleiche Medikation wie bei Erregungszuständen. Höhere Dosierung erforderlich zur Verhinderung einer perniziösen Katatonie. Letztere bedarf in voller Ausprägung einer Elektrokrampftherapie.

Paranoid-halluzinatorische Formen
Vorrangig hochpotente Neuroleptika in niedrigerer oder mittelhoher Dosierung, z.B. täglich 2–5 mg Haloperidol, am besten in drei Gaben. Bei Chronifizierung ist oft auch mit hohen Dosen wenig zu erreichen. Halluzinationen sprechen i.d.R. besser auf Neuroleptika an als Wahnwahrnehmungen oder Wahneinfälle.

Agitiert-depressive Zustände bei Schizophrenien
Hochpotente Neuroleptika sind wegen ihrer wahrscheinlichen depressiogenen Wirkung und wegen der möglichen Entwicklung einer Bewegungsunruhe weniger geeignet. Zu empfehlen sind hier niederpotente Neuroleptika, eventuell auch mittelhochpotente gleichzeitig mit Antidepressiva (Zweizügeltherapie). Unter kontrollierter Anwendung ist auch Clozapin (Leponex®) gut geeignet. Benzodiazepine bei akuten Erregungszuständen.

Gehemmt-depressive Zustände bei Schizophrenien
Antidepressiva werden mit mittelhochpotenten und gelegentlich auch mit hochpotenten Neuroleptika kombiniert (Zweizügeltherapie). Dies ist bei schizoaffektiven Formen erforderlich. Vorsicht ist wegen der Auslösung einer Produktivi-

tät der Antidepressiva geboten. Auch wenn die depressive Verstimmung Ausdruck eines beginnenden Rezidivs oder eines *postremmissiven Erschöpfungszustandes* ist, sind Antidepressiva erforderlich, wahlweise auch Sulpirid. Dieses wirkt in höherer Dosierung (z. B. 300–600 mg pro Tag) vorrangig antipsychotisch, in niedriger Dosierung (z. B. 150 mg pro Tag) antidepressiv.

Frühformen der Schizophrenie
Hierzu gehören Schizophrenia simplex, vor allem aber die Hebephrenie. Neuroleptische Therapie muß von Soziotherapie und psychotherapeutischen Verfahren begleitet werden. Hochpotente Neuroleptika sind je nach Grad von Wahn, Sinnestäuschungen, Denkstörungen und Erregungszuständen anzuwenden.

6.6 Diagnostische Leitlinien nach dem ICD 10

Erforderlich für die Diagnose „Schizophrenie" sind mindestens ein eindeutiges Symptom oder mindestens zwei weniger eindeutige Symptome der nachfolgenden Gruppen 1–4 oder mindestens zwei Symptome der Gruppen 5–8, wobei diese Symptome mindestens einen Monat ständig oder länger deutlich vorhanden sein müssen. Andernfalls müßte eine „schizophreniforme" psychotische Störung (F23.2) diagnostiziert werden. Bestehen die Symptome länger als einen Monat oder nehmen die Symptome an Zahl zu, so kann dann erst eine Schizophrenie diagnostiziert werden.

Gruppe 1: Gedankenlautwerden, Gedankeneingebung, Gedankenentzug, Gedankenausbreitung.

Gruppe 2: Kontrollwahn, Beeinflussungswahn, Gefühl des „von außen Gemachten" sowie Wahnwahrnehmungen.

Gruppe 3: Kommentierende oder dialogische Stimmen, die über den Patienten oder sein Verhalten sprechen; Stimmen, die aus einem Körperteil kommen.

Gruppe 4: Anhaltender, kulturell unangemessener und völlig unrealistischer Wahn (z.B. Kontakt mit Außerirdischen, übermenschliche Kräfte, Macht eines Gottes usw.).

Gruppe 5: Anhaltende Halluzinationen in allen Sinnen mit flüchtigen oder undeutlichen Wahngedanken ohne deutliche affektive Beteiligung; von überwertigen Ideen begleitete Halluzinationen, die Wochen oder Monate andauern.

Gruppe 6: Gedankenabreißen, zerfahrenes Denken, Danebenreden, Neologismen.

Gruppe 7: Katatone Symptome (Erregung, Stupor, Mutismus, Negativismus, Flexibilitas cerea).

Gruppe 8: Minussymptomatik (sog. „negative Symptome") wie Rückzugstendenzen, Affektverflachung, Antriebsreduktion. Dabei dürfen diese Symptome nicht durch eine Depression oder durch Neuroleptika verursacht sein.

7 Wahnentwicklungen und paranoide Syndrome

7.1 Paranoide Erlebnisreaktion ✓

Zur Selbstbeziehung neigende Persönlichkeiten reagieren gelegentlich auf ein traumatisierendes Erlebnis, z.B. auf Kränkung, Beschämung und Demütigung mit affektbetontem Beziehungswahn, in dessen Krankhaftigkeit jedoch wenigstens vorübergehend Einsicht besteht. Man begegnet solchen Reaktionen bei Demütigungen körperlich Mißgestalteter, aber auch bei abgewiesener Liebeswerbung. Nach wenigen Wochen oder Monaten klingen die Erscheinungen gewöhnlich wieder ab.

Abzugrenzen ist die sogenannnte **überwertige Idee**, die dem nicht-krankhaften Erleben näher steht und sich als gefühlsbetonte, hartnäckig festgehaltene Überzeugung zeigt. Überwertige Ideen gibt es in allen Lebensbereichen, besonders häufig als Weltanschauung und in der Politik, aber auch in der Wissenschaft. Die Umwelt reagiert je nach kritischer Fähigkeit mitreißend, anregend oder abstoßend. Häufig finden sich Übergänge zum Pathologischen.

7.2 Sensitiver Beziehungswahn ✓

Hier liegt eine wahnhafte Art der Erlebnisverarbeitung bei sensitiv-asthenischen Persönlichkeiten zugrunde. Letztlich handelt es sich um eine paranoide Entwicklung, die bei einem sensitiven Charakter aus einer beschämenden moralischen Niederlage allmählich entsteht. Sensitive Onanisten sind der festen Überzeugung, andere könnten ihnen das Masturbieren ansehen und alternde Jungfern glauben, die Umgebung kenne ihre geheimen sexuellen Wünsche und vermeintlichen Sünden. Nimmt diese Wahnentwicklung kontinuierlich zu, so entwickelt sich allmählich ein systematisierter Wahn.

Vielfach wird bei dieser Form einer paranoiden Entwicklung, bzw. bei einem gewissen Grad von **einfacher paranoider Psychose** gesprochen, eine akute oder chronische Psychose, die nicht als Schizophrenie oder affektive Psychose klassifizierbar ist. Es bestehen fixierte, ausgearbeitete und mehr oder weniger systematisierte Wahnideen, beeinflußt, verfolgt oder in besonders negativer Weise behandelt zu werden. Die typischen Symptome schizophrener Psychosen fehlen.

7.3 Paranoia

Hier besteht ein voll systematisierter und sich langsam entwickelnder Wahn ohne Halluzinationen oder schizophrene Denkstörungen in nahezu allen Lebensbereichen. Der Wahnkranke ist unkorrigierbar. Paranoia entwickelt sich aus einem sensitiven Beziehungswahn ähnlich einem diffus und infiltrierend wachsenden Tumor. Im Vordergrund stehen Verfolgungswahn und hypochondrischer Wahn, aber auch Größenwahn (paranoischer Prophet oder Erfinder).

Gelegentlich begegnet man dem sich zur Paranoia hin zuspitzenden sensitiven Beziehungswahn auch nach Hirntraumen und nach Hungerdystrophien wohl aufgrund der besonderen Verletzbarkeit und Empfindlichkeit eines hirnorganisch beeinträchtigten Menschen.

Meist entwickelt sich eine Paranoia im 4. Lebensjahrzehnt, häufiger bei Frauen als bei Männern und oft unmerklich und schleichend, da die Kranken sich zu ihren Befürchtungen und Ängsten nicht äußern können. Häufig wird der umfassende und systematisierte Wahn erst im Rahmen einer aggressiven Handlung (Tötungsdelikt) oder eines Suizids offenkundig. Als Beispiel sei hier der „Fall Wagner" bekannt, bei dem der Hauptlehrer Wagner 1913 seine Frau, seine vier Kinder und zahlreiche andere Menschen tötete, nachdem sich über Jahre hinweg eine Paranoia entwickelt hatte, und er letztlich den vier Jahre gehegten Plan der Massentötung von Dorfbewohnern, von denen er sich mißachtet und verlacht glaubte, verwirklichte. Dieser Fall beeinflußte seinerzeit die Psychiatrie entscheidend, nachdem der Kranke psychiatrisch begutachtet worden war. R. GAUPP befaßte sich damals eingehend mit der Paranoia des Hauptlehrers Wagner.

Therapeutisch sind *Psychotherapie* und *Neuroleptika* einzusetzen. Durch Psychotherapie werden die Wurzeln des Wahns behandelt, nicht unmittelbar der Wahn selbst. Meist kommt aber die psychotherapeutische Intervention zu spät, so daß der bereits fixierte Wahn unbeeinflußt bleibt, jedoch für den Betroffenen erträglicher wird. Auch Neuroleptika beseitigen den Wahn nicht oder nur sehr unvollständig, tragen aber zur affektiven Entspannung und Aggressionsminderung bei. Eine Entlastung wird auch durch Verbesserung der Umweltbedingungen erreicht, so z. B. auch durch *soziotherapeutische Maßnahmen*.

7.4 Kontaktmangelparanoid

Diese Psychoseform wurde von JANZARIK 1973 beschrieben und als Altersschizophrenie bezeichnet, wenngleich hier eine typische Schizophrenie nicht vorliegt. Vorherrschend ist dennoch ein schizophreniformes Bild einer paranoid (-halluzinatorischen) Psychose. Die meist sehr zurückgezogen und isoliert lebenden Kranken fühlen sich innerhalb der eigenen Wohngrenzen beeinträchtigt: Sie glauben, daß Fremde durch die Fenster eindringen, daß sie bestohlen und vergiftet werden, daß Ungeziefer angesiedelt wurde. Dabei ist das Wahnthema oft Sexualität. Die Kranken ziehen sich wegen der vermeintlichen Beeinträchtigung zunehmend weiter zurück, was zu einer Zunahme des Wahns führt. Mangels äußeren verbalen Kontaktes zu Mitmenschen entwickeln sie auch mitunter akustische Halluzinationen.

Therapeutisch ist diese, letztlich reaktiv entstandene Psychoseform nur durch Kontaktherstellung zu beseitigen, solange der Wahn nicht erheblich fixiert ist. Oftmals ist eine vollständige Rückbildung des Wahns nicht erreichbar. Neuroleptika zeigen meist eine nur sehr geringe Wirkung.

7.5 Paraphrenie

Dieser Begriff hat einen mehrfachen Bedeutungswandel erlitten. Derzeit wird der Begriff synonym für alle chronisch verlaufenden, wahnbildenden Formen der Schizophrenie verwendet. Danach bezeichnet der Begriff Schizophrenien, die als einziges Symptom Wahn schizophrener Art bilden (BUMKE, LEONHARD). Eine andere Verwendung fand der Begriff für jede mit physiologischen Entwicklungsphasen zusammenhängende Psychose (Paraphrenia hebetica, P. senilis – KAHLBAUM). KRAEPELIN hingegen bezeichnete mit Paraphrenie ein Krankheitsbild, dessen Symptomatik sich durch einen sich schleichend entwickelnden Wahn auszeichnet, bei gut erhalten bleibender Persönlichkeit. Gelegentlich steht der Begriff auch für eine paranoide Psychose mit gleichzeitig bestehenden Halluzinationen.

7.6 Induzierte Psychose, Folie à deux

Der Begriff induzierte Psychose stammt von LEHMANN (1883) und bezeichnet eine Geistesstörung, deren spezifische Ursache der unmittelbare Einfluß eines Geisteskranken ist, dessen psychotische Überzeugungen auf dem Wege der psychischen Übertragung (Induktion) übernommen wird. Der Induzierte weicht meist nur gering vom Normalen ab und übernimmt ohne Kritik Überzeugungen des Kranken, also Verfolgungsideen, Gefühl der Beeinträchtigung seitens der Behörden (induzierter Querulantenwahn), Überzeugung höherer Abstammung usw. Gelegentlich schließen sich die Induzierten sektenartig zusammen und ergreifen gemeinsame Gegenmaßnahmen. Sind nur zwei beteiligt, spricht man von *folie à deux* (C.LASEGUE, J.FALRET, 1873), breitet sich die Induktion weiter aus, so kann es zur Masseninduktion kommen. Ursachen sind Suggestibilität und Imitationsneigung. Einzige therapeutische Möglichkeit ist die Trennung von der induzierenden Person.

Synonym wird der Begriff **symbiontische Psychose** – (C.Scharfetter, 1970 – nicht zu verwechseln mit symbiotischer Psychose als Form einer frühkindlichen Psychose) – verwendet. Dabei steht der Begriff für eine Psychose, von der zwei oder mehr miteinander lebende Menschen befallen sind, mit einem ersterkrankten induzierenden Kranken.

Meist handelt es sich bei der Erkrankung des Induzenten um eine paranoid-halluzinatorische Schizophrenie, gelegentlich und seltener auch um eine reaktive, psychogen entstandene Psychose.

7.7 Querulantenwahn (expansive Wahnentwicklung)

Diese Wahnentwicklung setzt wie der sensitive Beziehungswahn eine bestimmte psychische Struktur voraus: die querulatorische Persönlichkeitsstörung.

Anstoß für diese Entwicklung ist meist ein Einzelerlebnis, wobei der Betreffende überzeugt ist, daß ihm Unrecht widerfahren ist, was zunächst durchaus der Fall gewesen sein mag. Der Querulant kann die Dinge nicht auf sich beruhen lassen, und sein Gefühl, systematisch beeinträchtigt zu werden, zieht immer weitere Kreise und nimmt an Intensität zu. In der Einschätzung der Beweismittel wird er immer kritikloser. Zunehmend mehr Beschwerden bei Behörden sowie Strafanzeigen werden vom Kranken erstattet; oft bringt er sich dadurch selbst in Schwierigkeiten, erhält selbst Anzeigen wegen falscher Verdächtigung.

Der Verlauf der Erkrankung ist vom Verhalten der Umwelt abhängig. Wird das Verhalten sanktioniert und bestraft, wird dadurch die Wahnentwicklung unterhalten. Unbürokratisches Verhalten wird die Wahnentwicklung möglicherweise aufhalten. Psychotherapiemotivation besteht meist nicht, wenngleich Psychotherapie die Therapie der Wahl wäre, da psychodynamisch diese Psychoseform auf einer Projektion einer uneingestandenen Selbstverurteilung beruht und durch diese genährt wird.

7.8 Paranoide Syndrome bei Schwerhörigen

Ähnlich dem Kontaktmangelparanoid des alten und einsamen Menschen zeigen Schwerhörige ebenfalls paranoide Reaktionen, da die verbale Kommunikation beeinträchtigt oder verlorengegangen ist. Letztlich handelt es sich um eine Störung der mitmenschlichen Beziehung. Gesten und Verhaltensweisen anderer bezieht der Kranke auf sich, wittert hinter Unverstandenem abfällige Bemerkungen und Spott. Letztlich kann sich ein Beeinträchtigungswahn entwickeln, der sich bis zum Verfolgungswahn steigern kann. Sogar Ohrgeräusche (Tinnitus) werden mitunter als Schikanen der Umwelt gedeutet.

Auch bei Taubstummen und bei in einem fremden Sprachgebiet lebenden Menschen kann sich ein ähnlicher Wahn entwickeln.

Therapeutisch zeigt hier vor allem ein geduldiges Eingehen auf den Kranken eine Wirkung. Neuroleptika wirken beruhigend, entspannend und antiaggressiv.

7.9 Psychogene Psychose

Hierunter werden verschiedenartige Psychosen subsummiert, die durch seelische Anlässe entstehen. Man kann letztlich jedes Krankheitsbild so bezeichnen, bei dem ein belastend empfundenes Erlebnis oder psychisches Trauma für Auftreten, Verlauf und Inhalte verantwortlich ist. Die Zahl der in Frage kommenden klinischen Bilder ist groß: u. a. depressive Bilder, stuporöse Zustände oder verschiedene Wahnformen. Gelegentlich finden sich psychogene Psychosen auch begleitend bei körperlich begründbaren Psychosen und sind dann von diesen nur schwer abzugrenzen.

Der Begriff der „psychogenen Psychose" wird in der deutschen Psychiatrie im Gegensatz zur skandinavischen Psychiatrie seltener verwendet.

8 Mißbrauch und Abhängigkeit

8.1 Allgemeines

8.1.1 Definition von Abhängigkeit und Sucht
✓

Bis zum Jahre 1964 unterschied die Weltgesundheitsorganisation (WHO) in ihrer Definition zwischen Sucht (addiction) und Gewöhnung (habituation). Zwischen Sucht (siech = krank) und Gewöhnung bestand nach dieser Definition kein grundsätzlicher, sondern vielmehr nur ein gradueller Unterschied. Da es jedoch zweifelhaft erschien, ob eine scharfe Trennung von physischer und psychischer „Sucht" möglich ist, gab man die Unterscheidung von Gewöhnung und Sucht auf und führte den Begriff Abhängigkeit (dependence) ein.

Es werden **psychische** und **physische** Abhängigkeit unterschieden, wobei die unterschiedlichen Stoffe, je nach Substanz, mehr psychisch oder mehr physisch abhängig machen können. Psychische Abhängigkeit zeigt sich im Nichtaufhörenkönnen; Änderungen im Verhalten würden zu Unbehagen, Mißbefinden und Angst führen, so daß die fixierten Stoffzufuhrgewohnheiten nur schwer zu durchbrechen sind und unausweichliches Verlangen (craving) bedingen. Bei physischer Abhängigkeit zeigen sich bei Reduktion und Absetzen quälende Entziehungserscheinungen mit oft schweren körperlichen und seelischen Störungen, die nur durch erneute Stoffzufuhr zu beseitigen sind.

Nach der WHO werden bei stoffgebundener Abhängigkeit nachfolgende Formen unterschieden:

1. Morphin-Typ (Morphium, Heroin, Tilidin etc.)
2. Kokain-Typ (Kokain)
3. Cannabis-Typ (Haschisch, Marihuana)
4. Amphetamin-Typ (Pervitin®, Captagon®, Ritalin®)
5. Barbituarat-und Benzodiazepin-Typ
6. Alkohol-Typ
7. Halluzinogen-Typ (LSD, Psilocybin)
8. Khat-Typ
9. Opiat-Antagonist-Typ

Noch nicht klassifizierbar ist Phencyclidin (Angels dust), ein in den USA verbreiteter Suchtstoff. Strenggenommen müßten bei den

Substanzen mit **Suchtpotential** auch verschiedene Lösungsmittel und sogar Nikotin genannt werden.

Die WHO versteht unter **Drogenabhängigkeit**, also unter der Abhängigkeit von süchtig machenden Stoffen, den *Zustand chronischer bzw. periodischer und durch wiederholten Gebrauch einer synthetischen bzw. natürlichen Droge hervorgerufener Intoxikation, wobei die Folgen dem Betroffenen und der Gemeinschaft schaden.*

Zu Beginn der Abhängigkeit steht der **Mißbrauch**. Bei konstanter und regelmäßiger Zufuhr scheint der Organismus immer größere Mengen des jeweiligen Stoffes scheinbar reaktionslos zu vertragen. Um eine gleichbleibende subjektive Wirkung zu erzielen, muß die Dosis gesteigert werden. Die Gewöhnung des Organismus an die betreffende Substanz ist jedoch nur scheinbar! Bei rapidem Absetzen der Substanz entstehen quälende Entzugserscheinungen (siehe S. 122).

Mißbrauch eines Medikamentes oder einer Droge mit konsekutiver Abhängigkeit muß nicht immer mit Wissen der betreffenden Person erfolgen. Auch ungezielte und/oder falsche Einnahme können zur Abhängigkeit führen.

Für die Abhängigkeit vom Alkohol-Typ formulierte die WHO eine eigene Definition: *„Alkoholiker sind exzessive Trinker, deren Abhängigkeit vom Alkohol einen solchen Grad erreicht hat, daß sie deutliche geistige Störungen oder Konflikte in ihrer körperlichen und geistigen Gesundheit, ihren mitmenschlichen Beziehungen, ihren sozialen und wirtschaftlichen Funktionen aufweisen; oder sie zeigen Prodrome einer solchen Entwicklung und benötigen daher Behandlung."*

Eine andere Definition nach JELLINEK lautet: **„Unter Alkoholismus versteht man jeglichen Gebrauch von alkoholischen Getränken, der einem Individuum oder der Gesellschaft oder beiden Schaden zufügt."**

 Zum Symptom „Drogenabhängigkeit" gehören folgende Merkmale:

1. Psychische und/oder physische Abhängigkeit mit
2. Dosissteigerung, bzw. der Tendenz dazu;
3. Entzugssymptomatik
4. schädliche Wirkung für Süchtigen und Gesellschaft
5. Versuch, die Substanz mit allen Mitteln zu beschaffen.

Neben der **stoffgebundenen Abhängigkeit** existiert eine **nichtstoffgebundene Abhängigkeit.** Abhängigkeit kommt also nicht nur im Zusammenhang mit psychoaktiven Stoffen und nicht nur im Rahmen von Essen und Trinken (Magersucht, Eßsucht, Fettsucht, Trunksucht) vor; auch Arbeit und Sport, Sexualität und Spiel können „süchtig entgleisen", wie letztlich eigentlich jedes menschliche Verhalten. **Süchtiges Spielen** ist seit jeher bekannt und durch neue Techniken noch verbreiteter als früher. Hier ist in den meisten Fällen eine neurotische Genese nachzuweisen. Auch bei dieser Form von Abhängigkeit sind Kontrollverlust und Nichtaufhörenkönnen zu beobachten.

8.1.2 Faktoren für Entstehung von Abhängigkeit

Wie erwähnt, kann der Mißbrauch, der möglicherweise zu Abhängigkeit führt, nicht gewollt und nicht bewußt sein. Dies ist der Fall bei ungezielter und falscher Einnahme einer Substanz, meist ohne Indikation und ohne Wissen des Arztes. Anzuschuldigen hierfür sind geringe Aufklärung der Bevölkerung sowie freie Käuflichkeit von Medikamenten und Getränken mit Suchtpotential.

Als Suchtmittel eignen sich Medikamente und Drogen, die eine Änderung der Bewußtseinslage und eine Euphorie, gelegentlich auch eine Veränderung der Erlebnisfähigkeit bewirken.

Pharmaka, die solche Merkmale nicht aufweisen (z. B. Neuroleptika, Antidepressiva), führen nicht zur Abhängigkeit.

 Je länger ein Mißbrauch (Abusus), also die ungezielte Einnahme von Medikamenten und Genußmitteln besteht, um so größer ist die Gefahr der Entwicklung einer Abhängigkeit, bzw. Sucht. Dabei gibt es **keine einheitliche typische Sucht-Persönlichkeitsstruktur;** allerdings finden sich unter abhängigen Personen vor Beginn der Abhängigkeit gehäuft neurotische Entwicklungen und psychopathische Persönlichkeitszüge.

Bei Abhängigen liegt eine psychosoziale Reifestörung, eine Fehlentwicklung vor, die sich an folgenden Auffälligkeiten erkennen läßt:

- Neigung zu impulsivem und kurzschlüssigem Handeln
- rücksichtlose Ichbezogenheit
- hohe Verletzbarkeit und Kränkbarkeit durch andere
- geringes Durchhaltevermögen
- geringe Frustrationstoleranz
- Überbewertung und Ausgestaltung körperlicher Beschwerden
- Neigung zum Beschönigen und Bagatellisieren
- oft Unfähigkeit zu stabilen zwischenmenschlichen Bindungen
- oft Überschätzung der eigenen Fähigkeiten und Möglichkeiten
- geringe Leistungsbereitschaft, geringer Selbstanspruch
- Affektlabilität und Neigung zur Unzufriedenheit
- geringe Bereitschaft, sich mit Unabänderlichem abzufinden
- oft nur für eigene Belange entsprechendes Engagement
- mangelndes Pflicht- und Verantwortungsgefühl
- mangelnde Entwicklung der Empfindungstiefe
- fehlende zielgerichtete Lebensplanung
- Ausbleiben sozialer Eingliederung.

Werden gelegentlich die Grenzen der Legalität vom Süchtigen überschritten, so kommt es zu zunehmender Minderung des Gewissens, was weiteren Konsum der Droge bedeutet.

Vereinzelt führen auch psychische Erkrankungen zur Abhängigkeit (überwiegend Alkohol), vor allem dann, wenn sie mit Verfall der sittlichen und moralischen Verhaltensnormen der früheren Persönlichkeit einhergehen (z. B. Morbus Pick, progressive Paralyse, junge Schizophrene).

 Das soziale Milieu ist sicherlich von Bedeutung; so stammen Abhängige oft aus Familien, in denen in der Aszendenz gehäuft Drogen- und Alkoholabhängigkeit, aber auch Suizidhandlungen und psychopathische Persönlichkeiten vorkommen. Abhängige verkehren meist untereinander und sind gerade in fortgeschrittenen Stadien sozial isoliert. Unter bestimmten Umweltbedingungen und Lebenssituationen ist aber letztlich ein jeder potentiell suchtgefährdet. Legale und illegale, gleich ob natürliche oder künstliche Drogen, sind heute weit verbreitet und überall leicht und rasch beschaffbar. Gefährdet sind hier insbesondere Kinder und Jugendliche. Gefährdung besteht bei Alkohol vor allem für bestimmte Berufsgruppen wie Baugewerbe (Maurer), Gastwirte, Brauereiarbeiter, während bei Drogen Medizinalberufe besonders gefährdet sind. Den genannten Berufsgruppen ist das jeweilige Rauschmittel meist leicht verfügbar, was die Entstehung einer Sucht begünstigen und fördern kann. Hinzu kommt die Tradition: Hauptsächlich im Baugewerbe ist es üblich, größere Mengen Bier zu konsumieren. Hier handelt es sich um einen soziokulturellen Faktor, der sicherlich

> Entwicklung und Art einer Sucht mitbestimmt. Unter **soziokulturellen Faktoren** versteht man die Einstellungen zum Drogenkonsum in der Gesellschaft in bestimmten Berufsgruppen, Gesetzgebung, Religion, Sozialstatus, Werbung und Mode.

Je nach Einstellung gegenüber dem Rauschmittelgenuß kann man drei verschiedene Kulturformen unterscheiden:

- Abstinenzkulturen (Islam und Hinduismus)
- Ambivalenzkulturen (Vereinigte Staaten, Skandinavien)
- Permissivkulturen a) solche, die den Rauschmittelgenuß tolerieren, aber Exzesse ablehnen (Italien, Griechenland), b) solche, die Genuß und Exzesse tolerieren (Frankreich), eventuell sogar gutheißen und fördern.

Tiefenpsychologische Theorie

Nach FREUD ist Sucht ein Ersatz für mangelhafte Sexualbetätigung. Heute wird jedoch die Abhängigkeit psychoanalytisch als Regression auf die orale Entwicklungsstufe, die nicht normal durchlaufen wurde, gedeutet. In der Biographie des Süchtigen findet man oft eine übermäßige Mutterbindung und eine „Verwöhnung" als Ersatzbefriedigung bei gleichzeitiger Frustration wichtiger Bedürfnisse nach Sicherheit, Zuwendung und „Gehaltenwerden" in der frühen Kindheit. Dem Kind war es nicht möglich, die notwendige Enthaltsamkeit zu lernen, weshalb seine Toleranz gegenüber Frustrationen gering geblieben ist. Orale Fixierung und Regression sind beides psychodynamische Merkmale Süchtiger und depressiv-neurotischer Menschen.

8.1.3 Präventive Maßnahmen

Präventionsmaßnahmen sind konsequent und umfassend durchzuführen. Die Vorstellung von einer Erziehung zu einem „sinnvollen und überlegten Umgang mit Rauschdrogen" ist kaum realisierbar. Von besonderer Bedeutung ist die Verbesserung der Gesundheitserziehung des Erwachsenen: Er soll lernen, Unannehmlichkeiten und Schwierigkeiten im Leben ohne „chemische Krücke" zu überwinden.

In einigen Staaten geht man seit einiger Zeit dazu über, Rauschgiftsüchtigen, die sich registrieren lassen, die Drogen in begrenzter Menge kostenlos zu verabreichen. Damit wird der Versuch unternommen, die Rauschgiftsüchtigen zu registrieren, um mit ihnen ins Gespräch zu kommen und sie zu einer Behandlung zu überreden. Auch will man so den Händlern das Handwerk legen.

Steuerliche Maßnahmen zeigen kaum eine besondere Wirkung: Trotz hoher Besteuerung des Alkohols in Skandinavien steigt gerade dort der Alkoholkonsum zusehends.

Wichtige präventive Maßnahmen

- Aufklärung (Einbeziehung des Drogen-, Alkohol- und Nikotinproblems in den Schulunterricht)
- Schaffung von Spezialeinrichtungen (Spezialkliniken, Behandlungszentren für Drogenabhängige)
- Vorbild durch Eltern und Erzieher
- Vermeiden von Erziehungsfehlern
- Eindämmung der Reklame
- steuerliche Maßnahmen (nur geringe Wirkung)
- Gesetzgebung (Erschwerung des Bezugs von Drogen)
- Zurückhaltung der Ärzte bei der Verordnung von potentiell suchterzeugenden Substanzen.

Den Ärzten kommt im Rahmen der präventiven Maßnahmen eine wichtige Aufgabe zu: Sie können sachgerechte Informationen und Erfahrungen an Bekannnte, Freunde und näheren Umkreis des Abhängigen weitergeben oder sich im Rahmen der Lehrer-und Familienbildung als Referenten zu Verfügung stellen. Ärzte wie Eltern sollten Vorbilder für Abhängige sein und beispielsweise die eigenen Trinkgewohnheiten und Medikamenteneinnahme selbstkritisch beobachten.

Der Aufklärung der Patienten dient kostenlos erhältliches Informationsmaterial staatlicher Stellen, freier Verbände sowie der Krankenkassen und Rentenversicherungsträger. Wichtigste Einflußnahme ist jedoch das gezielte Gespräch des Arztes mit dem Patienten, wobei es um persönliche Aufklärung, Beratung und Vermittlung spezifischer Therapie geht.

8.1.4 Entwicklung psychischer und körperlicher Abhängigkeit

 Die Entwicklung psychischer und physischer Abhängigkeit hinsichtlich Progredienz und Intensität ergibt sich aus

- Grad der Abhängigkeit
- Persönlichkeit
- Lebensalter
- Droge und deren Suchtpotential.

Medikamente mit **Suchtpotential** sind in der Lage, den Benutzer abhängig zu machen. Suchtpotential ist also die Fähigkeit einer chemischen Substanz, Abhängigkeit zu erzeugen. Chemische Substanzen mit hohem Suchtpotential führen bei einem hohen Prozentsatz von Benutzern zu Abhängigkeit. Morphium hat beispielsweise ein sehr hohes, Alkohol ein niedriges Suchtpotential. Nur ein Teil der Menschen, die regelmäßig Alkohol trinken, wird abhängig (ca. 5–10 %). Substanzen mit hohem Suchtpotential führen sehr rasch zur Abhängigkeit, während es bei niedrigem Suchtpotential Jahre bis zur Entwicklung einer Abhängigkeit dauern kann.

Zur Abhängigkeitsbildung ist bei Schlafmitteln, Beruhigungsmitteln oder Tranquilizern eine gewisse regelmäßige Einnahme erforderlich. Bei Barbituraten ist Abhängigkeit nach 2 Wochen regelmäßiger Einnahme, bei Tranquilizern nach 2–6 Wochen möglich. Allerdings ist auch die Dosis von Bedeutung.

Selbst nach Jahren nicht-süchtiger Medikamenteneinnahme kann sich noch eine Abhängigkeit entwickeln. Personen, die bereits einmal abhängig waren, können innerhalb weniger Tage erneut abhängig werden. Alkoholiker können als „Umsteiger" in kurzer Zeit Medikamentenabhängigkeit entwickeln.

Ob sich eine Abhängigkeit entwickelt oder nicht, hängt auch von der jeweiligen Persönlichkeit ab. Bei hohem Suchtpotential entwickelt sich bei längerem Konsum fast immer eine Abhängigkeit, bei Medikamenten mit geringem bis mittlerem Suchtpotential wird nur ein Teil der regelmäßigen Benutzer abhängig, ähnlich beim Alkohol. Psychisch stabilere Individuen werden weniger schnell abhängig als labile.

Daneben spielt auch das soziale Umfeld eine nicht unerhebliche Rolle, so auch die gesellschaftlichen Bedingungen.

8.1.5 Psychische Auswirkung der Abhängigkeit

 Sowohl physische wie psychische Gewöhnung gewährleisten bei den meisten Substanzen mit Suchtpotential die Persistenz einer Abhängigkeit. Die Beseitigung nur einer dieser beiden Komponenten beseitigt nicht zugleich die Abhängigkeit. Bei der Entstehung handelt es sich um einen nur schwer zu durchbrechenden prozeßhaften Vorgang.

Im Vordergrund stehen unter den psychischen Symptomen

- Interessenverlust und Gleichgültigkeit gegenüber der Umwelt
- Selbstunsicherheit und Neigung zu Selbstentschuldigungen
- Störung des Kritikvermögens
- Depravation (Verfall sittlicher und moralischer Verhaltensweisen der früheren Persönlichkeit, gelegentlich auch mit Kriminalität)
- Kontaktverlust und Neigung zur Isolierung

- Zunahme an Regression, Rückzug in das Bett oft in abgedunkelten und überheizten Räumen
- Schlaflosigkeit
- in späteren Stadien Verwahrlosung und Apathie
- Absinken des sozialen Niveaus vorwiegend bei Drogen und Alkohol, weniger oder kaum bei Medikamenten
- gelegentlich Psychosen (Drogenpsychosen und drogeninduzierte Psychosen)
- Entzugsdelire
- häufig depressive Zustandsbilder auch mit Suizidalität
- gelegentlich aggressive Entäußerungen und Enthemmung.

8.1.6 Körperliche Auswirkung der Abhängigkeit

An körperlichen Folgen und Begleiterscheinungen stehen im Vordergrund:

- toxische und entzündliche Leberschäden
- zahlreiche Organschäden (z. B. Kardiomyopathien)
- Venenentzündungen und Hautkrankheiten
- erhöhte Infektanfälligkeit, venerische Erkrankungen, HIV-Infektion
- Zahnschäden
- gynäkologische Erkrankungen und Störungen; Amenorrhoe und Libidoverlust
- häufig Bagatelltraumen, z. B. durch Stürze (Gelenkergüsse Luxationen, Bänderzerrungen)
- vegetative Störungen (Gastritiden, Magenblutungen, Gewichtsverlust)
- neurologische Defizite (z. B. Polyneuropathien)
- Schäden am ZNS, irreversible organische Psychosyndrome.

Die verschiedenen Drogen, Medikamente und Alkohol zeigen unterschiedliche körperliche Störungen und Schäden.

8.1.7 Soziale Folgen der Abhängigkeit

 Abhängigkeit hat häufig negative soziale Veränderungen zur Folge, die bei fortgesetztem Gebrauch der Substanz zunehmen und sich verstärken.

Von Bedeutung sind:

- Absinken des sozialen Niveaus (Verlust von Freunden und Bekannten, Umgang mit Personen unter dem eigenen sozialen Niveau)
- beruflicher Abstieg (z. B. Entzug der Approbation, Führerscheinentzug, Arbeitsplatzverlust)
- Unfallgefährdung (mit Invalidität, fahrlässiger Körperverletzung am Mitmenschen)
- familiäre Konflikte (Scheidung, Vernachlässigung der Familie, finanzielle Konflikte)
- Kriminalität (Drogenhandel und Prostitution).

8.1.8 Behandlung – Entgiftung und Entwöhnung

Die Behandlung der Abhängigkeit verläuft in vier Stufen

Erste Stufe: Kontaktphase

Diese spielt sich im ambulanten Bereich ab, kann aber auch im Rahmen einer stationären Behandlung von Folgeschäden oder Unfällen beginnen. Wichtig ist, die momentane Situation des Abhängigen zu klären, wobei ausführliche und umfangreiche Informationen aus der unmittelbaren Umgebung des Kranken aufzunehmen sind und die Motivierung zur Einleitung von Therapiemaßnahmen erfolgen sollte. Dem ärztlichen Gespräch kommt hier besondere Bedeutung zu. Meist bleibt eine zwiespältige Einstellung zur Behandlung bestehen, selbst wenn es gelingt, die Verschleierungs- und Verdrängungstendenzen beim Patienten abzubauen. Abhängige verweigern oft angstbesetzt die aktive Problemlösung, die an die Stelle der bisherigen passiven, vordergründigen und nur scheinbaren Konfliktbereinigung durch die entsprechende Substanz treten muß.

In dieser ersten Phase muß auf die aktuellen Probleme des Kranken, die für sein Verhalten mitbestimmend sind, intensiv eingegangen werden; nur allein nach Suchtverhalten und Häufigkeit der Zufuhr der betreffenden Substanz zu fragen ist wenig hilfreich. Mitunter muß man konfrontativ und kompromißlos argumentieren.

Die Kontaktphase nimmt meist einen Zeitraum von mehreren Tagen bis zu Monaten in Anspruch, und es sollte bereits jetzt schon eine Beratungsstelle oder das zuständige Gesundheitsamt eingeschaltet werden, damit zusammen mit diesen Einrichtungen ein Therapieplan entworfen und organisatorische Fragen (z. B. Kostenübernahme) geklärt werden können. Auch Selbsthilfevereinigungen sind jetzt schon einzuschalten.

Am Ende dieser Phase steht die Entscheidung, ob eine Entgiftung sinnvoll ist und ob die anschließende Entwöhnung ambulant, stationär, kurz-, mittel- oder langfristig durchzuführen ist.

Zweite Stufe: Entgiftung (Entziehung)
Hier erfolgt der Entzug von der betreffenden Substanz und die Überwindung der Begleitsymptomatik der Entziehung. Die Entgiftung ist Voraussetzung für die Einleitung einer Entwöhnung.

Bei Alkohol und Drogen erfolgt die Entziehung abrupt, bei Barbituraten oder barbiturathaltigen Medikamenten sowie bei Tranquilizern vom Benzodiazepintyp fraktioniert. Bei Drogen vom Morphintyp ist ein sofortiger Entzug immer möglich, außer bei bedrohlicher Entkräftung und bei Neigung zu zerebralen Krampfanfällen. Stärkere Entzugssymptome können mit Clomethiazol (Distraneurin®) oder mit Benzodiazepinen vermindert werden, diese führen aber bei längerem Gebrauch ihrerseits wieder zur Abhängigkeit. Depressive Verstimmungen im Rahmen eines Entzugs sowie Schlafstörungen und Unruhezustände behandelt man mit niederpotenten Neuroleptika, eventuell auch mit Carbamazepin (Tegretal®) oder mit Doxepin (Aponal®).

Ziel der Entziehungsphase ist die komplette Abstinenz als Voraussetzung für die anschließend einzuleitende Entwöhnung. Sind Entzug der Suchtstoffe und Überwindung der Entziehungssymptome gelungen, so kommt es allmählich zu einem Abklingen der vegetativen Fehlregulationen und zur körperlichen Erholung. Letztere beinhaltet auch eine gezielte therapeutische Behebung etwaiger vorliegender körperlicher Schäden (Leberschaden, Infektionen).

Dritte Stufe: Entwöhnungsphase, Aufbau eines drogenfreien Lebens
Die Entwöhnungsphase dauert 3–6 Monate, gelegentlich auch länger und sollte stationär durchgeführt werden. Solche Entwöhnungen führen Fachkrankenhäuser und psychiatrische Kliniken mit beigeordneter Langzeiteinrichtung durch. Psychotherapie steht bei der Entwöhnung ganz im Vordergrund. Auch eine ambulante Entwöhnung ist denkbar, meist aber bei weitem nicht so wirkungsvoll wie eine stationäre Entwöhnung, da ambulant eine intensive Betreuungsmöglichkeit – z. B. auch an Wochenenden – mit zeitlich kurzen Gesprächsabständen und der Möglichkeit zur schnellen Krisenintervention kaum gegeben ist. Nach der sogenannten Langzeitbehandlung steht dann die nahtlose Weiterbetreuung durch Selbsthilfegruppen und soziale Dienste.

Bei ambulanter Entwöhnung muß unbedingt der Kreis der Bezugspersonen mit einbezogen werden.

Vierte Stufe: Nachsorgephase

> 💡 Nach der Entwöhnung ist eine Nachsorge unverzichtbar, um die Rückfallgefahr so gering wie möglich zu halten.

Nach der Entlassung aus der Entwöhnung stehen im Vordergrund:

- Wiedereingliederung in das Gesellschaftsleben
- Arbeitsplatzbeschaffung
- Wohnraumsuche
- Schaffung eines neuen Bekanntenkreises ohne Süchtige
- Weiterbetreuung in Selbsthilfegruppen.

Arzt, Beratungsstellen, Arbeitsamt und Sozialamt, Arbeitgeber und Selbsthilfegruppen sowie familiäre Bezugspersonen müssen nun eng und reibungslos zusammenarbeiten. Die Chancen, dauerhaft vom Suchtmittel wegzukommen, sinken erheblich bei fehlender Nachsorge.

Wichtigste **Selbsthilfegruppen** sind

- Anonyme Alkoholiker
- Blaues Kreuz
- Guttempler
- Kreuzbund
- Club 29 (Caritas).

Nicht nur der enge persönliche Kontakt zu einer der genannten Nachsorgeorganisationen, auch ein gesicherter Arbeitsplatz, ein fester Wohnsitz, eine enge persönliche Bindung an Familie oder Freundeskreis sollten Voraussetzung für eine

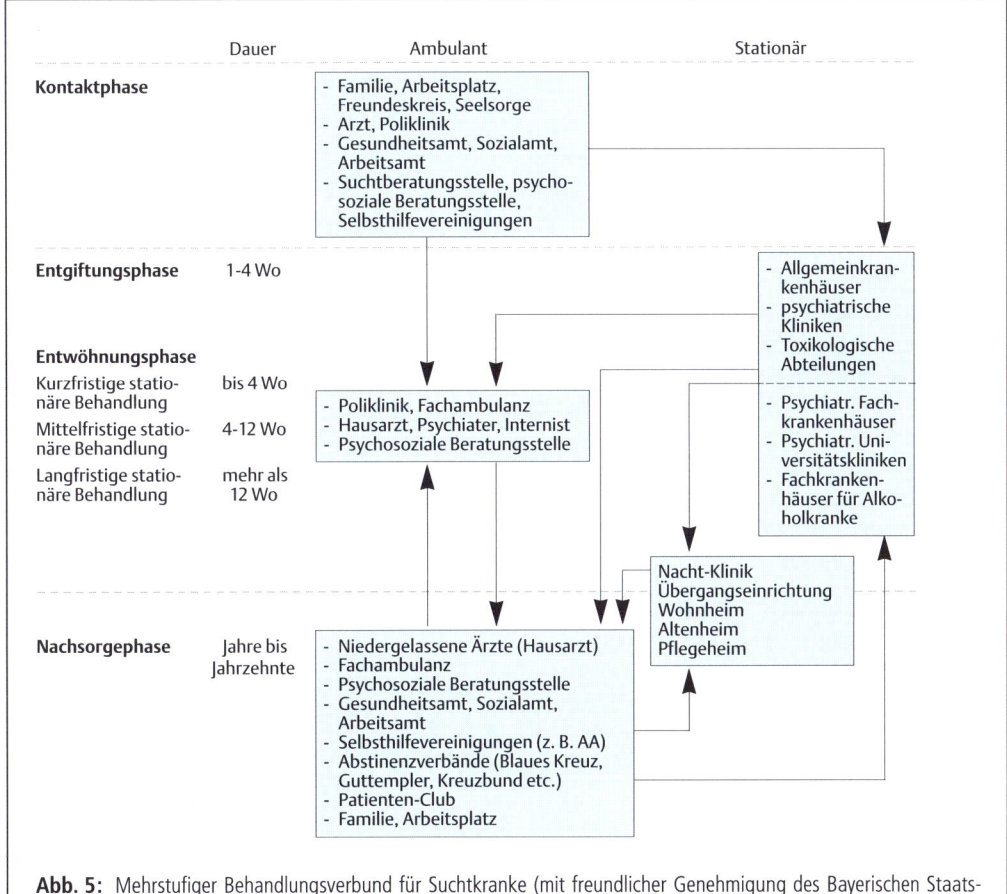

Abb. 5: Mehrstufiger Behandlungsverbund für Suchtkranke (mit freundlicher Genehmigung des Bayerischen Staatsministeriums für Arbeit und Sozialordnung)

Entlassung in die Nachsorgephase sein, wobei diese durchaus Jahre in Anspruch nehmen kann. Angebote zur sinnvollen Freizeitbeschäftigung sind unerläßlich, um einerseits der Gefahr der Isolierung, andererseits dem erneuten Anschluß an Alkoholiker oder an die Drogenszene vorzubeugen.

Prognose
Auch nach Durchführung der genannten therapeutischen und rehabilitativen Maßnahmen ist die Prognose je nach mißbrauchter Substanz oder Droge nicht immer günstig.

Bei Alkoholismus beträgt die Rezidivquote nach fünf Jahren zwischen 50 und 80 %, bei Rauschgiftabhängigkeit zwischen 80 und 90 %. Wesentlich günstiger liegen die Verhältnisse beim Medikamentenentzug mit Rezidivquoten um 20 %.

Hinweise zu den Therapieformen
In der Entgiftungsphase findet bei Auftreten prädeliranter Symptome oder eines manifesten Delirs **Clomethiazol** (Distraneurin®) (ein Vitamin B 1-Derivat) Anwendung. Wegen des eigenen hohen Suchtpotentials darf es nur maximal 14 Tage in absteigender Dosierung ausschließlich stationär gegeben werden. Eine ambulante Behandlung mit Clomethiazol kommt einem Kunstfehler gleich, da Abhängige das Mittel oft in Kombination mit dem Suchtstoff einnehmen, um dessen Wirkung zu verstärken. Clomethiazol wirkt atemdepressiv, vor allem bei parenteraler Applikation sowie bei Kombination mit Alkohol auch in oraler Form.

Gelegentlich werden Entzugserscheinungen auch mit Neuroleptika (Haloperidol), mit Doxepin (Aponal®), Carbamazepin (Tegretal®) oder mit Benzodiazepinen behandelt. Benzodiazepine werden mit Benzodiazepinen (z. B. mit Diazepam), Barbiturate mit Barbituraten fraktioniert entzogen.

Gelegentlich wird auch der harte Entzug vorgezogen, wobei dieser bei Benzodiazepin- und Barbituratentzug wegen der Gefahr eines Entzugskrampfanfalles oder einer Delirentwicklung abzulehnen ist. Alkohol und Drogen werden allerdings abrupt abgesetzt. Sogenannte „harte" Medikamentenentzüge sollten intensivmedizinischer Behandlung vorbehalten bleiben.

Im Rahmen der Entwöhnungsphase kommt in erster Linie Psychotherapie in Form von Einzel- und Gruppensitzungen zur Anwendung. Für den Behandlungserfolg sind weniger die angewandte Methode als vielmehr die Erfahrungen des Therapeuten, bzw. des therapeutischen Teams wesentlich. Psychopharmaka sollten während der Entwöhnung sowie auch später nur ausnahmsweise und nur vorübergehend verabreicht werden, dann aber auch nur Präparate ohne Suchtpotential (Antidepressiva, Neuroleptika). So reagieren Abhängige im oder nach dem Entzug mit depressiven Symptomen, wobei hier Antidepressiva erforderlich sein können. Auch sollte man sich bei Schlafstörungen ehemals Abhängiger die sedierende Nebenwirkung von niederpotenten Neuroleptika und Antidepressiva vom Amitryptilin-Typ zunutze machen.

Die Entscheidung, ob in der Entwöhnungsphase Medikamente gegeben werden sollen, die zur Alkoholunverträglichkeit führen (Antabus®) sollte dem Facharzt überlassen werden und hängt von der Persönlichkeit des Betreffenden ab. Diese sogenannte **Aversionstherapie** mit Antabus® ist nicht ungefährlich und heute kaum noch verbreitet. Relativ neu ist hingegen die Gabe von **Anti-Craving-Substanzen** in Form von Glutamatantagonisten, so z. B. von **Acamprosat** (Handelsname: Campral®). Es zeigten sich bisher gute Erfolge hinsichtlich der Rückfallprophylaxe Alkoholabhängiger mit dieser Substanz bei relativ guter Verträglichkeit (nur gelegentlich Störungen des Gastrointestinaltraktes). Nachteilig ist die erforderliche hohe Dosis von 1,3 bis 2 g/die (4–6 Tabl.). Es wurde die Hypothese formuliert, daß die Substanz durch chronischen Alkoholkonsum bedingte neuronale Veränderungen antagonisieren und so neurobiologisch fixierte Lernvorgänge revidieren kann. Das Verlangen nach Alkohol nimmt deutlich ab, und die Möglichkeiten psychotherapeutischer Maßnahmen werden verbessert.

8.2 Alkoholismus

8.2.1 Verbreitung

Man schätzt für die Bundesrepublik Deutschland (alte Bundesländer) *1,8 Mio. behandlungsbedürftige Alkoholiker*. Alkoholiker finden sich in allen Bevölkerungsschichten, Alters-und Berufsgruppen. Das Verhältnis *Männer zu Frauen beträgt 3 : 1*. Im betrieblichen Bereich ist etwa mit 5 % alkoholkranker Männer zu rechnen, wobei hier jedoch betriebsspezifische Schwankungen existieren.

Männer im Alter zwischen 30 und 50 Jahren sind die gefährdetste Bevölkerungsgruppe und unter diesen sind es wiederum die selbständigen Unternehmer, ferner die an- und ungelernten Arbeiter.

„Hauptlernort" des übermäßigen Alkoholkonsums ist die Familie, und bereits mehr als die Hälfte der Jugendlichen wird von ihren Eltern mit alkoholhaltigen Getränken vertraut gemacht.

Der Anteil der Frauen und Jugendlichen unter den Alkoholikern nimmt ständig zu, und es ist im Trinkverhalten der Trend erkennbar, häufiger, mehr und allein zu trinken. Eine 1989 durchgeführte Repräsentativhebung bei 12-bis 24jährigen in Bayern ergab einen regelmäßigen Bierkonsum bei 37 % und Weinkonsum bei 9 % dieser Altergruppe. Bei 21-bis 24jährigen finden sich 48 % Biertrinker, 12 % Weintrinker und 11 % Spirituosenkonsumenten mit regelmäßigem Konsum.

In den *Ambivalenzkulturen* mit einer hohen Rate Konflikttrinkern und Kontrollverlusttrinkern wird mehr Alkohol allein oder in kleinen Gruppen getrunken, während in den Permissivkulturen vorwiegend Wein und Bier in ritualisierter Form meist in der Öffentlichkeit konsumiert werden (bayerische Bierzelte und Biergärten; Trinklieder und Trinksprüche). Während in Bayern Bier bevorzugtes alkoholisches Getränk ist, werden in den norddeutschen Ländern mehr harte Alkoholika getrunken. In den Mittelmeerländern trinkt man im allgemeinen – ähnlich in Bayern – Alkoholika zu den Mahlzeiten oder zu bestimmten Angelegenheiten, weshalb man dort von vornherein auf gewisse Grenzen stößt. In Skandinavien, England und in den USA herrscht mehr der unregelmäßige Konsum eher höher-und hochprozentiger Alkoholika vor, während man in diesen Ländern aber auch einen relativ hohen Anteil der Bevölkerung findet, der alkoholische Getränke gänzlich ablehnt.

> Der Konsum von Alkoholika stieg in den letzten 25 Jahren in Deutschland kontinuierlich an und mit ihm auch die Zahl der Alkoholkranken und die Folgeschäden. Es ergibt sich folgender Trend:
>
> - Zunahme des Alkoholkonsums in der Bundesrepublik Deutschland
> - Ständiger Anstieg des Alkoholismus bei Jugendlichen und Frauen
> - Zunahme der Leberschäden und anderer alkoholbedingter Krankheiten.

Die jährlichen Ausgaben für Alkoholika beliefen sich in den letzten Jahren in Deutschland etwa in der Höhe des Verteidigungshaushaltes. Zur Zeit ergibt sich ein durchschnittlicher Pro-Kopf-Verbrauch an reinem Alkohol von über 10 Litern im Jahr. Der Bundesdurchschnitt an Bier für die Gesamtbevölkerung liegt bei etwa 150 Litern (230 Liter in Bayern) pro Jahr und pro Einwohner.

8.2.2 Formen des Alkoholismus und Alkoholismus als Krankheit

Alkoholismus als Krankheit
Nach der Reichsversicherungsordnung ist Alkoholismus seit 1968 als Krankheit anerkannt. Wesentlichstes Merkmal dieser Erkrankung ist die

psychische und physische Abhängigkeit mit meist gleichzeitig bestehenden Begleit- bzw. Folgeerkrankungen. Zahlreiche Menschen sind nicht in der Lage, nach einer längeren Periode durchschnittlichen Alkoholkonsums diese Trinkmenge beizubehalten oder zu reduzieren, sind also gezwungen, den Konsum zu steigern oder in zu hoher Menge beizubehalten, d. h. kontinuierlich zu trinken. Der Trinker wird so allmählich zum Alkoholkranken, zum Alkoholiker, der durch die Trunksucht körperlich, seelisch und in seiner sozialen Stellung geschädigt ist.

Alkoholmißbrauch

 Alkoholmißbrauch muß nicht zum Alkoholismus führen, ist aber die Vorstufe dazu.

Der Mißbrauch ist gekennzeichnet durch:

- einen gegenüber soziokulturellen Normen erhöhten Konsum
- das allein auf die Wirkung abzielende Trinken
- den Konsum zu unpassenden Gelegenheiten (Straßenverkehr, Arbeitsplatz)
- kurzfristig zu deutlich sichtbaren physischen und psychischen Veränderungen führenden Konsum (Rauschzustand).

Alkoholabhängigkeit

Alkoholkranke sind psychisch wie physisch abhängig. Psychische Abhängigkeit zeigt sich im unwiderstehlichen Verlangen nach Zufuhr von Alkohol, um Mißbehagen zu beseitigen und Lust zu gewinnen. Die physische Abhängigkeit von Alkohol ist vor allem durch Entzugserscheinungen charakterisiert, die sich mit dem Abklingen der Alkoholwirkung einstellen, sich in Tremor, Schwitzen, innerer Unruhe, Pulserhöhung und Nervosität äußern. In schweren Fällen kann es zum Entzugsdelir kommen.

Kontrollverlust

Dies ist ein typisches Kennzeichen der Alkoholabhängigkeit. Die Betreffenden sind nicht mehr in der Lage mit dem Trinken nach dem ersten Schluck aufzuhören. Kontrollverlust bedeutet einen Trinkverlauf mit einem „Nicht-mehr-zu-Trinken-aufhören-können".

Früherkennung

Im Vor-und Frühstadium ist das Erkennen schwierig. Eine Hilfe stellt der Münchner-Alkoholismus-Test (MALT) dar. Ansonsten ist eine genaue Anamneseerhebung, vor allem aber Fremdanamneseerhebung unverzichtbar.

Ich-Störung und Erblichkeit

Psychodynamisch liegt eine schwere narzistische Persönlichkeitsstörung zugrunde, durch die das ICH kaum in der Lage ist, sich mit den Triebimpulsen des ES und den Forderungen des ÜBER-ICH auseinanderzusetzen. Die Abwehr affektiver Impulse ist geschwächt, und die Fähigkeit des ICH, Spannungen zu ertragen, liegt extrem niedrig. So versucht der Alkoholkranke durch Alkoholgenuß, im Sinne der Selbstmedikation, ihm unerträgliche innere Spannungen zu vermindern. Es werden auch kritische Forderungen des ÜBER-ICH abgeschwächt; das ICH wird so vorübergehend entlastet.

Seit längerer Zeit wird immer wieder die Ansicht geäußert, daß auch Erbfaktoren für die Alkoholismusentstehung eine Rolle spielen. Gegner dieser Behauptung führen jedoch an, daß Milieufaktoren von weit größerer Bedeutung sind, und die Entstehung des abnormen Trinkverhaltens auf einen Lerneffekt in der Familie des Kindes zurückzuführen ist. Andererseits fand man bei Kindern alkoholkranker Eltern, die bei Adoptiveltern aufwuchsen, viermal häufiger Alkoholiker im Erwachsenenalter als bei Kindern alkoholismusfreier Familien. Auch Vergleichsuntersuchungen von ein-und zweieiigen Zwillingen deuten auf einen genetischen Faktor hin, d. h. auf eine Weitergabe der konstitutionellen Disposition zu Alkoholismus.

Verlauf der Alkoholkrankheit

Nach Jellinek verläuft die Alkoholkrankheit in drei Phasen.

- **Prodromalphase:** Denken an Alkohol, heimliches und gieriges Trinken, Auftreten von Gedächtnislücken, Schuldgefühle, Vermeiden von Gesprächen über Alkohol, Neigung zu Ausreden und Bagatellisierung, erste soziale Belastungen, übergroße Selbstsicherheit nach außen, Gereiztheit.
- **Kritische Phase:** Kurze Abstinenzperioden, dauernde Schuldgefühle, Rückzugstendenz und Vernachlässigung von Freundschaften und Familie, heimliches Anlegen eines Alkoholvorrates, häufiges Fernbleiben von der Arbeit, häufige Räusche, schwere soziale Komplikationen (Arbeitsplatzverlust), Selbstmitleid und Flucht vor der Realität, Interessenverlust, ständiges Denken an Alkohol, einseitige und verminderte Nahrungszufuhr, verminderte oder fehlende Libido und beginnender Eifersuchtswahn, schwerere Gedächtnislücken, Trinken mit Personen aus unteren sozialen Schichten.
- **Chronische Phase:** Bereits Trinken am Morgen, Entzugserscheinungen, rascher Abbau ethischer Werte, lange Räusche, Merkfähigkeitsstörungen mit Konfabulationen, zeitweise Desorientiertheit, verminderte Alkoholverträglichkeit, psychomotorische Störungen und beginnende körperliche Schäden, zwanghaftes Trinken, Auftreten von Ängsten und Schlaflosigkeit in ausgeprägter Form.

Einteilung der Alkoholkrankheit

Nach JELLINEK unterscheidet man 5 verschiedene Alkoholismusformen, wobei sich diese Einteilung international durchgesetzt hat.

ALPHA-Alkoholismus

Trinkertyp: Konflikt-Betäubungs-, Erleichterungstrinker

Zeitweilige psychische Abhängigkeit ohne Kontrollverlust; keine Fähigkeit zur Abstinenz und keine Progredienz. Konsumfolgen sind familiäre und soziale Komplikationen. Trinkgewohnheit ist unter Kontrolle. Getrunken wird, um zu vergessen (Konflikttrinker)

Gefahr: Entstehung des GAMMA-Alkoholismus.

BETA-Alkoholismus

Trinkertyp: Wochenend- und Gelegenheitstrinker

Übermäßiger aber nicht regelmäßiger Alkoholkonsum mit gelegentlichen somatischen Komplikationen (Polyneuropathie, Gastritiden, Fettleber). Keine kontinuierliche Abhängigkeit, weder psychische noch physische Abhängigkeit, d.h. „Abhängigkeit" nur im sozio-kulturellen Bereich. Begünstigend wirken Sozialfeld und bestimmte Berufe (Kellner, Bauarbeiter).

Gefahr: Entstehung eines DELTA-Alkoholismus.

GAMMA-Alkoholismus (Kontrollverlustalkoholismus)

Trinkertyp: Süchtiger Trinker

Anfangs psychische, zunehmend auch physische Abhängigkeit mit Toleranzerhöhung, Entzugssymptome bei Abstinenz; typischer Kontrollverlust. Fähigkeit zu Abstinenz besteht, zumindest zeitweise. Häufig schwere Räusche.

DELTA-Alkoholismus (Gewohnheitsalkoholismus)

Trinkertyp: Gewohnheitstrinker

Unfähigkeit zur Abstinenz, kein Kontrollverlust. Nur selten Räusche. Dieser Alkoholikertypus muß täglich trinken, ist nur selten nüchtern. Man spricht auch von „rauscharmer Dauerimprägnierung mit Alkohol" (z.B. französische Weinbauern).

EPSILON-Alkoholismus (Dipsomanie, Episodenalkoholismus)

Trinkertyp: Episodischer Trinker, Quartalsäufer

Unwiderstehliches Verlangen nach Alkohol mit zeitlicher Begrenzung (Tage bis Wochen). Tritt plötzlich auf und verschwindet wieder mit wochenlangen, ja monatelangen Abstinenzperioden. Plötzliche mehrtägige Alkoholexzesse, mitunter in schwerer Form mit Kontrollverlust. Auftreten gelegentlich bei phasischer Verstimmung. Schäden entstehen vor allem für den sozialen Bereich.

Begleiterscheinungen der Alkoholkrankheit

1) Körperliche Störungen
- Lebererkrankungen (Fettleber, Leberzirrhose)
- Pankreatitis
- Gastritis, Mallory-Weiss-Syndrom, Ulzera
- Blutveränderungen (Anämien, Blutfetterhöhung)
- Herzmuskelerkrankungen
- Muskelatrophien und körperliche Schwäche
- Schäden am peripheren und zentralen Nervensystem (Polyneuropathien, Tremor, Hirnatrophien, Wernicke-E.)
- Alkoholembryopathien
- Entzugsdelir mit körperlichen Entzugssymptomen
- zerebrale Krampfanfälle

2) Psychische Störungen
- Wesensänderungen
- Korsakow-Syndrom
- Depressionen mit Suizidalität
- Eifersuchtswahn (bei bestehender Impotenz)
- Schlafstörungen
- delirante Syndrome

3) Soziale Folgen
- Familiäre Auseinandersetzungen, Ehescheidung
- Leistungsdefizit mit Versagen im Beruf, Kündigung
- Delinquenz (Sachbeschädigung, Diebstahl, Betrug, Sexualdelinquenz, Beleidigung, Führerscheinentzug)
- Häufigste Todesursache bei manifesten Alkoholikern ist die Leberzirrhose, zweithäufigste der Suizid.

8.2.3 Alkoholtoleranz

Die Alkoholtoleranz ist individuell recht unterschiedlich und hängt zum einen von der körperlichen Konstitution (Alter, Blutvolumen etc.), zum anderen von aktuellen körperlichen Gegebenheiten (Krankheiten, Leberschaden, Medikamenteneinnahme) ab. Sie kann vorübergehend oder auf Dauer herabgesetzt sein. Einnahme von Psychopharmaka, Schwächung des Organismus durch Überanstrengung, Infektionen, Depression, Hitze und Kälte führen zu einer vorübergehenden Herabsetzung, Epilepsien, Leberschäden und hirnorganische Erkrankungen zu einer dauernden Herabsetzung der Alkoholtoleranz.

Besonders in der chronischen Phase kommt es zur Minderung der zuvor in der kritischen Phase erhöhten Alkoholtoleranz bis hin zur Alkoholintoleranz bei völliger Insuffizienz der Leberfunktionen.

Übersicht über die Alkoholikertypen (nach JELLINEK und FEUERLEIN)

Art des Alkoholismus	Versuch einer Typisierung	Abhängigkeit	Suchtkennzeichen
Alpha	Konflikttrinker	nur psychisch	kein Kontrollverlust, aber undiszipliniertes Trinken
Beta	Gelegenheitstrinker	keine, außer soziokulturelle	kein Kontrollverlust
Gamma	süchtige Trinker	zuerst psychische Abhängigkeit, später physische Abhängigkeit	Kontrollverlust, jedoch Fähigkeit zur Abstinenz
Delta	Gewohnheitstrinker	physische Abhängigkeit	Unfähigkeit zur Abstinenz, aber kein Kontrollverlust
Epsilon	episodischer Trinker	psychische Abhängigkeit	Kontrollverlust, jedoch Fähigkeit zur Abstinenz

8.2.4 Gewöhnlicher Alkoholrausch

In ihrem Ausprägungsgrad korrelieren die Symptome intraindividuell, jedoch nicht interindividuell mit dem Blutalkoholgehalt. Letztlich stellt der gewöhnliche (einfache) Alkoholrausch, d. h. die akute Alkoholvergiftung, eine *reversible organische (somatogene) Psychose* dar, die von Disposition des Betrunkenen, der Menge des genossenen Alkohols, der Schnelligkeit der Alkoholaufnahme und einer evtl. vorhandenen Gewöhnung abhängig ist.

Forensisch-psychiatrische Probleme treten häufig aufgrund des Verlustes von Hemmungen auf.

Typische Symptomatik:

- neurologische Symptome (zerebellare Ataxie, Dysarthrie)
- Herabsetzung der Muskelspannung (Hypotonie)
- Euphorie und Enthemmung, Aggressivität und Distanzlosigkeit
- Selbstüberschätzung und Rededrang
- erschwerte Auffassung, Kritiklosigkeit, Urteilsschwäche
- Denk- und Konzentrationsstörungen, Bewußtseinstrübungen
- Durchgangssyndrom
- manchmal depressive Verstimmung mit Suizidgefährdung
- vegetative Symptome (Gesichtsrötung, Augentränen, Tachykardie, Schwitzen, Übelkeit usw.)
- „Alkoholkater" am darauffolgenden Tag nach vorangegangenem narkoseähnlichen Schlaf

Juristisch gilt derzeit noch, daß bei 0,8 ‰ Blutalkohol relative und bei 1,3 ‰ absolute Fahruntüchtigkeit vorliegt, und eine dementsprechende Gefährdung des Straßenverkehrs besteht.

8.2.5 Pathologischer Rausch und komplizierter Rausch

 Den pathologischen Rausch beobachtet man vor allem beim Alkoholismus in der chronischen Phase, vereinzelt aber auch bei Alkoholintoleranz, organischen Hirnschäden und hochgradiger psychischer Erregung bei Psychopathen. Die Abgrenzung gegenüber dem gewöhnlichen (einfachen) Rausch erfolgt aufgrund der charakteristischen Symptome:

- Situationsverkennung
- Halluzinationen
- Desorientiertheit.

Der pathologische Rausch ist also ein alkoholbedingter Erregungs- und Dämmerzustand mit Situationsverkennung, massiver Aggressivität, Sinnestäuschungen und exzessiver Angst sowie persönlichkeitsfremden Handlungen. Den Abschluß bildet ein Terminalschlaf. Es bestehen Ähnlichkeiten mit dem epileptischen Dämmerzustand.

Ferner kommt es beim pathologischen Rausch im Gegensatz zum gewöhnlichen Rausch zur kompletten Amnesie. Ein pathologischer Rauschzustand kann schon nach nur geringen Alkoholmengen auftreten. Abgegrenzt wird der pathologische Rausch vom gewöhnlichen Rausch durch

- psychotische Symptome
- komplette Amnesie
- Auftreten auch nach nur geringen Alkoholmengen
- kurze Dauer.

Der pathologische Rausch ist relativ selten und hat besondere Dispositionen oder zerebrale Schädigungen zur Voraussetzung. Behandelt wird er bei akuter Erregung mit 10 mg Diazepam.

Vom pathologischen Rausch zu unterscheiden ist der *komplizierte Rausch*, der sich vom gewöhnlichen Rausch quantitativ und qualitativ vom pathologischen Rausch unterscheidet. Erregung und Bewußtseinsstörungen sind intensiver ausgeprägt als beim gewöhnlichen Rausch. Komplizierte Rauschzustände finden sich vor allem bei Schwachsinnigen, hirnorganisch Kranken und abnormen Persönlichkeiten ähnlich wie beim pathologischen Rausch. Der komplizierte Rausch spielt forensisch eine wesentlich größere Rolle als der pathologische Rausch. Forensisch bedeutsam sind pathologischer Rausch und komplizierter Rausch, weil häufig niedrigere Alkoholblutwerte gefunden werden als beim gewöhnlichen Rausch, trotzdem aber die Symptomatik beider Rauschformen wesentlich akuter und stärker ist. Häufig werden komplizierter Rausch (abnormer Rausch) und pathologischer Rausch (atypischer Rausch) zusammengefaßt, was jedoch nicht korrekt ist.

8.3 Drogenmißbrauch und Drogenabhängigkeit

8.3.1 Verbreitung

Seit den 60er Jahren stiegen Rauschgiftkriminalität und stationäre psychiatrische Behandlung wegen Drogenabhängigkeit stark an. Zunächst blieb die Rauschmittelabhängigkeit auf die oberen sozialen Schichten und überwiegend auf die Großstädte beschränkt; im Verlauf der letzten 10 Jahre kam es dann aber zu einem Trend von den oberen zu den unteren sozialen Schichten und von den Städten zu den ländlichen Gebieten. Die meisten Rauschmittelkonsumenten sind heute unter 20 Jahre alt, und für die Großstädte nimmt man bei Jugendlichen in 30–40 % „Drogenerfahrung" an. Derzeit rechnet man in der Bundesrepublik mit etwa 60.000 Heroinabhängigen und annähernd 10 mal soviel Medikamentenabhängigen. Erschreckend ist auch die stetig steigende Zahl an Drogentoten.

Nur selten beobachtet man den sofortigen Einstieg in die „Drogenkarriere" mit sogenannten harten Drogen. Über 95 % der Süchtigen beginnen zunächst „leichte Drogen" zu konsumieren, wobei Haschisch an erster Stelle steht. So beobachtet man häufig, daß Abhängige nacheinander verschiedene Drogen verwendeten, bis hin zu den Opiaten und deren Abkömmlingen. Nur etwa 5 % beginnen ihre „Drogenkarriere" unmittelbar mit Opiaten, während die überwiegende Zahl zunächst mit Haschisch, vereinzelt auch mit LSD oder mit Amphetaminen beginnt. 70 % der Drogenabhängigen konsumieren zwischen dem 13. und 18. Lebensjahr erstmals Drogen; 90 % davon befinden sich noch in der Berufsausbildung, sind Schüler und wohnen bei den Eltern. Viele führen ihre angefangene Berufsausbildung nicht zu Ende und kommen im Rahmen der Beschaffungskriminalität mit dem Gesetz in Konflikt. 45 % finanzieren ihren finanzielllen Bedarf durch Rauschgifthandel, andere auch durch Diebstähle (15 %), durch Zuwendungen von Familienangehörigen (30 %) und nur ein kleiner Anteil durch den Arbeitslohn (10 %).

Ob ein „Rauschmittelprobierer" zum potentiellen Rauschgiftsüchtigen wird, hängt vorrangig von der Primärpersönlichkeit (Risikopersönlichkeit) und vom sozialen Milieu ab. Gefährdung besteht bei unrealistischer Problemorientierung, herabgesetzter Frustrationstoleranz, Neigung zu depressiven Verstimmungen, erhöhter Labilität und Unsicherheit, Willenlosigkeit, Widerstandslosigkeit gegenüber äußeren Einflüssen. Über die Hälfte drogenabhängiger Jugendlicher entstammen gestörten Familienverhältnissen. Allerdings entspringen die Anfänge des Drogenkonsums subjektiven Motivationenen wie Nachahmung, Wunsch nach Anerkennung bei Gleichaltrigen, Verleitung oder Verführung, „In-sein", Prestige- und Geltungsbedürfnis. Innere Spannungen oder Verstimmungen, aber auch die oftmals enttäuschende Wirkung des Haschischs führen dann zum Umsteigen auf härtere Drogen.

Harte Drogen werden überwiegend injiziert (meist i.v., seltener i.m. oder s.c.). Da es sich bei solchen Drogen nur selten um „reine" Stoffe handelt, ist die Komplikationsquote relativ hoch. Heroin wird beispielsweise mit Talkum, Zucker oder Mehl gestreckt mit der Folge von Gefäß-und Gewebsreaktionenen. Injektionsspritzen und Kanülen werden fast immer mehrmals benutzt; auf Sterilität wird nicht geachtet. So beobachtet man immer wieder Spritzenabszesse, Bakteriämie und Septikämie, ferner Übertragung von Hepatitis-Viren und des HIV-Virus.

Man unterscheidet entsprechend der Drogeneinteilung der Weltgesundheitsorganisation 9 Prägnanztypen:

1. Morphin-Typ (Heroin, Morphin und Derivate)
2. Kokain-Typ
3. Cannabis-Typ
4. Amphetamin-Typ
5. Barbiturat -und Benzodiazepin-Typ
6. Alkohol-Typ
7. Halluzinogen-Typ
8. Khat-Typ
9. Opiat-Antagonist-Typ

In der Bundesrepublik Deutschland wurden 1984 weitere Präparate, meist Schmerzmittel, dem Betäubungsmittelgesetz unterstellt, so z.B. Temgesic®, Fortral®, Vesparax®, Panagesic®. Kombinationspräparaten wurden die Barbiturate entzogen, Husten- und Schmerzmitteln zum Teil das Codein.

8.3.2 Analgetika und Schlafmittel

Analgetika

Auch schmerzstillende und opiatfreie Mittel können bei langer Anwendung zur Abhängigkeit führen, so z.B. Salizylate und Phenazetinpräparate. Hustenmittel, die noch Codein enthalten, können bei längerem Gebrauch ebenfalls zur Abhängigkeit führen, da mit der hustendämpfenden Wirkung des Codeins auch ein euphorisierender Effekt einhergeht. Barbiturate verstärken einen solchen Effekt ebenso wie zugesetztes Coffein. Alkohol wird manchmal bewußt zusätzlich als „Verstärker" eingesetzt.

Kombinationspräparate, die Barbiturate und/oder Codein enthalten sind heute rezeptpflichtig, ebenso wie die früher frei käuflichen Bromharnstoffderivate (Monoureide), wobei letztere z.T. ganz aus dem Handel genommen wurden. Die Zahl der Kombinationspräparate wurde vermindert und die Zusammensetzung entschärft. Weiterhin wird aber versucht, durch einen ansprechenden Namen und einen guten Werbeslogan ein Präparat zum Verkaufsschlager zu machen.

Die meisten Bundesbürger haben ein festes Hausschmerzmittel in Gebrauch, wobei statistisch besonders Frauen zu verstärkter und z.T. unkontrollierter Einnahme tendieren.

Werden Schmerzmittel nach längerem Gebrauch reduziert, können Entzugserscheinungen auftreten, von Kopfschmerzen bis zu Delirien, cerebralen Krampfanfällen und Dämmerzuständen.

Schlafmittel und Tranquilizer

In den letzten Jahren wächst das Interesse an dem Problem Schlaf sowohl im Bereich der Wissenschaft als auch bei Ärzten und Patienten. Bisher ist eine genaue syndromgenetische Abklärung auch auf höchstem wissenschaftlichem Niveau nicht gelungen. In den letzten Jahren kam die einfache medikamentöse Verschreibung, die auch einen schnellen Erfolg zeitigt, in zunehmendem Maße in Mißkredit. Gelingen Arzt und Patient eine Beseitigung von Schlafstörungen nicht, und muß trotz aller Bedenken auf ein Schlafmittel zurückgegriffen werden, so ist wenigstens zu überlegen, welches Präparat aus der großen Palette der Schlafmittel gewählt werden soll. Nach einer ausführlichen Abklärung der ätiologischen Komponenten einer Schlafstörung sind Schlafmittel aus der Gruppe der Benzodiazepine durchaus angebracht.

> Unkontrollierte und vor allem zu lange (über 3–4 Wochen hinaus) Einnahme sind allerdings strikt abzulehnen; auch bei den scheinbar harmloseren Benzodiazepinen entsteht nach wochenlanger Einnahme durchaus Abhängigkeit.

Folgende Substanzgruppen gehören zu den Schlafmitteln:

- Bromureide (Monoureide) – diese sind seit einigen Jahren verschreibungspflichtig oder teilweise aus dem Handel genommen worden.
- Barbiturate – diese sind heute alle verschreibungspflichtig und wurden z. T. aus Kombinationspräparaten herausgenommen.
- Chinazolinon-Derivate – heute nicht mehr in Gebrauch, hohes Suchtpotential
- Tranquilizer vom Benzodiazepintyp – sie sind die heute meistgebräuchlichen Schlafmittel.
- Aldehyde und deren Derivate – rasche Gewöhnung und Wirkverlust bei Chloralhydrat und Paraldehyd
- Piperidinderivate – sind den Barbituraten strukturchemisch sehr ähnlich und zeigen auch ähnliche Nebenwirkungen und raschen Wirkungsverlust, somit auch ein hohes Suchtpotential.
- Antihistaminika – z. B. Doxylamin und Diphenhydramin; keine Abhängigkeitsentwicklung.

Schlafmittel sollten grundsätzlich in geringen Mengen und nur kurze Zeit verschrieben werden. Grundsätzlich beobachtet man Abhängigkeitsentwicklung nicht nur bei barbiturathaltigen Präparaten sondern auch bei barbituratfreien Mitteln.

Barbituratabhängigkeit bedeutet ebenso wie die Abhängigkeit von Benzodiazepinen sowohl psychische als auch physische Abhängigkeit. Zwischen Barbituraten und anderen Schlafmitteln (Benzodiazepine, Bromureide, Chloralhydrat) besteht mitunter Kreuztoleranz, so daß ein laufender Präparatewechsel keine sichere Maßnahme darstellt.

Zwar verlängern Hypnotika zunächst die Schlafdauer, allerdings nur für eine begrenzte Zeit; nach Absetzen nimmt dann die Schlafdauer bei bestehender Gewöhnung rasch wieder ab und es ensteht Schlaflosigkeit i.S.e. Reboundeffektes. Es treten dann vermehrt Träume, meist aber Angstträume bei Auftreten eines REM-Rebound-Effektes nach Absetzen auf.

8.3.3 Tranquilizer

Tranquilizer aus der Gruppe der Benzodiazepine wirken vorzugsweise auf das limbische System, weniger auf das Großhirn, wie dies auch bei den älteren Schlafmitteln der Fall war. Die narkotische Wirkung ist bei den Benzodiazepinen gering und bei Gesunden sind diese Substanzen nur in sehr hohen Dosierungen für einen Suizid geeignet, d.h. die Toxizität ist gering.

Hinsichtlich des Wirkmechanismus sind sämtliche psychotropen Substanzen mit den Rauschmitteln verwandt, so daß man geneigt ist, diesen ein gleich großes Risiko zuzuschreiben. Bei einem kritischen und gezielten Einsatz der Tranquilizer vom Benzodiazepintyp ist das Suchtpotential nur gering; der therapeutische Nutzen bei psychischen Krisen im akuten Stadium überwiegt bei weitem, u.U. auch bei längerer Einnahme. Ist die ärztliche Indikation für einen längeren Gebrauch von Tranquilizern gegeben, so kann ebensowenig von Abhängigkeit gesprochen werden wie bei Insulinapplikation beim Diabetiker.

Wenn man heute von Tranquilizern spricht, meint man in der Regel die *Benzodiazepine*; aber auch die heute kaum noch gebräuchlichen *Meprobamate, Karbinole und Diphenylmethanderivate* werden den Tranquilizern zugeordnet.

Wirkungsmechanismen und Gefahren

Man erklärt sich die Wirkung der Benzodiazepine in einer Verstärkung des körpereigenen und inhibitorisch wirkenden Neurotransmitter *Gamma-Aminobuttersäure (GABA)*. Benzodiazepine reagieren mit hochaffinen Bindungsstellen (Benzodiazepinrezeptoren), was sich als Verstärkung der physiologischen und psychischen Wirkung der GABA durch vermehrten Chloridioneneinstrom am postsynaptischen Bereich auswirkt.

Das Wirkprofil der Benzodiazepine ergibt sich somit aus der Wirkung der GABA
- anxiolytisch und affektiv entspannend
- sedierend und schlafbahnend
- antikonvulsiv
- muskelrelaxierend.

Benzodiazepine der ersten beiden Wirkformen werden zweifellos am häufigsten verordnet. Abhängigkeit im eigentlichen Sinne entwickelt sich bei Benzodiazepinen erst nach einem wenigstens 3–4 wöchigen Gebrauch in höherer Dosierung. Physische Abhängigkeit mit körperlichem Entzugssyndrom tritt bei 3-wöchiger Applikation erst bei hohen Dosierungen auf (z. B. 3 × 20 mg Diazepam/die). Von weit größerer Bedeutung ist die Gefahr der Entwicklung einer psychischen Abhängigkeit, die sich nach längerem Gebrauch auch bei niedrigen Dosierungen entwickelt, wenn das zu behandelnde Krankheitssymptom nicht anderweitig (z. B. durch Psychotherapie) beseitigt werden kann. Nach welcher Einnahmezeit und nach welcher Dosierung bei den Tranquilizern psychische und/oder physische Abhängigkeit entsteht, läßt sich nicht streng festlegen und ist individuell verschieden. Psychische Abhängigkeit entwickelt sich aber meist schneller als physische.

Unter den Tranquilizern führen die *Meprobamate* weitaus schneller zu einer Abhängigkeit als die Benzodiazepine. Gleiches gilt für alle anderen Tranquilizer außer den trizyklischen Formen (Opipramol), die eigentlich nicht zu den Tranquilizern gerechnet werden sollten.

Enzephalographisch gesehen verhelfen Tranquilizer vom Benzodiazepintyp nur wenig zu einem gesunden Schlaf, reduzieren den REM-Schlaf und das Tiefschlafstadium 4 in mäßigem Ausmaß. Bei plötzlichem Absetzen nach längerer Einnahme kann ein REM-Rebound mit einer Rebound insomnia auftreten, weshalb sich eigentlich ein langsames Herabdosieren empficlt. Besonders Benzodiazepine mit kurzer Halbwertszeit scheinen – was die Schlafinduktion betrifft – nach mehrwöchiger Anwendung einem Wirkungsverlust zu unterliegen.

Eine Gefahr von Tranquilizer-Anwendungen ist neben einer Abhängigkeitsentwicklung vor allem darin zu sehen, daß Patienten in Konfliktsituationen, statt sich mit den Konflikten auseinanderzusetzen, zu früh zum Medikament greifen, was als Mißbrauch anzusehen ist. Zu berücksichtigen ist auch die Reduktion des Reaktionsvermögens und damit der Verkehrstüchtigkeit und Arbeitsfähigkeit (Bedienen von Maschinen), was auch für die sogenannten „Tagestranquilizer" gilt.

Suchtpersönlichkeiten sollten Tranquilizer, speziell vom Benzodiazepintyp, nicht erhalten; hier sollte man auf niederpotente Neuroleptika ohne Suchtpotential ausweichen.

Regeln für den Gebrauch von Tranquilizern
- Applikation in möglichst niedriger, individuell angepaßter Dosierung
- Die vom Hersteller empfohlene mittlere Dosis nur ausnahmsweise und nur für wenige Tage überschreiten
- Möglichst Festlegung der Dauer der Applikation zu Beginn der Behandlung
- Ausreichende Aufklärung des Patienten über die Gefahren dieser Medikamentengruppe
- Versuch, die Einnahme im Intervall oder nach Bedarf zu erreichen
- Möglichst Dosisreduktion in der ersten Woche und kontinuierliches Ausschleichen
- Einnahmedisziplin herstellen oder Medikation beenden, wenn eine Tendenz zur Dosissteigerung beobachtet wird
- Therapiebeendigung möglichst immer ausschleichend bei Einnahmezeiten von mehr als 4 Wochen
- Applikation nur bei Patienten mit ausreichender Compliance und ohne Abhängigkeitsanamnese

- Vorsicht bei intravenöser Applikation (starke Muskelrelaxation und Gefahr eines Atemstillstandes).

Einteilung der Benzodiazepine

Wie erwähnt, finden sich bei den Benzodiazepinen 4 verschiedene Wirkspektren, so daß eine Einteilung dementsprechend möglich ist. Andererseit wäre aber auch eine Einteilung nach der Wirkdauer möglich, von ultrakurzwirkend bis langwirkend.

Nachfolgend eine Auswahl für die verschiedenen Wirkformen:

Vorwiegend anxiolytische Wirkung
Alprazolam (Tafil®), Bromazepam (Lexotanil®, Normoc®), Lorazepam (Tavor®, Laubeel®, Pro Dorm®), Chlordiazepoxid (Librium®), Dikaliumchlorazepat (Tranxilium®)

Vorwiegend sedativ-hypnotische Wirkung
Brotizolam (Lendormin®), Flunitrazepam (Rohypnol®), Flurazepam (Staurodorm®, Dalmadorm®), Lormetazepam (Noctamid®), Nitrazepam (Mogadan®), Temazepam (Remestan®, Planum®), Triazolam (Halcion®)

Vorwiegend muskelrelaxierende Wirkung
Tetrazepam (Musaril®), Diazepam (Valium®)

Vorwiegend antikonvulsive Wirkung
Clobazam (Frisium®), Clonazepam (Rivotril®), ferner Diazepam (Valium®), und Nitrazepam (Mogadan®)

Etwa gleiche Wirkungsverteilung
Diazepam (Valium®), Nitrazepam (Mogadan®), Oxazepam (Adumbran®, Praxiten®, Sigacalm®).

Einteilung nach der Wirkdauer
- **Ultrakurze Halbwertszeit (1/2–2 Std.):** Midazolam (Dormicum®)
- **Kurze Halbwertszeit (2–4 Std.):** Triazolam (Halcion®)
- **Mittellange Halbwertszeit (4–24 Std.):** Alprazolam (Tafil®), Bromazepam (Lexotanil®, Normoc®), Brotizolam (Lendormin®), Lorazepam (Tavor®), Lormetazepam (Noctamid®), Oxazepam (Adumbran®, Praxiten®, Sigacalm®), Temazepam (Remestan®, Planum®), Tetrazepam (Musaril®).
- **Lange und sehr lange Halbwertszeit (24–60 Std.):** Nitrazepam (Mogadan®), Flurazepam (Staurodorm®, Dalmadorm®), Dikaliumclorazepat (Tranxilium®), Clonazepam (Rivotril®), Diazepam (Valium®), Chlordiazepoxid (Librium®).

Sehr lang wirkende, aber auch lang wirkende Benzodiazepine besitzen Kumulationsgefahr.

Tranquilizerabhängigkeit und Entzug

Gerade hier ist es wichtig, zwischen *Abusus* und *Abhängigkeit* zu unterscheiden. Abusus ist bei den Benzodiazepinen häufig – eine Abhängigkeit kann sich daraus aber rasch entwickeln. Tranquilizer, speziell die Benzodiazepine, führen bei Entzug des Medikamentes zu Entzugssymptomen, die meist erst mehrere Tage nach Absetzen auftreten. Man begegnet eher zu Beginn des Entzugs einer Angstsymptomatik, die sich zum einen aus dem Entzug selbst ergibt, andererseits der ursprünglichen Angstkrankheit entspringt, die mit dem Tranquilizer zu behandeln versucht wurde.

Wird bei Patienten mit ausschließlich psychischer Abhängigkeit ein Benzodiazepin entzogen, so beobachtet man neben dem Angstsyndrom auch Reizbarkeit, Dysphorie bis Depressivität, Schlaflosigkeit, Konzentrationsstörungen, Lethargie.

Besteht neben der psychischen Abhängigkeit auch eine physische, so begegnet man einige Tage nach dem Absetzen auch körperlichen Allgemeinsymptomen, Tremor, Schwindel, Kreislaufstörungen, gelegentlich auch cerebralen Krampfanfällen (überschießender Abfall der Krampfschwelle bei zuvor erhöhter Krampfschwelle), Dysmorphopsien (Verzerrtsehen,

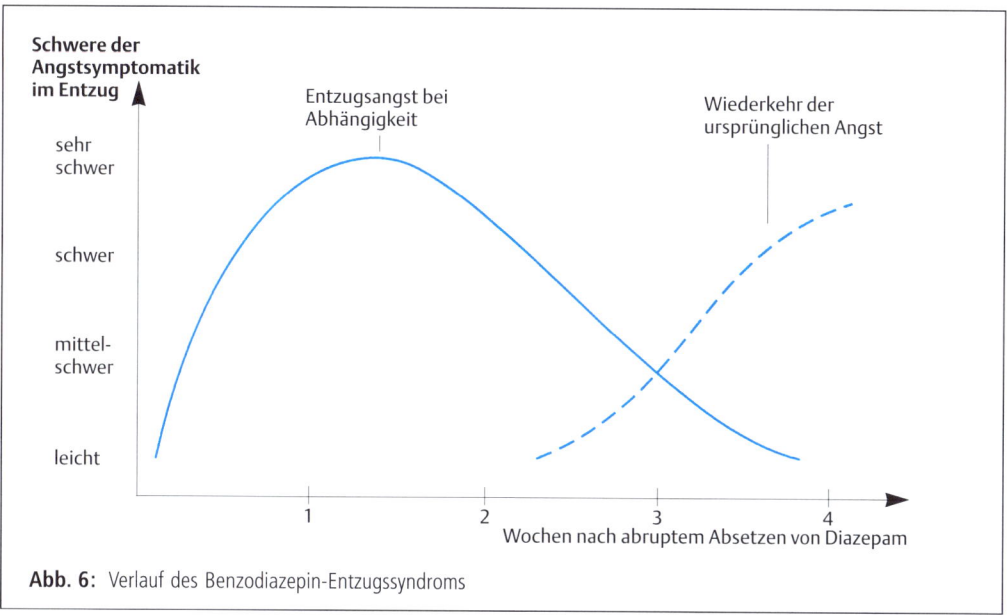

Abb. 6: Verlauf des Benzodiazepin-Entzugssyndroms

Kleinersehen) und deliranten Zuständen (Entzugsdelir). Bei physischer Abhängigkeit muß die Entgiftung in einer toxikologischen Abteilung, in einer Abteilung für innere Medizin oder in einem psychiatrischen Krankenhaus durchgeführt werden, da mit gefährlichen Komplikationen zu rechnen ist. In der Regel treten die Entzugssymptome zwischen dem 7 und 12. Entzugstag auf.

Je angstlösender ein Tranquilizer wirkt, um so mehr kommt es im Rahmen des Entzugs zu oben erwähnter Angstsymptomatik mit motorischer Unruhe, paranoischer Eigenbeziehung und aufgelockerten Ich- und Wahrnehmungsgrenzen. Ausdruck einer äußerst quälend empfundenen Entzugssituation sind auch appellative bis imperative Suizidimpulse. Gelegentlich eskaliert auch die Entzugssymptomatik in einer ängstlich agitierten Entzugsdepression endomorphen Gepräges.

Den ersten akuten und dramatischen Entzugssymptomen bei Tranquilizerabhängigkeit in der ersten Woche folgt in der zweiten bis vierten Woche in einigen Fällen das sogenannte *Postwithdrawal-Syndrome*, das durch Verstimmung, Schlafstörungen mit Alpträumen, Antriebsminderung und Inappetenz charakterisiert ist. Von Bedeutung ist dieses Stadium insofern, da es hier häufig zu einem Rückfall in den Tranquilizerkonsum kommt.

Bei Polytoxikomanen (Alkohol kombiniert mit Tranquilizern oder Analgetika) ist an die Möglichkeit eines „zweigipfeligen" Entzuges, bzw. Delirs zu denken: So tritt die frühe Alkoholentzugssymptomatik (auch das Alkoholentzugsdelir) etwa um den zweiten bis fünften Tag, die späte Benzodiazepinentzugssymptomatik (speziell das Entzugsdelir) erst in der zweiten Woche auf.

Anders als beim Alkoholentzug, aber ebenso wie beim Barbituratentzug, werden Tranquilizer, speziell die Benzodiazepine, fraktioniert entzogen. Dabei finden sich unterschiedliche Meinungen hinsichtlich der Absetzgeschwindigkeit (2 Wochen bis 3 Monate). Abhängig ist letztere aber wohl auch von der Höhe der eingenommenen Dosis. Der fraktionierte Entzug erfolgt entweder mit dem ursprünglich eingenommenen

Medikament selbst oder aber mit Diazepam. Ein auftretendes Delir wird entweder durch erneuten Ansatz des abgesetzten Medikamentes oder besser mittels *Clomethiazol (Distraneurin®)* behandelt. Eine Reduktion leichter Entzugssymptomatik ist mit antriebshemmenden Antidepressiva (speziell Aponal®) oder mit Neuroleptika vom Butyrophenontyp (z. B. Haloperidol) möglich. Das Neuroleptikum Haloperidol ist auch beim Delir zusätzlich zu Clomethiazol sinnvoll, wenn Halluzinationen im Vordergrund stehen.

Mit einem Entzugsdelir von Benzodiazepinen oder Alkohol ist man gelegentlich auf Stationen anderer, z. B. operativer Fachgebiete konfrontiert, wenn Patienten unfreiwillig einen Entzug durchmachen.

8.3.4 Clomethiazol

Hierbei handelt es sich um einen Thiazolanteil des Vitamin B1 und um das Mittel der Wahl bei einem Delir. Es ist unter dem Namen Distraneurin® im Handel und war früher auch in Gebrauch als Schlafmittel.

Die Gefahr von Clomethiazol besteht darin, daß Alkohol-oder Medikamentenabhängige die Substanz als Ersatzmittel verwenden. Deshalb soll dieses Mittel ausschließlich bei Delir und bei prädeliranten Zuständen verordnet werden. Eine Abhängigkeit entwickelt sich innerhalb von 2–3 Wochen, weshalb die Anwendung ausschließlich der stationären Entzugsbehandlung vorbehalten bleiben soll. Eine ambulante Weiterverordnung oder gar ein ausschließlicher ambulanter Gebrauch kann als Kunstfehler gewertet werden. Lediglich beim manifesten Delir gibt es kaum eine Kontraindikation, da mittels Clomethiazol die Mortalität eines Delirs von ursprüglich 20 % auf 4 % gesenkt werden konnte.

Clomethiazol kann wegen seiner antikonvulsiven Eigenschaften Entzugsanfälle unterdrücken, zeigt aber in höherer Dosierung oder gelegentlich bei Kombination mit Benzodiazepinen oder Alkohol eine atemdepressive Wirkung. Außerdem ist die Bronchialsekretion gesteigert. Bei Vergiftungen existiert kein Antidot.

Der Entzug distraneurinabhängiger Patienten ist komplikationsreich und sollte grundsätzlich fraktioniert erfolgen, d. h. Clomethiazol wird von der ursprünglich eingenommenen Dosis allmählich herabdosiert. Es besteht die Gefahr von zerebralen Krampfanfällen, die bei bekannter Anfallsneigung durch prophylaktische Gabe von Carbamazepin (Tegretal®) gemindert werden kann. Körperliche Entzugserscheinungen können gelegentlich mit Haloperidol reduziert werden.

Distraneurin wird von Abhängigen fast durchwegs in Kapselform, nur selten in flüssiger Form mißbraucht und gehandelt.

8.3.5 Psychostimulantien (Psychotonika)

Es handelt sich um eine Substanzgruppe völlig unterschiedlicher chemischer Struktur, die eine Steigerung psychischer und physischer Leistungen bewirkt, Müdigkeit unterdrückt und die Stimmung vorübergehend hebt. Einige Präparate dienen auch als Appetitzügler.

Zu den Psychostimulantien werden gerechnet
- zentral erregende Sympathomimetika (Amphetamin, Metamphetamin, Methylphenidat, Phenmetrazin, Phenethylin, Phenylpyrrolidonpentan);
- Purinderivate (Coffein, Theobromin)
- Amphetaminil (AN 1®).

Die meisten Psychostimulantien sowie die Appetitzügler unterliegen dem Betäubungsmittelgesetz und lediglich einige wenige sind frei käuflich (Katovit N®).

Motive für die Einnahme dieser auch Weckamine genannten Substanzen
- chronische Überforderung
- Leistungsstörungen und Asthenie

- Adipositas (bei Appetitzüglern)
- Schlafdefizit mit Müdigkeit am Tage sowie Examensängste.

Psychostimulantienabusus findet sich heute im Vergleich zu anderen Mißbrauchformen eher selten, wenn, dann meist im Rahmen einer Polytoxikomanie.

Eine vollständige Trennung von appetitzügelnden und euphorisierenden Wirkungen ist bis heute nicht gelungen, weshalb auch den Appetitzüglern ein Suchtpotential zukommt. Vermutlich ist Fenfluramon (Ponderax®) der Appetitzügler mit dem noch geringsten Abhängigkeitspotential, da es vorrangig beruhigende und keine euphorisierende Wirkung zeigt.

Es muß betont werden, daß das subjektive Leistungssteigerungsgefühl größer ist als das objektive. Nach Abfall der Wirkung kommt es dann zum psychischen und physischen Zusammenbruch und meist zur erneuten Einnahme, wobei die neue Dosis oftmals erheblich über der vorangegangenen liegt. Die Abhängigkeitsgefahr von Psychostimulantien ist relativ hoch und eine Abhängigkeit entsteht meist sehr rasch, weshalb die Indikation einer Applikation streng gestellt werden muß. Depressionen, Müdigkeit, Konzentrationsstörungen und körperliche Erschöpfung sind keine Indikationen für Psychostimulantien.

Die Wirkung von Coffein ist gelegentlich paradox; chronische Coffeinvergiftungen führen möglicherweise zu paranoid-halluzinatorischer Symptomatik. In nicht toxischer Dosis beseitigt Coffein Müdigkeit und steigert in begrenztem Umfang die Konzentration.

Die einzige sinnvolle **Indikation** für Amphetamine sind hyperkinetische Syndrome im Kindesalter sowie die Narkolepsie.

Das Absetzen der Medikamente erfolgt bei Abhängigkeit abrupt. Eventuell auftretende Entzugserscheinungen können mit Haloperidol beseitigt oder zumindest gelindert werden. Oft zieht sich der Entzug über Monate hin. Weckamine führen vorrangig zu psychischer, kaum zu physischer Abhängigkeit.

Entzugserscheinungen sind
- Abgeschlagenheit und körperliche Schwäche
- depressive Verstimmungen
- Schlaflosigkeit und Unruhezustände.

Bei längerem Mißbrauch von Weckaminen beobachtet man gelegentlich Psychosen schizophreniformen Gepräges, seltener einen Dermatozoenwahn. In höherer Dosierung führen Weckamine – vor allem parenteral appliziert – zu starkem Blutdruckanstieg mit der Gefahr eines Schlaganfalles oder eines Herzversagens.

8.3.6 Cannabis und Halluzinogene

Cannabis (Haschisch)

Cannabis ist eine der ältesten vom Menschen benutzten psychotropen Substanzen und bereits 2000 v.Chr. wird aus Indien von der Verwendung des „Vijaya", dem „Siegreichen" zu religiös-meditativen Zwecken berichtet. Bis in unsere Zeit hat Cannabis einen festen Platz im hinduistischen und islamischen Medizinsystem und wurde eingesetzt als Analgetikum, Spasmolytikum sowie zur Wiederherstellung guter Stimmung und Appetit bei Rekonvaleszenten. Die Droge gelangte von Indien aus nach Ostasien und auch in die arabischen Länder. Die Ärzte Napoleons brachten sie vom Ägyptenfeldzug mit nach Europa und über einen längeren Zeitraum hinweg genossen Schauspieler und Literaten im Pariser „Club de Haschischiens" die Droge.

Erst 1964 gelang den jüdischen Forschern MECHOULAM und GAONI die Isolierung und Strukturaufklärung des psychotropen Prinzips der Droge; auch die erste stereospezifische Totalsynthese gelang MECHOULAM.

Sowohl Haschisch als auch Marihuana werden aus Cannabis indica (indischer Hanf) gewonnen, einer Pflanze, die zur Familie der Cannabinaceae gehört und mit unserem einheimischen Hopfen verwandt ist. Beim **Haschisch** handelt es sich um das Harz der weiblichen Blütenstauden, beim **Marihuana** um ein tabakartiges Gemisch aus getrockneten Blüten und Blättern der Pflanze. In beiden Fällen ist **Tetrahydrocannabinol** der Wirkstoff.

In den USA und in Europa wird Cannabis im allgemeinen mit Tabak vermischt in Zigaretten (Joints) oder in Pfeifen geraucht. Im Orient wird Cannabis entweder geraucht oder in verschiedenen Zubereitungsformen gegessen. Wichtigste Produktionsländer sind Marokko, Türkei, Afghanistan, Indien und Pakistan.

Auf den Markt kommt die Droge vorwiegend in gepressten Platten, und nur selten ist sie in reiner Form erhältlich, da sie von Händlern meist mit Mehl, Tabak oder Sägespänen „gestreckt" wird.

Bedeutungsvoll für die Wirkung von Haschisch und Marihuana sind – wie auch bei anderen Drogen – nicht nur die Menge der enthaltenen Hauptwirkstoffe, sondern auch individuelle Erwartungseinstellung, Persönlichkeitsstuktur und Milieu. So ist auch die Symptomatologie eines Haschischrausches individuell verschieden und zeigt eine sehr weitgehende Variabilität.

Nach dem Rauchen von 1 Gramm Marihuana (entspricht etwa einer Menge von 4–8 mg Tetrahydrocannabinol) entsteht ein circa dreistündiger Rauschzustand. Der Rauschverlauf ist zweiphasig und geht nach der Anregungsphase in eine milde Sedierung über. Bei dieser niedrigen Dosierung dominiert eine passive euphorische Stimmung, während es bei höherer Dosierung (ab 4 Gramm Marihuana) zu paranoiden Vorstellungen und zu Dysphorie kommt. Von gelegentlichen heftigen aggressiven Ausbrüchen wird berichtet.

Symptome des einfachen Rausches
- heitere Euphorie und wohlige Indifferenz
- Gefühl der Losgelöstheit
- meditative Versenkung
- Hingabe an sensorische Stimuli (Musik, Nahrung, Sexualität)
- Intensitätssteigerung akustischer und optischer Wahrnehmungen
- Veränderung von Zeit- und Raumerleben

- Tachycardie und orthostatische Dysregulationen
- Mundtrockenheit und Rötung der Konjunktiven
- Körpertemperatursenkung
- seltener Parästhesien.

Symptome des protrahierten und des akuten Rausches
- dysphorisch-mißtrauische Verstimmung
- Halluzinationen (optisch und akustisch)
- illusionäre Verkennungen
- paranoide Ideen
- gelegentlich aggressive Durchbrüche
- Verstärkung aller Symptome des einfachen Rausches
- gelegentlich Ataxie, Tremor und Mydriasis
- gelegentlich Kreislaufkollaps.

Symptome und Folgen des chronischen Gebrauchs
- schizophreniforme Psychosen wie bei akutem Rausch
- Passivierung und Interesselosigkeit (amotivationelles Syndrom)
- Stumpfheit, Nachlässigkeit und soziale Schwierigkeiten
- Neigung zur Verwahrlosung
- Gefahr der Kriminalisierung
- Gefahr des Umstiegs auf „harte" Drogen
- Gefahr der Fruchtschädigung.

Weitere Wirkungen von Tetrahydrocannabinol
- Senkung des Augeninnendruckes bei Glaukompatienten
- antiemetische Wirkung bei Chemotherapie
- antiepileptische Wirkung von Cannabidiol (Derivat)
- analgetische und sedierende Wirkung synthetischer Formen.

Klinisch behandlungsbedürftig ist lediglich die **Haschischpychose.** Zu beachten ist, daß es bei Cannabis-Konsum ebenso zu einem Nachrausch (flash back) kommen kann wie bei den Halluzinogenen. Weiter behandlungsbedürftig sind die nur selten auftretenden aggressiven Entäußerungen im Rauschzustand.

Es wird behauptet, daß 1–2 Gramm Marihuana (1–2 Joints) pro Tag aus medizinischer Sicht weniger schädlich sein sollen als der tägliche Konsum von Alkohol oder von 20 Zigaretten. Auch beobachtet man bei gewohnheitsmäßigem Gebrauch von Haschisch nicht die allgemeinen Suchtzeichen wie Dosissteigerung, Abstinenzsymptome und körperliche Abhängigkeit. Problematisch bleibt aber unbenommen die entstehende **psychische Abhängigkeit.** Der Konsum wird weiter fortgesetzt, da die Tendenz zunimmt, weiterhin im Zustand der Apathie zu verharren. Außerdem sind für die Gefährlichkeit einer Droge ihre Zubereitungsform und der soziale Rahmen entscheidend. Je potenter die Präparation, desto größer die Gefahren, wie der Vergleich Marihuana/Haschischöl, Wein/Destillate, Opium/Heroin verdeutlicht. Potente, chemisch reine und hochdosierte Formen verändern das Konsummuster und verleiten zu Überdosierungen. Die **Gefährlichkeit** von Tetrahydrocannabinol liegt weniger in seiner Eigenwirkung als vielmehr in seiner „Schrittmacherfunktion" für eine andere und gefährlichere Droge. Haschisch und Marihuana sind die Einstiegsdrogen zum Konsum harter Drogen. Außerdem verfügt die Droge über eine relativ lange Halbwertszeit und wird im Organismus gespeichert; bei Einnahme anderer Rauschdrogen oder psychotrop wirkender Medikamente kann es zu unerwarteten Additionseffekten kommen.

Tetrahydrocannabinol gehört zu den „psychosefördernden" Substanzen, d.h. eine latente Psychose wird möglicherweise durch den längeren Genuß des Rauschmittels manifest.

Der Konsum dieser Droge führt nach einiger Zeit zur sozialen Beeinträchtigung, zur Ausrichtung des Handelns am Lust/Unlust-Prinzip und damit zu vielfältigen sozialen Verwicklungen, letztlich auch zum sozialen Abstieg.

Cannabis unterliegt dem Betäubungsmittelgesetz, und in langen Legalisierungsdiskussionen wird immer wieder die Herausnahme aus dem Gesetz gefordert. Dazu ist es aber erforderlich, den Nachweis der Unschädlichkeit zu führen, wobei die Beweislast bei der Droge selbst liegt. Zudem besteht eine große Zahl von Verdachtsmomenten, die noch entkräftet werden müssen (z. B. Wirkungen auf das Immunsystem, auf Serumtestosteronspiegel, auf Lunge und Spermatogenese, sowie fragliche teratogene Wirkung). Die Freigabe von Cannabis würde möglicherweise die Verbreitung auch unter neuen Konsumentengruppen fördern und könnte den Boden für eine Legalisierung weiterer Rauschdrogen bereiten.

Halluzinogene

 Chemische Substanzen, die symptomatische, mit Halluzinationen einhergehende Psychosen entwickeln, werden Halluzinogene genannt. Aus dem großen Kreis der Stoffe, die toxische Psychosen bewirken können, werden nur die als Halluzinogene bezeichnet, die in geringer Dosierung bei fast allen Menschen psychotische Symptome ohne stärkere Beeinträchtigung von Gedächtnis und Bewußtsein hervorrufen. Letztlich muß strenggenommen dazu auch Cannabis gerechnet werden. Zu den typischen Halluzinogenen im engeren Sinne werden heute folgende Substanzen gerechnet:

- LSD (d-Lysergsäurediäthylamid-tartrat)
- Mescalin (Trimethoxyphenyläthylamin)
- Psilozibin (Tryptaminderivat)
- Adrenochrom
- Bufotenin
- Psilozybin.

Vereinzelt wird auch Cocain zu den Halluzinogenen gerechnet. Ebenfalls Halluzinogene sind einige Amphetaminderivate (STP und MDA), aber auch einige Parasympatholytika.

Halluzinogene bewirken psychische, jedoch keine körperliche Abhängigkeit. Werden sie plötzlich abgesetzt, entwickelt sich kein Entzugssyndrom.

Ein Halluzinogenrausch, auch **„Trip"** genannt, dauert etwa 6–8 Stunden. In der Endphase werden quälende Depressionen erlebt, so daß meist eine weitere Drogenzufuhr erfolgt.

Wichtige Symptome des Halluzinogenkonsums sind
- optische Halluzinationen (Farben, Formen)
- akustische Halluzinationen
- illusionäre Verkennungen
- Intensivierung der Wahrnehmungsinhalte
- Coenästhesien
- Veränderungen im Raum -und Zeiterleben
- paranoide Ideen, meist nach längerem Gebrauch.

Selbst nach längerer Abstinenz oder nach körperlichen Anstrengungen können die typischen Halluzinogensymptome, meist in Form von verzerrten Wahrnehmungen auch ohne Drogenkonsum als sogenanntes **flash back** auftreten. Zu diesem psychogen entstehenden Syndrom kommt es, wenn ein ursprünglich von halluzinogenen Drogen Abhängiger z. B. mit dem ursprünglichen Milieu wieder in Kontakt kommt oder aber in eine Drogenrazzia gerät. Die Behandlung erfolgt durch ein beruhigendes Gespräch (sog. talk down), gelegentlich auch durch Gabe von Tranquilizern (z. B. Diazepam).

Unter **„Horrortrip"** versteht man einen durch panische Angst und paranoide Verstimmung gekennzeichneten „Trip". Ursache sind eine überstark erlebte Depersonalisation oder extrem verzerrte Wahrnehmungen. Zu Horrortrips kommt es meist bei Unerfahrenen oder auf dem Höhepunkt der Drogenwirkung, ferner bei Überdosierungen. Aber auch eine ambivalente Gefühlseinstellung zum Drogenkonsum wird als mögliche Ursache angenommen.

8.3.7 Opiate und deren Derivate, Opioide und Cocain

Opium war als euphorisierende Substanz bereits bei den Ägyptern und Minoern, vor allem aber bei den Griechen bekannt. Paracelsus pries seinerzeit die Opiumtinktur „Laudanum" als Wunderheilmittel an, und im 17. und 18. Jahrhundert war das Opiumrauchen auch in China weitverbreitet und allgemein üblich.

Bei Opium handelt es sich um den getrockneten Saft der unreifen Schlafmohnkapsel (Papaver somniferum); 1805 wurde aus dem Opium das Morphin als wichtigstes Alkaloid isoliert. Nach Einführung der Injektionstechnik wurden bereits damals die Schmerzen verwundeter Soldaten auf den Schlachtfeldern und in den Lazaretten gelindert. So wurden nicht selten Verwundete allmählich zu Morphinisten, da man oft allzu freizügig mit der Morphinspritze umgegangen war. Nach dem 1. Weltkrieg wurde der Kriegsmorphinismus sogar als Wehrdienstbeschädigung anerkannt. In Friedenszeiten waren aber schon immer Ärzte und anderes medizinisches Personal gefährdet.

Bald versuchte man, ein Analgetikum herzustellen, das ebenso stark wie Morphium, jedoch weniger suchterzeugend sein sollte. Zunächst glaubte man, dieses Mittel im **Heroin** gefunden zu haben, mußte aber bald feststellen, daß dessen Suchtpotential sogar über dem des Morphins lag. Ähnlich war es mit Dolantin®(Pethidin), Polamidon® und schließlich Valoron®. Bei Kombination dieser Abkömmlinge mit Butyrophenonen schien die Dosiserhöhung verzögert zu sein.

Alle natürlichen und halbsynthetischen Opiate und Opioide (synthetische hochpotente Analgetika) unterliegen dem Betäubungsmittelgesetz sowie der Betäubungsmittelverschreibungsverordnung.

Die „klassischen" Opiatsüchtigen sind heute in Deutschland selten. Im letzten Jahrzehnt waren die synthetischen Substanzen als Suchtmittel weit verbreitet, wurden oft von Ärzten und Pflegepersonal oder von Menschen mit chronischen und rezidivierenden Schmerzsyndromen konsumiert. Aus diesem Grunde wurden auch die Schmerzmittel Fortral®(Pentazocin), Temgesic®(Buprenorphinhydrochlorid) und das Dicodid®(Hydrocodon) dem Betäubungsmittelgesetz unterstellt.

Bei den jüngeren Drogenabhängigen steht das Heroin als wohl gefährlichste Droge nach dem Cannabis an erster Stelle. Genaue Zahlenangaben über die Häufigkeit der Abhängigkeit von Opiaten und Opioiden sind aufgrund der Dunkelziffer kaum möglich und beruhen deshalb vorwiegend auf Schätzungen. Der weitaus größte Konsumentenanteil findet sich in den Ballungszentren, den Großstädten. Drogenberatungsstellen rechnen für München derzeit mit etwa 3000–4000 Konsumenten harter Drogen.

Wichtigste Opiate und Opioide

> Die wichtigsten Vertreter sind Opium, Heroin, Morphium und Codein. Daneben findet sich noch eine Reihe weiterer synthetisch hergestellter Substanzen, die gleiche oder stärkere suchterzeugende Wirkung haben:
> - Dihydromorphin (Dilaudid®)
> - Pethidin (Dolantin®)
> - Methadon (Polamidon®)
> - Buprenorphinhydrochlorid (Temgesic®)
> - Pentazocin (Fortral®).

Bei Heroin (Diazetylmorphin) genügen meist 2 bis 3 Injektionen, um körperliche Abhängigkeit zu erzeugen. Medizinisch ist deshalb Heroin zur Behandlung bedeutungslos, bzw. wertlos.

Die Schmerzbehandlung wird heute bei Karzinomen entweder mit höheren Dosen Morphin, Morphinderivaten oder mit moderneren Präparaten wie Temgesic® durchgeführt. Meist tritt dann rasch eine Gewöhnung mit konsekutiver Dosissteigerung ein, was jedoch im Finalstadium eines Karzinompatienten nicht von Belang ist. Ansonsten ist die Indikation zur Applikation streng zu stellen. Stets sollte man versuchen, auf weniger suchterzeugende Substanzen auszuweichen, so z. B. auf Valoron N® oder auf Tramal®. Morphium und seine Abkömmlinge sollten nie ambulant verschrieben werden, zumindest aber nur in sehr geringen Mengen, wobei hier das Betäubungsmittelgesetz ohnehin Vorschriften macht.

Codein ist heute ein beliebtes Ersatzmittel (z. B. Remedacen®), wenn Heroin und andere Stoffe ähnlicher Art nicht verfügbar sind. So werden von Abhängigen oft Hustensäfte mißbraucht, die das hustenstillende Codein enthalten. Codein wird heute synthetisch hergestellt und wurde früher – erstmals 1833 – aus Opium isoliert. So ist sein Name hergeleitet aus dem griechischen „Kodeia", was „Mohnkapsel" bedeutet. Codein wirkt narkotisierend und entkrampfend auf das Hustenzentrum und wird im Organismus durch Biotransformation in Morphium umgewandelt. Dem Betäubungsmittelgesetz ist lediglich das Hydrocodon(Dicodid®) unterstellt, nicht z. B. Dihydrocodein oder Co-deinphosphat.

Cocain nimmt eine Sonderstellung ein, kann auch den Halluzinogenen zugerechnet werden und wird aus den Blättern des Cocastrauches gewonnen. Cocain ist aber auch synthetisch zu erzeugen und fand bis vor Jahrzehnten als Schleimhautanästhetikum Verwendung. Kokain ist eine gefährliche Droge, die zwar nicht zu physischer Abhängigkeit, jedoch bei längerem Gebrauch zum Kokainismus mit Abmagerung, allgemeiner körperlicher und seelischer Zerüttung führt. Cocain wird vorwiegend geschnupft und führt deshalb zu Nasenschleimhautschäden. Injektionen sind selten und ausgesprochen gefährlich.

Der Cocainrausch dauert etwa 30 min – 1 Stunde. Der Süchtige empfindet bei allgemeiner Stimulierung und Euphorisierung ein Glücksgefühl. Er wirkt enthemmt, zeigt oft neben allgemeiner Enthemmung einen Bewegungs- und

Rededrang, gefolgt von einer depressiven Stimmungslage nach dem Rausch als Hauptursache für einen erneuten und fortgesetzten Gebrauch. Cocainpsychosen sind möglich, insgesamt aber selten.

Die Folgen der „harten Drogen" sind vielfältig. So engt sich allmählich das Interesse des Abhängigen weitgehend auf Drogenbeschaffung ein (Kriminalität und Prostitution). Die betreffende Person vernachlässigt Beruf und Familie, und allmählich kommt es zu einer gewissen Aushöhlung der Persönlichkeit bei anfänglich noch intakter Fassade, zu einer zunehmenden Wesensänderung. Bei zunehmender Dosissteigerung leiden Allgemein-und Ernährungszustand, Hautveränderungen treten auf und häufig folgt recht bald ein rapider Gewichtsabfall. Charakteristisch sind eine Verengung der Pupillen, Blutdruckabfall und Bradycardie. Der Vagotonus überwiegt zunehmend, Durchfälle wechseln mit Diarrhoen, Potenz und Libido sinken und bei Frauen kommt es zur Amenorrhoe.

Im Zustand des „high"-Seins, den der Süchtige anstrebt, bestehen Euphorie und mäßige Bewußtseintrübung. Der Betreffende fühlt sich wohl, friedlich-gelassen, frei von Spannungen und negativen Empfindungen, stark und stimmungsgehoben. Rasch benötigt er aber immer höhere Dosen, um den gleichen Zustand zu erlangen. Nach Abklingen dieses Zustandes besteht 6–8 Stunden ein ausgeglichener und weitestgehend unauffälliger Zustand, bis sich dann zunehmend quälende Abstinenzerscheinungen zeigen.

Die richtige Diagnose zu stellen ist meist leicht: Zu all den typischen Symptomen findet man fast immer auch frische Injektionsstellen, vorwiegend an der Außenseite der Arme, am Oberschenkel und in der Leistengegend.

Ein erhebliches Risiko stellt bei Drogensüchtigen wegen der mehrfachen und von mehreren Süchtigen verwendeten Injektionskanülen das HIV-Virus dar.

Symptomatik

Im Stadium chronischer Opiat- oder Heroinintoxikation zeigen sich

- erhebliches Überwiegen des Parasympatikotonus mit Blutdruckabfall und Bradycardie
- Schlafstörungen bei gleichzeitiger Müdigkeit
- Miosis (!)
- Gewichtsverlust bis zur Kachexie
- Obstipation, seltener Diarrhoe
- Libidoverlust, Amenorrhoe, Impotenz
- erhöhte Temperatur mit Frösteln
- Ataxie, Dysarthrie
- allgemeiner Leistungsabfall
- trockene und fahle Haut, Haarausfall
- Affektlabilität und Stimmungsschwankungen
- Antriebserlahmung, Unzuverlässigkeit, Unehrlichkeit
- verminderte Reaktionsfähigkeit
- Abkapselung gegen die Umwelt
- Euphorie, gehobene Stimmung
- Verlust ethischer Normen
- seltener Halluzinationen
- häufig Injektionsstellen (sog. „Schießleisten" entlang den Armvenen)
- positiver Befund beim Drogenscreening im Urin.

Entzugserscheinungen können – mit einem Maximum nach etwa 24–48 Stunden nach Absetzen – bei Opiaten und Opioiden überaus quälend sein und bis zu zwei Wochen anhalten. Sie steigern sich von Stunde zu Stunde und zeigen sich in folgender Symptomatik:

- ängstliche Unruhe bis hin zu Panikattacken
- starkes Verlangen nach der Droge (sog. „craving")
- häufiges Gähnen und Niesen
- Schweißausbrüche
- gesteigerter Nasen- und Tränenfluß
- starke Übelkeit und Erbrechen
- Bauchkrämpfe und Durchfälle (Wasser- und Elektolytverlust)
- Mydriasis (nach vorheriger Miosis beim Drogengebrauch)
- Muskelschmerzen und Muskelkrämpfe
- Blutdruck- und Temperaturanstieg

- Gereiztheit und psychomotorische Unruhe
- Tachypnoe
- Gefahr eines Kreislaufkollapses und Koma (Durchfälle!).

Heute sind Entzüge nur selten lebensbedrohlich und die oftmals milden Entzugssyndrome bei plötzlichem Absetzen der Droge zeigen, wie hoch doch auch der psychische Anteil ist. Vereinzelt finden sich nach Absetzen der Droge anhaltende Schwankungen von Atmung, Temperatur, Kreislauf und Stoffwechselfunktionen. Man spricht von **protrahierter Abstinenz**.

Überdosierung von Opiaten

Zu Überdosierungen kommt es, wenn

- Heroinabhängige den „Stoff" in reinerer Form erwerben und gebrauchen als gewöhnlich, ohne dies zu wissen.
- Unerfahrene mit nur geringer Toleranz mit der Droge umgehen
- Erfahrene nach einer Abstinenzperiode wieder die Droge zuführen und sich die Toleranz rasch zurückgebildet hat, vor allem gegenüber der Atemdepression.
- Opiate synergistisch mit anderen ZNS-Depressiva wirken.

> Man beobachtet Schläfrigkeit, Atmungsverlangsamung und die klassische Trias
>
> Koma – erhebliche Miosis – Atemdepression

Gelegentlich entwickelt sich auch ein Lungenödem. Blutdruck und Puls sind gewöhnlich normal, obwohl in einigen Fällen auch Hypotonie und Tachycardie vorkommen können. Die Laborwerte sind meist wenig hilfreich.

Bei Verdacht auf Intoxikation ist folgendes zu unternehmen
- Gewährleistung der Atmung, evtl. künstliche Beatmung
- Gabe von **Naloxon** (Narcanti®) als Opiumantagonist (ca. 1mg i.v.) (Bringen drei Gaben keine Besserung, war die Diagnose falsch)
- Intubation mit Sauerstoffapplikation zur Verhinderung eines Lungenödems; evtl auch positiver endexspiratorischer Druck.
- Antibiotikagaben zur Beseitigung der Gefahr einer Aspirationspneumonie
- Ursachensuche bei Fieber (Meningitis, AIDS, Endokarditis).

Grundsätzlich werden Opiatantagonisten nicht bei einem normalen Entzug verwendet; sie können möglicherweise sogar zu einem akut ausgelösten Entzugssyndrom führen.

Therapie der Opiatabhängigkeit

Einzige sinnvolle Therapie ist der stationäre Entzug mit anschließender Langzeitentwöhnung, wobei auch hier eine relativ hohe Rückfallquote besteht. Therapeutische Wohngemeinschaften mit einem therapeutischen Betreuer sind sinnvoll, ersetzen aber keine Langzeitentwöhnung. Oft wird heute von Richtern eine Therapie zur Auflage gemacht und eine Strafe zunächst zurückgestellt, wobei sich die Süchtigen dann eher wenig motiviert einer Therapie unterziehen.

8.3.8 Schnüffelsucht

Das Schnüffeln von organischen Lösungsmitteln als neuere Form der Abhängigkeit ist in Europa nicht übermäßig verbreitet. Es handelt sich um eine Mißbrauchsform, bzw. Abhängigkeit, die hauptsächlich bei Kindern (vorwiegend bei Jugendlichen) in Großstädten und vor allem in den Elendsvierteln der Dritten Welt endemisch vorkommt. Dabei wirkt „Schnüffeln" bei Kindern regelrecht „ansteckend", d. h. bei deren Tendenz zur Nachahmung breitet sich diese Suchtform relativ rasch aus.

Das Schnüffeln von organischen Lösungsmitteln betäubt, euphorisiert und führt zu Halluzinationen, beseitigt vorübergehend eine pessimistische Stimmungslage. Geschnüffelt wird mittels einer Plastiktüte, in die z. B. Klebstoffe (oft Pattex® oder Pattex-Löser®) eingebracht und deren Dämpfe inhaliert werden.

Folgen: Verletzungen und Verstümmelungen im Stadium der akuten Intoxikation bei Stürzen und Unfällen; Verbrennungen und Explosionen durch die geschnüffelten, meist hochentzündlichen Dämpfe; akute Atemstörungen durch Laryngospasmus oder bei Aspiration von Erbrochenem; kardiale Komplikationen; Herzstillstand mit cerebraler Anoxie; cerebrale Krampfanfälle bis zum status epilepticus; Schädigung des Nervensystems und ZNS-Schäden (kortikale Atrophie, Ventrikelerweiterung und Verplumpung, Hirnstammatrophie); toxisches Neuromyelopathiesyndrom; Enzephalopathie; Syndrome mit hirnorganischer Wesensänderung; Pyramidenbahnzeichen; zerebelläre Symptome.

Schnüffelstoffe: Klebstoffe und Klebstoffverdünner, Nitroverdünnung, Azeton, Farb- und Lackverdünner, Plastikklebstoffe, Nagellackentferner, Fleckenmittel, Filzschreiber, Feuerzeuggas, Campinggas, Lackspray, Deodorantien, Haarspray, Kraftfahrzeugbenzin, Chloraethyl-Wundspray.

Prognose: Bei vorhandener Enzephalopathie und hirnorganischen Wesensänderungen mit neurologischen Störungen ist die Prognose nahezu hoffnungslos. Schnüffeln ist bei Kindern ein Hinweis auf eine schwere Entwicklungsstörung, die vorrangig behandelt werden muß, um die Prognose zu verbessern. Entzug gestaltet sich schwierig, da eine erhebliche psychische Abhängigkeit besteht.

8.3.9 Nikotin

Hier handelt es sich neben dem Alkohol um das am häufigsten konsumierte Genußmittel. Nikotin, gewonnen aus der Tabakpflanze Nicotinea tabacum, kann zur Abhängigkeit führen und Gesundheitsschäden verursachen, wobei diese aber bei weitem nicht derart erheblich sind, wie andere Bestandteile des Rauches (z. B. Teer). Nicht Nikotin wirkt cancerogen, vielmehr die Kondensate.

Rauchen ist die heute am weitesten verbreitete Applikationsform; Schnupfen und Kauen sind heute selten.

> Ähnlich wie beim Alkohol scheint auch beim Tabakrauchen ein gewisser genetischer Faktor beteiligt zu sein. Psychodynamisch gesehen scheinen unbefriedigte orale Bedürfnisse vorzuliegen.

Mehrere Faktoren scheinen das Rauchen aufrechtzuhalten:

- Beseitigung von Unlustgefühlen und Spannungen
- Manipulationen beim Rauchen (Anzünden, Inhalieren) führt zur Konditionierung des Rauchens.
- körperliche Gewöhnung und Dosissteigerung
- Entstehung von Entzugserscheinungen.

Süchtiges Rauchen im Sinne der WHO zeigt die Merkmale der Abhängigkeit und gleicht der Alkohol- und Barbituratabhängigkeit.

Die Entwöhnung schaffen ohne jegliche Behandlung etwa 15 % aller Raucher. Die Prognose ist nur bei echter Motivation und systematischem Vorgehen gut. Verhaltenstherapie ist hier vorrangig erfolgreich. Günstig wirken Atemtherapie, Entspannungsverfahren, suggestive Vorsatzbildung, Gruppendiskussionen, evtl. Psychotherapie. Langfristige Ergebnisse liegen bei etwa 25 %.

8.4 Folgen des Alkoholismus, des Mißbrauchs und der Abhängigkeit von Drogen und Arzneimitteln

8.4.1 Prädelir und Delir

Nach langjähriger Alkoholabhängigkeit, aber vor allem beim Alkoholentzug (**Abstinenzdelir**), zeigt sich gelegentlich ein Delir (Delirium tremens). Es handelt sich hierbei um eine akute exogene Psychose, die frühestens nach etwa 5jährigem Alkoholmißbrauch auftritt. Bei Gewohnheitstrinkern begegnet man einem Delir hauptsächlich dann, wenn aus hirnorganischen oder konstitutionellen Gründen die Toleranz des Organismus gegenüber Alkohol herabgesetzt ist. Auch während Alkoholexzessen kann es zum Alkoholdelir kommen, häufiger begegnet man ihm aber bei Entzügen. Sogenannte **Kontinuitätsdelirien** können auch ohne besonderen Anlaß auftreten. **Gelegenheitsdelirien** werden durch Gelegenheitsursachen wie Infekte, seelische und körperliche Belastungen hervorgerufen.

Delirien beobachtet man ebenso bei Entzug von Benzodiazepinen, wobei jedoch wegen der meist langen Halbwertszeit erst nach etwa 8–10 Tagen Delire auftreten. Nach einem komplikationslosen Alkoholentzug kann bei zusätzlich bestandener Benzodiazepinabhängigkeit durchaus noch nach 10 Tagen ein Delir auftreten. Deshalb ist es wichtig, einen umfassenden Einblick in die zusätzlichen Medikamenten-Einnahmegewohnheiten von zu entziehenden Alkoholikern zu gewinnen.

Vorboten sind
- unruhiger Schlaf
- lebhafte Träume ängstlichen Inhalts
- Reizbarkeit und dysphorische Stimmungslage
- zunehmende Unruhe
- gesteigerte Empfindlichkeit für optische und akustische Reize.

 Mitunter geht dem manifesten Delir einige Tage oder Stunden ein **einfaches Entzugssyndrom** (beim Entzug) oder ein **Prädelir** (mittelschweres Entzugssyndrom bei Entzug) voraus, gekennzeichnet durch

- Unruhe und Angstzustände
- zunehmender Tremor
- Schreckhaftigkeit
- Blutdruckschwankungen, Tachykardie
- Schweißausbrüche
- Appetitlosigkeit und Übelkeit
- vegetative Dysregulationen.

Symptomatik des manifesten Delirs
- illusionäre Verkennungen
- Halluzinationen, vorwiegend optische, seltener akustische (die Patienten fangen weiße Mäuse, steigen über halluzinierte durch das Zimmer gespannte Fäden, sammeln Fusseln und Federn auf der Bettdecke, hantieren an den Schlössern und an Geräten).
- Orientierungsstörungen, meist örtliche, evtl. auch zeitlicher Art; keine autopsychischen Orientierungsstörungen
- Aufmerksamkeitsstörungen in erheblichem Maße
- relativ hohe Suggestibilität
- formale Denkstörungen (inkohärentes Denken)
- Kritiklosigkeit
- in schweren Fällen epileptiforme Anfälle
- erhebliche Gedächtnisstörungen
- gelegentlich Wahnideen
- Affektstörungen; oft Mischung aus Angst und Euphorie
- erhebliche Unruhe und stark gesteigerte Psychomotorik
- zahlreiche körperliche Symptome: Tremor, Tachykardie, langsame Pupillenreaktion, lebhafte Reflexe, erhöhte Temperatur, gelegentlich Analgesie, Eiweiß und Urobilinogen im Urin, kardiale Komplikationen, starke Schweißausbrüche, Atemstörungen.

Bei den sog. *Beschäftigungsdelirien* beziehen sich die Handlungen auf die Arbeit des Patienten.

▶ **Beispiel:** Ein Schreiner hobelte und hantierte im Krankenzimmer mit halluzinierten Brettern; ein Kutscher fuhr in seinem Bett auf seinem Wagen und putzte die Pferde; ein Kellner schraubte in seine Zehe, die er für einen Flaschenkorken hielt, einen Korkenzieher, um daran zu zerren (BLEULER).

Therapie des Delirs

Wichtigstes Ziel der Delirbehandlung ist die Verhinderung des Manifestwerdens eines Delirs im prädeliranten Stadium. Hierzu gehören auch die Krampfanfallprophylaxe und die Reduzierung der belastenden vegetativen Symptomatik. Tritt eine verstärkte prädelirante Symptomatik mit starkem Tremor und Schwitzen sowie ausgeprägter Unruhe auf, so verabreicht man zunächst 2–3 Kapseln Clomethiazol (Distraneurin®) und wiederholt bei nicht ausreichender Sedierung diese Dosis nach 1–2 Stunden. Bei Verwendung der Mixtur werden entsprechend 10–15 ml Mixtur verabreicht. Die Dosierung sollte nie schematisch, sondern immer flexibel, dem jeweiligen klinischen Befund entsprechend, erfolgen. Wenn möglich sollte man die orale Medikation vorziehen. Vorteil von Clomethiazol ist neben der sedierenden Wirkung auch die Hebung der Krampfschwelle, also die antikonvulsive Wirkung.

Erwünscht ist immer eine ausreichende Sedierung, die meist mit 6–8 Kapseln in den ersten 3 Stunden zu erreichen sein wird. Dann folgen in 2–3stündigen Abständen weitere Gaben von 2 Kapseln. Die Tageshöchstdosis liegt bei 20–24 Kapseln. Werden Dosen darüber erforderlich, so ist unbedingt intensivmedizinische Betreuung mit parenteraler Applikation erforderlich. Bei Dauertropfinfusion werden bis zum Auftreten eines schlafähnlichen Zustandes mit noch möglicher Weckbarkeit 60–150 Tropfen/min zugeführt. Nach Erreichen dieses schlafähnlichen Zustandes wird die Tropfgeschwindigkeit dann auf 10–20 Tropfen/min eingestellt und entsprechend angepaßt. in den ersten 6–12 Stunden können 500–1000 ml Lösung (entspr. 4–8 g) infundiert werden. Die Höchstdosis in den ersten 24 Stunden beträgt 12 – maximal 20 g, d. h. 1500–2500 ml der 0,8 %igen Lösung.

Das Absetzen von Clomethiazol erfolgt über 10 Tage hinweg ausschleichend nach Abklingen des Delirs. Abruptes Absetzen führt möglicherweise zu cerebralen Krampfanfällen. Gefahr bei Clomethiazol ist bei höherer Dosierung eine atemdepressive Wirkung sowie die oftmals auftretende stärkere Verschleimung (Gabe von Sekretolytika). Dauermedikation mit Clomethiazol von über 14 Tagen ist wegen des hohen Suchtpotentials zu vermeiden, ambulante Gabe kommt einem Kunstfehler gleich, Kombination von Clomethiazol mit Alkohol erhöht die atemdepressive Nebenwirkung. Clomethiazol ist kein Dauerschlafmittel und dient auch nicht der Prophylaxe gegen erneutes Trinken.

Da Clomethiazol die für die erhebliche Unruhe mitverantwortlichen optischen Halluzinationen nicht beseitigt, kann u. U. zwischen den Clomethiazolgaben Haldol® i. v. oder i.m. injiziert werden (3–10 mg). Wichtig ist immer eine kontinuierliche Applikation von Clomethiazol, da wegen der kurzen Halbwertszeit (4–6 Std.) eine zu rasche Dosisreduktion oft zu einer erneuten Exazerbation der Symptomatik führt.

Wichtig sind während der Clomethiazolgabe die intensive Überwachung der Vitalfunktionen, eine ausreichende Flüssigkeitszufuhr und Elektrolytsubstitution. Dies gilt vor allem für das **Delirium acutum** mit akuter Lebensgefahr. Hier ist dann auch die Gabe von Cortison erforderlich. Auslösende und komplizierende Erkrankungen (z. B. Pneumonien, Frakturen) müssen rasch mitbehandelt werden. Gelegentlich wird auch eine Digitalisierung erforderlich sein.

Dauer und Verlauf

Im allgemeinen dauert ein Delir zwei bis fünf Tage und klingt dann meist spontan ab, endet unbehandelt oft auch mit einem 6–30 stündigem Terminalschlaf. Fortgesetzter Alkoholkosum läßt ein Delirium tremens möglicherweise erneut auftreten.

In schweren Fällen folgt einem Alkoholdelir ein alkoholisches KORSAKOW-Syndrom.

Bis zur Einführung der Behandlung mit Hemineurin im Jahr 1958 (ROYER und RAUCOULERS) führte das Delir in 20 % der Fälle zum Tode. Heute noch sterben Patienten bei komplizierten Fällen an Herzkomplikationen oder an schweren Atemstörungen.

Nicht erklärbar ist die Feststellung, daß die Prognose bei Alkoholikern mit Delir besser zu sein scheint als bei Alkoholabhängigen ohne Delir.

8.4.2 Weitere psychische Folgen des Alkoholismus

Amnestisches Syndrom
Ein amnestisches Syndrom entwickelt sich häufig akut.

Leitsymptome sind
- Merkfähigkeitsstörungen und Beeinträchtigung des Neugedächtnisses
- Störung der Orientierung hinsichtlich Zeit und Ort
- Konfabulationen
- Euphorie.

Das amnestische Syndrom wird auch **Korsakow-Syndrom** genannt, wenn Konfabulationen das psychopathologische Bild bestimmen. Charakteristisch für dieses Syndrom ist die Trias

> Amnesie – Desorientiertheit – Konfabulationen

Andere Alkohol-Psychosen
Die beiden wichtigsten sind

- die **Alkoholhalluzinose**
- der **alkoholische Eifersuchtswahn**.

Alkoholische Wesensänderung
Bei dieser treten einzelne vorgegebene Persönlichkeitseigenarten stärker in den Vordergrund. Der Alkoholkranke erscheint wesensmäßig unharmonisch-entdifferenziert aufgrund der Stimmungsschwankungen und Antriebsstörungen, des verminderten Durchhaltevermögens, der mangelhaften Konzentration und der Beeinträchtigung des zielgerichteten Handelns, der Interessenverarmung und Einbußen an verläßlicher Kontinuität eigenen Handelns. Die Wesensänderung nimmt gewöhnlich zu und wird damit Teil der Depravation des Suchtkranken. Diese äußert sich in Kritik – und Urteilsschwäche, Unehrlichkeit, Verwahrlosung, Dissozialität und Kriminalität. Zur Wesensänderung gehören Dissimulations-, Bagatellisierungs – und Verleugnungstendenzen hinsichtlich der eigenen Trinkgewohnheiten, welche man mit mangelnder Krankheitseinsicht nur unvollkommen zu umschreiben versucht. Die folgenreichste Auswirkung der alkoholtoxischen Wesensänderung liegt im Bereich der zwischenmenschlichen und sozialen Bezüge, weshalb es sich hiebei um die schwerwiegendste Alkoholismusfolge überhaupt handelt.

Zur alkoholischen Wesensänderung führt die **alkoholtoxische Großhirnatrophie**. Dieser Prozeß schreitet schleichend progredient voran und wird computertomographisch nachgewiesen. Leitsymptom außer einer Wesensänderung ist eine zunehmende Demenz.

8.4.3 Halluzinosen in Zusammenhang mit Abhängigkeit

Halluzinosen beobachtet man bei
- Alkoholismus (akustische Halluzinosen)
- Halluzinogenen (meist optische Halluzinosen)
- Amphetaminabusus.

Die Alkoholhalluzinose ist eine rein akustische Halluzinose, wird also ganz von akustischen Sinnestäuschungen beherrscht, bei insgesamt erhaltener Bewußtseinlage. Gehört werden in der Regel kommentierende Stimmen von nicht anwesenden Personen. Oftmals beschimpfen und drohen diese Stimmen, begleiten das Tun und Handeln des Betroffenen. Mitunter versuchen sie, den Stimmen zu entfliehen, sperren sich im Zimmer ein und verbarrikadieren sich.

Beim Delir, aber etwas seltener auch beim chronischen Alkoholismus, bestehen auch optische, meist szenische Halluzinationen. Gelegentlich werden auch kleine Tiere, Insekten, kleine Figuren, mitunter auch Fäden und Spinnweben halluziniert. Bei den Halluzinogenen finden sich überwiegend optische Halluzinosen. Die Betroffenen sehen Farben, Funken, glitzernde Gegenstände, Schlieren und Farbstreifen.

Bei Amphetaminmißbrauch begegnet man gelegentlich taktilen Halluzinosen mit dem Gefühl berührt zu werden oder von Ungeziefer befallen zu sein.

Bei Halluzinogenen oder bei Amphetaminabusus findet man in allen Lebensaltern Halluzinosen, während die Alkoholhalluzinose meist nach einer starken Trinkperiode im mittleren Lebensalter auftritt. Bei Alkoholabstinenz verschwindet die Halluzinose innerhalb von Tagen; bei erneutem Trinken entsteht häufig ein Rezidiv. In 20 % der Fälle kommt es zur Chronifizierung der Halluzinose. Dies ist der Fall, wenn eine Halluzinose etwa sechs Monate anhält. Sie kann sich dann zwar noch abschwächen; mit einer Heilung ist jedoch nicht mehr zu rechnen.

8.4.4 Eifersuchtswahn und andere Wahnbildungen

Eifersuchtswahn findet sich gelegentlich beim chronischen Alkoholismus; in leichteren Fällen bestehen lediglich Eifersuchtsvorstellungen. Der Alkoholkranke wehrt aus psychodynamischer Sichtweise seine Schuld am eigenen Versagen ab und projiziert diese auf den Partner. Die meist grotesken Formen der Verdächtigungen lassen ein hohes Maß an Kritikschwäche erkennen.

In weit überwiegender Zahl handelt es sich bei Alkoholkranken mit Eifersuchtswahn um männliche Individuen bei alkoholbedingter Impotenz trotz vorübergehend gesteigerter Libido.

Durch die organische Wesensänderung bei chronischem Alkoholismus erfährt der Eifersuchtswahn eine Verstärkung.

Auch andere Abhängigkeitsformen führen zu Wahnentwicklungen, vorrangig
- chronischer Cocain-Konsum
- Amphetaminmißbrauch
- Entzugsstadien bei Benzodiazepin- und Barbituratabhängigkeit
- Halluzinogene, vorrangig beim Horrortrip.

Faktoren, die zur Wahnentwicklung führen, sind
- mißtrauische und enttäuschte Abwehrhaltung des Partners
- alkoholbedingte partnerschaftliche Zerwürfnisse
- Demütigungen und unerträgliche Schuldgefühle
- subjektiv beschämend empfundene sexuelle Insuffizienz
- gestörtes Verhältnis zur mitmenschlichen Umwelt
- Impotenz bei gesteigerter Libido.

8.4.5 Wernicke-Krankheit

Man spricht hier auch von **Wernickescher Enzephalopathie** oder von **Pseudoencephalitis haemorrhagica superior**. Es handelt sich um eine vor allem bei schwerem Alkoholismus vorkommende Erkrankung mit punktförmigen Blutungen und Wucherungen der Gefäßwandzellen im Bereich des Aquaeductus mesencephali sowie des III. und IV. Ventrikels, weniger in anderen Hirnabschnitten. Regelmäßig sind die Corpora mamillaria betroffen, die makroskopisch verkleinert und rostbraun verfärbt sind. Ursache ist vermutlich ein Thiamin-Mangel.

Als Vorboten beobachtet man gelegentlich über Wochen hinweg stundenweise anhaltende delirante Zustände sowie seltener Grand-Mal-Anfälle.

An Symptomen beobachtet man bei ausgeprägter Erkrankung
- zunehmende Bewußtseinstrübung
- in schwereren Fällen Bewußtlosigkeit bis zum Koma

- fast regelmäßig Horizontalnystagmus
- manchmal auch vertikaler und rotatorischer Nystagmus
- horizontale Blickparese und Augenmuskellähmungen
- Rumpfataxie
- zerebellare Sprachstörung
- Unsicherheit bei Zielbewegungen
- Störungen des Schlaf-Wach-Rhythmus
- Tachykardie
- bei schweren Fällen Entstehung eines Korsakowsyndroms, eventuell Exitus
- bei leichten Formen und in Fällen mit günstigem Verlauf folgenlose Ausheilung.

8.5 Irreversible Folgen des Mißbrauchs und der Abhängigkeit

Alkoholische Myokardiopathie
Diese zeigt sich mit Rhythmusstörungen und Herzinsuffizienz. Sie entsteht als Folge einer direkten toxischen Alkoholwirkung und zeigt sich bevorzugt bei Patienten zwischen dem 30. und 50. Lebensjahr.

Alkoholische Myopathien
Sie sind relativ selten und treten mit Muskelschwäche bei der chronischen Form und mit Muskelschmerzen und Muskelkrämpfen bei der akuten Form auf.

Akute Gastritis
Vorwiegendes Auftreten bei chronischem Alkoholismus durch toxische und direkte Wirkung größerer Alkoholmengen. Oftmals kombiniert mit gleichzeitiger Medikamenteneinnahme, häufig auch bei Abhängigkeit von Medikamenten allein, vor allem von Schmerzmitteln. Bei Alkoholismus zeigt sich gelegentlich Magenbluten; mitunter entwickelt sich ein sog. Mallory-Weiss-Syndrom.

Fettleber und Leberzirrhose
Vorkommen bei Alkoholismus und Medikamentenabhängigkeit. Die Patienten klagen bei Leberzirrhose über Müdigkeit, zeigen allgemeine Hinfälligkeit. Leitsymptome sind Gewichtsabnahme, sekundäre Leberhautzeichen, Gynäkomastie, Ikterus und Milzvergrößerung. Bei Fortschreiten kommt es zur hepatischen Dekompensation mit Aszites, Ödemen, Ösophagusvarizenblutungen und hepatischer Enzephalopathie mit flapping-tremor. Hepatitisformen können bei der Verwendung infizierter Injektionsnadeln bei Heroinabhängigkeit entstehen, ebenso wie die Übertragung des HIV-Virus.

Alkoholinduzierte hepatische Porphyrie
Bei der auch Porphyria cutanea tarda genannten Krankheit handelt es sich um die Folgen toxischer Alkoholwirkungen bei angeborenem latentem Enzymdefekt mit Auftretensgipfel um das 50. Lebensjahr. Neben den allgemeinen Beschwerden bei Leberschäden beobachtet man auch erosive und bullöse Läsionen an lichtexponierten Hautpartien.

Akute Pankreatitis und rezidivierende Pankreatitis
Von vier Pankreatitiden sind drei alkoholischer Natur. Mitverursachend sind Fehlernährung und konstitutionelle Faktoren. Der akuten Form geht meist ein Alkoholexzeß in Verbindung mit voluminösen Mahlzeiten voraus. Die Betroffenen klagen über gürtelförmige Abdominalschmerzen und Meteorismus. Leitsymptome sind die Facies abdominalis, Gitterzyanose, gastrointestinale Symptome. An Komplikationen zeigen sich Kreislaufinsuffizienz, Ileus, Pseudozysten, Pankreasabszesse, kryptische Niereninsuffizienz.

Chronische Pankreatitis und Pankreasinsuffizienz
Etwa 75 % der Fälle werden durch die toxische Wirkung des Alkohols verursacht. Die Patienten klagen über chronische, in den Rücken ausstrahlende Abdominalschmerzen, über Gewichtsabnahme und voluminöse Fettstühle.

Polyneuropathien

Diese werden ganz vorrangig durch langjährigen Alkoholmißbrauch verursacht. Bei dieser distal betonten Form sind die Achsenzylinder oder die Markscheiden der peripheren Nerven geschädigt. Es kommt zu spontanen Schmerzen in der Wadenmuskulatur, zu distal betonten, symmetrischen und strumpfförmigen Parästhesien und Gefühlsstörungen. Gestörte Tiefensensibilität führt zu Gangataxie. Die Muskeleigenreflexe sind herabgesetzt, ebenso wie die Kraft an distalen Muskelgruppen.

Zerebrale Krampfanfälle

Jeder epileptische Anfall sollte zunächst immer an die Folgen eines – unfreiwilligen – Medikamentenentzug oder an einen chronischen Alkoholismus denken lassen. Bei Alkoholentzug treten diese Anfälle meist innerhalb der ersten 5 Entzugstage auf, beim abrupten oder zu raschen Benzodiazepinentzug meist erst ab dem 8. Entzugstag.

Soziale Folgen der Abhängigkeit

Psychosoziale Folgen der Abhängigkeit sind das Ergebnis der toxischen Persönlichkeitsänderung und der vorgegebenen, meist neurotisch verdichteten Wesensstruktur. Diese verhängnisvolle Kombination verstärkt und verschärft bestehende Konflikte in den verschiedenen Lebensbereichen und bedingt neue schwerwiegende Lebensschwierigkeiten.

 Charakteristisch für eine lange und ausgeprägte Abhängigkeit ist die bereits erwähnte **Depravation**, der Verfall sittlicher und moralischer Verhaltensnormen der früheren Persönlichkeit.

Auch die chronische Zufuhr von Halluzinogenen und anderen psychedelischen Drogen bedingt eine irreversible Wesensänderung und somit psychosoziale Folgen negativer Art:

- Gefährdung partnerschaftlicher Beziehungen
- Zunehmende Bindungslosigkeit
- Vernachlässigung von Familie und Beruf
- Gefahr des sozialen Abstiegs bei Kündigung und beruflicher Herabstufung
- erhöhte Unfallgefahr, Führerscheinverlust
- finanzielle Einbußen
- Delinquenz mit strafrechtlichen und zivilrechtlichen Konsequenzen
- Handel mit Drogen, Verstoß gegen das Betäubungsmittelgesetz.

Das schlechte Gewissen wird durch jeden Konflikt verstärkt und damit zur Energiequelle für den Circulus vitiosus des sich selbst verstärkenden Krankheitsprozesses. Unumstritten entwickelt sich jeder Alkoholkranke über kurz oder lang zum neurotisierenden Faktor für Partner und Kinder. Alkohol wird als teratogene Noxe viel zu wenig beachtet. Schädigungen der Kinder durch übermäßigen Alkoholkonsum der Mutter werden mit dem Terminus **Alkoholembryopathie** umschrieben. Auch hier ergeben sich erhebliche psychosoziale Folgen und Belastungen für die Allgemeinheit. Wenn auch die Schädigung des Kindes überwiegend in der Embryonalzeit geschieht, so kann dennoch fortgesetzter Alkoholkonsum Schäden im ZNS des Foetus hinterlassen.

Die Kosten für die Allgemeinheit und der volkswirtschaftliche Schaden durch die verschiedenen Formen der Abhängigkeit sind erheblich.

9 Abnorme Erlebnisreaktionen, Neurosen, Persönlichkeitsstörungen

9.1 Abnorme Erlebnisreaktionen und andere Reaktionen

Hierunter versteht man heute vorwiegend eine akute und meist kurz dauernde inadäquate Reaktion auf einen bestimmten umschriebenen Konflikt mit konsekutiver Störung der Gesundheit. Die Bezeichnung wird jedoch oft uneinheitlich gebraucht. Für einige Autoren ist die „Erlebnisreaktion" ein Oberbegriff und Neurose ein Unterbegriff davon.

Der Begriff der „abnormen Erlebnisreaktion" wurde von der deutschen Psychiatrie geschaffen, während man heute doch eher von Neurose spricht. **Synonyma** sind:

- Konfliktreaktion
- psychogene Reaktion
- neurotische Reaktion
- Neurose
- psychoreaktive Störung
- abnorme seelische Reaktion
- neurotic disorder.

Strenggenommen sind Konfliktreaktionen die einfachste Form einer Neurose. Solche pathogenen Situationen lassen sich gewöhnlich in die frühe Kindheit zurückverfolgen.

9.1.1 Entstehungsbedingungen

Abnorme Konfliktreaktionen sind immer an äußere Belastungen gebunden. Dabei spielen für die Entstehung der Einfluß ambivalenter Einstellungen, intrapsychische Konflikte und charakteristische Dispositionen eine Rolle. In der überwiegenden Zahl der Fälle liegen die psychischen Alterationen in den Phasen der Kindheit. Bei der Entstehung abnormer Erlebnisreaktionen wie auch bei der Entstehung der Neurosen handelt es sich um komplexe Vorgänge, wobei eine Vielzahl dispositioneller und peristatischer Faktoren ineinandergreifen. Strenggenommen gibt es so viele Entstehungsweisen wie Einzelschicksale. Das Krankheitsgeschehen kann dem Bedürfnis dienen, vor sich und anderen das eigene innere Wesen in seiner Widersprüchlichkeit dramatisch und symbolisch darzustellen, ihm irgendwie Gestalt zu verleihen und es damit zu entwickeln. Ambivalenz und Verdrängung ins Unbewußte spielen dabei bedeutsame Rollen.

Bei vielen psychoreaktiven Krankheiten ist leicht festzustellen, daß sie einen bestimmten Zweck verfolgen und einen aktuellen Krankheitsgewinn zu erreichen versuchen.

Schwere Belastungen (massive körperliche und seelische Einwirkungen mit existentieller Bedrohung) sind nicht Entstehungsbedingungen abnormer Erlebnisreaktionen. Solche Einwirkungen führen allenfalls zu kurzfristigen Primitivreaktionen. In den Kriegs- und Nachkriegsjahren ließ sich keine Zunahme an neurotischen Erkrankungen beobachten. Zwar finden sich heute noch als Spätfolgen nach jahrelanger Konzentrationslagerhaft (sog. KZ-Syndrom/ Überlebendensyndrom) Mangel an Initiative, Durchschlafstörungen, Angstträume mit Wiederkehr der Angstsituationen, Angstgefühle am Tage. Weder Erlebnisreaktionen noch Neurosen sind aber als Spätfolgen solcher Erlebnisse anzunehmen.

Entlastungen spielen hier schon eine bedeutendere Rolle für die Entstehung abnormer Reaktionen. Pathogenetisches Agens ist dabei der plötzliche akute Wegfall einer zielgerichteten Anspannung, so z.B die Rückkehr aus Gefangenschaft, die Zeit nach bestandenem Examen, Antritt eines Urlaubs nach schwerer Arbeit. Der Mensch, der gelernt hat, Belastungen und Anstrengungen auf sich zu nehmen, glaubt nun, seine Rüstung ablegen zu müssen und ist deshalb in erhöhtem Maße verwundbar. Außerdem kann mit dem Wegfall einer permanenten Belastung eine Neubelastung beginnen.

Wie erwähnt, spielen konstitutionelle und *genetische Faktoren* eine nicht unerhebliche Rolle für die Entstehung, wobei aber *Umweltfaktoren* eine bedeutsamere Rolle zuzuweisen ist, ebenso wie *Familienkonstellationen* (sog. soziale Vererbung).

Hirnorganische Faktoren können ebenfalls eine Veränderung der Reaktionsbereitschaft bewirken und somit die Entwicklung abnormer Erlebnisreaktionen fördern. Ein zerebral vorgeschädigter Mensch ist weniger in der Lage, Lebenskonflikte zu bewältigen als ein hirngesunder; seine Konfliktbereitschaft wird erhöht und die Fähigkeit, Konflikte zu verarbeiten, eingeschränkt.

Ebenfalls von Bedeutung für die Entstehung abnormer Erlebnisreaktionen sind *soziale Faktoren*. Zwar sind die äußeren Lebensbedingungen in der Wohlstandsgesellschaft wesentlich erleichtert, jedoch steigt das Konfliktrisiko mit den erweiterten Möglichkeiten der Lebensgestaltung und bei einem größeren Maß an Freizügigkeit. Die Symptomatik hängt von der jeweiligen Lebensform der Gesellschaft ab, was sowohl bei transkulturellen Untersuchungen als auch durch Vergleiche zwischen Zeitabschnitten in einem Kulturbereich nachgewiesen werden konnte.

Entsprechend den psychologischen Lerntheorien wird die Symptomatik der abnormen Erlebnisreaktionen wie die der Neurosen als fehlerhaft geprägtes, erlerntes Verhalten angesehen (Fehlkonditionierung).

9.1.2 Formen

Abnorme Erlebnisreaktionen können die mannigfaltigsten Bilder zeigen; es kann zu hypochondrischen, paranoiden oder hysterischen, zu depressiven und aggressiven Reaktionen kommen, ferner zu reaktiven Erregungen und zu Primitivreaktionen. Nachfolgend einige ausgewählte Beispiele:

Abnorme Verlustreaktion

Man spricht auch von primärem Objektverlust, wobei dieser besonders in der oralen Phase eine große Rolle spielt, da bei Verlust der ersten Bezugsperson (Mutter) im frühesten Kindesalter ein psychischer Hospitalismus entstehen kann. Verlusterlebnisse im Erwachsenenalter führen zu trauriger Verstimmung. Ursachen sind beispielsweise Schicksalsschläge (Verlust von Verwandten, Kindern, Eltern) oder unüberwindbare Lebensschwierigkeiten (Berentung, Invalidität, Kündigung, finanzielle Verluste usw.). Oft ist die traurige Verstimmung im Verhältnis zum Anlaß überaus schwer ausgeprägt und hält manchmal auch über einen längeren Zeitraum hinweg an (längerdauernde depressive Reaktion).

Die traurig gedrückte Stimmungslage der abnormen Verlustreaktion sollte von der normalen Trauer und der neurotischen Depression abgegrenzt werden. Bei der normalen Trauerreaktion handelt es sich um ein erlebnisadäquates Verstimmtsein im Rahmen von betrüblichen Anlässen. Durch Trauerarbeit kann diese Traurigkeit überwunden werden, mit dem Erfolg, daß das „Ich" wieder frei und ungehemmt ist. Bei der abnormen Verlustreaktion mit trauriger Verstimmtheit ist die Trauer stärker und hält länger an. Die Ursache ist auf einen vorbestehenden Konflikt zurückzuführen. Die abnorme Verlustreaktion ist wohl mitunter deshalb so extrem, weil in die Beziehung unbewußte narzißtisch-infantile Wünsche oder Erwartungen eingehen. Diese sind jedoch wiederum nicht so stark, daß sie zu einer neurotischen Konfliktentstehung, also zu einer neurotischen Depression führen. Bei letzterer reichen die seelischen Konflikte weit zurück bis in die frühe Kindheit, die Konflikte bestanden schon vor dem Verlusterlebnis und bereits vor diesem war der Betroffene depressiv verstimmt. Das Verlusterlebnis ist bei der neurotischen Depression im Gegensatz zur depressiven Reaktion lediglich Auslösesituation.

Vielfach wird heute die abnorme Verlustreaktion mit der depressiven Reaktion gleichgesetzt. Jedenfalls ist sie aber abzugrenzen von der depressiven Neurose, gegen die endogene Depression und gegen die depressive Persönlichkeitsstörung.

Erschöpfungsreaktion

Hier spricht man auch von neurasthenischem Syndrom, vegetativer Dystonie, psychasthenischem Versagen, Neurasthenie und neurozirkulatorischer Dystonie.

Körperliche und seelische Überforderung, der ein bestimmter Organismus aus verschiedenen Gründen nicht gewachsen ist (z.B. Konstitution, Lebensgeschichte), sind die Ursachen dieser Erschöpfungs-und Versagenszustände. Je asthenischer eine Persönlichkeitsstruktur ist, umso eher tritt eine solche Reaktion auf. Andererseits können, wie oben erwähnt, schwerste psychische und physische Belastungen und Schicksalsschläge ohne Erschöpfungsreaktion ertragen werden. In Zeiten zielgerichteter Anspannung werden Belastungen leichter bewältigt, diesen oft wenig Beachtung geschenkt. Vermutlich wirkt eine andauernde Anspannung im Sinne einer Fluchtbereitschaft autoprotektiv.

Die Toleranzschwäche ist sicher nicht allein vom Ausmaß äußerer Belastung abhängig; denn schwere Belastungen werden im allgemeinen umso leichter als Überforderung empfunden und mit einer entsprechenden Erschöpfungsreaktion beantwortet, je weniger sinnvoll die Motivation ist. Einer sogenannten „Flucht in die Arbeit" folgt umso eher eine Erschöpfungsreaktion, als derartiges Arbeiten auf die Dauer nicht als sinnvoll erlebt werden kann.

An Symptomatik beobachtet man meist körperlich und seelisch eng miteinander verflochtene Erscheinungen wie Abgespanntsein, Leistungsinsuffizienz, rasche Ermüdbarkeit, Konzentrationsschwäche, reizbare Erschöpfung, Schreckhaftigkeit, Stimmungsschwankungen, Lustlosigkeit. Hinzu kommen zahlreiche psychovegetative Symptome wie Kopfschmerzen, Schwindel, Schlafstörungen, Fingertremor, Tachykardie, Obstipation oder Diarrhoe, Potenzstörungen, Gastritis. Man beobachtet meist jahrelange Verläufe über mehrere Stadien hinweg: neurasthenisches Prodromalstadium mit Reizbarkeit und rascher Ermüdbarkeit gefolgt vom psychosomatischen Stadium mit funktionellen Organbeschwerden und anschließendem depressiven Stadium mit ängstlich-unruhiger, stark vitalisierter Ausformung.

Eine charakteristische Konfliktquelle ist die Zweifach- oder Mehrfachbelastung, wie man sie öfters bei Frauen beobachtet, die einerseits den Haushalt und die Kinder versorgen müssen, andererseits auch noch aus finanziellen Gründen einer Erwerbstätigkeit nachgehen und womöglich auch noch ein krankes Elternteil pflegen müssen. Anfänglich scheinen für die Erschöpfungsreaktion ständige Überarbeitung und Schlafentzug verantwortlich zu sein; der Konflikt wird jedoch deutlich, wenn jede dieser Tätigkeiten nicht des Geldes wegen erstrebenswert erscheint, sondern aufgrund einer krankhaft anmutenden Zwiespältigkeit weder die eine noch die andere Arbeit aufgegeben werden kann. Zudem werden Versäumnisse in der Familie als schuldhaft empfunden. Überforderung – Konflikt – Erschöpfung – Verstimmung können sich auf diese Weise in einem Circulus vitiosus gegenseitig begünstigen.

Persönlichkeitsveränderungen als Reaktion unter Extrembelastung

Die Tatsache, daß noch so extreme äußere Belastungen im allgemeinen gesundheitlich toleriert werden, erfährt insofern eine Einschränkung, als bekanntlich aus rassistischen Gründen verfolgte Menschen oft nachhaltige psychische Störungen erleiden. Die Belastungssituation der Konzentrationslager führte bei einigen Häftlingen zu nachhaltigen psychischen Störungen (sog. KZ-Syndrom, Überlebenden-Syndrom). Extrembelastungen des KZ-Aufenthaltes sind nicht nur die lange Dauer, die schlechten hygienischen Verhältnisse, die Krankheiten und Mißhandlungen, die mangelhafte Ernährung bei Schwerstarbeit gewesen. Die ständige Todesfurcht, das Miterleben der Ermordungen von Bekannten und Verwandten, die Schikanen und die permanente Konfrontation mit Vernichtungsmaßnahmen führten zu weit tiefgreifenderen seelischen Schäden. Schlimmste Auswirkungen hatte wohl die absolute Entwürdigung der persönlichen Existenz.

Die Extrembelastung ergibt sich aus der totalen Sinn- und Wertberaubung der persönlichen und sozialen Existenz und der Unaufhörlichkeit des Unerträglichen.

Der Aufenthalt in den Konzentrationslagern führte aber nicht zu neurotischen Fehlhaltungen im herkömmlichen Sinn, sondern zu einer speziellen seelischen Schädigung, die als **KZ-Syndrom** bezeichnet wird. Strenggenommen handelt es sich um einen erlebnisbedingten Persönlichkeitswandel, bzw. um eine Umstrukturierung der Persönlichkeit mit Verbitterung, Verunsicherung und Resignation.

An Symptomen beobachtet man depressive Grundstimmung, permanente Leistungsschwäche, Initiativeverlust, Schlafstörungen, Angstträume und Ängste auch bei Tag, Gefühl der Überlebensschuld, massive Kontaktstörungen, Affektinkontinenz. Angst ist das Kernsymptom dieser Reaktion bei Verfolgten im mittleren und jungen Lebensalter, während sich bei älteren Menschen eher chronisch depressive Zustände zeigen.

9.1.3 Therapie

> Bei den abnormen Erlebnisreaktionen stehen im Vordergrund
>
> - psychotherapeutische Verfahren
> - Soziotherapie
> - Lebensstrukturierung (Freizeitplanung, Arbeitshygiene)
> - nur vorübergehend medikamentöse Intervention
> - Entspannungverfahren (z. B. Autogenes Training)
> - Kurmaßnahmen und Urlaub
> - Aufbau sozialer Kontakte.

Große Bedeutung kommt bei Erschöpfungsreaktionen einer Veränderung der Lebensführung zu. Eine krankheitsfördernde Lebensweise bedarf der Korrektur, wobei hier in schweren und rezidivierenden Fällen verhaltenstherapeutisches Vorgehen indiziert erscheint. Auch eine stützende Gesprächstherapie zeigt oft gute Erfolge. Bei schweren vegetativen Erscheinungen ist meist eine Herausnahme aus dem konflikt-trächtigen Umfeld erforderlich (Urlaub, Kur, Krankschreibung).

Soziotherapeutische Maßnahmen sind mit dem Ziel der Wiedereingliederung und der beruflichen Rehabilitation in schwereren und hartnäckigen Fällen erforderlich. Besonders wichtig ist in diesem Rahmen der Aufbau eines stabilen sozialen Umfeldes. Vertraute Gesprächspartner spielen hier oft eine wichtige Rolle.

Durch Extrembelastungen hervorgerufene Depressionen und Angstzustände sind meist nur schwer zu beeinflussen. Medikamente sind nur in akuten Fällen und nur für kurze Zeit sinnvoll. In Frage kommen hier vorrangig Tranquilizer, eventuell auch sedierend wirkende Antidepressiva bei Schlafstörungen.

9.2 Allgemeine ✓✓✓ Neurosenlehre

Neurotischen Strörungen begegnet man überaus häufig, und schon allein deshalb, sowie wegen der teilweise erheblichen sozialen Auswirkungen stehen sie im Vordergrund bei den psychischen Krankheitsbildern. Sie spielen in der allgemeinen Medizin eine größere Rolle als Psychosen und Erkrankungen des ZNS mit psychischen Symptomen.

Bei den einfacheren psychoreaktiven Störungen kennt der Kranke manchmal die wesentlichen Ursachen (Überanstrengung, Verlust eines Partners usw.). In vielen Fällen aber sind ihm die Zusammenhänge seiner Störungen mit seinen Erlebnissen und seiner inneren Lage keineswegs bewußt. Vielfach kennt er nicht einmal mehr die affektbetonten Vorgänge, die bei der Auslösung seiner Störung von Bedeutung waren. Der Kranke erlebt die Störungen in seinem Bewußtsein meist in gleicher Form wie eine körperliche Krankheit.

Neurosen entwickeln sich im Zusammenhang mit dem Erleben von Vorgängen in der Umwelt oder im Erleben von inneren Trieben und Bedürfnissen, die dem Bewußtsein unerträglich sind; denn alles, was dem Bewußtsein nicht erträglich ist, wird aktiv vergessen, d.h. verdrängt. Keinesfalls sind aber die Schwierigkeiten durch die Verdrängung überwunden, und aus dem Unbewußten heraus können verdrängte Inhalte weiterwirken, können störend und quälend werden.

Die Ursache einer Neurose ist immer ein Konflikt. Ein solcher kommt dann zustande, wenn in einem Menschen zwei Strebungen von vitaler Bedeutung widersprüchlich und unvereinbar auftreten und somit ein Entscheidungsdruck entsteht, was aber dem Betreffenden eben unbewußt bleibt. Neurotische Verhaltensweisen sind also Zeichen eines unbewußten intrapsychischen Konfliktes, bei dem die Ambivalenz eine erhebliche Rolle spielt. Fühlt man sich beispielsweise gedrängt, gewaltsam und kämpferisch Höchstleistungen zu erringen, und will einen eine Angst daran hindern, so muß man entweder das Geltungsbedürfnis oder die Angst ignorieren und verdrängen, womit Voraussetzungen für eine neurotische Entwicklung geschaffen werden.

Die Ambivalenz, die innere Zwiespältigkeit also, spielt bei der Entwicklung von Neurosen die wichtigste Rolle. Beim neurotischen Konflikt liegt eine innere Zerrissenheit vor. Durch äußere Einflüsse und Erlebnisse wird der Konflikt verschlimmert, weil diese nach einer klaren Entscheidung verlangen. Wegen der inneren Zerrissenheit ist jedoch eine klare Entscheidung nicht herbeizuführen.

Man nimmt heute an, daß sowohl angeborene (z.B. konstitutionelle Disharmonien, psychische Disharmonien) als auch erworbene Ursachen eine Rolle spielen. Im Vordergrund stehen hierbei aber letztere; denn Zerrissenheit in den persönlichen Strebungen hat häufig Zusammenhänge mit Zerrissenheit des Erlebens, vor allem auch des Erlebens schon in frühester Kindheit. So reichen denn auch neurotische Fehlentwicklungen meist bis in die frühe Kindheit zurück. Besonders ungelöste Konflikte aus dem Kindesalter können auch im reiferen Alter für die Entstehung von Neurosen von Bedeutung sein. Nach FREUD sind vor allem Störungen der Eltern-Kind-Beziehung infantile Wurzeln der Neurose. So können Verwöhnung, ein Zuwenig an Anforderungen, Fixierung und Fesselung an die Eltern durch überfürsorgliche Betreuung und Behütung i.S.e. „overprotection" und ein Mangel an Versagungsreizen ebenso pathogen wirken wie Überforderung, zu große Strenge und Härte, zerbrochene Familienstrukturen (sog. „broken-home-Situationen") und frühkindliche Deprivation (Heimkinder) mit emotionalen Mangelsituationen.

▶ **Beispiel:** Ein Kind wird einige Jahre von der leiblichen Mutter, dann von einer Stiefmutter aufgezogen, wobei beide verschiedene Erziehungsmethoden und Lebensauffassungen haben; zudem ist das Wesen beider Frauen gegensätzlich.

▶ **Beispiel:** Eltern geben sich nach außen als fromme und überaus korrekte Bürger und drängen die Normen auch dem Kind auf; andererseits ist die Mutter heimlich eine Prostituierte und der Vater ein heimlicher Trinker.

Aus letzterem Bespiel wird deutlich, daß auch große Spannungen bei den Eltern hinsichtlich der gelehrten Moral und der tatsächlichen Lebensführung neurosebegünstigend wirken können, ebenso wie unüberbrückbare Gegensätzlichkeiten zwischen beiden Elternteilen oder zwei Müttern.

Das bewußte Ich-Empfinden wird durch die Integration vieler Einzelstrebungen zu einem Ganzen gebildet. Die Einzelstrebungen können sich aber auch einzeln geltend machen, und dies ist gerade beim neurotischen Menschen im Übermaß und in krankhafter Form der Fall. Eine überwertige Vorstellung als Einzelstrebung setzt sich bei ihm in störendem Ausmaß durch. Seine Persönlichkeit wird nicht zu einem harmonischen Gefüge; vielmehr setzt sich irgendeine Einzelstrebung, die im Widerspruch zur Gesamthaltung steht, als neurotische Störung durch.

Zwar hat der größere Teil der neurotischen Menschen durch die Krankheit Vorteile i.S.e. **Krankheitsgewinns**; insgesamt gesehen ist dies jedoch eine schwere Aufgabe, um den Gewinn zu erreichen.

Auf Grund der umfangreichen Arbeiten von S.FREUD glaubte man längere Zeit die Wurzeln der Neurosen vorwiegend in der kindlichen Sexualität verankert. Nach neuerer Auffassung spielt die kindliche Sexualität zwar eine bedeutsame Rolle, jedoch müssen zahlreiche andere Trieb- und Interessenssphären genauso berücksichtigt werden. Nahezu alle Triebe, Strebungen und Interessen können bei neurotischen Entwicklungen beteiligt sein.

Mit Sicherheit wirken sich bei der Entwicklung von Neurosen nicht nur aktuelle Konflikte des Erwachsenen, sondern weit mehr die ungelösten Konflikte aus der Kindheit aus. FREUD hat versucht, die infantilen Wurzeln der Neurosen wissenschaftlich zu klären; seiner Ansicht nach handelt es sich dabei – wie oben erwähnt – überwiegend um psychische Traumen bei gestörter Eltern-Kind-Beziehung.

In den verschiedenen kindliche Phasen können unterschiedliche kindliche Konflikte entstehen. Schwierigkeiten im Leben des Erwachsenen können dadurch neuroseerzeugende Bedeutung erhalten, wenn sie an eben jene frühkindliche Konflikte erinnern.

▶ **Beispiel:** Eine Frau mit großem Schutz- und Anlehnungsbedürfnis kann dieses an einem selbstunsicheren und hilflosen Ehemann nicht zufriedenstellen; dieser Konflikt gewinnt insofern an Bedeutung, als sie sich unterbewußt erinnert, daß auch ihr Vater sie als Kind Mitmenschen gegenüber nicht in Schutz nahm.

In einer symbolhaften Form wird das neurotische Symptom den unbewußten, aber weiter wirkenden kindlichen Wünschen und Ängsten gerecht: Entspricht der Ehemann einer Frau nicht dem männlichen Idealbild, das sie am Erleben ihres Vaters erwarb, so kann dies zu einer Störung des Sexualempfindens dieser Frau führen. Ähnliches kann sich aber auch dann entwickeln, wenn die Frau ihren Mann unbewußt mit ihrem Vater gleichsetzt und dadurch erhebliche Hemmungen (Angst vor Inzest) in das eheliche Sexualleben hineinträgt.

> Nach **psychoanalytischer Theorie** sind neurotische Symptome
>
> - unteroptimale Lösungen für intrapsychische Konflikte
> - Kompromißlösungen von Impuls mit Abwehr
> - Symptome, die in Versuchungs- und Versagungssituationen ausgelöst werden
> - Symptome, die auch in Form nahezu normal aussehender Handlungen auftreten können (Agieren).

Störungen in der psychischen Entwicklung des Kindes werden besonders anschaulich, wenn man sich dabei an die von der Psychoanalyse beschriebenen **Phasen der kindlichen Triebentwicklung** hält. Bereits FREUD hielt diese Phasen der psychosexullen Entwicklung schon deshalb für außerordentlich wichtig, weil er dem Entwicklungsstand, in dem sich ein Kind zur Zeit einer Belastung durch Konflikte oder Traumen befindet, eine Bedeutung für Thematik und Art der späteren Neurose beimaß. Den biologisch-psychosozialen Entwicklungsschritten in den Infantilphasen, in der Latenz-, Pubertäts- und Adoleszentenphase kommt eine besondere Bedeutung in der Charakterbildung zu.

Orale Phase (1.–3. Lebensjahr)

 Die Mundzone ist das zentrale Organ; im Mittelpunkt steht die Nahrungsaufnahme, mit anderen Worten: Triebbefriedigung und Lustgewinn durch Saugen. Neben der Ernährung ist vor allem die Pflege, Fürsorge und Zuwendung der Mutter wichtig, und ein Verlust dieser Bezugsperson in der oralen Phase kann sich durchaus verhängnisvoll auswirken. Man spricht von „primärem Objektverlust". So kann es bei mangelhafter oder inkonsequenter Erfüllung emotionaler Bedürfnisse des Säuglings zu schwerwiegenden Störungen der Entwicklung kognitiver und emotionaler Fähigkeiten sowie des Identitätsgefühls kommen. Nur durch die Mutter-Kind-Beziehung ist die Entstehung eines naiven Grundvertrauens (Urvertrauen) möglich, was für die Entwicklung des Selbstgefühls entscheidend ist.

In der oralen Phase finden folgende wichtige Entwicklungsschritte statt:

- Motorik und Wahrnehmung
- Differenzierung von Gesichtern
- Selbst- und Nichtselbst-Unterscheidung
- Urvertrauen und Urmißtrauen
- Trennungstoleranz (bzw. Trennungsempfindlichkeit).

In der oralen Phase bildet sich die Grundhaltung des Charakters. Daraus lassen sich auch die Identitätsstörungen und Charakterstörungen erklären, die durch Versagungen im 1. Lebensjahr entstehen können. Daneben kann auch die Ursache psychosomatischer Krankheiten durch Alterationen in der oralen Phase begründet sein (z.B. Magersucht, Fettsucht, Magen-Darmgeschwüre usw.).

Typische psychische Folgen von Störungen in der oralen Phase
- mißtrauische Grundhaltung
- Sexualstörungen
- Störungen der Mütterlichkeit
- Antriebsstörungen und Autismus
- Syndrom des psychischen Hospitalismus
- depressive Verstimmungen
- exzessive autoerotische Betätigungen
- Suchterkrankungen.

Anale Phase (2.-3. Lebensjahr)

> 💡 Das Kind erlebt zunehmend die Ausscheidung, und Lustempfindungen sind an die Ausscheidungsorgane und -prozesse gebunden. Aufgrund der Beachtung der Ausscheidungsfunktionen durch die Erwachsenen gewinnt das Kind selbst Interesse daran. In dieser Phase entwickelt sich neben der Problematik der Reinlichkeit und Ordnung auch die Problematik des Habens und Nichthabens, ferner die Problematik des Gebens und Nehmens, der Selbstbestimmung gegen Fremdbestimmung, Selbstbeherrschung gegen Sichgehenlassen, Ordnung/Sauberkeit gegen Unordnung/Unsauberkeit. Es finden also die wesentlichen Schritte der Körperbeherrschung statt. Typisch für diese Zeit ist die **Trotzphase**. Hier wird die Grundlage für Beherrschung von Trieben und Gefühlen gelegt („ES-Kontrolle").

Übertriebene Sauberkeitserziehung oder sehr strenges Erziehen stören die Entwicklung des Kindes, indem Aggressivität und Frustrationsgefühle hervorgerufen werden. Häufige Verhaltensstörungen mit Entstehung in dieser Phase sind Nachtangst, Phobien, Enuresis, Stottern. Passives und initiativloses Verhalten tritt auf, wenn die Trotzphase mit Gewalt gebrochen wurde und Übergefügigkeit zu erreichen versucht wurde.

Die anale Phase ist die Quelle der Zwangscharaktere; pedantische und zwanghafte Charakterzüge wurzeln in diesem Lebensabschnitt.

Ödipale Phase (Phallische, infantilsexuelle Phase, 4.–7. Lebensjahr)

> 💡 Hier finden sich Rivalität gegen den gleichgeschlechtlichen Elternteil und Ambivalenz gegen die Eltern, Entdeckung der Genitalien, Kastrationskomplex, Ödipuskomplex.

> Ab dieser Zeit will das Kind nun nicht mehr nur gepflegt, sondern auch anerkannt werden. Der Junge sucht seine Mutter, haßt und fürchtet den Vater als Rivalen. Da beide Gefühle, Liebe und Haß, jedoch ambivalent sind, fühlt sich der Junge gleichzeitig von der Mutter enttäuscht und bewundert den Vater.

Unter **positiv-ödipaler Situation** versteht man eine triadische Beziehung, in der das Kind um den gegengeschlechtlichen Elternteil wirbt und mit dem gleichgeschlechtlichen rivalisiert. Die positive Ödipuskrise enthält beim Jungen eine erotisch-sexuell gefärbte Haltung gegenüber der Mutter. Diese Haltung hat Enttäuschung zur Folge, aber auch Bewunderung gegenüber dem Vater und zugleich Eifersucht. Bei passiv-femininer Einstellung dem Vater gegenüber spricht man von **negativer Ödipuskrise**, wobei dann die Mutter Konkurrentin ist.

▶ **Beispiel:** Seit einigen Tagen erweist ein 5-jähriger Junge seinem Vater eine Reihe von Diensten: er bringt ihm unaufgefordert seine Pfeife, holt ihm seinen Mantel, wenn er aus dem Haus geht etc. Schließlich erklärt er: „Wenn Mutti wieder zur Oma reist, braucht sie nicht wiederzukommen, ich koche dann für dich."

Entsprechend der psychoanalytischen Theorie handelt es sich in diesem Fall um eine **negativ-ödipale Konstellation (negative Ödipuskrise)** und man bringt diesen Sachverhalt mit passiver Homosexualität in Zusammenhang.

Nach der Entdeckung, daß ihnen der Penis fehlt, können Mädchen mit einem sogenannten *Penisneid* reagieren, während Jungen in Zusammenhang mit ödipalen Wunschphantasien und Bestrafungsbefürchtungen unter Umständen einen sogenannten *Kastrationskomplex* aufbauen können. Dabei gibt oft eine erziehende Person den ersten Anstoß für diese Angstentwicklung, indem sie dem Knaben direkt androht, er werde als Strafe (z. B. die Onanie) seinen Penis verlieren. Zu einer lebhaften Steigerung der Kastrationsangst kommt es aber vor allem dann, wenn der Knabe irgendwann die Entdeckung macht, daß ein Mädchen tatsächlich keinen Penis hat (vermutlich, weil sie die Kastration bereits erlitten hat). Die Angst steigert sich nun dahingehend, daß auch er das gleiche Schicksal bald erleiden muß. Wird die Angst des Jungen nicht überwunden, stellen sich später häufig Potenzstörungen ein, und der Anblick der penislosen Frau mobilisiert ständig erneut die alte Angst. Eine verstärkte passiv-feminine Einstellung hat häufig zur Folge, daß sich der Knabe endgültig mit der Kastration abfindet und um sich der Angst, vom Vaterrivalen aus Rache kastriert zu werden, zu entledigen, gibt er seine männlich-sexuellen Wünsche auf und setzt den Wunsch an ihre Stelle, ein weibliches Genitale zu besitzen und wie die Mutter vom Vater geliebt zu werden. Mitunter ergibt sich dabei das Gefühl, daß der Penis real verlorengegangen ist; diese Einstellung gipfelt im Kastrationswunsch, und man spricht vom „femininen Masochismus". Dieser geht mit lebhaften Minderwertigkeitsgefühlen einher und lähmt die männliche Tatkraft.

Andererseits kann die Überwindung der Kastrationsangst zu einer stolzen Verachtung der Frau führen; sie wird dann als minderwertig eingestuft. Dies kann später dazu führen, daß der Mann, der dieser Einstellung verhaftet ist, seine Geringschätzung in sexueller Bedenkenlosigkeit gegen die Frau demonstriert. Jedoch verrät ein übersteigerter phallischer Stolz, daß sich der Knabe und Mann nur mühsam und deshalb überschießend einer unbewußt noch vorliegenden Kastrationsangst zu erwehren versucht.

Beim Mädchen, das zunächst den Penismangel zur Kenntnis nimmt, kann sich der „Kastrationskomplex des Mädchens", der sogenannte Penisneid entwickeln. Das Mädchen nimmt an, es habe den Penis als Strafe für die Onanie verloren und fühlt sich außerdem von der Mutter benachteiligt, da diese es ohne männliches Glied geboren hat. Einige Zeit lang nimmt das Mädchen an, der Penis werde noch nachwachsen, sieht sich dann aber in dieser Erwartung getäuscht. Wird der Peniswunsch nicht aufgegeben, so bleibt ein Minderwertigkeitsgefühl zurück, was schwere Folgen hat, wenn das Kind bereits früher entsprechenden Enttäuschungen ausgesetzt war, „zu kurz gekommen" zu sein. Lehnt sich das Mädchen dagegen auf, dann bildet sich ein Männlichkeitskomplex aus, wobei das Mädchen die verschiedensten männlichen Wesenszüge annimmt und später als Frau keine volle sexuelle Befriedigung erlangen kann. Wenn das Mädchen hingegen den Penisneid aufgeben kann und sich bei ihm die Überzeugung bildet, den Penis durch ein Kind ersetzen zu können, dann ist die Voraussetzung für eine befriedigende weibliche Identitätsfindung gegeben.

Der Ödipuskomplex ist durchaus „physiologisch", und lediglich sein Persistieren infolge einer gestörten weiteren Entwicklung (konflikthafte Elternbeziehungen mit Frustration, Angst, Aggression) ist als abnorm oder pathogen anzusehen. Beim Ödipuskomplex handelt es sich um den Prototyp eines Ambivalenzkonfliktes in den zwischenmenschlichen Beziehungen.

Latenzzeit (Ruhephase, 7.–12. Lebensjahr)

In diesen Zeitraum fällt der erste Gestaltwandel in Form der körperlichen Streckung. Die infantil-sexuellen Strebungen treten in dieser Zeit zurück. Das Kind ist allmählich in der Lage, Kausalzusammenhänge zu erkennen und wenigstens teilweise Realität und Irrealität voneinander zu unterscheiden. Das Gefühl für Ausdehnung, Maß, Material, Raum und Zeit wird in der Zeit zwischen dem 7. und 12. Lebensjahr gebildet. Im allgemeinen ist dieser Zeitraum weniger anfällig für psychische Alterationen; allerdings können aufgrund schulischer Probleme depressive Verstimmungen auftreten.

Pubertät (14.–18. Lebensjahr)

Dieser biologische Einschnitt im Leben des Menschen bedingt eine Großzahl von Problemen. Dies trifft vor allem für hochzivilisierte Gesellschaften zu, da sich dort die psychosoziale

Situation des Heranwachsenden nicht gleichzeitig und in entsprechender Weise ändert. In diesen Lebensabschnitt fällt auch der zweite Gestaltwandel. Jetzt erst beginnt sich allmählich das abstrakte Denken zu entwickeln, und der Jugendliche wird in seinem Denken immer unabhängiger von der direkten unmittelbaren sinnlichen Anschauung. Jedoch nicht nur bezüglich der Sexualbetätigung, sondern auch ganz allgemein bleibt dem Jugendlichen der Zutritt zum Erwachsensein noch längere Zeit verschlossen. Endgültig vollzieht sich der Zutritt zur Erwachsenenwelt im dritten Lebensjahrzehnt.

Charakteristisch für die Pubertät ist die stark zunehmende, hormonell ausgelöste Triebspannung und außerdem die phasenspezifische Labilität des Gefühlslebens. Sehr leicht können sich in dieser Zeit neurotische und psychotiforme Verhaltensweisen herausbilden. Allerdings hat der Mensch in dieser Zeit noch einmal die Chance, alte Kindheitskonflikte zu lösen und sich somit dieser zu entledigen. Gelingt ihm dies nicht, kommt es zu einer Manifestierung der Fehlhaltung.

Typische Erkrankungen dieses Entwicklungsabschnittes sind die **psychogene Magersucht (Anorexia nervosa)**, die **Bulimie** sowie die **Bulimarexie**, ferner die **psychogene Fettsucht**. Vereinzelt beobachtet man psychische Erkrankungen ähnlich denen von Erwachsenen aufgrund psychosexueller Reifungsprozesse, aber auch phasisch verlaufende Depressionen, die denen Erwachsener gleichen. Emotionale Labilität und verschärfte Auseinandersetzung mit der Umwelt führen zum typischen sogenannten Weltschmerz (reversible depressive Reaktion). Einen Beitrag zur psychischen Veränderung in diesem Lebensabschnitt leisten auch das Längenwachstum, Labilität von Kreislauf und Nervensystem und die Ausbildung der sekundären Geschlechtsmerkmale.

Adoleszenz (20.–30. Lebensjahr)

Hier kommt es zum Beginn der Zielsetzung, zur Selbstbestimmung und zur Übernahme von Verantwortung. Der Grundstein hierfür wird bereits in der Pubertät gelegt, Entwicklung und Ausbau dieser Fähigkeiten ist typisch für diesen Abschnitt des Lebens. In der Adoleszenz kommt es jedoch nicht selten zu Überforderungssituationen, und auch hier wird ein charakteristisches „Weltschmerzsyndrom" beobachtet, ähnlich dem der Pubertät. Immer häufiger begegnet man heute der sogenannten **Adoleszentenkrise**, die gekennzeichnet ist durch Depressionen mit Suizidalität, Arbeitsunlust, Antriebslosigkeit, Zukunftsangst, Aggressivität und Ablehnung der Gesellschaftsnormen.

Folgen der Asynchronie körperlicher und psychischer Reifung

Im allgemeinen erfolgt die körperlich-biologische Reifung früher als die Sozialisation. Die körperliche Reife ist sozusagen vorverlegt. Dies gilt zumindest für das heutige Industriezeitalter; denn in den vergangenen Jahrhunderten galten junge Menschen früher als erwachsen. So konnten Mädchen im 13. Jahrhundert bereits mit zwölf Jahren eine rechtsgültige Ehe schließen. Etwa im gleichen Alter begann man damals, Medizin zu studieren. Keine Seltenheit waren zu damaliger Zeit Professoren unter 20 Jahren. So konnte man noch zur Goethezeit bereits mit 14 Jahren Volksschullehrer werden.

Heute besteht Disharmonie von Sozialisation und biologischer Reife, was psychopathologische Störungen begünstigt. In den meisten Fällen ist die körperliche Reife im Alter von 12 Jahren abgeschlossen, Heirats- und Berufsfähigkeit jedoch bestehen erst einige Jahre später. Die Folge sind Fehlanpassungen, die man typischerweise bei den Naturvölkern kaum beobachtet. Dort nämlich sind Rechte und Pflichten in der Gemeinschaft eng mit der Geschlechtsreife verknüpft. Asynchronie von körperlicher und psychischer Reifung ist also in ihrem Ausmaß abhängig von der jeweiligen kulturellen Gesellschaft. In Kulturen mit geringer Asynchronie sind Fehlanpassungen deutlich seltener.

Psychosoziale Abwehr und Neurosenübertragung

Folgen der Externalisierung intrapsychischer Konflikte sind die psychosoziale Abwehr sowie die Familien- und Gruppenneurosen. Relativ häufig beobachtet man, daß Neurotiker ihre unbewältigten Konflikte durch raffiniert entwickelte psychosoziale Abwehrsysteme auf Lebenspartner abwälzen. Dies ist vor allem bei langdauerndem Zusammenleben der Fall. Der Lebenspartner wird dann gezwungen, die eigene vermiedene Symptomatik auszutragen. Individuen, die ihre Konflikte in der Gesellschaft nicht direkt ausleben können, greifen unbewußt zum Mittel der *psychosozialen Abwehr*. So verführt beispielsweise ein im Zugreifen Gehemmter seine eigenen Kinder zum Stehlen und bestraft sie anschließend.

▶ **Beispiel:** Ein aggressionsgehemmter, überkorrekter, in seinem Verhalten wenig flexibler Mann heiratet eine impulsive, emotional spontane und wenig selbstkontrollierte Frau. Die Analyse ergibt, daß eine seiner wichtigsten Motivationen für diese Partnerwahl war, daß er in der Identifikation mit seiner Frau einiges ihm „Unerlaubte" oder „Unmögliche" miterleben kann, während er gleichzeitig auch dieses Verhalten kritisieren darf.

Der Symptomträger ist in einer solchen neurotischen Gruppe meist nicht der Gestörteste, und die als Konfliktquelle fungierende Person, also der eigentliche Neurotiker bleibt meist infolge von Symptomlosigkeit im Hintergrund und weitestgehend unauffällig.

Durch psychosoziale Abwehr können selbst größere Gruppen quasineurotische Struktur gewinnen. Auf einer solchen Basis können sich in Familien starre neurotische Gruppenmechanismen ausbilden, die in der gruppendynamischen Struktur in etwa so geformt sind wie die intrapsychische Dynamik einer Neurose. Typisches Beispiel einer Familienneurose ist die *Anorexia nervosa* mit der Patientin als Symptomträgerin.

Abwehrformen und Abwehrmechanismen

 Durch Abwehrmaßnahmen kann eine Entlastung erreicht werden, wenn Konfliktspannungen so groß sind, daß sie die Tragfähigkeit des Betroffenen übersteigen. Abwehrmechanismen sind Abwehrformen, die immer wieder und sehr oft in ähnlicher Weise auftreten und zwar überwiegend automatisch ohne bewußte Steuerung.

Nachfolgend nun die wichtigsten Mechanismen der Abwehr:

Verdrängung: Das Individuum verdrängt Impulse, die mit dem Gesamterleben nicht zu vereinbaren sind, in den Bereich des Unbewußten. Dabei wird der Triebanspruch verdrängt. Durch das Verdrängen ist zwar die Strebung unbewußt, jedoch nicht unwirksam geworden. Dies wird deutlich in Träumen, Durchbrüchen der verdrängten Wünsche und Fehlhaltungen, ferner in körperlichen und seelischen Gesundheitsstörungen bzw. Störungen des Verhaltens. Neurotische Bedeutung kommt der Verdrängung dann zu, wenn ein zu einer anderen Strebung im Widerspruch stehendes vitales Bedürfnis unintegrierbar ist und durch Verdrängung unbewußt gemacht wird. Dieses Bedürfnis findet dann in einem Symptom seinen Ausdruck. Verdrängung ist der typische Abwehrmechanismus des Phobikers.

Verleugnen: Davon spricht man, wenn etwas schwer Akzeptierbares (z. B. ein körperliches Gebrechen) nicht wahrgehabt werden will und eventuell mit inkonsequenten, unlogischen Argumenten wegdiskutiert wird. Typisch ist dieser Vorgang bei Patienten nach einem Herzinfarkt („Flucht nach vorne").

Isolierung: Hierbei handelt es sich um das isolierte Verdrängen von Affekten und Gefühlen aus dem seelischen Gesamtgeschehen. Dieser Vorgang ist von Bedeutung bei der Entstehung der Zwangsneurose. Nach FREUD ist das Erlebnis nicht vergessen, aber von seinem Affekt entblößt, und seine assoziativen Beziehungen sind unterdrückt oder unterbrochen, so daß es wie isoliert dasteht und auch im Verlauf der Denktätigkeit reproduziert wird. Das Individuum ist durchaus in der Lage, über seinen, die Angst hervorrufenden Konflikt zu sprechen; denn der zugehörige Affekt ist abgekoppelt. Dies auch der Grund, warum Zwangsneurotiker sachlich über ihren Zwang sprechen können.

Verkehrung: Hierunter versteht man eine Abwehrmaßnahme, bei der ein Sachverhalt ins Gegenteil „gekehrt" wird. Dies ist der Fall, wenn Aggressionen gegen einen Menschen in ein Verhalten der Überfürsorglichkeit umschlagen, da die aggressiven Gefühle als unerlaubt erlebt und daher verdrängt werden. Dies ist der Fall bei extrem behütendem und verwöhnendem Verhalten der Mutter gegenüber einem unerwünschten Kind.

Projektion: Eigene Vorstellungen und Impulse werden unbewußt auf einen anderen Menschen verlagert. An diesem werden dann die tatsächlich vorhandenen oder vermeintlich angenommenen Regungen wahrgenommen und unter Umständen auch kritisiert. So beruht das Phänomen des „Sündenbocks" auf dem Abwehrmechanismus der Projektion, bei der eigene unbewußte Fehler und Versäumnisse bei einer anderen Person gesehen, kritisiert und sanktioniert werden. Um das eigene ICH reinzuhalten und gefährliche Impulse abzuwehren, werden unerträgbare Regungen als von außen kommend erlebt und auf Mitmenschen projiziert. Werden aggressive Impulse projiziert, kann es auch zu Verfolgungsideen kommen; bei Projektion sexueller Impulse kann ein Liebeswahn entstehen. Individuen, die selbst starke sexuelle Impulse aufweisen, empfinden andere als sexuell aufdringlich. Um eine typische Projektion handelt es sich, wenn ein Patient verspätet zur Therapiesitzung kommt und die Befürchtung äußert, der Therapeut habe diesmal wenig Lust, ihn zu sehen.

Ungeschehenmachen: Hier setzt das Individuum Gedanken, Wünsche oder Triebimpulse mit Handlungen und Tätigkeiten gleich. Durch diese versucht es dann, vermeintlich abnorme Phantasien wieder rückgängig zu machen. Dies äußert sich in rituellen Handlungen.

Regression: In diesem Fall kommt es zu einer Rückverlagerung der Libido auf frühere psychische, meist kindliche Entwicklungsstufen. Typisch hierfür ist die *Hyperphagie*, die der Beseitigung von Konfliktängsten dienen soll. Um Regression handelt es sich beispielsweise, wenn ein höherer Beamter nach der Pensionierung zunehmend unselbstständig wird und seine Interessen nurmehr auf Nahrungsaufnahme und auf die Ausscheidungsvorgänge verlagert, ohne daß mnestische Störungen oder organische Erkrankungen vorliegen würden oder wenn ein Erwachsener wieder wie ein Kleinkind zu sprechen beginnt (sog. Babysprache).

Verschiebung: Hier kommt es zum Austausch von Triebobjekt und Ersatzobjekt. Blockierte Triebe können an dem Ersatzobjekt frei entladen werden, ohne daß Angst entsteht. Dies ist z. B. der Fall beim Zerstören von Gegenständen im Wutanfall. So verprügelt der von der Arbeit unzufrieden heimkehrende Ehemann seine Ehefrau als „Ersatzobjekt". Ein Verschiebungsmechanismus findet sich auch bei der Traumarbeit sowie bei den Phobien.

Reaktionsbildung: Hier zeigt sich eine Fortführung und ein weiterer Ausbau der Verkehrung. Der gegenteilige Antrieb wird ausgebaut (statt Haß – Zärtlichkeit, statt Hingabe – Neid). Charakterlich verfestigte Verhaltensweisen lassen häufig ein abgewehrtes Bedürfnis vermuten. So weisen übertriebene Ordungsliebe und Sauberkeit eventuell hin auf abgewehrte Impulse des Beschmutzens oder betonte Freundlichkeit und ausgeprägtes Mitleid auf abgewehrte Grausamkeitsimpulse. Um eine Reaktionsbildung handelt es sich, wenn jemand behauptet, häufig Angst zu haben und sich immer an Ordnung und Disziplin klammern zu müssen, in der Angst, zu verlottern und zu verschlampen.

Sublimierung: Dies bedeutet ein Umlagern von Triebenergie auf Ziele, die in der jeweiligen Gesellschaft als edler angesehen werden (sexuelle Triebe – künstlerische Betätigung). Typisches Beispiel ist der „unkreative Ästhet".

Identifikation: Diese führt zu einer nur scheinbaren Konfliktlösung, indem Wünsche, Meinungen oder Motive des anderen übernommen werden. Der Vorgang spielt auch bei der Persönlichkeitsentwicklung des Kindes eine wesentliche Rolle und ist zudem ein neurotischer Abwehrmechanismus. Identifikation mit dem verlorenem Objekt liegt vor, wenn ein Witwer nach dem Tod seiner Ehefrau, die an einem Dickdarmkarzinom verstarb, plötzlich eine hochgradige Obstipation mit schwerem Meteorismus und Unterbauchkrämpfen entwickelt, ohne daß eine organische Krankheit zugrundeliegt.

Rationalisierung: Man spricht auch von rationaler Scheinbegründung. Meinungen und Handlungen werden mit „fadenscheinigen" Argumenten zu erklären versucht, in der unbewußten Absicht, unbewußte Triebinteressen zu verschleiern. Um Rationalisierung handelt es sich auch, wenn man „aus der Not eine Tugend macht". Rationalisierung ist die Quelle der Vorurteilsbildung (z. B. „alle Neger stinken").

Konversion: Der Konversionsmechanismus ist die Ursache von Organneurosen und Psychosomatosen. Seelische Konflikte führen zu körperlicher Erkrankung, wobei der Krankheit Symbolcharakter zukommt (psychogenes Asthma: „Schrei nach der Mutter", d. h. Bedürfnis nach Zärtlichkeit).

Konversion ist zentraler Abwehrmechanismus bei hysterischen Neurosen (z. B. psychogene Lähmung des rechten Armes bei ursprünglichem Impuls, jemanden zu erschlagen).

Wendung gegen die eigene Person: Auch durch eine Wendung gegen die eigene Person kann bei zunehmender Konfliktspannung eine Entlastung erreicht werden. Ein Individuum „wirft das Handtuch" oder „die Flinte in's Korn" und befreit sich so von innerer Spannung. Auch dies ist eine Möglichkeit, sich mit einem Konflikt nicht auseinandersetzen zu müssen. Diese Abwehrform setzt auch ein Mann ein, der in einer Psychotherapiesitzung sich selbst die Schuld an der schlechten Ehe gibt: „Ich könnte mich jedesmal ohrfeigen, wenn ich so ungeduldig und lieblos zu meiner Frau bin". Damit nimmt er seine Ungeduld und Lieblosigkeit in Kauf, ist sich seines Fehlverhaltens voll bewußt, zieht es aber vor sich lieber als Sünder zu akzeptieren, statt sein Verhalten zu ändern.

Versuchung-/Versagungssituation: Frustrationen wecken Aggressionstriebe. Bereits S. FREUD maß den Versuchungssituationen eine wichtige Bedeutung bei der Neuroseentstehung bei. In der Versuchungssituation versucht das Individuum, ein Bedürfnis entgegen inneren Strebungen bzw. äußeren Verboten zu befriedigen. War der Versuchung eine Versagung vorausgegangen, so wird erstere wesentlich verstärkt. Wurde in der Kindheit die sexuelle Betätigung in der Familie unterdrückt, so wird diese Betätigung später eine besonders starke Versuchung darstellen. In Versuchungs-/Versagungssituationen des Erwachsenenlebens können frühe Konflikte der kindlichen Entwicklungsphase obengenannter Art wieder aktiviert werden.

Charakterneurosen und Symptomneurosen

Bei den Charakterneurosen handelt es sich um eine Charakterstruktur, bei der einzelne Eigenschaften durch unbewußte infantile Konflikte bestimmt werden. Die einzelnen Charakterzüge und Verhaltensweisen werden als Reaktionsbildung auf verdrängte infantile Wünsche aufgefaßt. Der Konflikt hat somit nicht durch Ausbildung neurotischer Symptome eine – vorläufige – unteroptimale Lösung erhalten, sondern durch Veränderung der gesamten Persönlichkeit. Der Abwehreigenschaften seiner Verhaltensweisen ist sich der Betreffende jedoch nicht bewußt. Menschen mit Charakterneurosen stellen für die Umwelt oft eine große Belastung dar; sie sind besonders gefährdet, unter Belastung neurotische Symptome zu bilden. Kombinationen von Charakterneurosen und Symptomneurosen sind deshalb häufig. Charakterneurosen werden auch als **Kernneurosen** bezeichnet und gelegentlich – wenn auch nicht korrekt – mit den abnormen Persönlichkeitsstrukturen (Psychopathien) gleichgesetzt. Synonym kann aber durchaus von neurotischem Charakter gesprochen werden, bei dem sich einzelne oder viele Charaktereigenschaften mit den neurotischen Symptomen eng verbinden.

Bei Charakterneurosen bilden also Abwehrformen eine mehr oder weniger aufeinander abgestimmte Ganzheit und die Charaktersymptome sind in der Regel nicht ichfremd. Meist ist aber der Übergang von der Charakterneurose zur Symptomneurose fließend.

Die Symptomneurose ist im Gegensatz zur Charakterneurose durch das Vorhandensein ichfremder neurotischer Symptome gekennzeichnet. Einige, z.B. Ängste, depressive Verstimmung, Erschöpfungsgefühle, finden sich bei fast allen Neurosen, andere wiederum, z.B. Zwangserscheinungen, Phobien sind typisch für bestimmte Neuroseformen. Eine klassische Form der Symptomneurosen ist die *Zwangsneurose,* auch *Symptomzwangsneurose* genannt, bei der verschiedenartige Zwangserscheinungen vorherrschen, die sich mit den verschiedensten Charakterstrukturen verbinden können (Gegensatz zur zwangsneurotischen Charakterneurose).

Primärer und sekundärer Krankheitsgewinn

Vom primären Krankheitsgewinn spricht man bei Vorteilen, die ein Kranker aus seinen neurotischen Symptomen und aus der Flucht in die Krankheit ziehen kann. So kann er unter Umständen durch die Krankheit den als schmerzlich empfundenen Situationen aus dem Weg gehen. Trotz des unangenehmen Charakters der Symptomatik gestattet diese doch, unangenehmen Konflikten auszuweichen und ein größeres Übel zu vermeiden. Der Patient setzt möglicherweise aber auch unbewußt in der Symptomatik einen Teil von verdrängten Bedürfnissen durch. Meist steht der primäre Krankheitsgewinn einer Heilung neurotischer Symptome im Wege.

Beim sekundären Krankheitsgewinn zieht ein Kranker nachträglich aus bereits bestehenden neurotischen Symptomen äußere Vorteile, z.B. eine Rentenzahlung, vermehrte Zuwendung oder Entlastung. Der sekundäre Krankheitsgewinn ist oftmals so im Vordergrund, daß er fälschlicherweise für die alleinige Ursache gehalten werden kann. Während die Entstehung der Symptomatik beim primären Krankheitsgewinn eng mit dem daraus resultierenden Gewinn zusammenhängt, entsteht der sekundäre Krankheitsgewinn aus den zunächst eventuell zufällig entstehenden Krankheitserscheinungen (z.B. Autounfall mit Folgen). Nicht immer aber ist es möglich, zwischem primärem und sekundärem Krankheitsgewinn scharfe Grenzen zu ziehen.

Die Macht der Krankheitsgewinne ist erheblich, was sich sehr eindrucksvoll bei den *Rentenneurosen (tendenziöse Unfallreaktion, Entschädigungsneurose, Rententendenz)* zeigt, bei denen die Gesundung gleichbedeutend mit dem Verlust der Rente ist.

Gelegentlich spricht man heute an Stelle von sekundärem Krankheitsgewinn von psychogener Überlagerung.

Primär-Prozesse und Sekundär-Prozesse

Der Psychoanalyse ist ein konsistentes, dynamisch-funktionales und empirisch immer mehr überprüfbares, psychologisches Sach- und Erklärungssystem zu eigen. Sie stellt das Unbewußte nicht in den organischen, den neurophysiologischen Bereich. S.FREUD ist der Ansicht, daß die wahrgenommenen Phänomene in unserer Betrachtung gegenüber den nur angenommenen zurücktreten. Psychodynamisch entscheidend sind die latenten, also die *primären Prozesse,* gegenüber den Prozessen in der Selbstwahrnehmung und im Verhalten *(sekundäre Prozesse).* So lassen sich die Primärprozesse dem affektiv-emotionalen, unbewußten Seelenleben und die Sekundärprozesse dem kognitiven Persönlichkeitsbereich zuordnen. Primärprozesse regeln die triebhaften Impulse und die dazugehörigen Affekte (Beispiel: Träume), Sekundärprozesse die Vorgänge im „Vorbewußten".

9.2.1 Pathogenese aus lerntheoretischer Sicht

Menschliches Lernen ist ein im wesentlichen bewußtes und soziales Lernen, da der größte Teil menschlichen Lernens unter Einbeziehung von Bewußtseinsvorgängen und durch die Vermittlung von Menschen stattfindet. Lerntheoretische Feststellungen wurden vor allem für das kindliche und frühkindliche Lernen bestätigt, aber auch für das Lernen von Menschen, die in ihrer geistigen Leistungsfähigkeit beeinträchtigt sind, z. B. hirngeschädigte Kinder, Schwachsinnige, unter psychotischen Störungen leidende Menschen.

Seit etwa 1960 beginnen die Ergebnisse in der Medizin Berücksichtigung zu finden. Behandlungsmethoden der Verhaltenstherapie, die vorwiegend auf den Lernmodellen des klassischen und instrumentellen Konditionierens basieren, können zur Beseitigung erworbener und erlernter Fluchtreaktionen (Phobien) und anderer neurotischer Verhaltensstörungen eingesetzt werden. Es können Verhaltensleistungen eingelernt (Sprechen, Essen, Anziehen) und Verhaltensänderungen herbeigeführt werden (z. B. bei selbstgefährdendem Verhalten, Bettnässen).

Die Lerntheorie interpretiert somit Verhaltensstörungen als Fehlanpassung und versucht auch, diese mittels anderer wiederum erlernter Verhaltensweisen im Rahmen der Verhaltenstherapie wieder zu beseitigen.

9.2.2 Charakteristische und unspezifische Symptome

Bei Neurosen begegnet man sowohl charakteristischen wie unspezifischen Symptomen:

Charakteristische Neurosesymptome
- phobische Symptome
- Zwangssymptome
- Konversionssymptome
- Entfremdung
- hypochondrische Symptome
- Erschöpfungssymptome.

Unspezifische Neurosesymptome
- Arbeitsstörungen
- funktionelle Organbeschwerden
- Ambivalenz
- Angst
- Kontaktstörungen.

9.2.3 Differentialdiagnostische Überlegungen

Die Diagnose einer Neurose läßt sich nur anhand neurotischer Merkmale und der speziellen Psychodynamik stellen. Man erfaßt eine Neurose mit den Kriterien der Symptomatik und der Genese und spricht so von einer

- klinischen oder deskriptiven Diagnostik und von einer
- dynamischen oder genetischen Diagnostik.

Erhebungen hinsichtlich der zugrunde liegenden Entstehungsbedingungen führen zur Genese. Es genügt dabei nicht, nur Umwelteinflüsse und Konflikte zu benennen und diese für die Neurosenentstehung verantwortlich zu machen; denn alltägliche Konflikte und Umwelteinflüsse können auch adäquat verarbeitet werden, ohne daß eine neurotische Fehlhaltung entsteht. Aber auch nur die neurotische Symptomatik festzustellen reicht nicht für eine Diagnostik aus; denn hinter neurotischer Symptomatik können sich auch andere Krankheiten verbergen.

Nicht selten kommt es zu Fehldiagnosen und Organleiden, die sich hinter einem neurotischen Symptom verbergen, werden verkannt. So kann aber auch eine organische Erkrankung eine neurotische überdecken. Eine neurotische Grundstörung bei vermeintlichem Organbefund wird meist aber eher übersehen als umgekehrt. Eine organische Erkrankung sollte nicht streng von einer neurotischen abgegrenzt werden; denn bei organisch Kranken können auch Konflikte bestehen, die ihrerseits mit dem organischen Befund nichts gemein haben müssen. Andererseits können natürlich auch neurotische Menschen organisch erkranken, wobei dann nicht die organische Erkrankung immer oder in vollem Umfang oder unmittelbar Folge des neurotischen Konfliktes sein muß. Während einerseits Herzbeschwerden bei neurotischen Patienten nicht ungeprüft als Herzphobie angenommen werden dürfen, sollte man bei Vorliegen einer Herzneurose nicht durch Behandlung mit Herzmitteln und unbedachte Äußerungen einer iatrogenen Fixierung Vorschub leisten.

Mit Sicherheit bleibt kein Mensch im Laufe seines Lebens vor Frustrationen, Konflikten und Ambivalenzen verschont. Diese werden jedoch mehr oder weniger schnell und leicht bewältigt. Eine scharfe Grenze zwischen neurotischer Fehlverarbeitung und adäquater Verarbeitung läßt sich kaum ziehen. Zwischen optimaler und unteroptimaler Verarbeitung stehen Sublimierung, Verschiebungen und Phantasiebefriedigungen.

Neurotische Konfliktverarbeitung ist eine „Verarbeitung" und nicht nur ein Ausweichen oder Abschieben des Konfliktes. Trotzdem ist die neurotische Konfliktverarbeitung eine Scheinlösung und Fehlreaktion, von der kein Individuum verschont bleibt. Man darf jedoch nicht dem Fehler verfallen, immer gleich jede alltägliche Konfliktsituation, deren umgehende Lösung nicht möglich ist, als Neurose anzunehmen. Nicht sofort lösbare Konfliktsituationen können auch nur vorübergehend Verstimmungen, vegetative Störungen und andere Erscheinungen hervorrufen. Solange sich keine typischen neurotischen Symptome sicher feststellen lassen, ist es ratsam, statt von einer präneurotischen Situation von „Krisensituation" zu sprechen.

Eine Abgrenzung der Neurosen und Konfliktreaktionen gegenüber den Persönlichkeitsstörungen ist oft schwierig, da sich auch hier keine scharfe Grenze ziehen läßt. Auch bereitet die Abgrenzung von Neurosen gegen endogene Psychosen in der praktischen Diagnostik oft Schwierigkeiten und nicht selten werden beginnende schizophrene Psychosen durch neurotische Symptomatik maskiert.

Die Abgrenzung der Neurosen muß vorgeneommen werden gegenüber
- normalen Verhaltensweisen (z. B. Trauerarbeit, Furcht)
- abnormen Erlebnisreaktionen
- psychovegetativen Allgemeinstörungen
- leichten Durchgangssyndromen
- endogenen Psychosen
- Psychopathien.

9.2.4 Verlaufsformen und Prognose

Allgemein gültige Verlaufsregeln für Neurosen existieren nicht. Es wurden jedoch prognostische Regeln aufgestellt, nach denen umso günstiger die Prognose zu sein scheint, je begabter und lebenstüchtiger die prämorbide Persönlichkeit, je akuter der Krankheitsbeginn und je verstimmter und emotionell beteiligter das Zustandsbild ist.

Jede Neuroseform hat aber letztlich ihre eigene Prognose; so ist diese z. B. bei depressiven Neurosen günstiger als bei Neurosen mit Organbeteiligung. Auch ist die Prognose hypochondrischer Entwicklungen und die von Zwangs- und Angstneurosen schlechter als die von depressiven Neurosen.

Im Verlauf neurotischer Erkrankungen findet sich häufig ein *Symptomwechsel*. Darunter versteht man den Übergang von einer neurotischen Symptomatik zu einer anderen. Ein Symptomwechsel zu Psychosen ist möglich, aber selten. Mit großer Wahrscheinlichkeit hängt der Neuroseverlauf von Umweltverhältnissen ab. Ungünstige Umweltverhältnisse können eine therapeutische Konfliktverarbeitung wesentlich behindern und den Verlauf der Neurose ganz erheblich verlängern. Unter Umständen können günstige Veränderungen in der Umwelt des Neurotikers die Konfliktlösung beschleunigen. Wie erwähnt, begünstigen existentielle Gefahren die Neurosenentwicklung kaum (z. B. Krieg); in diesen Zeiten treten Neurosen eher an Häufigkeit zurück. In Zeiten der Freiheit und Verwöhnung werden Neurosen häufiger beobachtet, ebenso bei sozialen Mißständen, finanziellen und beruflichen Problemen.

Gelegentlich beobachtet man im mittleren Lebensalter eine Rückbildung neurotischer Fehlhaltungen, vermutlich weil Neurotiker sich mit ihren Konflikten, neurotischen Symptomen und Umweltproblemen arrangieren im Sinne der Ausbildung eines gewissen Gleichgewichtes auf dem Wege über Anpassung, Reifung und vitaler Reduktion.

Im Verlauf der Behandlung besteht immer die Gefahr der iatrogenen Fixierung, wenn sich neurotische Fehlhaltungen „organisch" äußern (Herzneurose, psychovegetatives Erschöpfungssyndrom u.ä.). Dies trifft auch für eine medikamentöse Behandlung solcher Neurosen zu. Zwar kann eine medikamentöse Behandlung ergänzend eingesetzt werden; psychotherapeutische Verfahren haben jedoch unbenommen den Vorrang.

Medikamente finden dann ihren Einsatz, wenn Neurotiker z. B. durch Angst- oder Zwangsphänomene derart gequält sind, daß eine Aufnahme des therapeutischen Kontaktes behindert oder unmöglich wird. Pharmakotherapie macht die Durchführung einer Psychotherapie dann oft erst möglich. Andererseits können Medikamente eine Psychotherapie auch beeinträchtigen, indem sie den Leidensdruck aufheben.

Eine Neurose kann letztlich drei verschiedene Verläufe nehmen
- Spontanremission
- verzögerte Remission bis zum mittleren Lebensalter
- Chronifizierung
- iatrogene Fixierung.

9.3 Spezielle Neuroseformen

9.3.1 Psychovegetative Syndrome und psychosomatische Reaktionen

Man spricht bei psychovegetativen Allgemeinstörungen auch von **vegetativer Dystonie** oder von **neurasthenischem Syndrom**. Diesen können unbewältigte Konfliktsituationen, Arznei- und Genußmittelmißbrauch, körperliche und psychische Über- und Unterbelastungen, aber auch psychosexuelle Funktionsstörungen zugrunde liegen. Verstärken sich die diversen Störungsbedingungen gegenseitig, so entsteht ein Circulus vitiosus. Meist handelt es sich um atypische, zahlreiche und wechselnde Beschwerden. Man beobachtet

- Allgemeinbeschwerden (Schlafstörungen, Erschöpfung)
- Beschwerden im vegetativ innervierten Bereich (Magen, Darm usw.)
- emotionale Störungen
- depressive Zustandsbilder.

Dabei sind psychovegetative Störungen abzugrenzen gegen:

- beginnende Organerkrankungen
- Durchgangssyndrome leichterer Ausprägung
- larvierte Depressionen
- Hypochondrie.

Häufige psychovegetative Symptome sind
- **Erröten:** Zugrunde liegt ein Konflikt zwischen Trieb (sexuelle Wünsche, ES) und ÜBER-ICH. Dieser Konflikt bewirkt Angst, die abgewehrt werden muß. In schweren Fällen kommt es zur *Erythrophobie*.
- **Pelvopathia dolorosa:** Es kommt zu mehr oder minder starken Schmerzen im Unterleib, die von zahlreichen psychosomatischen Er-

krankungen oder Störungen im Abdomen herrühren. Solche psychosomatischen Erkrankungen sind Reizkolon, Colitis ulcerosa, Ileitis terminalis, Pseudogravidität usw.
- **Labiler Hypertonus:** Hier ist die Blutdruckregulation gestört und schon bei geringer Belastung kommt es zum Überschießen des systolischen Druckes. Bei andauernd erhöhtem Sympathikotonus klagen die Patienten über Schlaflosigkeit, Unruhe, trockenen Mund und Kopfschmerzen. Diese Blutdruckregulationsstörung tritt meist zwischen dem zweiten und dritten Lebensjahrzehnt, also in der Phase beruflicher und persönlicher Konsolidierung auf.
- **Psychogene Rhinitis:** Durch Ausfall des Sympathikus kommt es zu einer verstopften Nase.
- **Dysmenorrhoe:** Schmerzhafte Beschwerden vor, während und nach der Menstruation gehören mit zu den häufigsten Beschwerden bei gynäkologischen Konsultationen. Ursache sind meist negative Lernerfahrungen (*Beispiel:* „während der Periode hat man in der Regel Schmerzen"). Während der Menstruation auftretende Beschwerden können zum Ausgangspunkt psychogener, neurotisch-somatisierender Verarbeitungen werden. Die Menstruation ist für die somatische Ausgestaltung sehr geeignet und gleichsam ein Sammelbecken neurotischer Konflikte, ein Projektionsfeld vor allem für sexuelle Probleme.
- **Psychogene Potenzstörungen:** Diese zeigen sich bei der Frau in Orgasmusstörungen, beim Mann als Impotentia erigendi.
- **Infektionskrankheiten:** Das Verhältnis der Erregervirulenz zur Organismusresistenz bestimmt das Ausbrechen einer Infektionskrankheit. Angenommen wird eine psychisch bedingte Resistenzminderung bei Infektionskrankheiten.
- **Aerophagie (unbewußtes Luftschlucken):** Dies kommt häufig bei unbefriedigten Menschen mit Insuffizienzgefühlen vor, hauptsächlich in Situationen, denen sie nicht gewachsen sind und die sie durch innere Anspannung zu bewältigen versuchen. Viele Patienten erklären, sie hätten „viel zu schlucken", müßten „viel in sich hineinfressen" (sog. armer Schlucker).

Psychosomatische und psychovegetative Störungen sind nicht ein und dasselbe; vielmehr sind psychovegetative Allgemeinstörungen ein Teilbereich der psychosomatischen Erkrankungen. Psychovegetative Störungen können sowohl als eigenständige Syndrome als auch als Begleitsymptome bei körperlichen Erkrankungen und Neurosen vorkommen.

Entstehung psychovegetativer Symptome

 Ursachen sind zu suchen in der frühkindlichen Sozialisation, in der familiären Lebenssituation, in der Kindheit, in Persönlichkeitsfaktoren und in gegenwärtig bestehenden Belastungen.

Zu psychovegetativen Allgemeinstörungen neigen besonders

- asthenische und selbstunsichere Persönlichkeiten
- depressive und haltschwache Persönlichkeiten
- erregbare Persönlichkeiten
- hysterische Persönlichkeiten

Streß und Streßfaktoren

Unter Streß versteht man eine psychische und/oder physische Dauerbelastung, die zu psychovegetativen Allgemeinstörungen und auch zu schweren organischen Erkrankungen führen kann. In der empirischen Streßforschung haben sich deutliche Hinweise gefunden, daß die Wahrscheinlichkeit, eine psychophysische Störung auszubilden, zunimmt, wenn bestimmte Störreize intensiv und dauerhaft einwirken. Dabei spielt auch eine Rolle, ob die Belastungssituationen durch die betroffenen Individuen kontrollierbar sind. Auch unregelmäßiges und unerwartetes Einwirken von Stressoren fördert die Ausbildung von psychophysischen Störungen, jedoch in Abhängigkeit von individuell verfügbaren Adaptions- und Bewältigungsmechanismen. Beachtenswert ist, daß Werktätige in Wechselschicht wesentlich häufiger über allgemeine Müdigkeit, Abgeschlagenheit, Appetitlosigkeit, Verstopfung und Durchfall klagen als solche, die nur in Tagschicht oder ausschließlich in Nachtschicht tätig sind. Wechselschicht ist ein erheblicher Streßfaktor für die meisten Menschen. Es ist aber zu bedenken, daß Streßfaktoren persönlichkeitsspezifisch sind und sich je nach psychischer Struktur mehr oder minder stark auswirken.

9.3.2 Neurotische Depression

Dieser liegt meist kein isolierter, aktueller Konflikt zugrunde, sondern eine bis in die frühe Kindheit zurückreichende, länger anhaltende Konfliktkonstellation. Dem psychodynamischen Erklärungsmodell nach liegt der depressiven Neurose meist eine Störung in der oral-kaptativen oder der analen Phase zugrunde. Es besteht eine Fixierung oder Regression vorrangig auf die orale, gelegentlich auch auf die anale Phase. Von Bedeutung ist auch der Objektverlust in ambivalenten oder infantil-narzißtischen Beziehungen. Aus der Lebensgeschichte dieser Patienten ergeben sich immer wieder Hinweise auf orale Charakterzüge (orale Fixierung). Meist mangelt es in der Kindheit an echter Geborgenheit entweder durch mangelhafte fürsorgliche Zuwendung oder durch Überfürsorglichkeit. Schon auf geringste Änderungen reagieren Menschen mit solchen Kindheitserfahrungen depressiv, da sie auch später abhängig und anklammerungsbedürftig bleiben. *Lerntheoretische Erklärungsmodelle* sehen als Ursache eine erlernte Hilflosigkeit.

Der neurotisch Depressive lenkt im übrigen Aggressionen auf sich, wenn er aggressive Gefühle einem anderen, an sich geliebten Menschen gegenüber nicht zu ertragen vermag. Psychoanalytisch interpretiert man Selbstvorwürfe und Selbstmordimpulse mit dieser Art von Introjektion und Autoaggression. Selbstmordimpulse sind aus psychoanalytischer Sicht Mordimpulse und Anklagen gegen den anderen.

Der Verlust eines nahestehenden Menschen ruft einen schmerzhaften seelischen Prozeß, eine Trauerreaktion hervor. Der Verlust wird allmählich akzeptiert und die emotionale Lösung vom verstorbenen Menschen allmählich vollzogen (sog. Trauerarbeit). Bei einer Störung der Trauerarbeit spricht man von abnormer oder krankhafter Trauerreaktion, die durch Einsamkeit, Selbstvorwürfe, ambivalente Einstellung und Agressionen zum Toten begünstigt wird. Die abnorme Trauerreaktion ist aber nicht gleichzusetzen mit der depressiven Neurose; vielmehr ist sie eine spezielle Form dieser.

Während die abnorme Trauerreaktion meist auf einem aktuellen Konflikt beruht, ist der depressiven Neurose eine permanente Konfliktsituation in der frühen Kindheit zuzuschreiben.

In der angelsächsischen Literatur werden dennoch vielfach neurotische Depression und **reaktive Depression** (nicht depressive Reaktion!) gleichgesetzt, wobei die abnorme Trauerreaktion der reaktiven Depression entspricht.

Symptomatik und Differentialdiagnose

Bei der abnormen Trauerreaktion beobachtet man statt der „normalen" Traurigkeit Versteinerung, Abkapselung und Verbitterung, gelegentlich auch aggressives Verhalten gegenüber der Umwelt sowie funktionelle vegetative Störungen. Eine voll ausgeprägte neurotische Depression ist jedoch in ihrer Symptomatik wesentlich stärker und von wesentlich längerer Dauer.

Tritt eine Depression im höheren Lebensalter auf, so ist eine neurotische Depression eher unwahrscheinlich und es ist vorrangig an eine endogene Depression oder an eine depressive Reaktion infolge Alters- und Alterungsproblemen, aber auch an einen chronischen Arzneimittelmißbrauch zu denken.

Typische Symptome der neurotischen Depression sind
- traurige Verstimmung, meist mit Fähigkeit zum Weinen

- Fähigkeit, Trauer und vorübergehend auch Freude zu empfinden
- gelegentlich Auslenkbarkeit möglich
- Neigung zu Affektlabilität und Affektinkontinenz
- Antriebsminderung, Aggressionshemmung, Selbstwertproblematik
- kein oder selten Gefühl der Gefühllosigkeit
- eher Einschlafstörungen als Durchschlafstörungen
- häufig auch somatische Beschwerden ohne organisches Korrelat
- selten Tagesschwankungen, wenn dann meist „Abendtief"
- meist nur unzureichendes Ansprechen auf Antidepressiva
- kein phasenhafter Verlauf und keine völlig freien Intervalle
- kein jahreszeitlich gehäuftes Auftreten
- oft freie Familienanamnese
- psychische Auffälligkeiten meist schon im Jugendalter
- oft rascher Wechsel der Symptomatik
- häufig Suizidversuche mit weniger aggressiven Methoden

▶ **Beispiel:** Ein 45jähriger Mann hatte vor vielen Jahren eine außereheliche Beziehung, die ihm seine Frau voll verziehen hat. Seit einigen Wochen nun glaubt er aber, daß er dadurch seine Ehe zerstört habe und reagiert mit tiefer trauriger Verstimmtheit, verläßt die Wohnung nicht mehr und bricht immer wieder in Tränen aus. Zeitweilig reagierte er aggressiv gegenüber anderen, entwickelte starke Rückenschmerzen und verspürte ein starkes Ziehen im Genitalbereich. Morgens geht es ihm deutlich besser, am Abend ist er besonders stark deprimiert, kann lange nicht einschlafen, schläft dann aber nachts ohne aufzuwachen durch.

Therapie
Wichtig ist ein Gesprächspartner, der den Kranken ernst nimmt. Neurotisch-depressive Menschen sind immer entsprechend ihren oralen Bedürfnissen bemüht, sich an eine Person, z. B. Arzt zu binden. Auf Abweisung und Trennung reagieren sie mit schwerer Verlustangst, gelegentlich sogar mit Suizid, was für den Beginn und den Verlauf von großer Bedeutung ist. Suizidversuche können durch einen tragfähigen Kontakt verhindert werden. In erster Linie gehört die Behandlung in die Hand eines erfahrenen Psychiaters und/oder Psychotherapeuten. **Tiefenpsychologisch orientierte Psychotherapie und Psychoanalyse** sind die Therapiemethoden der Wahl bei depressiven Neurosen. Medikamente müssen immer vorsichtig gehandhabt werden, da erhöhte Suchtgefahr und Neigung zur iatrogenen Fixierung bestehen, zudem aber auch durch Minderung des Leidensdruckes die Therapiemotivation abnimmt.

Bestehen bei neurotisch Depressiven starke Trennungsängste, so sollten dem Kranken *Thymoleptika* nicht vorenthalten werden, da sie eine Psychotherapie kaum beeinträchtigen, eine akute Suizidgefahr aber mindern, wenn sie primär antriebshemmend wirken (Auswahl beachten!). Auch Vitalstörungen sprechen relativ gut auf Thymoleptika an, weniger gut die depressive Symptomatik selbst. *Tranquilizer vom Benzodiazepintyp* sind vorübergehend bei gleichzeitig bestehenden starken Ängsten und bei Suizidalität indiziert.

Kaum eine Wirkung zeigt im Gegensatz zur endogenen Depression der therapeutische Schlafentzug.

9.3.3 Angstneurose und Paniksyndrom

Dem Symptom **Angst** begegnet man bei fast allen neurotischen Störungen. Beherrscht es ganz überwiegend das Krankheitsbild, so spricht man von Angstneurose. Auch Phobien werden zur Gruppe der Angstneurosen gerechnet; bei ihnen besteht aber eine *situations- oder objektbezogene* unüberwindbare Angst, während bei den Angstneurosen eine *freiflottierende Angst* besteht, die nicht oder kaum auf bestimmte Objekte bezogen ist.

Eine Angstneurose wird psychodynamisch als *Reaktion auf ungelöste Konflikte*, speziell Trennungskonflikte, bzw. Trennungsängste bei Persönlichkeiten mit starker Abhängigkeit von „Schlüsselfiguren", angesehen. Möglicherweise spielt ein *Anlagefaktor* eine Rolle. Überwiegend findet man unter den Angstneurosen sensitive und übergewissenhafte Persönlichkeiten.

Charakteristisch ist für den Angstneurotiker eine *Aggressionshemmung* sowie die Verkehrung ins Gegenteil. Selten wird ein Angstneurotiker seinen Mitmenschen gegenüber Ärger und Wut äußern; er gibt sich meist freundlich, liebenswürdig und hilfsbereit. Ursache für dieses Verhalten sind unbewußte Motivationen: Ängste, Furcht vor dem Alleingelassenwerden, Angst vor dem Verlust der Zuwendung anderer. Diese „Anklammerungsneigung" muß auf die frühe Kindheit zurückgeführt werden. Auf dem Boden der *Trennungsempfindlichkeit* führen Trennungs- und Enttäuschungserlebnisse sowie unausgetragene unbewußte seelische Konflikte, körperliche und seelische Überforderungen, aber ebenso auch Unterbelastungen zur Manifestation von Angstneurosen. Eine depressive Persönlichkeitsstruktur sowie eine *angstneurotische Familienkonstellation* sind oft prädisponierende Faktoren.

Der Unterschied zwischen der neurotischen Angst und der realen Angst (= Furcht) besteht darin, daß neurotische Angst nicht bewußten Ursprungs und nicht auf Reales bezogen ist.

Symptomatik und Differentialdiagnose

 Die Angst der Angstneurosen besteht aus einer körperlichen und einer seelischen Komponente.

Unmittelbares somatisches Korrelat sind

- kalter Schweiß
- Tachykardie
- „zugeschnürte" Kehle und trockener Mund (Kloßgefühl)
- motorische Unruhe
- Durchfälle und Harndrang
- Schwindelgefühl
- Luftnot.

Das psychische Korrelat zeigt sich in

- innerer Unruhe
- depressiver Verstimmung
- affektiven Ausbrüchen oder totalem Rückzug
- Hilflosigkeit und Schlaflosigkeit
- ängstlichem Erwachen nachts.

Ängste zeigen sich bei den Zyklothymien ebenso wie bei Schizophrenien und vielen anderen psychischen Krankheiten. Die Diagnose läßt sich letztlich nur nach Berücksichtigung der Begleitsymptomatik und nach Erhebung der Biographie stellen. Die neurotische Angst hat ihren Unterschied zu diesen Angstformen in ihrer Entstehungsweise, in Wesen und Änderungsform.

Therapie

 Schon allein die Anwesenheit von Schutzfiguren kann die Angstzustände lindern oder gar vorübergehend beseitigen, vor allem bei Patienten mit Trennungsempfindlichkeit.

Behandelt man das *Symptom Angst*, so wählt man folgende Therapieformen:

- Medikamentöse Therapie (Betablocker, trizyklische Antidepressiva, vor allem Doxepin sowie Substanzen aus der Gruppe der selektiven Serotonin-Reuptake-Inhibitoren (SSRI), bei akuten Ängsten kurzzeitig Benzodiazepine, eventuell auch niederpotente Neuroleptika)
- Entspannungsverfahren (Autogenes Trainig, progressive Muskelrelaxation nach Jakobsen)
- Verhaltenstherapie.

 Beabsichtigt man jedoch, die psychodynamischen Ursprünge zu behandeln, so wählt man tiefenpsychologisch orientierte Psychotherapie oder Psychoanalyse.

Beide gegebenenfalls vorübergehend kombiniert mit medikamentöser Therapie.

▶ **Beispiel:** Ein Patient erleidet erstmals einen schweren Angstanfall am 17. Juni. Auf Befragen erklärt er, daß er sich an ein kein besonderes Vorkommen und an keine angstauslösende Situation erinnern könne. Der Patient wird aufgefordert, den Tagesablauf genauer zu schildern, wobei ihm einfällt, daß er wegen des Anfalles ein Schachspiel gegen seinen Schwiegervater abbrechen mußte, was schade gewesen sei, weil er erstmals gegen diesen hätte gewinnen können; allerdings sei er ein schlechter Verlierer. Daß sich der Patient an keinen besonderen Vorfall erinnern konnte, weist auf Verdrängung einer Erinnerung oder Verleugnung einer Wahrnehmung hin. Es handelt sich psychodynamisch um einen intrapsychischen Konflikt zwischen erwachsenem Sich-Durchsetzen und infantilem Bravsein; die Chance, im Schachspiel zu gewinnen, stellte für den Betroffenen eine Versuchungssituation dar.

Paniksyndrom (panic disorder)

Es handelt sich um eine Unterform der Angstneurose mit plötzlichem und unvorhersehbarem Einsetzen von intensiven Befürchtungen mit Vernichtungsangst, meist begleitet von Gefühlen drohenden Unheils. Akute Konflikte, Überforderungen, Trennungen und Enttäuschungen sind fast immer die Anlässe einer ersten Panikattacke. Hauptursache ist aber sehr wohl eine längere neurotische Entwicklung, wobei die oben genannten Auslöser lediglich letzter Anstoß sind.

Bei den **Panikattacken** beobachtet man die Symptome der Angstneurose, jedoch in meist weit heftigerer Form:

- Dyspnoe und schwere Tachykardie
- Hitzewallungen oder Kältegefühl
- Schweißausbrüche und Zittern
- Angst zu sterben und Angst vor Herzstillstand
- Erstickungs- und Beklemmungsgefühl
- Angst, verrückt zu werden oder unkontrolliert zu handeln
- Parästhesien
- Hyperventilationsneigung
- Dauer der Attacken über Minuten, seltener Stunden
- Suizidgefahr bei Patienten mit häufigen Anfällen (bei Panik-Krankheit)
- Schwindel mit dem Gefühl, umzufallen.

Da häufig die Ängste um die Funktion des Herzkreislaufsystems bestehen, wird das Paniksyndrom oft mit dem **Herzangstsyndrom** (auch Herzphobie genannt) gleichgesetzt. Das Verhältnis der Männer zu den Frauen beträgt beim Herzangstsyndrom 3 : 2. Kardiale Funktionsstörungen sind nicht Ursache dieser Panikanfälle. Oft klingen die Ängste beim Auftreten des Arztes rasch und meist schon ohne medikamentöse Intervention ab.

Ein Problem der Panikattacken und der Herzängste ist die Entwicklung einer Panikkrankheit bzw. einer „Herzphobie", d. h., die Kranken leben in ständiger Angst vor dem nächsten Anfall und es kommt möglicherweise zu einer erheblichen Einschränkung im persönlichen Freiraum des Kranken, der mitunter die Wohnung nicht mehr verläßt, ständig seine Herzfunktionen kontrolliert, alle Anstrengungen meidet und sich immer mehr zurückzieht.

Panikattacken neigen unbehandelt zur Chronifizierung und führen nicht selten zur Frühinvalidisierung. Vereinzelt nimmt man auch eine organische Komponente der Panikkrankheit an, was durch die bei diesen Kranken gemessenen erhöhten Blutlaktatspiegel untermauert wird.

Wichtig ist aber unbenommen die Differentialdiagnose gegenüber einer Angina pectoris und einer paroxysmalem Tachykardie. Beim Herzinfarktpatienten ist die Angst weniger elementar und seltener, bei Angina pectoris sind die Anfälle von kürzerer Dauer.

Therapie

 Im akuten Anfall verabreicht man *Benzodiazepine* oral oder parenteral. Bei häufigerem Auftreten der Panikattacken ist psychotherapeutisches Vorgehen erforderlich in Form von

- tiefenpsychologisch orientierter Psychotherapie oder Psychoanalyse
- Verhaltenstherapie mit Entspannungsverfahren.

Vorübergehend oder bei fehlender Motivation zu psychotherapeutischen Verfahren kann auch über längere Zeit mit trizyklischen Antidepressiva (Doxepin, Amitryptilin) oder mit selektiven Serotonin-Reuptake-Inhibitoren wie Paroxetin (Seroxat®) ein guter Erfolg, d. h. eine deutliche Reduktion der Panikattacken erreicht werden.

Alprazolam ist in Deutschland als Tafil® zur Behandlung von Angstzuständen bis zur Dauer von 12 Wochen und Xanax® speziell zur Therapie der Panikstörung bis zur Behandlungsdauer von 8 Monaten zugelassen.

9.3.4 Phobien

Phobien sind im Gegensatz zur Angstneurose immer auf bestimmte Situationen und Objekte gerichtet. Sie sind durch unbegründete, für Gesunde nicht nachvollziehbare und objektiv nicht gerechtfertigte Ängste gekennzeichnet.

Die **psychoanalytische Theorie** beschreibt die Phobie als Resultat von Abwehrmechanismen (Verdrängung, Vermeidung, Verschiebung und Projektion). Schuldgefühle oder Triebspannungen werden abgewehrt und die Ängste auf eine Umweltgegebenheit verlagert. S. FREUD schilderte die Phobieentstehung am Beispiel vom „kleinen Hans", der seine Kastrationsangst vom Vater auf Pferde verschob und seine ödipalen Aggressionen auf diese Tiere projizierte. Hieraus resultierte starke Angst, von Pferden gebissen zu werden. Diesem Vorgang liegt ein Abwehrmechanismus zugrunde, der den Vorteil besitzt, daß der kleine Junge Pferden leichter aus dem Weg gehen konnte als dem Vater, was eine unteroptimale Konfliktlösung darstellte, da die Bewegungsfreiheit des Jungen nunmehr in einem kleinen Lebensbereich eingeschränkt war.

Die **Lerntheorie** betrachtet die Phobie als fehlangepaßtes, konditioniertes Verhalten.

Es finden sich nachfolgende Formen:

- Agoraphobie (Platzangst, Angst vor großen Plätzen)
- Soziophobie (Angst vor Menschenansammlungen)
- Agrophobie (Höhenangst)
- Klaustrophobie (Angst vor engen oder abgeschlossenen Räumen)
- Tierphobie.

Das charakteristische Kennzeichen der Phobien ist die Angst selbst. Dabei bestehen oft auch enge Beziehungen zu neurotisch-hypochondrischen Syndromen mit auf Körperfunktionen bezogenen Ängsten.

Das Verhalten des Kranken ist darauf ausgerichtet, die Angst durch Vermeiden des Objektes oder der Situation zu bekämpfen. Allerdings neigen Phobien neben einer Spontanremission oft auch zur Ausbreitung auf andere Bereiche und damit zur Einengung des Lebensraumes. Frauen erkranken häufiger als Männer und der Beginn einer Phobie ist schon in der frühen Kindheit möglich.

Therapie

Vorrangig Psychotherapie, wobei mit verhaltenstherapeutischen Verfahren (gestufte Desensibilisierung mit Aufstellung einer Angsthierarchie) gute Erfolge erzielt werden. Medikamentöse Therapie tritt in den Hintergrund und ist nur bei massiven Ängsten sinnvoll.

9.3.5 Konversionsreaktionen ✓✓✓ (hysterische, histrionische Neurose)

Erscheinen verdrängte Komplexe umgekehrt in körperlichen Äußerungen, so spricht man von Konversionssyndromen. Dabei kommt den Symptomen Ausdrucks- und Symbolcharakter zu; das Ziel ist ein Krankheitsgewinn. Es handelt sich um den Versuch der Konfliktlösung im somatischen Bereich, also um eine Scheinlösung eines intrapsychischen Konfliktes. Dabei haben die Symptome Ausdrucks- und Symbolcharakter: So kann eine Lähmung der Beine bedeuten, daß es „nicht mehr weitergeht" oder eine Sehstörung, daß man „nichts mehr wissen will oder kann". Die Unfähigkeit, „Unangenehmes zu Schlucken", zeigt sich möglicherweise in Form einer Schluckstörung. Das Individuum verlangt von der Umwelt Zuwendung und versucht, jene auf diese Art zu erzwingen, versucht die Umwelt zu alarmieren und zielt auf Entlastung von inneren oder äußeren Verpflichtungen ab. Nach FREUD wird ein Krankheitsgewinn in zweifacher Hinsicht bezweckt: Einerseits wird durch Entstehung eines hysterischen Symptoms eine Befriedigung verdrängter Triebe (primärer Krankheitsgewinn), zum anderen aber auch eine größere Aufmerksamkeit, Geltung und Anerkennung als Kranker und damit eine narzißtische Befriedigung (sekundärer Krankheitsgewinn) erreicht.

Die psychoanalytische Theorie sieht die Wurzeln der Konversionsneurosen im ungelösten Ödipuskonflikt. Psychogene Anfallsabläufe bringen Phantasien oder Erlebnisse zur Darstellung, die indirekt oder direkt der Genitalsphäre angehören. Gelegentlich wird auch der sexuelle Ausdrucksgehalt besonders deutlich, wie beim sogenannten Arc de cercle mit Hyperlordose und Hervorheben des Beckens bei Frauen während eines psychogenen Anfalles, was durchaus als Äquivalent einer unrealistischen sexuellen Befriedigung interpretiert werden kann.

Den Konversionssymptomen liegen keinesfalls Simulation, sondern reflexartige, automatische Abläufe zugrunde. Jedoch bestehen gelegentlich fließende Übergänge zwischen reflex-hysterischen Vorgängen und tendenziösem Vortäuschen. Letzterer Sachverhalt trifft beispielsweise bei psychogenen Dämmer- und Erregungszuständen in Haft zu, wobei es sich entweder um eine Reaktion auf eine nicht zu bewältigende Situation oder/und um bewußte Demonstration scheinbarer Haftunfähigkeit handelt.

Voraussetzung für die Entstehung von Konversionssyndromen sind bestimmte Persönlichkeitsstrukturen und Umwelteinflüsse. Gerade bei hysterischen Persönlichkeiten, also bei hysterischen Charakterneurosen werden Konversionssyndrome (hysterische Symptomneurosen) häufig beobachtet, weshalb man auch von hysterischer Reaktion oder von **Konversionshysterie** spricht. Besonders anfällig sind Personen, die rasch überforderbar sind und somit in Konflikte geraten. Schwere Störungen dieser Art nahmen in den mittel- und nordeuropäischen Ländern stark ab, während man ihnen weiterhin noch häufig in mediterranen Ländern begegnet.

Symptomatik
Die Äußerungsformen sind verschieden: Man beobachtet funktionell-motorische, sensible und sensorische Symptome, ferner Anfallszustände und Lähmungen einer oder mehrerer Extremitäten, auch Tremor und komplette Reglosigkeit vergleichbar mit dem Totstellreflex mancher Tiere. Im Gegensatz zu letzterem zeigt sich der psychogene Erregungszustand mit Toben, Brüllen und Schreien. Im Gegensatz zu epileptischen Anfällen dauern diese psychogenen Anfälle länger und sind durch suggestives und energisches Ansprechen beeinflußbar; außerdem besteht keine Bewußtlosigkeit sowie nur selten Amnesie.

Häufig zu beobachten ist der psychogene, grobschlägige Tremor, der zunächst an den proximalen Extremitätenabschnitten beginnt und zunehmend auch die distalen Bereiche befallen kann. Zuwendung führt zur Verstärkung, Nichtbeachtung zur Abschwächung und gelegentlich zum Sistieren der Symptomatik.

Anaesthesien einzelner Hautpartien entsprechen keinesfalls der zentralen oder peripheren Innervation, sondern vielmehr laienhaften Körpervorstellungen.

Man findet Imitationen fast jeder körperlichen Krankheit, und bereits vorhandene körperliche Störungen können im Zuge eines Konversionsvorganges aufgenommen, verstärkt und unterhalten werden. Auch spielen oft Identifizierungen mit dem Leiden Anderer eine Rolle, was sich zu regelrechten „hysterischen Epidemien" auswachsen kann.

▶ **Beispiel:** In einer Oberschulklasse fällt an einem besonders heißen Tag vor einer Mathematik-Klausur eine hochgeschossene, leicht verhaltensauffällige, aber durchaus beliebte Schülerin in Ohnmacht. Aufregung und Anteilnahme der Klasse sind groß. Obwohl die Schülerin nach zwei bis drei Minuten wieder bei vollem Bewußtsein ist, überführt sie der gerufene Notarzt in das Krankenhaus, von wo sie nach zwei Stunden in hausärztliche Behandlung entlassen wird. Der Vorfall wiederholt sich vier Tage später, und in der folgenden Woche werden zwei andere Mitschülerinnen und drei Schülerinnen in einer anderen Klasse ebenfalls bewußtlos.

▶ **Beispiel:** Eine 37jährige Patientin klagt über Völlegefühl im Unterleib, wie „wenn sich etwas bewegt oder etwas drückt", ferner über morgendliches Erbrechen, das bereits seit 3 Monaten anhält. Sie habe an eine Schwangerschaft gedacht; Schwangerschaftstests, internistische und gynäkologische Untersuchungen waren aber mehrfach unauffällig und auch die Periode kam regelmäßig. Die Beschwerden traten vor vier Monaten auf, nachdem ihr dreijähriges Kind bei einem Unfall um's Leben gekommen war, wofür sie sich in gewisser Hinsicht verantwortlich fühlte.

Differentialdiagnostische Überlegungen

Abgegrenzt werden muß die **Konversionsneurose** gegen

- Simulation
- hysterische Charakterstruktur (hysterische Charakterneurose)
- Hyperventilationssyndrom
- zahlreiche organische Erkrankungen.

Bei organischen Erkrankungen lassen sich entsprechende und charakteristische Befunde erheben, was bei Konversionsneurosen nicht der Fall ist, wenn nicht zugleich eine organische Grundkrankheit besteht, auf die sich die Konversionssymptomatik aufgesetzt hat. So fehlen die typischen Änderungen der Muskeleigenreflexe bei psychogenen Lähmungen und psychogene Sensibilitätsstörungen halten sich nicht an das physiologische Dermatomschema.

Näheres zur hysterischen Persönlichkeitsstruktur unter 9.4.8.

Therapie und Prognose

 Akut auftretende Konversionssymptome müssen umgehend einer Behandlung zugeführt werden, da sie sonst durch fortschreitende Automatisierung für eine Therapie refraktär werden. Dazu besteht dann die Gefahr, daß sekundäre organische Schäden auftreten, so z. B. Arthrosen bei psychogener Lähmung infolge einseitiger Belastung. Die Patienten sind ausgesprochen suggestibel, weshalb *Suggestivmaßnahmen* im Vordergrund stehen.

An Therapiemaßnahmen finden Anwendung

- Krankengymnastik und physikalische Maßnahmen bei psychogenen Lähmungen
- Hypnose
- Psychoanalyse oder Verhaltenstherapie
- Soziotherapie.

Therapeutisch sollte so vorgegangen werden, als ob es sich um eine organische Störung handelt. Dem Patienten wird dadurch die Chance gegeben, sich von seinem Symptom zurückzuziehen, ohne „sein Gesicht verlieren zu müssen". Im weiteren Vorgehen soll dann versucht werden, mit dem Patienten die Psychodynamik zu erhellen. Gelegentlich ist aber auch „Nichtbeachtung" ein erfolgversprechendes Behandlungsprinzip, vor allem bei schweren dramatischen Konversionsreaktionen, Erregungszuständen und Anfällen; denn wird dem Patienten sein Publikum entzogen, bildet sich die Symptomatik oft rasch zurück. Allzu brüsker „Publikumsentzug" kann die Symptomatik gelegentlich verstärken.

9.3.6 Hypochondrische Neurose
✓

Hier handelt es sich um eine enorm ängstliche Einstellung eines Menschen gegenüber seinem Körper, was sich in ängstlicher Selbstbeobachtung und Krankheitsfurcht äußert. Dabei stellt Hypochondrie keine Krankheit, sondern eine Reaktionsform dar. Eine große Rolle bei der Entstehung hypochondrischer Befürchtungen spielen Identifikationstendenzen: Erkrankt ein Familienmitglied, so fürchtet der Angehörige, ebenso an der Krankheit zu erkranken oder von dieser bereits befallen zu sein. Hypochondrische Reaktionen können auch das Resultat von Schuldängsten sein, so z.B. bei Jugendlichen nach exzessiven Masturbationen.

Die Psychoanalyse interpretiert die Hypochondrie als Verschiebung der Aufmerksamkeit auf bestimmte und begrenzte Körperlokalisationen mit der Folge von Befindlichkeitsstörungen. Zu einer solchen Reaktion kommt es, wenn eine diffuse, aus aufgestauten aggressiven oder sexuellen Erlebnisinhalten entstandene Angst abgewehrt werden muß. Gelegentlich findet sich bei der Entstehung auch eine Beteiligung psychoreaktiver, endogener und organischer Faktoren, die auch ineinandergreifen können.

Oft werden hypochondrische Ängste durch fehlgedeutete und falsch verstandene Äußerungen des Arztes entwickelt und fixiert im Sinne einer iatrogenen Hypochondrie. Der Verlauf der hypochondrischen Neurose ist oft chronisch progredient, und meist beherrscht die hypochondrische Einstellung den gesamten Lebenslauf.

Symptomatik
Die Kranken richten ihr Augenmerk vorrangig auf Herz, Magen-Darmtrakt, Harn- und Geschlechtsorgane, gelegentlich auch auf Gehirn und Rückenmark. Vegetativ innervierte Organe können dabei in ihrer autonomen Regulation gestört werden, was die hypochondrische Einstellung zusätzlich verstärken kann im Sinne eines Circulus vitiosus.

Mit pseudomedizinischem Wissen verteidigt der Kranke vehement sein körperliches Leiden, was beim Arzt oft aggressives Verhalten bewirkt und zu einer Odyssee von Arzt zu Arzt führt.

Differentialdiagnostische Überlegungen
Hypochondrische Symptome findet man auch bei

- neurotischen Depressionen
- endogenen Depressionen
- Schizophrenien
- Hirnerkrankungen (Hirnatrophien)
- symptomatischen Psychosen
- Gesunden (z.B. Morbus clinicus).

Entscheidend ist die Begleitsymptomatik. Hypochondrische Symptome bei Schizophrenien sind abstrus und oft eingeengt auf eine einzige Vorstellung, während man bei endogenen Depressionen die typische affektive Störung findet.

Therapie
Da es dem Hypochonder an Einsicht über die Krankhaftigkeit seiner Vorstellungen fehlt, ist der Zugang zu ihm erschwert. Psychotherapeutische Bemühungen bringen deshalb oft keinen Erfolg. Durch Autogenes Traing kommt es mitunter zu einer Verstärkung der hypochondrischen Selbstbeobachtung. Durch Einleitung einer medikamentösen Therapie wird beim Kranken die Auffassung geweckt, daß er wirklich körperlich krank ist. Therapeutisches Ziel

ist es, den Rang, den hypochondrische Ängste im Gesamterleben einnehmen, zu vermindern und nach ausreichender medizinischer Abklärung ärztliche Gespräche über die hypochondrischen Befürchtungen zu führen. Durch Verbesserung der Lebenssituation mittels soziotherapeutischer Maßnahmen läßt sich dann die hypochondrische Fehlhaltung wenigstens zum Teil beherrschen. Insgesamt zeitigt die Behandlung hypochondrischer Neurosen aber wenig Erfolge.

9.3.7 Zwangsneurose ✓✓ (Anankasmus)

Drängen sich Denkinhalte oder Handlungsimpulse immer wieder erneut auf und können diese nicht verdrängt oder unterdrückt werden, obwohl deren Unsinnigkeit erkennbar ist, liegt ein Zwang vor. Der Zwangsneurotiker ist nicht oder kaum in der Lage, diesen Impulsen zu widerstehen, da sich sonst unerträgliche Angst einstellt. Dabei ist weniger der Zwangsinhalt das Krankhafte, sondern vielmehr dessen dominierender Charakter.

Der Zwangsneurose liegt meist eine anankastische Wesensart zugrunde, auf deren Boden sich dann die Zwangssymptomatik weiterentwickelt und verfestigt. Auffällig sind eine familiäre Häufung und hohe Konkordanzraten bei Zwillingen. Wahrscheinlich wirkt bei Zwangsneurosen ein Anlagefaktor mit.

 Typisches Merkmal der Zwangsneurose ist die ausgeprägte Ambivalenz, die sich aus dem ausgeprägten Kontrast zwischen ES und ÜBER-ICH ergibt. Krankheitsfördernd wirken wohl eine zu strenge Erziehung sowie ständiges Anhalten zu Ordnung und Sauberkeit, Ablehnung sexueller Regungen und übertriebene Sauberkeitserziehung, also eine allgemeine Frustrierung kindlicher Triebbedürfnisse. Neben der starken Polarität zwischen ES und ÜBER-ICH ist nach psychoanalytischer Lehre ferner die Fixierung auf die anale Phase von großer Bedeutung, wobei eine übertriebene Reinlichkeitserziehung eine bedeutsame Rolle zu spielen scheint. In der auf die anale Phase folgenden ödipalen Phase werden frustriert-aggressive und frustriert-sexuelle Triebansprüche verdrängt und bleiben auf die anale Phase fixiert. Dies wird auch deutlich im magischen Denken des Zwangsneurotikers, da das magische Denken (Aberglaube, Glaube an Geister) typisch für die anale Phase ist. Abwehrmechanismen für die Zwangsneurose sind

- Isolierung
- Reaktionsbildung
- Ungeschehenmachen
- Rationalisierung.

Zur Auslösung einer Zwangsneurose kommt es in spezifischen Versuchungs- und Versagungssituationen. Die psychoanalytische Lehre deutet den Waschzwang als symbolisches Reinwaschen von schuldhaft erlebten Sexual- und Aggressionswünschen. Beim Waschzwang sind im Rahmen der Kompromißbildung die Abwehrtendenzen im manifesten Bild stärker ausgeprägt als die abzuwehrenden Impulse.

Hingabe erleben solche Menschen als Bedrohung und wehren deshalb die Angst durch übertriebene Rationalisierung ab. Zwangsneurotiker haben einen *großen Leidensdruck*, der sich in depressiven Verstimmungen bis hin zum Suizid äußert. Die Tragik läßt sich verdeutlichen, wenn man sich vorstellt, ein Zimmer völlig staubfrei halten zu müssen. Im Gegensatz zu anderen Neuroseformen wird der Angstaffekt nicht verdrängt, sondern bleibt dem Kranken im Bewußtsein. Der verantwortliche Konflikt allerdings bleibt unbewußt.

Symptomatik

Leichte Zwangsphänomene können oft noch dem normalpsychologischen Bereich zugeordnet werden. Diese unterscheiden sich vom pathologischen Zwang dem Inhalt nach meist nur graduell, der Intensität nach hingegen grundlegend. Dabei unterscheidet man

- Zwangsvorstellungen
- Zwangsimpulse
- Zwangshandlungen (Kontrollzwänge).

Entwickeln sich Zwänge bereits während oder kurz nach der Pubertät, so sind diese in der Regel besonders stark ausgeprägt. Bei ständig voranschreitender Symptomatik führt die Zwangsneurose zur schweren Zwangskrankheit bis hin zur Lebensuntüchtigkeit.

Dem Mitmenschen und dem Arzt gegenüber verhalten sich Zwangsneurotiker höflich und korrekt, lösen jedoch beim Gegenüber aufgrund ihrer Steifigkeit, Pedanterie, Hartnäckigkeit und Unspontaneität oft ärgerliche Reaktionen und eine unbewußte rigide Abwehrhaltung aus. Beobachtet wird ein ausgeprägtes Interesse für Geld und Besitz bei oftmals bestehender Sparsamkeit und Geiz.

▶ **Beispiel:** Eine 25jährige Patientin ist gezwungen, ständig ihre Küche sauberzuhalten, reinigt täglich mehrmals den Küchenschrank und den Herd und kommt zu kaum einer anderen Arbeit, kann keine anderen Räume der Wohnung mehr sauberhalten, da sie den gesamten Tag nur mit ihrer Küche beschäftigt ist. In letzter Zeit ist sie zudem gezwungen, bis zu 50mal täglich die Hände zu waschen, die inzwischen gerötet und schrundig sind. Sie ist sich aber der Unsinnigkeit dieser Handlungen bewußt.

Differentialdiagnostische Überlegungen

Zwangssymptomatik begegnet man auch bei

- Gesunden während Schwangerschaft und Wochenbett, vorübergehend im Klimakterium und nach postinfektiösen Erschöpfungszuständen
- endogenen Depressionen (anankastische Depression)
- Schizophrenien (besonders zu Beginn der Erkrankung)
- zwanghaften Persönlichkeitsstrukturen
- neurotischen Depressionen
- hirnorganischen Störungen.

Zwang und Sucht müssen auseinandergehalten werden, wenn auch Sucht gelegentlich zwangähnlich erscheinen mag. Dennoch wird Sucht vom Süchtigen gern motiviert und zumindest subjektiv sinnvoll empfunden, während Zwang als ichfremd und unsinnig erlebt wird. Zu beachten ist, daß eine Zwangsneurose auch parallel zu anderen psychischen Krankheiten auftreten kann.

Prognose

Im allgemeinen ist die Prognose ungünstig, vor allem bei fehlender Therapie. Während bei Kindern Zwänge oft wieder verschwinden, neigen sie bei Jugendlichen und jungen Erwachsenen zu Verstärkung und Ausbreitung.

Therapie

- Psychotherapeutische Verfahren (Verhaltenstherapie, Psychoanalyse, tiefenpsychologisch orientierte Verfahren)
- Hypnose
- paradoxe Intentionen und Dereflexionen
- Entspannungsverfahren, autosuggestive Verfahren
- medikamentöse Therapie (trizyklische Antidepressiva, nur kurzzeitig Benzodiazepine und Neuroleptika)
- in schwersten Fällen stereotaktische Operationen.

Medikamentöse Behandlung beseitigt lediglich die Angst und die affektive Spannung, kaum aber die Zwänge.

9.3.8 Neurotische Entfremdungssyndrome

✓

Entfremdung kann sich in Form von

- Derealisation und
- Depersonalisation

zeigen. Depersonalisation wird bei allen Neuroseformen beobachtet und ist eine Störung des ICH-Erlebens. Wahrnehmung, Fühlen, Handeln und Denken werden nicht mahr als dem ICH zugehörig empfunden. Gemeinsam ist der Derealisation und der Depersonalisation das Erleben der Entfremdung. Nicht nur der Körper, auch die Umwelt wird bei der Derealistation als fremd oder verändert empfunden.

Auch im normalpsychologischen Bereich können solche Phänomene auftreten und es zeigt sich ein fließender Übergang zum neurotischen Depersonalisationssyndrom. Bei diesem wird die Entfremdung tiefenpsychologisch als eine Abwehrmaßnahme des ICH gegen zu bewältigende Erlebnisinhalte gedeutet. Es kommt dabei zu einer Regression in frühkindliche Denk- und Erlebnisweisen, die einer Zeit entsprechen, in der es noch zu keiner Stabilisierung der ICH-Struktur und des Realitätsbezuges gekommen war.

Depersonalisationssyndrome zeigen sich erstmals während und bevorzugt kurz nach der Pubertät. Das neurotische Depersonalisationssyndrom kann vorübergehend auftreten, chonifizieren oder in eine Zwangsneurose übergehen.

Depersonalisationserscheinungen begegnet man auch bei Schizophrenien sowie bei der endogenen Depression und bei allen Formen der Sucht.

Therapie
Eine psychoanalytisch orientierte Psychotherapie ist vor allem bei den neurotischen Formen der Depersonalisation indiziert. Die Behandlung des Symptoms allein bleibt meist ohne Erfolg, und eine medikametöse Therapie bringt allenfalls nur vorübergehende Erleichterung.

9.3.9 Rentenneurose

✓

Es handelt sich um eine Form der Begehrungsneurose, bei der ein Unfall Anlaß, aber nicht Ursache der Reaktion ist. Synonym spricht man auch von **Rentenbegehren**, **Rententendenz**, **Entschädigungsneurose**, **Unfallneurose** und **tendenziöser Unfallreaktion**. Diese Neuroseform zeigt sich in einem hartnäckigen Streben nach einer Rente als Entschädigung für Krankheit oder Unfall. Ironisch hat man die Rentenneurose als einen krankhaften Zustand bezeichnet, der aus der Angst entstehe, durch Habsucht aufrechterhalten, durch Rechtsanwälte ständig genährt und durch ein in Kraft getretenes ablehnendes Gerichturteil geheilt werde.

Pfropfen sich neurotische Rentenforderungen auf tatsächliche Körperschädigungen, insbesondere unfallbedingte Hirnschädigungen auf, dann ist eine Unterscheidung oft schwer.

Die Aggravation, d. h. die übertriebene Darstellung und Verstärkung der bestehenden Störungen ist nicht voll bewußt und darf deshalb nicht mit Simulation gleichgesetzt werden. Es besteht Verwandtschaft mit der Konversionsreaktion.

Einfachste Form ist die Verdeutlichungstendenz, bei der ein Verunfallter seine Umwelt davon überzeugen will, wie schwer der Unfall war oder wie schwer sich eine Erkrankung auswirkt. Dies ist dann der Fall, wenn vom Patienten angenommen wird, man nehme seitens der Ärzte oder seiner Mitmenschen die Krankheit nicht ernst genug. Aber auch finanzielle Entschädigungen können eine Verdeutlichungstendenz bewirken. Hypochondrische Fehlhaltungen, sensitive Persönlichkeitsstrukturen oder querulatorische Tendenzen neigen zu rentenneurotischem Verhalten, bei dem es zuletzt dem Betroffenen weniger auf die Entschädigung, als mehr auf die Wahrung des vermeintlichen Rechts gegenüber Behörden, Versicherungen und Gerichten ankommt.

Die Behandlung ist schwierig, häufig wenig erfolgversprechend, und oft folgen jahrelange Prozesse und Eingaben. Letztlich folgt dann meist doch die Berentung. Psychotherapeutische Maßnahmen sind indiziert, scheitern oft aber an der Motivation des Betroffenen.

9.3.10 Spätfolgen von Kindesmißbrauch und sexuellem Mißbrauch

Sexueller Mißbrauch eines Kindes durch einen Erwachsenen ist strafbar nach § 176 StGB. Täter sind Verwandte, Lehrherren, Betreuungspersonen, ja sogar Eltern. Gelegentlich ist der Mißbrauch von Kindern auch mit Mißhandlung und Folter verbunden. Dabei sind Kinder jeden Alters, vom Säuglingsalter bis zur Pubertät betroffen, ferner beide Geschlechter, aber Mädchen häufiger als Jungen. Folgen sind schwere neurotische Fehlhaltungen, so z. B. Panikattacken und Angstsyndrome, depressive Verstimmungen, Bettnässen, Leistungsabfall in der Schule und Weglaufen. Letztere können sich bereits im Kindes- und Jugendalter manifestieren.

Mit der Zunahme von Offenheit und der Verminderung sexueller Tabuisierung, ferner im Rahmen der Erkenntnis, daß der Täter schuldig ist und nicht der Betroffene, werden zunehmend mehr Fälle sexuellen Mißbrauchs bekannt.

Sexueller Mißbrauch wirkt sich aber auch bei Erwachsenen in psychischer Hinsicht aus. Auch hier kommt es zu depressiven Verstimmungen bis hin zu suizidalen Handlungen, oft auch aus Scham vor Bekanntwerden der Situationen.

Kindesmißhandlungen und sexueller Mißbrauch sind innerhalb von Familien Ausdruck schwerster gestörter Beziehungen. Die Herausnahme des Kindes aus der Familie ist meist unumgänglich und ist neben einer therapeutischen Maßnahme zwingend, allein aber nicht ausreichend.

9.3.11 Anorexia nervosa, Bulimie und Bulimarexie

Bei der Anorexia nervosa handelt es sich oft um eine typische Familienneurose mit gestörten familiären Interaktionen und eingeschränkter Nahrungsaufnahme. So bekommt der Arzt häufig auch den Widerstand der Familienangehörigen in erheblicher Weise zu spüren, da die Betroffene die Symptomträgerin darstellt und die anderen Familienmitglieder entlastet. Die Erkrankung beginnt in der Regel in der Pubertät oder in der Adoleszentenzeit und geht mit Abmagerung, anfallsweisem Heißhunger, exzessivem Essen sowie heimlichem, selbstinduziertem Erbrechen und Abführmittelmißbrauch einher. Steht der massive Hunger mit folgendem selbstinduziertem Erbrechen und eher normalem oder erhöhtem Körpergewicht im Vordergrund, so spricht man von Bulimie. Anorexie und Bulimie können sich in unterschiedlicher Weise verbinden oder abwechseln, weshalb dann auch von Bulimarexie gesprochen wird. Nicht geklärt ist bis heute, ob es sich um eine oder zwei verschiedene Erkrankungen handelt.

Fast 95 % der Erkrankten sind Mädchen, bzw. Frauen, wobei die Bulimie etwas später beginnt, die Anorexia nervosa hingegen meist schon in der Pubertät.

Symptomatik der Anorexia nervosa
- Störung des Körperschemas in der Selbstwahrnehmung
- Nahrungsverweigerung bis zur Kachexie, ja bis zum Exitus
- Gefühl des Völlegefühls und des Nichtdickseinwollens
- gelegentliche heimliche Freßanfälle, meist nachts mit Kühlschrankplünderungen
- starke Abmagerung bis auf 45 % des Ausgangsgewichtes
- Bradykardie, Ödeme, erniedrigter Grundumsatz
- gesteigertes Bewegungsbedürfnis
- keine oder nur selten Avitaminose
- häufig Obstipation

- Gebrauch von Abführmitteln
- Elektrolytstörungen und sekundärer Hyperaldosteronismus
- Einnahme von Appetitzüglern
- seltener zerebrale Anfälle
- fast immer sekundäre Amenorrhoe, evtl. Uterushypoplasie
- Rückgang von Libido und Sexualfunktionen
- oft Depressionen und Suizidalität
- Widerstand gegen ärztliche Interventionen
- gelegentlich Entwicklung von Sucht und Kleptomanie
- Verlauf unbehandelt chronisch-rezidivierend.

Symptomatik der Bulimie
- Störung des Körperschemas in der Selbstwahrnehmung
- Freßanfälle mit Essen jeglicher verfügbarer Lebensmittel
- Nahrungszufuhr sehr schnell und ohne Kauen
- selbstinduziertes Erbrechen nach dem Essen
- Laxantienabusus
- starkes Krankheitsgefühl und auch Krankheitseinsicht
- häufiger Depressionen als bei Anorexie
- häufiger normales Gewicht
- weniger körperliche Störungen als bei der Anorexie.

Entstehung
Es liegt eine Retardierung der allgemeinen und der psychosexuellen Entwicklung vor. Die betroffenen Frauen und Mädchen können die Geschlechtsrolle, die Rolle der erwachsenen Frau, nicht akzeptieren. Im Erbrechen und in der Appetitstörung spiegelt sich der Ekel vor Sexualität wieder. Im Rahmen der neurotischen Regression werden Essen und Schwängerung, Gewichtszunahme und Schwangersein unbewußt gleichgesetzt.

Durch Abmagerung werden unbewußt die weiblichen Körperformen wie auch die Schwangerschaft abgewehrt. Durch die Entwicklung von Magersucht und Amenorrhoe kann die Betroffene der Anforderung, Partnerin und Mutter zu sein, nicht nachkommen.

Fast immer ist die Beziehung zur Mutter gestört, meist auch gleichzeitig zum Vater im Sinne des ödipalen Konfliktes. Persönliche Konflikte der Eltern lassen sich oft mit der Anorexie in Verbindung bringen.

Therapie
Im Vordergrund steht die psychodynamische Psychotherapie, begleitet von somatischen Therapien bei erheblichem Untergewicht. Therapeutische Maßnahmen sind oft über einen längeren Zeitraum hinweg stationär erforderlich. Meist wird Familientherapie erforderlich, vor allem bei sehr jungen Kranken. Gewohnheiten der Nahrungsaufnahme werden zugleich aber auch verhaltenstherapeutisch mit Hilfe des operanten Konditionierens angegangen. Dies gilt auch für die Bulimie. Konfliktpsychotherapie ist vor allem bei letzterer indiziert.

9.3.12 Masochistische und sadistische Reaktionen und Entwicklungen

Diesen Entwicklungen liegt fast immer eine Störung der analen und/oder motorisch-aggressiven Phase zugrunde. Der Masochist will Schmerzen erleiden, wobei unbewußt die Leiden als Mittel zur Selbstwerterhöhung oder zur Buße dienen, eventuell auch der Anklage bei vermeintlich vorhandenen „bösen" Liebesobjekten. Treten die Erscheinungen nur gelegentlich auf, so spricht man von *masochistischen Reaktionen*, bestimmen sie den Charakter, so spricht man von *Masochismus* (Näheres in Kap. 10).

Wie die Leiden geartet sind, hängt vom jeweiligen Individuum ab, d.h. davon, was der einzelne als „Leiden" bezeichnet. Zudem besteht ein fließender Übergang von gelegentlichen masochistischen Reaktionen bei Gesunden bis hin zum Masochismus.

FREUD unterscheidet **moralischen** (Bedürfnis nach Bestrafung durch eine Autoritätsperson), **primären** (der nicht nach außen gewendete

Todestrieb ist der primäre, erotogene Masochismus, der durch alle Phasen der frühen genitalen Entwicklung verfolgt werden kann) und **weiblichen** Masochismus (Bezeichnung für die in der weiblichen Natur liegende Passivität).

Differentialdiagnostisch abzugrenzen sind depressive neurotische Störungen und hysterische Charakterstrukturen.

Therapie
Ähnlich dem Zwangsneurotiker, der seine Handlungen ausführen muß, um nicht von Angst überwältigt zu werden, bedient sich der masochistische Neurotiker seiner Leiden. Nur dadurch kann er sein Ich in Balance halten und Angst vermeiden. Somit reduziert sich der Leidensdruck völlig im Gegensatz zum Zwangsneurotiker.

Therapeutisches Vorgehen ist beim Masochismus schwierig und wenig erfolgversprechend. Aggressive Reaktionen anderer können die masochistische Tendenz sogar verstärken, weshalb es sinnvoll ist, das masochistische Verhalten zunächst als Realität zu akzeptieren, um dann eine konfliktverarbeitende Psychotherapie oder eine Psychoanalyse durchzuführen.

Insgesamt ist die Prognose ungünstig; gelegentlich beobachtet man Übergänge zu Organneurosen (z. B. Colitis ulcerosa).

Beim **Sadismus** handelt es sich um sexuellen Lustgewinn durch Zufügen von Leiden. Allerdings liegen die Lust am Quälen und am Gequältwerden nahe beieinander; beide können sich gleichzeitig in Form des **Sadomasochismus** äußern. Die Handlungen reichen von Kratzen und Beißen über Schlagen und Auspeitschen bis hin zu schweren Verletzungen (Hautabziehen) und Tötung mit anschließender Zerstückelung der Leiche.

Psychoanalytisch bedeutet Sadismus eine Abwehr von Kastrationsängsten. Was der Sadist befürchtet, vollzieht er aktiv und symbolisch an anderen. Er versucht durch diese Handlungen ferner, den Partner zu nötigen, ihn zu lieben und ihm zu vergeben, was die Schuldgefühle aufhebt, von denen der Geschlechtsverkehr begleitet wird.

Therapeutisch ist auch hier die Psychotherapie vorrangig anzuwenden, die auch hier von wenig Erfolg gekennzeichnet ist.

9.3.13 Borderline-Syndrom

> Schizophrenien und Neurosen lassen sich gewöhnlich gut voneinander abgrenzen. Es existiert offensichtlich aber ein Grenzbereich mit Krankheitsbildern, die **Grenzpsychosen** oder aber **Borderline-Syndrome** genannt werden (synonym: pseudoneurotische Schizophrenien). Borderline-Syndrome manifestieren sich in der Adoleszenz.

Kennzeichen des Borderline-Syndroms sind:

- hypochondrische Einstellungen
- Entfremdungserleben
- vage Beziehungsvorstellungen
- Depressionen
- gelegentlich Wahnideen und Wahnwahrnehmungen
- Fehlen dauerhafter Selbstidentität
- ambivalentes Konflikterleben
- keine schizophrenen Denk- und Ichstörungen
- gelegentlich Ambivalenz und Autismus.

Der Begriff „borderline" wird heute meist sehr unscharf verwendet und außerdem zu häufig diagnostiziert. In sehr weitem Sinne wird der Begriff auch für Persönlichkeitsstörungen verwendet, die durch Narzißmus gekennzeichnet sind, aber auch für Kern- und Charakterneurosen, vor allem hysterischer und schizoider Form. Borderline beinhaltet aber auch ein psychoanalytisches Konzept nach KERNBERG (borderline personality organisation), wobei dieses gekennzeichnet ist durch Ich-Schwäche, mangelhafte Ich-Grenzen, mangelhafte Realitätskontrolle und diverse Triebabwehrformen.

Wegen der unscharfen Definition und der scheinbaren Begriffsverwirrung wird vielfach empfohlen, auf die Bezeichnung „*borderline*" ganz zu verzichten.

Therapie: Psychotherapie ist Therapie erster Wahl. Gelegentlich werden Neuroleptika oder Antidepressiva erforderlich, wenn psychotiforme oder depressive Symptome auftreten.

9.3.14 Pubertätskrisen

Hier handelt es sich um in der Pubertät auftretende, vorübergehende Verstimmungen, seelische Veränderungen und psychoseähnliche Zustände, die oft einer Hebephrenie sehr ähnlich sind, jedoch einen günstigen Verlauf nehmen.

Symptomatik
- Zurückgezogenheit und abweisende Haltung
- trotziges und mitunter aggressives Verhalten
- Lernstörungen und oft hohe Suggestibilität
- häufig Rauschmittelgebrauch und kriminelle Delikte
- Taktlosigkeit und Distanzlosigkeit
- Disziplinlosigkeit, Vagabundieren, Kurzschlußhandlungen
- gelegentlich suizidale Tendenzen.

Ursächlich macht man für Pubertätskrisen Schwierigkeiten eines unbewältigten puberalen Instinktwandels verantwortlich. Therapeutisch ist die Prognose schlecht, wenn bereits in der Kleinkindzeit Verhaltensstörungen beobachtet wurden. Meist wird eine langwierige Therapie in kinder- und jugendtherapeutischen Zentren erforderlich sein.

9.4 Persönlichkeitsstörungen

9.4.1 Definition

> Psychopathen sind abnorme Persönlichkeiten, d. h. solche, die außerhalb einer angenommenen Durchschnittsnorm einzuordnen sind. Bei abnormen Persönlichkeiten handelt es sich also um ausgeprägte Extremvarianten menschlicher Wesensart. Dabei liegt die Abweichung vom Durchschnitt mehr in der Ausprägung des Merkmals selbst. Grundsätzlich finden sich fließende Übergänge vom Gesunden zur Psychopathie, und oft ist die Abgrenzung einer Neurose von einer abnormen Persönlichkeit kaum möglich. Erst die Kenntnis über die Entstehungsbedingungen läßt die Diagnose zu.

Nicht zu den Psychopathien rechnet man Geisteskrankheiten und Schwachsinn, ebensowenig wie die psychischen Krankheiten, die erst im Verlauf eines Lebens auftreten.

Persönlichkeitsstörungen unterscheiden sich von den Persönlichkeitsänderungen durch den Zeitpunkt sowie die Art und Weise ihres Auftretens. Persönlichkeitsstörungen beginnen in der Kindheit oder Adoleszenz und bestehen weiterhin im Erwachsenenalter. Persönlichkeitsänderungen hingegen werden im Erwachsenenalter erworben, zum Beispiel als Folge schwerer Belastungen oder bei extremer, umweltbedingter Depravation.

Die Einteilung der Persönlichkeitsstörungen ist unbefriedigend, wie dies ja auch bei der Einteilung gesunder Persönlichkeiten der Fall ist. K. SCHNEIDER wählte eine andere Einteilung als E. KAHN. In Anlehnung an den Gegenstandskatalog für Mediziner wird hier folgende Einteilung gewählt:

- Asthenische (abhängige, passive) Persönlichkeiten

- Sensitive Persönlichkeiten
- Anankastische Persönlichkeiten
- Schizoide Persönlichkeiten
- Depressive Persönlichkeiten
- Hyperthyme Persönlichkeiten
- Haltschwache Persönlichkeiten
- Gemütsarme Persönlichkeiten
- Erregbare (emotional instabile) Persönlichkeiten
- Querulatorische Persönlichkeiten
- Hysterische (histrionische, infantile) Persönlichkeiten.

Die internationale Klassifikation psychischer Störungen kennt ferner folgende Persönlichkeitsstörungen:

- Paranoide Persönlichkeiten
- Dissoziale (soziopathische) Persönlichkeiten
- Narzißtische Persönlichkeiten
- Exzentrische Persönlichkeiten
- Ängstliche (vermeidende) Persönlichkeiten

9.4.2 Pathogenese

Lebenslauf und Lebensbewältigung, Krisen und deren klinisches Bild sowie soziale Probleme und dissoziales Verhalten hängen von der jeweiligen „psychoplastischen Anlage" ab.

Bei den Psychopathien (Persönlichkeitsstörungen) handelt es sich um ein Zusammenspiel von Anlagefaktoren, Konfliktreaktionen und sozialen Faktoren (z. B. dissoziales Kindheitsmilieu). Persönlichkeitsstörungen finden sich gehäuft auch bei Hirnerkrankungen, wobei Persönlichkeitsstörungen dieser Form aber strenggenommen nicht zu den Psychopathien gerechnet werden dürften. Einige Autoren nehmen frühe Objektbeziehungsstörungen (Störungen in der Mutter-Kind-Beziehung) als Mitursache der Entstehung von Persönlichkeitsstörungen an (z. B. bei Borderline-Störungen). Andere Autoren sprechen von Defekten in der Ich-Struktur bei narzißtischen Störungen.

In unterschiedlicher Umgebung wirken sich Charakterstörungen verschieden aus, und nicht selten wird durch einen Milieuwechsel gelegentlich eine Verbesserung der abnormen Persönlichkeit erreicht.

9.4.3 Differentialdiagnostische Überlegungen

Von den Psychopathien abzugrenzen sind Persönlichkeitsvarianten aufgrund früh entstandener Hirnschäden, ferner Neurosen, Psychosen und sogenannte Pseudopsychopathien. Bei letzteren handelt es sich um Persönlichkeitsbesonderheiten, die durch fetal, peri- und postnatal erworbene Schäden entstanden sind und einer Psychopathie sehr gleichen. Psychopathie ist eigentlich eine Ausschlußdiagnose, wobei u. U. die gesamte neuropsychiatrische Filterdiagnostik Anwendung finden muß. Generell kann gesagt werden, daß pseudopsychopathische Syndrome auf der Basis früher Hirnschäden doch wesentlich häufiger zu beobachten sind als schwere Defektzustände, etwa nach zerebraler Poliomyelitis oder bei früh erworbenem Schwachsinn. Das Resultat sind dann abnorme Verhaltensweisen, Kontaktstörungen, Aufmerksamkeits- und Konzentrationsschwäche, Reizüberempfindlichkeit, Gehemmtheit und Distanzunsicherheit, herabgesetztes Durchhaltevermögen mit gleichzeitig gesteigertem Antrieb, also Symptome, die denen abnormer Persönlichkeiten sehr gleichen.

9.4.4 Paranoide Persönlichkeit

Hier besteht die Neigung, Erfahrungen und Erlebnisse als gegen die eigene Person gerichtet zu interpretieren. Diese Individuen sind mißtrauisch, leicht kränkbar und führen mitunter einen unbelehrbar-rechthaberischen Kampf gegen das (vermeintliche) Unrecht, bzw. für eine Idee oder Vorstellung (Fanatiker).

Abzugrenzen sind das paranoide Syndrom, die sensitive und die narzißtische Persönlichkeitsstörung sowie die paranoid-halluzinatorische Form der Schizophrenie.

9.4.5 Depressive Persönlichkeit

Hier zeigen sich eine pessimistisch-skeptische Lebenseinstellung, Gehemmtheit, gedrückte Stimmungslage, Kontaktstörungen. Das Dasein erscheint diesen Menschen qualvoll, sie erwarten für sich nichts vom Leben, leben zurückgezogen, knüpfen kaum Kontakte zu den Mitmenschen. Einige dieser Menschen nörgeln gern und freuen sich am Unglück anderer. In der Gesellschaft bleiben solche Menschen meist im Hintergrund; gehobene berufliche Positionen werden selten erreicht.

Abzugrenzen sind die depressiven Psychosen und Neurosen, organisch bedingte depressive Syndrome, ferner die depressiven Reaktionen. Depressive Charakterneurose und depressive Persönlichkeitsstruktur sind gleichzusetzen.

9.4.6 Erregbare (emotional instabile) Persönlichkeit

Man beobachtet hier stärkste Affektausbrüche bei meist geringfügigen Anlässen, die in keinem Verhältnis zu den affektiven Äußerungen stehen. Solche Menschen sind nicht oder nur unzureichend in der Lage, einen Affekt hinreichend zu verhalten oder zu verarbeiten. Das Erregbarkeitsniveau ist insgesamt erhöht. Leicht erregbare Persönlichkeiten werden nicht selten straffällig (Beleidigung, Körperverletzung); Alkoholkosum wirkt zusätzlich enthemmend.

Abzugrenzen sind hirnorganisch bedingte Störungen, ferner Erregungszustände bei Intoxikationen.

9.4.7 Zwanghafte (anankastische) Persönlichkeit

Hier handelt es sich um pedantische und perfektionistische Persönlichkeiten, die in allen Lebenslagen übergenau sind und eine übertriebene, vielfach belächelte Ordnung zeigen. Die Lebensführung ist sparsam und solide bei meist festgefahrenen Prinzipien. Im Beruf sind sie oft wegen ihrer Genauigkeit und Zuverlässigkeit geschätzt, oftmals zeigen sie sich aber auch sehr unflexibel und umständlich. Bei schweren Formen begegnet man auch Zwangsimpulsen und Kontrollzwängen, ähnlich wie bei den Zwangsneurosen. Gelegentlich zeigt sich zu diesen auch ein fließender Übergang.

Abzugrenzen sind reine Zwangsneurosen, ferner schizophrene Zwangssyndrome.

9.4.8 Histrionische (hysterische) Persönlichkeit

Hier handelt es sich um geltungssüchtige Menschen mit einer starken Neigung zu Effekthascherei und demonstrativem, unechtem Verhalten. Für diese Menschen gilt der Grundsatz: Mehr scheinen als sein. Mit effektvoller Darstellung wird die Aufmerksamkeit der Umwelt auf sich gezogen, entweder durch übertriebenes Auftreten oder durch demonstratives Leiden. Hinzu kommt eine oftmals unstillbare Erlebnissucht. Kennzeichnend sind die Tendenz zur Symbolisierung, die intensive Phantasietätigkeit, die hohe Suggestibilität sowie die Hypo- und Pseudohypersexualität. Gleichzeitig empfindet der Hysteriker hautnah die Insuffizienz seiner Persönlichkeit. Geltungssucht und Erlebnissucht sind hierzu die entsprechenden Kompensationsvorgänge.

Oft sind die Berichte dieser Menschen derart übersteigert und unglaubwürdig, daß dies zur Erheiterung ihrer Umwelt führt. Erzählungen des Hysterikers, seine Wunschvorstellungen, sind dabei oft so lebhaft, daß er sie meist selbst glaubt (Pseudologia phantastica). Aber auch die Mitmenschen fallen nicht selten auf die Überzeugungskraft des Hysterikers herein und BLEULER berichtet von großen Geldsummen, die eine Frau erhielt, indem sie auf glänzende Einkünfte aus ihren „Petroleumanpflanzungen in der Wüste Sahara" verwiesen hatte. Bekannt ist auch der Werdegang einer holländischen Hausfrau, die Mann und Kind verließ und nach Paris ging, um unter dem Namen Mata Hari als Tänzerin zu arbeiten. Sie behauptete, mehrere Jahre in Indien (wo sie nie war) als Tempeltänzerin ausgebildet worden zu sein; ihre als fernöstliche Religion getarnten erotischen Tänze hatten sensationellen Erfolg.

Oft entstehen wegen der Unfähigkeit, tiefere und tragfähige Bindungen einzugehen, Komplikationen hinsichtlich mitmenschlicher Beziehungen. Ursache ist die mangelnde Erlebnisfähigkeit und fehlende Liebesfähigkeit trotz eines ungewöhnlich starken Kontaktbedürfnisses.

Um als Kranker anerkannt zu werden, suchen solche Hysteriker immer wieder neue Ärzte auf; einige erzwingen sogar durch Selbstverstümmelung eine ärztliche Behandlung.

Abzugrenzen sind die hysterische Neurose sowie die narzißtische Persönlichkeitsstörung und die Borderline-Persönlichkeitsstörung.

9.4.9 Asthenische Persönlichkeit

Asthenische Persönlichkeiten sind rasch erschöpfbar und leicht ermüdbar, leiden an einem Mangel an Spannkraft und geringer Ausdauer. Sie empfinden körperlich und seelisch ein Gefühl der Schwäche, ohne daß diesbezüglich körperliche Ursachen nachzuweisen sind. Häufig sind eine vegetative Labilität und Schlafstörungen. Gelegentlich begegnet man auch noch den älteren Begriffen **Neurasthenie** und **Neuropathie**. Vermutlich handelt es sich hier um eine „gelernte " Hilflosigkeit. Asthenische Menschen neigen häufig zu depressiven Reaktionen.

Differentialdiagnostisch abzugrenzen sind depressive Neurosen und larvierte Depressionen.

9.4.10 Gemütsarme (gefühlskalte) Persönlichkeit

Solche Menschen sind unfähig, mit ihren Mitmenschen gemeinsam zu erleben und zu fühlen. Sie sind berechnend und rücksichtslos, sind nur auf ihren Vorteil bedacht und versuchen diesen mit allen Mitteln durchzusetzen. Zu zwischenmenschlichen Bindungen sind sie nicht fähig und neigen oft zu Sadismus, perversem Verhalten und Brutalität. Auch kennen gefühlskalte Menschen keine Reue, weshalb Gewalttäter mit dieser Persönlichkeitsstörung meist wieder zu Rückfalltätern werden und somit eine große Gefahr für die Allgemeinheit darstellen.

Da viele scheinbar gefühlskalte Menschen bei intensiver Zuwendung doch mitunter Gefühle zeigen, ist die Diagnose mit Vorsicht zu stellen.

9.4.11 Dissoziale (soziopathische) Persönlichkeit

Diese Menschen neigen zu dissozialem Verhalten, zu Delinquenz und Rücksichtslosigkeit gegenüber den sozialen Spielregeln und Normen. Sie sind betont egoistisch, neigen auch oft zu Verwahrlosung.

Diese Persönlichkeitsstruktur wurde besonders eingehend untersucht. Charakteristisch ist die mangelnde Fähigkeit, aus Erfahrungen zu lernen. Auch leiden solche Menschen nur wenig unter den Konsequenzen ihres Verhaltens, Strafen schrecken sie kaum ab. In belastenden Lebenssituationen reagieren sie nicht oder mit weniger Angst und emotionaler Anspannung als ihre Mitmenschen. Das Erregungsniveau des autonom-vegetativen Systems ist herabgesetzt, und man erkennt im EEG niedrigere Frequenzen. Solche Persönlichkeitsstörungen zeigen sich familiär gehäuft; die Konkordanz ist bei eineiigen Zwillingen höher. Begünstigend für eine dissoziale Entwicklung sind dissoziale Väter, mangelnde Fürsorge und Zuwendung durch die Mutter, inkonsequentes Elternverhalten. Schon in der Kindheit beobachtet man häufig Diebstähle und Weglaufen, ferner Schuleschwänzen. Jugendliche vernachlässigen die Ausbildung, neigen zu Drogenkosum und Alkoholismus.

Im frühen Erwachsenenalter tritt oftmals eine Wende ein, und im mittleren Lebensalter ist dann nur noch jeder Dritte in dieser Weise auffällig, nach dem 60. Lebensjahr dann kaum einer mehr.

Differentialdiagnostisch abzugrenzen sind schizophrene Psychosen des Jugendalters und frühen Erwachsenenalters, ferner hirnorganische Psychosyndrome, Abhängigkeiten, Borderline-Persönlichkeitsstörungen.

9.4.12 Sensitive (selbstunsichere) Persönlichkeit

Hier zeigt sich ein Mangel an Selbstvertrauen, eine Störung des Selbstwertgefühls, eine abnorme Neigung zu Kränkbarkeit mit Aggressionshemmung und geringem Durchsetzungsvermögen. Diese Menschen tragen Ärger und Kummer mit sich herum, sind nicht in der Lage sich auszusprechen. Mitunter kommt es zu einem Affektstau mit gelegentlichen heftigen Ausbrüchen.

Auffallend viele Menschen dieser Art haben in frühen Jahren den Vater verloren oder einen an der Erziehung völlig desinteressierten Vater gehabt. Vor allem dem Jungen entgeht dadurch die bevorzugte Identifikationsfigur. Die Mutter übernimmt quasi eine Doppelfunktion. Therapeutisch ist die sensitive Persönlichkeitsstruktur nur schwer zu behandeln, da sich die Betroffenen nur selten in therapeutische Behandlung begeben oder bald abbrechen. Selbstsicherheitstraining ist Therapie der Wahl.

Differentialdiagnostisch abzugrenzen sind narzißtische, Borderline- und depressive Persönlichkeitsstörungen.

9.4.13 Hyperthyme Persönlichkeit

Diese Menschen sind nahezu immer gut aufgelegt, von oberflächlich fröhlich-heiterer Grundstimmung und gesteigert aktiv. Sie sind lebhaft, und werden dadurch oftmals zur Belastung für ihre Umwelt. In leichter Ausprägung sind solche Menschen beliebte Unterhalter und Gesellschafter, in stärkerer Ausprägung mit Distanzlosigkeit, ständiger Unruhe und Aufdringlichkeit werden sie meist gemieden.

Differentialdiagnostisch abzugrenzen sind Manie, maniforme Syndrome, Frontalhirndefekte.

9.4.14 Querulatorische Persönlichkeit

Querulanten zeichnen sich durch eine besonders ausgeprägte Verletzbarkeit des Rechtsgefühls, durch Starrsinn und Unbelehrbarkeit aus und beharren auf der Durchsetzung ihres Rechtsstandpunktes. Diese Menschen sind fanatisch, halsstarrig, rechthaberisch und unbelehrbar; sie sind leicht zu beleidigen und reagieren empfindlich. Das Recht anderer gilt ihnen wenig, ihr eigens Recht dafür umso mehr. Sie akzeptieren allenfalls noch das gesetzlich geschützte Recht der Mitmenschen. Dem Querulanten geht es meist weniger um die materielle Wiedergutmachung als vielmehr um das eigentliche „Recht bekommen". Typisches Beispiel ist Kleist's Michael Kohlhaas.

9.4.15 Schizoide Persönlichkeit

Es handelt sich hier um zwiespältige Konfliktpersönlichkeiten, die zum einen ein oft kühles und schroffes Wesen an den Tag legen, zum anderen jedoch sehr überempfindlich reagieren. Sie sind kontaktgehemmt, zeigen meist immer Distanz, leiden aber durch die sich daraus ergebende Isolierung. Ein Aufbau zwischenmenschlicher Beziehung fällt ihnen schwer, da sie voller Mißtrauen und Zwiespalt sind. Nähe zum Mitmenschen macht ihnen Angst, was zur Distanz führt und dadurch wieder Wunsch nach Nähe erzeugt, was die Angst aber nicht zuläßt.

Stark ausgeprägt sind Ambivalenz und Ambitendenz; wegen Gegeneinfällen und Gegenantrieben gestaltet sich bei ihnen das Handeln oft äußerst schwierig. Haben sie sich allerdings einmal zu einer festen Überzeugung durchgerungen, halten sie stur und unbekümmert daran fest.

Oft begegnet man einem konfliktreichen Sexualleben, Moralismus, fanatischer Religiosität und Prinzipienreiterei, ferner Egoismus und Fanatismus, Weltfremdheit und gelegentlich Grausamkeit. Allerdings sind Schizoide charakterfest, eigenständig, meist originell und schöpferisch.

Mit „schizophren" hat „schizoid" nichts gemeinsam, was natürlich nicht bedeutet, daß nicht etwa Schizophrene auch schizoid sein können. Eine schizoide Persönlichkeitsstruktur zeigt keine Übergänge ins Schizophrene.

Differentialdiagnostisch abzugrenzen sind Schizophrenie und depressive Persönlichkeitsstörung, ferner die schizoide Charakterneurose.

9.4.16 Haltschwache Persönlichkeit

Man spricht auch von „willensschwachen Psychopathen". Ihnen fehlt das zielgerichtete Steuern ihres Handelns; sie sind leicht beeinflußbar und verführbar, anfällig in Versuchungssituationen. Neue gute Vorsätze werden rasch und immer wieder gefaßt aber ebenso schnell verworfen. Hieraus ergibt sich die Gefährdung für Sucht, Kriminalität und Prostitution.

Die meisten Haltschwachen fallen durch ihre anpassungsfähige, nachgiebige und freundliche Art auf; sie erwecken selbst vor Gericht Mitleid und Sympathie. Alkoholisierte haltschwache Individuen werden selten aggressiv oder gewalttätig.

9.4.17 Narzißtische Persönlichkeit

Hier besteht eine Störung des Selbstwertgefühls, die sich dadurch zeigt, daß auf der einen Seite Größenphantasien mit Selbstidealisierung und auf der anderen Seite unrealistische Minderwertigkeitsgefühle mit Drang nach Bestätigung durch die Mitmenschen bestehen. Die zwischenmenschlichen Beziehungen sind meist gestört, weil der Betroffene abnorm auf sich selbst bezogen ist. Narzißtische Menschen sind sehr verletzbar; andererseits tendieren diese im Umgang mit anderen zur Entwertung. Das Gefühlsleben ist oft oberflächlich.

Differentialdiagnostisch abzugrenzen sind selbstunsichere Persönlichkeiten und Borderline-Persönlichkeitsstörung.

9.4.18 Borderline-Persönlichkeitsstörung

Hier besteht eine ausgeprägte Instabilität im Selbstbild bei meist andauernder und ausgeprägter Identitätsstörung. Ebenso instabil sind Stimmung, Affekte und ==zwischenmenschliche Beziehungen==.

Es finden sich Phobien verschiedenster Form, frei flottierende Ängste, perverse Sexualpraktiken, Konversionssymptome, chronisches Depersonalisationserleben, Verlust der Impulskontrolle, selbstdestruktive Handlungen, Tendenzen zur Abhängigkeit, pseudohalluzinatorische Erlebnisse, Depressivität, Aggressionen und Wut gegen sich und andere sowie kurzfristige psychotische Dekompensationen.

Charakteristisch soll die Tendenz zur Aufspaltung in gute und böse Objekte sein (sog. „Splitting") mit entsprechend defekter Selbstidentität.

Schwierigkeiten in der Diagnostik ergeben sich oft in der Abgrenzung zur Schizophrenie. Abzugrenzen sind ferner narzißtische Persönlichkeitsstörungen. Meist wird die Diagnose zu häufig gestellt; sie sollte nur dort Anwendung finden, wo tiefgreifende Ich-Störungen bestehen, wie sie im Laufe von psychotherapeutischen Prozessen hervortreten können.

9.4.19 Münchhausen-Syndrom

> Artifizielle und/oder akzidentelle körperliche Veränderungen sowie Krankheitszustände können Ausdruck und Folge von Suizidversuchen, Delikten, Unfällen und/oder sexuell motivierten Manipulationen sein. Andererseits können als Motivation aber auch tendenzielle, erpresserische Absichten und psychiatrische Erkrankungen Anlaß sein. Weitere Motivationen sind bewußte und unbewußte Irreführung medizinischer Institutionen, Erregung von Aufmerksamkeit und Geltungsbedürfnis. Häufigste Manifestation des Münchhausen-Syndroms sind selbstinduzierte Infektionen.

Von R. ASHER wurden drei verschiedene Formen beschrieben:

- die abdominelle Form
- die hämorrhagische Form und die
- neurologische Form.

Bei der hämorrhagischen Form werden z. B. Blutungen oder Anämien (durch heimlichen Aderlaß) selbst induziert und dem Arzt damit eine Erkrankung vorgespiegelt.

9.4.20 Ganser-Syndrom

Hier besteht der Wunsch, geisteskrank bzw. unzurechnungsfähig zu erscheinen. Man beobachtet dieses keineswegs seltene Syndrom bei Häftlingen, hysterischen Persönlichkeiten und geistig Behinderten.

Das Ganser-Syndrom wird von einigen Autoren mit der Pseudodemenz (siehe Seite 46) gleichgesetzt. Die „Kranken" machen gezielt alles falsch, versuchen beispielsweise den Schlüssel umgekehrt in das Schlüsselloch zu stecken oder reiben das Zündholz mit der Holzseite an der Reibefläche. Verwandt mit diesem Syndrom ist der **hysterische Puerilismus**, bei dem ein Erwachsener ein kleines Kind spielt, dies aber völlig inkonsequent und nur in Bereichen des Alltagslebens.

9.4.21 Therapie der Persönlichkeitsstörungen

Bei der Therapie abnormer Persönlichkeiten können bestimmte Persönlichkeitszüge (z. B. Geltungsbedürfnis, anankastische Übergewissenhaftigkeit) therapeutisch genutzt werden. Dabei sind aber psychopathische Persönlichkeiten in der Regel nur zeitweise und zum Teil, z. B. bei auftretenden inneren und äußeren Konflikten, behandlungsbedürftig.

Psychoreaktive Störungen, die sich auf der Grundlage einer psychopathischen Persönlichkeitsstruktur entwickeln, werden psychotherapeutisch behandelt, wobei meist eine **führende** und **stützende Psychotherapie** auf lange Sicht indiziert ist. Eine Psychoanalyse oder tiefenpsychologisch orientierte Psychotherapie kommt nur in Ausnahmefällen in Betracht.

Eine große Bedeutung kommt **soziotherapeutischen Vorgehensweisen** zu, vor allem soziotherapeutisch orientierten Wohngemeinschaften. Von gleich großer Bedeutung sind **verhaltenstherapeutische Verfahren.** Gelegentlich wird es notwendig sein, Medikamente zu verabreichen, besonders bei Auftreten akuter Krisen.

10 Sexualstörungen und Sexualabweichungen

10.1 Sexuelle Funktionsstörungen und deren Entstehung

In der Geschlechtsentwicklung ist zwischen quantitativen und qualitativen Irregularitäten zu unterscheiden. Quantitative Abweichungen sind die unregelmäßige Sexualentwicklung, die Kastration, der psychische Infantilismus und der Hypererotismus.

Behinderungen können während jeder der nachfolgend aufgeführten Phasen der psychosexuellen Entwicklung auftreten.

Embryonale Phase: Unregelmäßigkeiten sind hier physischer Natur, und die Behinderungen beziehen sich auf organische Unregelmäßigkeiten bei der Ausbildung der Geschlechtsorgane.

Ödipale Phase: Kulminationspunkt der Triebentwicklung. Die Bewältigung des Ödipuskomplexes ist die Voraussetzung für eine spätere reife genitale Sexualität.

Ruhestandsperiode (Latenzphase): Unregelmäßigkeiten sind überwiegend psychischer Natur. Es entwickeln sich Eigentümlichkeiten, die sich für das gesamte Leben fixieren können (infantile Sexualität nach FREUD).

Pubertätsphase: Hier sind die Unregelmäßigkeiten sowohl physischer als auch psychischer Natur. Die Phase ist also bedeutungsvoll für die Entwicklung der physischen wie psychischen Sexualität.

Störungen aller Phasen behindern den normalen Prozeß der sexuellen Entwicklung und verhindern das Erreichen der Vollgeschlechtlichkeit. Die Sexualität bleibt auf einer infantilen Stufe stehen, und je nach Phase der Entstehung der Störung sind solche Menschen aus körperlichen und/oder seelischen Gründen nicht fähig, die jeweilige Stufe der Sexualentwicklung zu verlassen.

In der Geschlechtsorganentwicklung entwickelt sich beim männlichen und beim weiblichen Embryo das gleiche sexuelle Grundorgan ab der 6. Woche nach der Zeugung. Erst später entfalten sich aus dieser geschlechtlich undifferenzierten

Einheit die entsprechenden männlichen bzw. weiblichen Geschlechtorgane mit den jeweiligen Geschlechtsdrüsen.

Entwicklungsstörungen der Keimdrüsen können sich folgendermaßen zeigen:

- Vollkommenes Fehlen der Geschlechtsdrüsen (z. B. Anorchie)
- Unterentwickelte Geschlechtsdrüsen (z. B. Hodenhypoplasie)
- Gestörte Weiterentwicklung normal entwickelter Geschlechtsdrüsen (z. B. Kryptorchismus).

Hinsichtlich der Folgen solcher Entwicklungsstörungen ist es verständlich, daß die betroffenen Drüsen unfähig sind, ihre Doppelfunktion wahrzunehmen, z.B. die Synthese von Samen (äußere Sekretion) und von Hormonen (innere Sekretion). Die Folgen sind Unfruchtbarkeit und/oder Fehlen sekundärer Geschlechtsmerkmale.

Ein angeborener Defekt der Ovarien führt fast immer zu einem kindlichen Aussehen erwachsener Individuen bei bestehender Unfruchtbarkeit und unterentwickelten oder fehlenden sekundären Geschlechtsmerkmalen. Der sexuelle Impuls fehlt völlig oder ist in nur unbedeutendem Ausmaß vorhanden. Intellektuelle Defekte sind in der Regel nicht vorhanden.

Grundsätzlich kommt es vor, daß ursprünglich normal entwickelte und gelagerte Geschlechtsdrüsen zu einem späteren Zeitpunkt zu Schaden kommen und atrophieren.

Hauptregulator geschlechtlicher Funktionsabläufe ist die Hypophyse. Ihr Ausfall führt auch zum Ausfall der Keimdrüsentätigkeit und zur Behinderung der sexuellen Entwicklung. Dann verzögert sich entweder die Pubertät oder zeigt sich in unvollständiger Form. Die Pubertät bleibt bei völlig fehlender Hypophysentätigkeit ganz aus, was zu sexuellem Infantilismus und Wachstumsstörungen, ferner zur Dystrophia adiposogenitalis führt.

 Wenn die Geschlechtsreife nicht oder nur unzureichend erreicht wird, spricht man vom **sexuellen Infantilismus**.

Dabei lassen sich vier verschiedene Formen einteilen:

- genitaler Infantilismus
- somatischer Infantilismus
- psycho-sexueller Infantilismus
- psychischer Infantilismus.

 Im Gegensatz zum Infantilismus steht die **Frühreife**, bei der die Pubertät vor dem 10. Lebensjahr auftritt.

Auch hier ergeben sich vier verschiedene Formen:

- genitale Frühreife
- somatische Frühreife
- psycho-sexuelle Frühreife
- psychische Frühreife.

Bei psycho-sexueller Frühreife sind die physischen Charakteristika völlig normal ausgebildet, wobei bereits kleine Kinder zweifellos sexuelle Akte vollführen können. Eine große Bedeutung kommt hier wohl auch einem erlernten Verhalten zu.

Hemmungen der Sexualfunktionen können demnach entstehen durch

- körperliche Ursachen und/oder
- emotionale Ursachen.

Körperliche Ursachen mit Hemmung der Orgasmusfähigkeit

- Hirn- und Rückenmarksverletzungen und -erkrankungen
- chronische toxische Schäden (Alkohol, Opiate, Medikamente)
- gestörte endokrine Funktion von Hoden, Ovarien und Nebennierenrinde
- Hypothyreose und Diabetes mellitus
- genitale Mißbildungen und Erkrankungen (z.B. Phimose, Z.n. Prostataoperation).

Emotionale Ursachen mit Hemmung der Orgasmusfähigkeit
- gestörte Entwicklung des geschlechtlichen Rollenbewußtseins und der Liebesfähigkeit
- gestörte Persönlichkeitsentwicklung mit Selbstwertproblematik und übertriebener Angstanfälligkeit
- gestörte Partnerbeziehung
- gestörtes emotionales und technisches Verhalten bei Vorbereitung und Durchführung des Geschlechtsaktes
- Depressionen und andere psychische Krankheiten.

10.2 Spezielle Formen sexueller Funktionsstörungen

10.2.1 Sexuelle Funktionsstörungen des Mannes

Impotentia coeundi (Erektionsschwäche)
Die Ursachen dieser häufigsten Form der Impotenz sind überwiegend seelischer Natur (Erwartungsangst, neurotische Fehlhaltung usw.). Somatische Ursachen können Mißbildungen und Genitalerkrankungen sein, ferner Arzneimittelmißbrauch, Krankheiten innerer Organe sowie Stoffwechselkrankheiten. Erektionsunfähigkeit kann selbstverständlich auch mangelnde Libido zur Ursache haben (sog. **Impotentia concupiscentiae**).

An eine psychoreaktive Genese ist zu denken, wenn nur beim Kohabitationsversuch die Erektionsfähigkeit ausbleibt. Meist besteht nur eine relative Impotenz mit nicht völlig aufgehobener, sondern unregelmäßiger und unvollständiger Erektion. Besonders häufig ist eine Erektionsschwäche bei gesteigerter Erwartungsspannung und willentlicher Anstrengung, wie dies vor allem bei sexuell leicht erregbaren und unerfahrenen Männern vorkommt. Suggestivmaßnahmen und paradoxe Intentionen sind hier meist erfolgreich: Ein vorgeschriebenes Abstinenzgebot wird mit Erfolg übertreten. Seltener und vorwiegend bei komplizierterer psychischer Dynamik wird eine analytisch oder verhaltenstherapeutisch orientierte Psychotherapie erforderlich sein.

Ejaculatio praecox
Hier besteht eine zu früh erfolgende Ejakulation, d. h. vor der Immissio penis oder in deren unmittelbaren Folge. Oft geht diese Störung zusätzlich mit einer Erektionsschwäche einher.

Ejaculatio retardata
Hier besteht eine Verzögerung oder ein Ausbleiben des Samenergusses. Die Ursache kann organischer oder psychischer Art sein. Psychodynamisch wird diese sexuelle Funktionsstörung als Todes- oder Kastrationsangst und Hemmung der Hingabetendenzen erklärt.

Impotentia satisfactionis
Es kommen hier nur Ejakulationen ohne Orgasmus vor. Ursache sind Störungen emotionaler Form.

Impotentia generandi
Hierbei handelt es sich um Fertilitätsstörungen mit gestörter Spermiogenese bei normaler Kohabitationsfähigkeit.

Hypererotismus
Sowohl bei Männern (**Satyriasis**) wie bei Frauen (**Nymphomanie**) finden sich Individuen, deren sexueller Trieb kaum zu stillen ist. Allerdings ist die Intensität des Sexualtriebes so unterschiedlich, daß es sich hier noch mehr als auf anderen sexuellen Gebieten als schwierig erweist, zwischen „normal" und „pathologisch" klar zu trennen. Betrachtet man den sexuellen Rhythmus als das Durchschnittsmaß, dann stellt übermäßige Sexualität, bzw. Hypererotismus, den Grad der Libido dar, bei dem die Geschlechtsbegierde sofort oder kurz nach der Befriedigung wieder erwacht. Außer dem normalen heterosexuellen

Verkehr wird gewöhnlich auch die Masturbation ausgeführt.

Hinter gesteigertem Sexualstreben und extremer Sexualbetätigung kann sich mangelnde Liebesfähigkeit verbergen. Ursache kann auch eine psychische Krankheit (z. B. Manie), eine neurotische Störung oder eine organische Hirnkrankheit sein.

Priapismus
Dies beschreibt einen pathologischen Zustand, bei dem der Betreffende unter tagelangen Erektionen leidet, die allerdings meist keine Beziehung zum Geschlechtstrieb haben, sondern organischer Natur sind, ähnlich den morgendlichen Erektionen bei gefüllter Blase. Durch den Beischlaf nimmt der Priapismus noch zu und ist mit erheblichen Schmerzen verbunden; erotisches Vergnügen besteht nicht.

10.2.2 Sexuelle Funktionsstörungen der Frau

Orgasmusunfähigkeit (Anorgasmie)
Beim weiblichen Geschlecht sind der Erlebnisvollzug, das sexuelle Bedürfnis und die sexuelle Befriedigung am häufigsten beeinträchtigt. Anorgasmie wird von vielen Frauen oft als gegeben und „normal" hingenommen; man beobachtet Zusammenhänge zwischen der jeweiligen soziokulturellen Wertung der weiblichen Sexualität und der Anorgasmie.

Bei eingeschränkter sexueller Erlebnisfähigkeit der Frau finden sich alle Grade von Ekel und Ablehnung über Indifferenz bis hin zur aktiven Hingabe. Vermutlich unterliegt die Erlebnisfähigkeit der Frau weit mehr als beim Mann zeitlichen Schwankungen und der partnerschaftlichen Beziehung. So läßt die Orgasmusfähigkeit kurz vor der Menstruation mehr oder minder stark nach. Auch Streßsituationen, Unerfahrenheit und neurotische Störungen beeinflussen die sexuelle Erlebnisfähigkeit in hohem Maße.

Vaginismus
Gelegentlich kommt es bei Frauen mit erhöhter Empfindlichkeit gegen Berührung des Scheideneinganges beim Einführen des Fingers, Penis oder Spekulums zum Scheidenkrampf. Es handelt sich dabei um einen reflektorisch-muskulären Abwehrvorgang mit Kontraktionen des M. bulbocavernosus und des M. levator ani verbunden mit Einwärtsrollen der Oberschenkel. Die Ursache ist psychogen.

Keinesfalls kommt es zum Einklemmen des Penis beim Koitus (sog. „penis captativus"), da bei Vaginismus ohnehin die Erektion beim Manne nachläßt.

Nymphomanie
Dies ist der Hypererotismus der Frau mit krankhaft gesteigertem heterosexuellen Geschlechtstrieb. Ursache kann wie beim Mann eine psychische Krankheit (Manie) oder eine neurotische Fehlentwicklung sein. Synonyma: Furor uterinus, Andromanie, Kytheromanie.

In seltenen Fällen steigert sich der unbefriedigte Hypererotismus der Frau bis zum Grad koitaler Halluzinationen. Hysterische Frauen können tatsächlich während eines eingebildeten Koitus in Exstase geraten, ihr Uterus kann Kontraktionen zeigen, und es kann zu orgastischen Gefühlen kommen. Gelegentlich haben solche Paroxysmen im Rausch, in narkotischen und hypnotischen Zuständen zu falschen Beschuldigungen und Vergewaltigungsvorwürfen gegenüber Ärzten geführt.

10.2.3 Sexuelle Funktionsstörungen mit Vorkommen bei beiden Geschlechtern

Dyspareunie
Unter diesem Begriff verstand man früher das Unbeteiligtbleiben der Frau während des Geschlechtsverkehrs. Genaugenommen handelt es sich aber um jede Art des körperlichen oder seelischen Nichtzusammenpassens der Partner mit

schmerzhaftem Geschlechtsverkehr. Dabei ist die Frau meist mehr betroffen als der Mann; die Schmerzen werden bei ihr am Scheideneingang und am hinteren Scheidengewölbe empfunden. Ursachen sind meist neurotische Störungen, unbewußte Ablehnung des Partners, seltener organische Ursachen (enger Scheideneingang mit Schmerzen bei Frau und Mann, Entzündungen).

Liebeszwang
Hier handelt es sich um einen Zustand extrem gesteigerter sexueller Erregung. Hierzu gehören auch sich dem Bewußtsein gegen den Willen aufdrängende Vorstellungen, die sexuelle Vorgänge zum Inhalt haben. Synonym: Aphrodisiomania.

Alibidinie
Das sexuelle Bedürfnis ist herabgesetzt oder völlig aufgehoben. Ätiologisch kommen körperliche und/oder seelische Faktoren in Frage.

Störungen nach dem Orgasmus
Beobachtet werden Kopfschmerzen, Schlaflosigkeit, Übelkeit, Erbrechen, Kreislaufstörungen usw.

Verborgene Sexualstörungen hinter organisch anmutenden Beschwerden
Hier beobachtet man Fluor vaginalis, Prostata-Beschwerden, pelvine Schmerzsymptomatik usw.

10.2.4 Sexuelle Funktionsstörungen bei Kontrazeption

Bei Anwendung von Ovulationshemmern kommt es häufig zu Störungen im Sexualleben der Frau. Vermutlich handelt es sich hier nicht oder nicht nur um einen pharmakologischen Effekt, da sowohl Steigerung als auch Abschwächung oder Aufhebung sexuellen Empfindens vorkommen. Psychoreaktive Momente spielen offensichtlich die bedeutendere Rolle, geheime Ängste und Konflikte können durch die Kontrazeption sowohl aktiviert als auch gelöst werden.

Zu Störungen beim Mann kann es durch Verwendung des Kondoms kommen und bei der Frau kann ein Pessar zur psychischen Belastung werden.

Der Gebrauch von Ovulationshemmern bei der Frau kann gelegentlich zu Potenzstörungen beim Mann führen, da Frauen mit Kontrazeption oft selbstsicherer und fordernder auftreten.

10.3 Psychodynamische Erklärungsmodelle sexueller Funktionsstörungen

Die überwiegende Zahl an Sexualstörungen beruht auf psychischen Konflikten, wobei soziale Belastungen, verdrängte frühe Konflikte, neurovegetative Labilität und abnorme Persönlichkeitsstrukturen, aber auch Konflikte in der Geschlechtsrollenfindung im Vordergrund stehen. Häufig liegt die Ursache bei beiden Partnern.

Psychodynamisch von Bedeutung für die Impotenz des Mannes können eine starke Gefühlsbindung an einen Elternteil, latente Aggressivität gegenüber der Frau, Selbstunsicherheit bei mangelnder männlicher Identitätsfindung sowie unbewußte Straf- und Beschädigungsängste sein. Auch kann eine unbewußte Bindung an das Bild einer bestimmten Frau oder eines Frauentyps zu Erektionsstörungen führen. Umgekehrt kann Frigidität bei der Frau durch die unbewußte Ablehnung eines Partners bedingt sein.

Im Rahmen analytischer Therapien ergaben sich häufig folgende Ursachen für Frigidität und Anorgasmie sowie Alibidinie bei der Frau: Fixierung infantiler Sexualvorstellungen, unbewußte Angst vor Genitalverletzung und Tötung, ungelöste Vaterbindungen, Trennung von sexuellem und erotischem Empfinden, nicht abgeschlossene und rudimentäre psychosexuelle Entwicklung, nicht ausreichendes Zusammenspiel von Sexualität und Gesamterleben, unbewußte Strafangst wegen Sexualtabuübertretung, Nichtakzeptieren der eigenen Geschlechtsrolle bei problematischer Mutterbeziehung, unbewußte Vorstellung vom Mann als aggressiv und ausbeuterisch, unbewußte oder bewußte Angst vor Schwangerschaft, sexueller Mißbrauch in der Kindheit und Jugend.

Nymphomanie ist nicht selten Ausdruck überkompensierter Frigidität, d. h., daß das Triebbedürfnis zwar ausgeprägt, die Erlebnismöglichkeit aber gering ist.

10.4 Therapie sexueller Funktionsstörungen ✓

Anwendbar sind die **Einzeltherapie** und die **Paartherapie**. Die Psychoanalyse beider Partner ist der Analyse nur eines Partners vorzuziehen; denn es besteht sonst die Möglichkeit, daß bei der Behandlung nur eines Partners der andere, unbehandelte Partner seinen neurotischen Konflikt behält, während der behandelte sich von diesem freimacht. Einzeltherapie kann durchaus zur Gefahr für den Fortbestand einer Ehe werden. Durch therapeutische Intervention sind heute sexuelle Funktionsstörungen zwischen Partnern behebbar, Ehen und Partnerschaften können dadurch erhalten werden. Oft zeitigt schon eine Gesprächstherapie zwischen Arzt und beiden Partnern Erfolge.

Bekanntestes Therapieverfahren ist die **symptomorientierte verhaltenstherapeutische Paartherapie von MASTERS und JOHNSON.** Anwendung findet dieses Programm bei Erektionsstörungen, Vaginismus, Orgasmusstörungen, Ejaculatio praecox, Dyspareunie. Das Behandlungsprogramm besteht aus zwei Behandlungsabschnitten, dem Vorgespräch mit Anamneseerhebung, Untersuchung und dem Gespräch zwischen allen Beteiligten als erster Abschnitt und der individuellen Anpassung entsprechend den Störungen sowie der Wahl des Verfahrens entsprechend der Funktionsstörung als zweiter Abschnitt.

Weitere heute häufig angewandte Verfahren sind die nach SINGER-KAPLAN sowie nach ARENTEWICZ und SCHMIDT, deren Akzente auf der verhaltenstherapeutischen Sexualberatung und der stärkeren Berücksichtigung der Psychodynamik liegen.

Grundsätzlich ist immer nach organischen Ursachen zu fahnden; diese sind stets vorrangig zu behandeln, wenn möglich zu beseitigen. Kann eine organische Störung nicht vollständig behoben werden, so ist eine zusätzliche psychotherapeutische Behandlung erforderlich. Letzteres trifft hauptsächlich für Patienten zu, die unter bestehenden Sexualfunktionsstörungen und deren Folgen leiden.

10.5 Abweichendes sexuelles Verhalten, Perversion

10.5.1 Definition und Formen ✓✓✓

Perversion bezeichnet die krankhafte Abweichung des Geschlechtstriebes. Hierzu gehören nicht die Normvarianten, die moralistischen Anschauungen mißfallen. Für die Einordnung ist vor allem der tiefenpsychologische Hintergrund maßgebend; letztlich kann auch eine übertriebene Tugend gelegentlich pervers sein. Eine scharfe Abgrenzung zwischen normaler und perverser Sexualbetätigung läßt sich nur schwer festlegen. Sind beispielsweise ungewöhnliche Sexualpraktiken auf den regelhaften Geschlechtsakt bezogen, stimmen beide Partner in solchen Praktiken überein und sind diese im Geschlechtsakt integriert, so können diese noch als normal angesehen werden. Von Bedeutung ist, daß sexuelle Perversionen sich niemals durch den Nachweis organischer Störungen erhärten lassen, also auch nicht durch EEG, Chromosomenuntersuchung und Hormonspiegel.

Abweichendes sexuelles Verhalten kann sich nur in einer Abwandlung des Sexualaktes oder in der Partnerwahl zeigen, kann sich aber auch in süchtiger Form ungewöhnlicher sexueller Betätigungen äußern. In der Regel besteht eine Verfehlung der Sinn- und Zweckbestimmung der Sexualität.

Exhibitionismus

Dieser Ausdruck bezeichnet das Zeigen des entblößten männlichen Genitale vor Kindern oder/und Frauen mit oder ohne gleichzeitiger Masturbation. Im allgemeinen handelt es sich hier um scheue, infantile, selbstunsichere, kontaktschwache und oft psychopathische Persönlichkeiten. Wie der Fetischismus kommt der Exhibitionismus auch reversibel und behandlungsfähig im Rahmen neurotischer Persönlichkeitsentwicklungen vor. Die Übergänge vom hochgradig Abnormen zum Normalen sind fließend. Exhibitionismus stellt 30 % aller Sexualvergehen dar.

Exhibitionismus kann, muß aber nicht mit Minderbegabung einhergehen. Exhibitionisten haben häufig neben ihrer Perversion auch heterosexuelle Kontakte. Nur selten neigen Exhibitionisten zu Vergewaltigungen.

Wesentlicher Zug im Benehmen des Exhibitionisten ist seine große Freude an der Reaktion seines Opfers; er will heftige Gefühle erregen, so daß die die Entblößung begleitenden Akte nur von sekundärem Charakter sind. Mit allen Mitteln soll Aufmerksamkeit auf das entblößte Geschlechtsteil gelenkt werden, gelegentlich verstärkt durch Worte, Pfeifen, Husten usw. Einige der Exhibitionisten sprechen Frauen und Mädchen gegenüber nur obszöne Worte aus, benutzen hierzu auch das Telefon; man spricht vom Verbalexhibitionisten, dem der empörte Ton des Opfers genügt, um Lust zu empfinden und Entlastung zu finden.

Dem Exhibitionismus liegt psychoanalytisch eine Störung der phallischen Phase zugrunde. Der Exhibitionist versucht gleichsam in der Zurschaustellung seines erigierten Gliedes dem weiblichen Geschlecht gegenüber seine männliche Überlegenheit zu beweisen. Reagiert das Opfer neutral, mitleidig oder lachend, verschwindet beim Exhibitionisten der Spannungszustand sofort.

Scopophilie

Hier handelt es sich um die am weitesten verbreitete und letztlich harmlose Anomalie des Geschlechtslebens. Scopophilie bedeutet „Schaulust" und umfaßt im weitesten Sinne das Betrachten und Beobachten eines Aktes oder Prozesses zum Zwecke sexueller Lustbefriedigung, bzw. Lusterregung. Gerade hier ist die Trennung von „normal" und „pathologisch" nur schwer möglich; denn wie ein jeder bis zu einem gewissen Grad Exhibitionist ist, ist ein jeder letztlich bis zu einem gewissen Grad scopophil. Stellt eine Frau ihre Reize vorteilhaft zur Schau, ist dies gewiß nicht exhibitionistisch; ein Mann, der beim Anblick einer hübschen nackten Frau erotisches Vergnügen empfindet, kann auch nicht als scopophil bezeichnet werden.

Hauptkriterium der pathologischen Scopophilie ist der dominante Charakter des Dranges, seine unüberwindliche Kraft. Typisch ist die Sucht, gewisse Dinge oder Prozesse zu beobachten, die mit dem eigentlichen Geschlechtsleben nichts gemeinsam haben, so z. B. die Schaulust des Toilettenscopophilen, der beim Anblick der Entleerung anderer sexuelle Lust empfindet. Ein sadistischer Faktor ist besonders gegeben, wenn ein Scopophiler Frauen und Mädchen bei ihren intimsten Beschäftigungen ohne ihr Wissen beobachtet.

Fetischismus

„Fetisch" bedeutet soviel wie Zauber, Idol, Objekt der Verehrung. Dementsprechend versteht man unter sexuellem Fetischismus eine besondere Art erotischer Idolatrie, die auf den Körper der geliebten Person, ihre Kleider oder andere Dinge ihres Eigentums gerichtet ist. Der pathologische Fetischismus unterscheidet sich vom

> **Franzose raubt 699 Damen-Slips**
>
> METZ — 699 Damenslips, 460 Büstenhalter und 178 Korsetts hatte ein 37jähriger Franzose in dem kleinen Ort Thillot bei Metz gesammelt. Am Dienstag räumte die Polizei nun seine Wohnung aus. Der Wäsche-Fetischist hatte die Dessous von Wäscheleinen gestohlen.

Abb. 7: Beispiel eines „Damen-Unterwäsche-Fetischismus" (Zeitungsausschnitt aus dem Münchener Merkur vom 24.09.1980)

„normalen" dadurch, daß ersterer sich in seiner extremen Form darin manifestiert, daß der Patient einen hohen Grad sexueller Erregung von einem Gegenstand herleitet, der gänzlich von der geliebten Person getrennt ist (z. B. Haarlocke, Schuh, Unterwäsche). Der echte Fetischist wünscht nicht einen Geschlechtspartner, sondern ist mit einem Symbol zufrieden; er entwickelt seinen Kult zu einer regelrechten und komplizierten Religion, zu einem ausgeklügelten Ritual, das er ehrfürchtig einhält. Leicht erregbaren Personen genügt es, den Fetisch zu sehen oder zu berühren, um Orgasmus und Ejakulation zu erreichen. Der Fetisch ersetzt den Geschlechtspartner in jeder Beziehung.

Unterformen des Festischismus sind Zopfabschneiden, Monomentophilie und eigentlich auch der Transvestismus.

Voyeurismus

Hiervon spricht man, wenn Befriedigung durch heimliches Zuschauen beim Entkleiden oder Geschlechtsakt anderer Menschen erreicht wird. Voyeurismus wird fast nur bei Männern beobachtet. Sexuelle Stimulierung durch pornografische Bilder ist mit dem Voyeurismus zwar verwandt, kann aber nicht als Perversion bezeichnet werden.

Ein wesentliches Charakteristikum des Voyeurismus ist die Heimlichkeit und die Anonymität des Tuns, weshalb auch FKK und Striptease dem Voyeur wie dem Exhibitionisten keine Befriedigung verschaffen. Verwandt mit dem Voyeurismus ist der **Renifleurismus**, bei dem der Betreffende durch Einatmen von Urinduft Befriedigung erzielt. In ähnlicher Weise kommen **Koprolagnisten** zur Befriedigung bei Berührung von Exkrementen.

Frotteurismus

Dies bezeichnet das Reiben und Andrücken an Menschen in einer Menge. Der Frotteur bevorzugt dabei entweder das eigene oder das andere Geschlecht, der eine nur Erwachsene, der andere wiederum nur Kinder.

Pädophilie

Hier handelt es sich um den Trieb, mit Kindern geschlechtlich zu verkehren. Dabei richtet sich der Trieb wahllos auf Kinder beider Geschlechter und bleibt an ein bestimmtes Lebensalter fixiert. Pädophile sind von Homosexuellen zu unterscheiden, die ausschließlich Beziehungen mit Knaben unterhalten **(Päderastie).** Besonders häufig kommt bei Oligophrenen und psychoorganisch veränderten senilen Männern die Unzucht mit Kindern als Straftatbestand vor. Bei Frauen ist Pädophilie selten.

Von perverser Pädophilie kann erst dann gesprochen werden, wenn es sich um kleine Kinder handelt und/oder die Kinder ausschließlich der Triebbefriedigung dienen.

Sadismus und Masochismus

Beim Sadismus ist die Befriedigung des Geschlechtstriebes an die Mißhandlung und Demütigung des Partners gebunden. Dabei reichen die Handlungen von Kratzen und Beißen über Schlagen und Auspeitschen bis zu schweren Verletzungen mit Tötung und Zerstückelung der Leiche. Beim Masochismus sind sexuelle Lustgefühle mit dem Gequältwerden oder mit den Vorstellungen daran verbunden.

Es handelt sich um die häufigsten Sexualanomalien. Wie auch andere Formen sexueller Perversion gehören Sadismus und Masochismus bis zu einem gewissen Grad zum normalen Geschlechtsverkehr. Erst wenn die Aggressivität ihre normalen Grenzen überschreitet, oder wenn die Unterwürfigkeit zu sexueller Hörigkeit sinkt, sollte von Sadismus, bzw. Masochismus gesprochen werden. Sadismus kommt vorrangig bei Männern vor, Masochismus häufiger bei Frauen. Echter Sadismus kommt eigentlich nur bei Männern, echter Masochismus nur bei Frauen vor. Männliche Masochisten und weibliche Sadisten werden als **Metatropisten** bezeichnet.

Die Lust am Quälen und am Gequältwerden liegen nahe beieinander, äußern sich oft zugleich bei einem Individuum, was dann als **Sadomasochismus** bezeichnet wird.

Psychoanalytisch bedeutet Sadismus eine Abwehr von Kastrationsängsten; was der Sadist befürchtet, vollzieht er aktiv (symbolisch) an anderen. Der Sadist versucht durch seine Handlung auch, den Partner zu nötigen, ihn zu lieben und ihm zu vergeben, was die Schuldgefühle aufhebt, von denen der Geschlechtsverkehr begleitet wird.

Sodomie

Hierunter versteht man den Geschlechtsverkehr mit Tieren. Meist handelt es sich um Schwachsinnige, Demente, einsam lebende Hirten und überhaupt um Personen, denen die Gelegenheit zum normalen Geschlechtsverkehr fehlt. Sodomie kommt auch bei Frauen vor, die mit ihren Hunden intim zusammenleben.

In den meisten Ländern ist Sodomie strafbar, nicht mehr jedoch in Deutschland seit dem 1.4.1970.

Synonyma: Zoophilie, bestialite.

Kleptomanie als Sexualperversion

Bei Frauen kann Kleptomanie eine Sexualperversion sein, wenn es bei der Tat zum Orgasmus kommt, und eine orgastische Erfüllung beim Stehlen höher geschätzt wird als beim Geschlechtsverkehr. Echte sexuelle Empfindungen haben kleptomane Frauen nicht immer; häufig ist eine allgemeine, faszinierende Erregung, die ausschließlich in ihrem raschen Ansteigen und Abflauen dem Orgasmus gleicht.

10.5.2 Psychodynamik sexuell abweichenden Verhaltens

Sadismus bedeutet eine Abwehr von Kastrationsängsten, ist Zeichen einer Angst vor der potenten Frau und ihrer Abwehr.

Beim Exhibitionismus liegt eine Störung der phallischen Phase vor; auch hier spielt die potente Frau eine Rolle: Der Exhibitionist will ihr gegenüber seine sexuelle Überlegenheit beweisen.

Beim Fetischismus besteht eine Fixierung an ein lustbetontes Ereignis der Vergangenheit, welches mit dem Fetisch-Objekt gekoppelt war.

Pädophile fürchten sich vor geschlechtlichen Beziehungen mit Erwachsenen und sehen in Kindern gleichartige Partner.

10.5.3 Therapie abweichenden sexuellen Verhaltens

Bei sexuellen Perversionen ist Psychotherapie dann angezeigt, wenn Leidensdruck besteht und die Fehlhaltung neurotisch bedingt ist. Nur bei ausreichend starkem Leidensdruck zeitigt eine Psychotherapie Erfolg. Die Prognose der Therapie ist umso günstiger, je weniger der Betroffene seine Sexualität annimmt, je besser seine heterosexuellen Kontaktmöglichkeiten, und je stärker seine heterosexuellen Bedürfnisse sind. Ist die Perversion anonym, oder die soziale Sanktion gering, dann sind auch die Erfolgsaussichten einer Psychotherapie entsprechend gering.

Operative oder hormonelle Kastration ist sinnvoll bei schwerer sexueller Perversion verbunden mit der Gefahr der Schädigung anderer (z.B. bei pädophilen Straftätern). Eine temporäre medikamentöse Kastration wird mit Antiandrogenen (Cyproteronacetat, Handelsname: Androcur®) durchgeführt.

Die operative Kastration hat gegenüber der hormonellen an Bedeutung verloren. Androcur® wird einer Östrogenbehandlung vorgezogen, da bei letzterer oft eine starke Feminisierung sowie eine Hodenatrophie auftritt. Allerdings reduziert sich die Wirkung von Androcur® rasch, wenn das Präparat abgesetzt oder mit Alkohol eingenommen wird. Nebenwirkungen des Präparates sind Müdigkeit, Depressivität und gelegentlich Gynäkomastie.

Bei leichten Formen krankhaft übersteigerter abnormer Sexualität reichen manchmal Benzodiazepine aus. Im übrigen zeigt die medikamentöse Androcur®-Behandlung, je nach Perversionsform, unterschiedliche Erfolgsquoten.

Hormonbehandlungen werden bei Gerichtsurteilen berücksichtigt, gelegentlich wird für die Dauer der Therapie die Strafe ausgesetzt. Eine Dauertherapie mit Antiandrogenen ist allerdings nicht möglich.

10.6 Homosexuelles Verhalten

Homosexualität gilt heute nicht mehr als Sexualstörung, allenfalls als Sexualabweichung. In der Psychiatrie ist man mit Homosexualität meist nur bei psychischen Krisensituationen „konfrontiert" und in der neuen Klassifikation (ICD 10) ist die diskriminierende Diagnose „Homosexualität" als nosologische Entität nicht mehr enthalten. Allerdings ist es möglich, die sexuelle Orientierung mit einer fünften Stelle im ICD 10 als heterosexuell (F66.80), homosexuell (F66.81), bisexuell (F66.82) u.a. zu kennzeichnen.

Da heute aber noch häufig die alten Begriffe und Modelle sowie Formen der Homosexualität zu finden sind, wird nachfolgend näher darauf eingegangen.

10.6.1 Definition und Entstehung

Unter Homosexualität versteht man das auf das eigene Geschlecht gerichtete Geschlechtsempfinden. Bei Männern spricht man auch von Uranismus und Päderastie, bei Frauen von lesbischer Liebe, Tribadie und Sapphismus. Weitere ältere Synonyma sind Homophilie, Homoerotismus und konträre Sexualempfindung.

Der homosexuelle Mann liebt seinen männlichen Partner als Mann, wobei es nicht unbedingt zu sexuellen Handlungen kommen muß; homosexuelles Verhalten kann sich auch lediglich auf Zusammensein und Betrachten des Partners beschränken. Andere Äußerungsformen sind gegenseitige Masturbation, analer und oraler Verkehr.

Echte Homosexualität besteht nur, wo die physischen Handlungen ein Produkt homosexueller Mentalität sind. Andernfalls handelt es sich um Pseudohomosexualität.

Bei Männern finden sich seltener stabile homosexuelle Zweierbeziehungen und häufiger Partnerwechsel. Sexuelle Handlungen treten bei Lesbischen in den Hintergrund, Zärtlichkeit und emotionale Zuwendung sind vorrangig.

Genaue Zahlen hinsichtlich Homosexualität finden sich nicht, weil zum einen die Dunkelziffer wegen der leider immer noch bestehenden sozialen Diskriminierung relativ groß ist, und viele Homosexuelle und Lesben auch heterosexuelle Kontakte haben.

Gelegentlich begegnet man noch nachfolgender alter Einteilung, die heute aber vielfach verlassen wurde:

- Ephebophile, die sich zu Jünglingen hingezogen fühlen
- Androphile, die Männer zwischen 20. und 50. Lebensjahr lieben
- Pädophile, die kleine Kinder lieben
- Gerontophile, die älteren Männer bis ins Greisenalter lieben.

Ephebophile und Androphile bilden die beiden Hauptgruppen.

Für Lesben läßt sich eine vergleichbare Einteilung aufstellen:

- Pathenophile und Gynäkophile als die beiden Hauptgruppen und
- Corophile und Graophile als Nebengruppen,

je nachdem, ob das Objekt des Verlangens ein junges Mädchen, eine reife Frau, ein unreifes Kind oder eine alte Frau ist.

Gelegentlich kommt es vor, daß ein homosexueller Akt im Rauschzustand von Leuten begangen wird, die sonst heterosexuell sind. Aber auch das Gegenteil kommt vor. Einige Wissenschaftler sehen in diesen Fällen eine Bestätigung ihrer Theorie über die ursprüngliche Bi-Sexualität des Menschen.

Die Homosexualität der Frau (lesbische Liebe) ist noch weit weniger erforscht als die Homosexualität des Mannes. Eine gesellschaftliche Diskriminierung besteht nur in geringem Umfang; lesbischer Liebe wird zudem in der Gesellschaft kaum Beachtung geschenkt. Die Häufigkeit in der Bevölkerung wird mit knapp 2 % angenommen. Lesbische Frauen sind – im Gegensatz zu homosexuellen Männern – häufig bisexuell.

Häufig finden sich beim Homosexuellen narzißtische Fixierungen. BRÄUTIGAM spricht von einer Befriedigung sexueller Triebe und Partialtriebe bei ausgeprägtem Narzißmus und bestehendem Sadomasochismus und Aggressivität. Aus seiner Sicht bestehen eine Fixierung in der oralen oder analen Entwicklungsstufe bei der Libidoentwicklung und Objektwahl sowie Ängste vor dem weiblichen Genitale.

Nicht mehr gültig ist die Theorie, daß Homosexualität durch Verführung allein entsteht.

FREUD nahm hinsichtlich der Entstehung von Homosexualität eine Fehlidentifizierung an, d.h. er sah die Ursache sowohl in einer extremen Fixierung des Jungen an die Mutter als auch in der bisexuellen Anlage des Menschen.

Der Streit um die Frage, ob es sich bei Homosexualität und lesbischem Verhalten mehr um eine anlagebedingte oder mehr um erworbene sexuelle Variationen handelt, erübrigt sich insofern, als man erkannt hat, daß verschiedenste Entstehungsbedingungen zu homosexuellem Verhalten führen können, und man deshalb auch verschiedene Formen unterscheiden kann.

Wie praktisch jede Minderheit, bewirken auch Homosexuelle bei den „Normalen" Angst, Selbstzweifel und Aggression. Die Anfeindung hat ihre Ursache oft in der Angst vor einer eigenen, verborgenen homosexuellen Neigung. Eine Rolle spielt der Homosexuelle aber auch als Sündenbock für Aggressionen und Frustrationen. Selbst der Arzt ist vor solchen Mechanismen nicht frei und muß deshalb versuchen, sich von allgemeinen Vorurteilen und Tabus freizumachen und seine Reaktionen und Gegenübertragungen bei homosexuellen Patienten zu überprüfen.

10.6.2 Psychoanalytische Erklärungsversuche und Gegenübertragungsgefahr

Psychoanalytische Erklärungsversuche wurden in großer Zahl unternommen und sind zum Teil widersprüchlich.

10.6.3 Formen der Homosexualität

Wie oben bereits erwähnt, existiert in der neuen Nomenklatur die diskriminierende Diagnose „Homosexualität" nicht mehr. Vielfach ist aber in der Literatur noch häufig die alte Typeneinteilung der Homosexualität zu finden, weshalb diese nachfolgend der Vollständigkeit halber aufgeführt ist.

Neigungshomosexualität

Man spricht auch von *genuiner Homosexualität*. Diese Form liegt vor, wenn beim männlichen Geschlecht eine andauernde und entschiedene sexuelle Neigung zum geschlechtsreifen männlichen Partner besteht.

Diese „echte" und ätiologisch letztlich ungeklärte Homosexualität kommt bei etwa 4 % der männlichen und etwa 2 % der weiblichen Bevölkerung vor. Am besten stellt man die Diagnose aus dem Vorliegen homosexueller Onaniephantasien und der sexuellen Stimulierbarkeit durch gleichgeschlechtliche Objekte. Gelegentlich wird homosexuelle Neigung dissimuliert und durch Heirat maskiert. Mitunter tritt Neigungshomosexualität erst im Laufe des Lebens deutlich hervor. Häufiger finden sich beim Mann ungebundene Formen mit wahllosen, ständig wechselnden Beziehungen. Seltener sind gebundene Formen mit eheartiger, langdauernder Bindung an einen Partner. Diese Gruppe fällt in der Regel kaum auf und bleibt mit ihrer Triebrichtung oft selbst für die nächste Umgebung unerkannt.

Unter Neigungshomosexuellen sind Neurotiker und Psychopathen nicht häufiger als unter Heterosexuellen, perverse Praktiken eher seltener. Typische körperbauliche, hormonelle oder chromosomale Abweichungen werden nicht beobachtet. Körperlicher Habitus und Gehabe entsprechen in der Regel nicht dem des anderen Geschlechts.

Mittels Zwillingsuntersuchung wurde ein Anlagefaktor nachgewiesen. Diese genetische Determinante dürfte jedoch kaum die einzige sein, da sonst Homosexualität infolge natürlicher Selektion ausgestorben wäre. Chromosomale Aberrationen konnten bei Homosexuellen bisher nicht nachgewiesen werden.

Ein Leidensdruck besteht nur indirekt durch die soziale Isolierung, vor allem im Alter, sowie durch Partnerkonflikte (Liebeskummer). Depressive Verstimmungen finden sich gehäuft, das Suizidrisiko ist erhöht.

Hemmungshomosexualität

Hier finden sich retardierte Individuen, die auf das ihnen vertraute eigene Geschlecht zurückgreifen. Ihnen erscheint eine heterosexuelle Beziehung zu riskant und fremd; homosexuell-pädophile Handlungen sind häufig. Hemmungshomosexuelle findet man bei Oligophrenen, Schizophrenen und unter Altershomosexuellen.

Entwicklungshomosexualität

Dieser Form begegnet man in der Pubertät bei noch fehlendem heterosexuellen Kontakt. Entwicklungshomosexualität ist in der Regel passager, weit verbreitet, stellt nur eine Episode und keine neurotische Anomalie dar. Fast 30 % der Jugendlichen machen eine solche Phase durch; verantwortlich für den Verlauf ist die jeweilige soziale Gruppe.

Auch Masturbation kann als homosexueller Umgang mit dem eigenen Körper aufgefaßt werden, allerdings nicht, wenn heterosexuelle Phantasien mit eingebracht werden.

Pseudohomosexualität

Diese Form ist von den anderen Homosexualitätsformen streng abzugrenzen. Es handelt sich hier um Menschen, die sich passiv zu gleichgeschlechtlichen Handlungen hergeben, ohne eigentlich selbst homosexuell zu empfinden. Der materielle Gewinn steht eindeutig im Vordergrund (Prostitution), während Triebbefriedigung entweder keine oder zumindest eine nur untergeordnete Rolle spielt. Pseudohomosexuelle sind die häufig wechselnden Partner der echten Homosexuellen (auch der Lesben), die oftmals von Pseudohomosexuellen erpreßt und letztlich zum Suizid getrieben werden.

10.6.4 Therapie

Homosexualität an sich wird nicht behandelt, da eine Änderung des Triebes auch nicht erwünscht ist. Fast nie besteht ein Leidensdruck wegen der Homosexualität selbst, allenfalls aufgrund der Folgen durch soziale Diskriminierung. Arzt und Psychotherapeut werden erst aufgesucht, wenn durch das abweichende sexuelle Verhalten Konflikte und neurotische Störungen aufgetreten sind. Eine psychotherapeutische Beeinflussung durch stützende Gespräche in solchen Krisen ist durchaus möglich. Vorrangig werden die Folgen sozialer Diskriminierung behandelt (Depressionen); außerdem ist es erforderlich, ein besseres Verhältnis zur eigenen Homosexualität beim Homosexuellen zu erreichen.

Bei **Hemmungshomosexualität** kann Psychotherapie erfolgreich sein, wenn ausreichender Leidensdruck vorhanden ist.

Entwicklungshomosexualität bedarf in der Regel wegen des passageren Auftretens keiner Therapie, und **Pseudohomosexualität** ist ein soziales und juristisches Problem, bei dem einem therapeutischen Vorgehen eine untergeordnete Rolle zukommt.

10.7 Transvestismus und Transsexualismus

10.7.1 Definition, Verläufe und soziale Probleme

Unter **Transvestismus** versteht man die Störung der sexuellen Selbstidentität mit dem Bedürfnis, die Kleider des Gegengeschlechts zu tragen und in dieser Rolle akzeptiert zu werden. Die Störungen sind grundsätzlich anders geartet als bei Homosexualität, obwohl auch gelegentlich Kombinationen bekannt wurden. Partnerwahl, Sexualtendenz und Sexualbetätigung sind weniger gestört, jedoch vielmehr das Erleben der eigenen Geschlechtsrolle. Männer sind unter Transvestiten mit Abstand häufiger vertreten als Frauen.

Männliche Transvestiten beabsichtigen, nicht nur für eine Frau gehalten zu werden, sondern auch als Frau anerkannt zu werden. Nur selten besteht bei Transvestismus gleichzeitig Homosexualität. Einige Autoren rechnen den Transvestismus zu den Perversionen.

Bei **Transsexualismus** besteht die unerschütterliche Überzeugung, dem Gegengeschlecht anzugehören mit dem Kampf um medizinische und soziale „Geschlechtsumwandlung".

Die Übergänge von Transvestismus zu Transsexualismus sind fließend. Es finden sich unterschiedliche Sexualbetätigung und ein unterschiedliches Sexualbedürfnis; einige sind außerordentlich triebschwach, andere verkehren heterosexuell bei starkem Geschlechtstrieb.

Die Gewißheit, mit der sich Transsexuelle zum anderen Geschlecht rechnen, läßt fast an Wahn denken. Dies kann soweit führen, daß Transsexuelle sich selbst zu kastrieren versuchen.

Von Bedeutung ist die Kenntnis der chromosomalen Situation; denn Chromosomensatz, Körperbau und endokrine Befunde entsprechen nicht dem vom Betroffenen gewünschten Geschlecht. Es bestehen weder bei Transvestismus noch beim Transsexualismus Beziehungen zu Hermaphroditen (Zwittern).

Gelegentlich schrecken männliche Transsexuelle nicht vor der Illusion einer Mutterschaft zurück. So ließ ein Transsexueller Milch aus einem Krug in einen Teelöffel fließen und träufelte diese dann auf seine Brustwarzen, um den Anschein zu erwecken, eine stillende Mutter zu sein. Andere versuchten, in ihrer Kleidung den Eindruck einer Schwangerschaft zu erwecken.

Viele männliche Transvestiten und Transsexuelle haben oft Schwierigkeiten bei der zeitweiligen oder ständigen Unterdrückung des Impulses, ihre Weiblichkeit zu unterstreichen. Die Unterdrückung hat auf solche Menschen einen lähmenden und letztlich zerstörerischen Effekt mit Depressionen, Ängsten und gelegentlich Suizid.

Von den Mitmenschen werden Transvestismus und Transsexualismus überwiegend abgelehnt und entsprechend sanktioniert, die Betroffenen werden gemieden, verspottet oder gar verfolgt.

10.7.2 Abgrenzung zur Perversion

Transvestiten und Transsexuelle sind auf der Suche nach einer sexuellen Selbstidentität. Das Schwergewicht liegt nicht in der Erlangung des Orgasmus. Gelegentlich zu beobachtende Perversionen sind nur Umwege zur Erreichung des Orgasmus; denn der normale heterosexuelle Weg zur Erreichung des Triebzieles ist gestört.

Transvestismus und Transsexualismus sind strenggenommen nicht Formen der Perversion, wenn dies von einigen Autoren auch so gesehen wird.

10.7.3 Therapeutische Möglichkeiten

Eine spezifische Therapie ist nicht bekannt. Oft wird die operative Geschlechtsumwandlung abgelehnt, vor allem wegen grundsätzlicher Bedenken und im Hinblick auf die Ergebnisse. Relativ gering sind die Erfolge mittels Psychoanalyse und Verhaltenstherapie. Geschlechtsumwandlung ist medizinisch und gesetzlich zwar möglich, jedoch nach wie vor umstritten, wenngleich auch insgesamt positiver beurteilt. Die Behandlung mit Sexualhormonen kommt dem Empfinden des Transsexuellen entgegen, indem sich sekundäre weibliche Geschlechtsmerkmale ausbilden.

Transvestiten und Transsexuelle akzeptieren meist nur Hilfen, die die spezifischen Wünsche der Verwirklichung näherbringen. Versuche, Transsexualität zu ändern, bringen oft depressive oder trotzige Reaktionen bis hin zu Suizid oder Selbstkastration mit sich.

Durch das Transsexuellengesetz von 1980 wurden die Probleme der Geschlechtszugehörigkeitsfeststellung und die Änderung des Vornamens befriedigend gelöst.

Dritter Teil

Kinder- und Jugendpsychiatrie

11 Oligophrenie und Demenz

11.1 Definition

Oligophrenie und Demenz sind Formen intellektueller Behinderung unterschiedlicher Genese.

Demenz bezeichnet die erworbene Verblödung; Demenz ist somit nicht angeboren und wird nicht vererbt.

Oligophrenie ist die angeborene oder früh erworbene Minderung der psychischen und intellektuellen Entwicklung. Es handelt sich um keinen ätiologisch einheitlichen Begriff; bisher sind über 50 Formen differenziert worden.

Sowohl bei Oligophrenie wie bei Demenz bestehen affektive Störungen und intellektuelle Ausfälle.

11.2 Ätiologie

Bei **Oligophrenie** besteht ein anlagebedingter oder pränatal erworbener Intelligenzmangel mit meist gleichzeitig bestehender mangelhafter Persönlichkeitsdifferenzierung.

Fast 3 % aller Menschen sind minderbegabt, wobei man verschiedene Schweregrade unterscheiden muß:

Debilität: Leichteste Form. Solche Kinder können das Sprechen erlernen, sind auch schulfähig und können einen einfachen Beruf ausüben. Der Intelligenzquotient liegt zwischen 60 und 70; Werte zwischen 70 und 85 sind dem Grenzbereich der Norm zuzuordnen (sog. Grenzdebilität). Anteil der Debilen: ca. 85 % der Schwachsinnigen.

Imbezillität: Solche Individuen sind nur beschränkt bildungsfähig, eine Arbeit kann meist nur unter Aufsicht in beschützenden Werkstätten ausgeübt werden. Der Intelligenzquotient liegt zwischen 35 und 60. Anteil ca. 10 % der Schwachsinnigen.

Idiotie: Schwerste Form des Schwachsinns mit völliger Bildungsunfähigkeit und einem Intelligenzquotienten unter 35. Anteil ca. 5% der Schwachsinnigen.

Über die Hälfte aller Schwachsinnsformen läßt sich ätiologisch nicht eindeutig klären.

Die Ursache von Oligophrenien läßt sich in vier Hauptgruppen einteilen:

a) **chromosomal bedingt** (numerische und strukturelle Chromosomenaberrationen)
b) **metabolisch-genetisch bedingt** (Störungen des Aminosäuren-, Zucker-, Hormon-, Elektrolyt- und Vitaminstoffwechsels; selten verbunden mit neurologischen und somatischen Symptomen; Störungen des Lipid- und Mucopolysaccharidstoffwechsels, häufig verbunden mit neurologischen Symptomen).
c) **exogen bedingt** (prä-, peri- und postnatale Schädigungen; infektiös, toxisch oder mechanisch verursacht).
d) **unklare Ursache** (meist nicht erkannte, bzw. nicht erkennbare Chromosomenaberrationen).

Im Gegensatz zur Oligophrenie ist die **Demenz** immer erworben. Ursachen sind Spätmanifestationen von Stoffwechselstörungen und heredodegenerative Erkrankungen (z.B. Morbus Pick, Demenz vom Alzheimertyp, Chorea Huntington usw.). Spät erworbene Stoffwechselerkrankungen sind z.B. Morbus Wilson, Friedreich'sche Erkrankung, Nonne-Marie'sche Krankheit.

Von einigen Autoren werden die erblich bedingten **Minusvarianten der Intelligenz** ebenfalls zu den Oligophrenien gerechnet.

11.3 Manifestationsbedingungen

Grundsätzlich beruhen alle Schwachsinnsformen auf dem Zusammenwirken von **Anlage- und Umweltfaktoren**. Man spricht von **multiplikativer Verknüpfung**. Der Schweregrad einer Oligophrenie wird nicht ausschließlich von Umfang und Ausmaß des exogenen und endogenen Schadens bestimmt; auch ein Zuwenig an Zuwendung und ungünstige soziale Strukturen können das Ausmaß der Oligophrenie noch verstärken. Durch entsprechende Erziehungsformen kann eine Verschlechterung der Symptomatik verhindert werden und ausgewählte soziokulturelle Maßnahmen können intellektuelle Fähigkeiten des Betroffenen oftmals entscheidend verbessern. Dennoch kann die Steigerung des Intelligenzgrades bis zur Norm nicht erreicht werden.

Grundsätzlich sollte versucht werden, die Ursache zu finden, etwa durch Screening in der Neugeborenenperiode. Dann kann u. U. die Manifestation verhindert werden, wie dies z. B. bei der Phenylketonurie durch Elimination schädlicher Substanzen aus der Nahrung möglich ist.

11.4 Symptomatik

Debilität
IQ 60–70. Verzögerte Sprachentwicklung, eingeschränktes Adaptierungsvermögen an neue und ungewohnte Situationen, verminderte sprachliche Ausdrucksfähigkeit; durchschnittliche Volksschulbildung nicht möglich, aber Fähigkeit zum Erlernen eines einfachen Berufes unter spezieller Ausbildung. Vorkommen bei 3–4% der Gesamtbevölkerung.

Imbezillität
IQ 35–60. Stark eingeengter geistiger Bewegungsradius und starke Behinderung der sprachlichen Ausdrucksmöglichkeiten. Unfähigkeit, sich ohne Hilfe im praktischen Leben zurechtzufinden. Ausübung einfachster Arbeiten unter laufender Betreuung ist möglich. Kein abstraktes Denken, kein logisches Denken; keine Fähigkeit, Schlüsse zu ziehen. Vorkommen bei 0,5 % der Gesamtbevölkerung.

Idiotie
IQ unter 35. Nur Übernahme einiger weniger einfacher Worte oder Wortverbindungen möglich, eventuell auch Erlernen von Ankleiden und selbständigem Essen. Oft noch Einnässen und Einkoten. Kein Lernen, sondern lediglich Gewöhnung. Bei schweren und schwersten Formen völlige Pflegebedürftigkeit und Unfähigkeit, selbst einfachste Verrichtungen ohne fremde Hilfe durchzuführen. Vorkommen bei 0,25 % der Gesamtbevölkerung.

11.5 Grundprinzipien der Diagnostik

In der Regel läßt bereits die Anamnese die mangelnde Fähigkeit zur sozialen Einordnung erkennen: schlechte schulische Leistungen, berufliches Versagen, gestörte Kontaktfähigkeit, mangelhafter sprachlicher Ausdruck, egoistische Einstellung usw. Bei Oligophrenien ist, im Gegensatz zu Demenzen, die Entwicklung der Intelligenzfunktionen, der Erwerb von Wissen und Fähigkeiten von Anfang an beeinträchtigt.

Die für die Einteilung der Schweregrade notwendigen Intelligenzquotienten werden durch **testpsychologische Untersuchungen** festgestellt (Hamburg-Wechsler Intelligenztest für Erwachsene oder für Kinder; Amthauer-Test). Oft bringen aber eingehende Verhaltensbeobachtungen wertvollere Resultate als psychometrische Verfahren, zumal der IQ mit zunehmender Schwere einer Oligophrenie an Aussagekraft verliert.

Bei Schwachsinnsformen ohne neurologische oder somatische Leitsymptome führen auch **Laboruntersuchungen** zur Aufklärung, bzw. zum Aufschluß der in Frage kommenden Erkrankungen (z. B. Zucker- und Aminosäureausscheidung im Urin, Blutzucker, Serumelektrolyte, pH-Wert, Ketonkörper in Blut und Urin).

Liegen neurologische Symptome oder somatische Stigmata vor, so ergeben diese oft bereits den Verdacht auf eine bestimmte Gruppe von Erkrankungen, z. B. Lipidosen oder Chromosomenaberrationen. Dann könnten auch gezielte Enzymbestimmungen in Leukozyten, im Harn oder auch eine Rektum- oder Suralisbiopsie die Diagnose sichern (z. B. bei Dystrophia myotonica Curschmann-Steinert).

Mitunter sind spezielle Untersuchungstechniken erforderlich, z. B. EEG, CCT, NMR, cerebrale Angiographie, DSA.

Die **Chromosomenuntersuchung** ist nur noch bei bestimmten somatischen Stigmata indiziert.

11.6 Differentialdiagnostik und Überlegungen

Die Abgrenzung der **Oligophrenie** muß erfolgen gegen

1. frühkindlichen Autismus
2. psychischen Hospitalismus
3. Varianten der Norm
4. Legasthenie
5. Pseudodebilität
6. verzögerte kindliche Entwicklung (verspätetes Gehenlernen und Sprechen)
7. Salonschwachsinn (Salonblödsinn)
8. Heller'sche Demenz (Dementia infantilis)
9. alle sonstigen Demenzformen

Die Untersuchung darf sich nicht ausschließlich auf einen Intelligenztest beschränken. Erst durch die Anwendung weiterer Leistungstests (z. B. Benton-Test – Prüfung visueller Merkfähigkeit und visuell-motorischer Koordination) kann man sich ein Bild vom Umfang der geistigen Behinderung machen.

Finden sich sehr schwere Schwachsinnsgrade, so spricht dies eher für eine Krankheitsfolge oder für Mißbildung. Aber erst durch somatische Untersuchungen wird eine Diagnose zu sichern sein.

Sprechdefekte sowie Störungen des sprachlichen Verstehens, Störungen motorischer Koordination, mangelnde Integration und Beherrschung leiblicher Triebregungen sprechen für schwere Schwachsinnsgrade, während bei Debilen sogar einzelne Fähigkeiten (Rechnen, Musikalität, Merkfähigkeit) gelegentlich überdurchschnittlich gut ausgeprägt sein können.

Von der echten Debilität ist die **Pseudodebilität** abzugrenzen, bei der neurotische Individuen trotz ausreichender Begabung schulisch und leistungsmäßig versagen.

Beim **Salonschwachsinn** liegt lediglich ein im Verhältnis zu äußerem Habitus, gesellschaftlicher Stellung und gewählter Kleidung zu niedriges Intelligenzniveau vor. Dieser Sachverhalt fand sich häufig in den literarischen Salons des 19. Jahrhunderts.

Die **Heller'sche Demenz** (Dementia infantilis) ist eine Sammelbezeichnung für langsam oder rasch verlaufende Verblödungsprozesse im Kindesalter, oftmals auf dem Boden einer Stoffwechselstörung oder einer degenerativen Erkrankung.

Die Abgrenzung der Oligophrenie vom **frühkindliche Autismus** ist gut möglich, da Oligophrene, im Gegensatz zu Autisten, auf Reize von außen sowie auf Ansprechen mehr oder minder differenzierte Reaktionen zeigen. Oligophrene sind im Gegensatz zu autistischen Individuen weitaus lebhafter, oftmals sogar hyperagil mangels Steuerungsfähigkeit. Auch beim **psychischen Hospitalismus** imponieren wie beim frühkindlichen Autismus Introvertiertheit und Kontaktverweigerung im Gegensatz zum eher hypermotorischen Verhalten Oligophrener.

11.7 Prävention, Therapie und Prognose

Im Rahmen der Prävention steht die **Elternberatung** in genetischen Beratungsstellen an erster Stelle. Ferner sind **Untersuchungen während der Schwangerschaft** von Bedeutung (z. B. Amniozentese, Ultraschalluntersuchung). Bei Verdacht auf eine vererbbare Erkrankung sollte auf Nachkommen verzichtet werden; pathologische Untersuchungsergebnisse bei bestehender Schwangerschaft rechtfertigen u. U. einen Schwangerschaftsabbruch.

Die Feststellung einer Stoffwechselkrankheit kurz nach der Geburt erfordert eine entsprechende Diät (z. B. bei Phenylketonurie).

Schwachsinn ist oft mehr ein pädagogisches Problem als ein medizinisches. Bei beschränkt Bildungsfähigen und bei leichteren Fällen stehen eine **spezifische Erziehung** und **sozialfürsorgliche Maßnahmen** im Vordergrund. Hierfür ist eigens geschultes Personal erforderlich. Wichtig ist es, Schwachsinn frühzeitig zu diagnostizieren und die Betroffenen entsprechenden Einrichtungen (Sonderkindergärten, Tagesbildungsstätten, beschützende Werkstätten) zuzuführen. Zusätzlich bedarf es einer eingehenden Aufklärung der Eltern im Umgang mit ihrem geistig behinderten Kind.

Dem Kind muß entsprechend der Bildungsfähigkeit

- ein geeigneter Lebensraum geschaffen werden
- eine angepaßte Arbeit vermittelt werden
- eine Überforderung erspart bleiben
- ein Schutz vor Konflikten in einer verständnislosen Umwelt gewährt werden.

Die **Prognose** hängt neben dem Einsatz für den Betroffenen vor allem ab vom Grad der geistigen Behinderung. Debile sind oft nur bedingt in der Lage, eine qualifizierte Berufsausbildung mit üblichem Berufsschulabschluß zu erlangen. Besteht Unfähigkeit zum Hauptschulabschluß, so stehen fördernde Sonderschulen zur Verfügung.

Menschen mit Minderbegabung und der daraus resultierenden fehlenden oder zumindest eingeschränkten Kritikfähigkeit werden gelegentlich straffällig. Dann muß die Frage einer aufgehobenen oder verminderten Schuldfähigkeit gestellt werden. Hier sind, wie auch bei anderen Kranken, neben dem Intelligenzquotienten auch die Gesamtpersönlichkeit und die Tatsituation zu berücksichtigen. **Sexualdelikte** sind unter den strafbaren Handlungen besonders häufig vertreten.

12 Zustände nach frühkindlichen Hirnschädigungen

12.1 Hirnschädigungen und Funktionsstörungen

Der Begriff **„frühkindliche Hirnschädigung"** umfaßt sämtliche Folgen aller pränatalen, perinatalen und postnatalen zerebralen Schädigungen, die zwischen dem 6. Schwangerschaftsmonat (Beginn der Hirnrindenreifung) und dem Ende des 1. Lebensjahres (Abschluß der Hirnreifung) entstanden sind. Beim exogenen Psychosyndrom finden sich Leistungs- und Persönlichkeitsstörungen. Man spricht auch von **Hirnfunktionsstörungen**, wobei eine ausgesprochene komplexe Schädigung des Gehirns nicht besteht.

Frühkindliche Hirnschädigungen sind verhältnismäßig häufig und werden meist nicht erkannt, vor allem nicht die leichten Formen mit geringen Störungen, vorrangig Teilleistungsstörungen. Bei diesen spricht man auch von **minimalen zerebralen Dysfunktionen**.

Bei Teilleistungsstörungen ist die Lernfähigkeit behindert. Dies wird oft nicht erkannt und eine Minderbegabung angenommen. Teilleistungsstörung bedeutet aber keinesfalls Minderbegabung.

Das kindliche Gehirn ist bis zum sechsten Schwangerschaftsmonat so weit entwickelt, daß exogene Schäden kaum größere Mißbildungen bewirken können. Reifungshemmungen hingegen sind möglich.

Ursachen kindlicher Hirnschädigungen

1. **pränatale Schädigungen**
- persistierende Hyperemesis der Mutter
- Infektionskrankheiten der Mutter
- Eklampsie und EPH-Gestose
- Nephropathien
- Erythroblastose
- späte Schwangerschaftsblutungen
- Alkohol- und Nikotinmißbrauch der Mutter.

2. **perinatale Schädigungen**
- Geburtstraumen
- Sauerstoffmangel
- Geburtsasphyxie

- Medikamente im Rahmen des Geburtsvorganges.

3. postnatale Schädigungen
- Infektionskrankheiten
- Ernährungsstörungen
- Krampfanfälle
- Bilirubineinlagerungen im Gehirn (Kernikterus)
- mechanische Schädigungen (Schädelfrakturen bei Sturz).

Aus kinderpsychiatrischer und pädagogischer Sicht kommt den perinatalen Hirnschädigungen, vor allem den leichten Formen, die größte Bedeutung zu. Anfällig sind vor allem Frühgeburten: 25% der Frühgeborenen zeigen später Teilleistungsschwächen.

12.2 Formen

Wichtige Manifestationsformen sind zerebrale Bewegungsstörungen, zerebrale Anfälle, intellektuelle Minderung, gestörte Sprachentwicklung, kindliches hirnorganisches Psychosyndrom mit Teilleistungsstörungen.

Man beobachtet bei frühkindlichen Hirnschädigungen

- Verhaltens- und Kontaktstörungen
- Aufmerksamkeitsschwäche
- verminderte emotionale Belastungsfähigkeit
- Lese- und Rechtschreibschwäche
- Psychomotorische Unruhe
- Differenzierungsstörungen und verminderte Kritikfähigkeit
- apathisches Verhalten und Trinkschwäche
- gelegentlich mißtrauisches Verhalten
- gestörter Schlafrhythmus.

12.3 Zerebrale Bewegungsstörung

> Bewegungsstörungen liegen nur selten in reiner Form vor. Meist handelt es sich um Mischformen, bei denen die eine oder andere Störung im Vordergrund steht. Dabei ist die Motorik oft so gravierend verändert, daß zunächst eine Hirnschädigung übersehen wird. An wichtigen Bewegungsstörungen beobachtet man
>
> - Rigidität
> - Spastik
> - Athetose
> - Hyperkinesen
> - Ataxie
> - Muskelhypertonie.

Diagnostisch ist eine genaue Lokalisation der Schädigung meist schon durch eingehende neurologische Befunderhebung möglich. Aber auch die Verlaufsbeobachtung ist wichtig und erfolgt möglichst stationär, um die Progredienz der Erkrankung beurteilen zu können.

Die Therapie sollte immer kausal sein (z.B. Diät). Wichtig sind ferner krankengymnastische und heilpädagogische Behandlung. Medikamente sind meist wenig hilfreich; allenfalls werden muskelrelaxierende Mittel gelegentlich hilfreich sein. Mit Schienen, Liegeschalen und Stützapparaten oder operativ werden Stellungskorrekturen vorgenommen.

12.4 Frühkindliches hirnorganisches Psychosyndrom ✓

Das frühkindliche exogene Psychosyndrom tritt im Gefolge frühkindlicher Hirnschädigungen auf, die etwa zwischen dem sechsten Schwangerschaftsmonat und dem ersten Lebensjahr auf das kindliche Gehirn eingewirkt haben. Es ist somit die Folge geringgradiger nataler, bzw. perinataler Enzephalopathien (sog. minimal brain damage).

Leistungs- und Persönlichkeitsstörungen stehen im Vordergrund. Man beobachtet vor allem Teilleistungsstörungen, z.B. Sprachentwicklungsstörungen, Legasthenie, Konzentrationsschwäche, Beeinträchtigung der sozialen Gefühle. Oft begegnet man aber zugleich der Entwicklung differenzierter Fähigkeiten auf anderen Leistungsgebieten. Gelegentlich besteht auch ein hyperkinetisches Syndrom mit psychomotorischer Unruhe, impulsivem und aggressivem Verhalten sowie mangelnder Aufmerksamkeit.

Auf die Persönlichkeitsentwicklung wirkt sich die Tatsache ungünstig aus, daß durch Teilleistungsstörungen die Lernfähigkeit behindert ist, und so Minderbegabung vorgetäuscht wird.

Die Syndromdiagnose läßt sich mit Hilfe des Rorschachtests stellen. Weiterhin kommen in Frage der Benton-Test und der Würfel-Mosaik-Test. Neurologische Symptome können bestehen, sind für die Diagnose aber meist wenig ergiebig. Das EEG zeigt nur selten Veränderungen, dann auch nur in leichter Ausprägung.

Prognostisch ist das Syndrom eher günstig; zwar ist die kindliche Entwicklung in mancher Hinsicht verzögert, aber dennoch recht gut möglich. Selbst zunächst fehlende soziale Anpassung und Differenzierung werden – wenn auch verzögert – noch erreicht. Eine ungünstige Entwicklung beruht meist auf Erziehungsfehlern. Ein rechtzeitiges Erkennen bedeutet eine gute Prognose.

Voraussetzung für eine erfolgreiche Behandlung sind große Geduld bei Eltern und Erziehern sowie die Berücksichtigung der geringen Frustrationstoleranz beim Kind. Nicht selten reagieren Eltern und Erzieher gereizt auf Fehlleistungen des Kindes. Durch umgehend eingeleitete heilpädagogische Maßnahmen läßt sich eine Neurotisierung und damit eine langjährige Psychotherapie vermeiden.

13 Umschriebene Funktionsstörungen des Gehirns im Kindesalter

13.1 Lese/Rechtschreibschwäche (Legasthenie)

Der Begriff „Legasthenie" wurde 1916 von P. RASCHBURG geprägt, um die angeborene Leseschwäche zu kennzeichnen, die von der Agraphie und der Alexie zu unterscheiden ist. Bis heute ist die genaue Ursache noch nicht bekannt, und es besteht noch immer keine Einigkeit hinsichtlich der Ansichten über psychologische Untersuchungsverfahren und pädagogische Förderungsprogramme. Genetische Ursachen spielen vermutlich eine Rolle, was Familienuntersuchungen zeigen. Verschiedene Autoren vermuten einen Zusammenhang mit einer Entwicklungsstörung der Hemisphärendominanz, andere vertreten die Ansicht, daß Legasthenie die Folge abnorm langsamer oder unvollständiger Entwicklung bestimmter anderer Hirnregionen ist.

Letztlich handelt es sich um eine spezielle, aus dem Rahmen der übrigen Leistungen fallende Schwäche im Erlernen des Lesens und indirekt auch des selbständigen fehlerfreien Schreibens bei sonst intakter oder, im Verhältnis zur Lesefähigkeit, relativ guter Intelligenz. Von Legasthenie spricht man nur, wenn ein Kind von ungefähr normaler Intelligenz unter normalen Schulverhältnissen und trotz aller Bemühungen der Erwachsenen das Lesen oder Schreiben nicht oder nur mit größter Anstrengung zu erlernen vermag, während auf anderen Gebieten keine auffallenden Probleme vorhanden sind. Ungünstige erzieherische Voraussetzungen und eine unterdurchschnittliche Begabung schließen eine Legasthenie im allgemeinen aus. Der neurologische Befund ist unauffällig.

Diese Teilleistungsschwäche wird meist erst in der Schule bemerkt, wenn das Kind nicht in der Lage ist, in einer normalen Zeit mit üblichen Methoden das Lesen und/oder das Schreiben zu erlernen. Dabei kann diese Unfähigkeit verschiedene Ursachen haben, so z. B. eine mangelnde optische Differenzierung der Buchstaben oder aber eine akustische Differenzierungsstörung der Laute. Legasthenie ist also nicht gleich Legasthenie, da unterschiedliche Teilleistungsschwächen vorliegen, und jede für sich zu der entsprechenden Legastheniform führt.

Probleme treten im psychosozialen Bereich auf, wenn die Kinder als minderbegabt eingestuft werden und die Schule schwänzen sowie auch auf anderen Bereichen schulischer Leistungen die Mitarbeit verweigern und das Lernen letztlich ganz einstellen. Verhaltensstörungen sind dann vorprogrammiert. Hier sind Eltern wie Pädagogen gefordert.

Symptomatik

Legastheniker können ein ganzes Wort nicht visuell erfassen, und es gelingt ihnen nur mühevoll oder überhaupt nicht, aus Buchstaben Worte zu bilden, bzw. Worte in Buchstaben zu zerlegen. Die mangelhafte Ausbildung der Figur-Hintergrund-Differenzierung führt zu einem Verwechseln und Vertauschen der Buchstaben untereinander, vor allem von Buchstaben, die zueinander spiegelbildliche Ähnlichkeit haben, wie d und b, q und p, M und W sowie n und u. Ähnliches beobachtet man auch bei gesunden Kindern am Anfang des Erlernens von Lesen und Schreiben.

Legasthenie zeigt verschiedene Schweregrade

- **Syntheseschwäche:** Quasi-Analphabet mit sehr mangelhafter Buchstabenkenntnis und Unfähigkeit, aus einzelnen Buchstaben Silben und Wörter zu bilden.
- **Speicherschwäche:** Unfähigkeit, sehr häufig vorkommende Operatoren (Artikel, Präpositionen, Pronomen usw.) zu lesen oder zu schreiben.
- **Analyseschwäche:** Zahlreiche Wörter werden durch Auslassungen entstellt; Lesen erfolgt schwierig und zäh.
- **Regelschwäche:** Rechtschreibregeln sind unbekannt oder werden nicht beachtet, während das Lesen meist fließend möglich ist.

Diagnostik

Im wesentlichen beruht das Erkennen der Legasthenie auf dem Ausschluß anderer Ursachen von Lernschwierigkeiten, von somatischen Erkrankungen, Intelligenzminderung und Sinnesstörungen. Zum Nachweis sind psychologische Tests erforderlich. Weiterhin ist die Überprüfung von bestimmten Teilleistungen durch zusätzliche informelle Verfahren unerläßlich. Mit Hilfe der zweistufigen Diagnose können Schweregrad der Fehlleistung und das qualitative Leistungsniveau eines Schülers bestimmt werden. Die Diagnosestellung ist von großer Bedeutung, da nur so die Grundlagen für Behandlungs- und Förderungsmaßnahmen geschaffen werden können, die dann den betroffenen Kindern eine weitgehend ungestörte Entwicklung und Entfaltung ihrer Persönlichkeit ermöglichen helfen.

Die Diagnose läßt sich meist erst mit Hilfe eines Diktats im Alter von sechs bis sieben Jahren stellen. Erst wenn das gesamte Alphabet beherrscht wird, lassen sich die typischen Fehler erkennen. Ergänzt wird die Legastheniediagnostik durch einen Intelligenztest (Hamburg-Wechsler-Intelligenztest für Kinder).

Abzugrenzen sind **Alexie** als Form der optischen Agnosie mit Unfähigkeit, den Sinn von Geschriebenem zu erfassen, obwohl das Sehvermögen intakt ist, und **Agraphie** als Unfähigkeit, sich schriftlich richtig auszudrücken, obwohl die Fähigkeit dazu früher vorhanden war und die Intelligenz intakt ist. Nicht zur Legasthenie gehört der Begriff der **Alexithymie** als „Lesestörung" von Gefühlen bei psychosomatischen Erkrankungen.

Therapie und Prognose

Therapeutische Maßnahmen sind:

- ständiges Üben
- Steigerung des kindlichen Selbstwertgefühls
- psychotherapeutische Behandlung bei bereits neurotisierten Kindern
- eingehende Aufklärung von Eltern und Erziehern
- Einleiten eines speziellen Legastheniunterrichtes, wobei das Kind in der Schulklasse belassen wird und lediglich vom Deutschunterricht befreit werden sollte
- Vom BGA wurde Piracetam zur Unterstützung der Therapie zugelassen.

Ein therapeutisches Grundkonzept sind gezielte Lese- und Rechtschreibübungen mit individuellem Behandlungsplan. Das **chronologische Stufentraining** ist aufgebaut in Grundtraining, Speichertraining und Analysetraining.

Die **Prognose** ist unsicher und oftmals ist selbst bei intensiven Bemühungen kein Erfolg sichtbar, während in anderen Fällen wiederum die Fehlleistung völlig verschwindet. Erhebliche Schwierigkeiten treten beim Erlernen von Fremdsprachen auf; trotzdem sind unter Legasthenikern auch Hochschulabsolventen bekannt. Grundsätzlich sei darauf hingewiesen, daß ein legasthenisches Kind nicht in die Sonderschule abgeschoben werden darf.

13.2 Akustische Wahrnehmungsstörungen beim Kind

Normale Sprachentwicklung ist nur bei intaktem Gehör möglich; taub geborene Kinder können eine Sprache nicht erlernen. Geläufig ist der Begriff „Taubstummheit", wenngleich diese Bezeichnung eigentlich falsch ist; denn eine echte Stummheit liegt nicht vor, vielmehr ein Nichterlernen der Sprache bei vorbestehender Taubheit.

Wird der natürliche Lauschtrieb des Kindes bereits in den ersten vier Lebensjahren bei extremer Schwerhörigkeit durch Hörhilfen so befriedigt, daß das Kind eine Sprache verstehen kann, und unterstützt man das Kind gleichzeitig durch Logopädie, so kann es das Sprechen durchaus erlernen.

Differentialdiagnostisch abzugrenzen sind die verzögerte Sprachentwicklung und der Schwachsinn.

13.3 Entwicklungsstörungen der Sprache

> Für eine normale Sprachentwicklung ist nicht nur ein intaktes Gehör, sondern auch eine sich im Normbereich befindliche intellektuelle Entwicklung Voraussetzung, ebenso wie ein Mindestmaß an sprachlicher Zuwendung. Etwa im zweiten Lebensjahr beginnt die Sprachentwicklung und läuft beim Knaben langsamer ab als beim Mädchen. Von Sprachentwicklungsstörungen spricht man, wenn ein Kind ab dem 3. Lebensjahr noch keine oder eine nur sehr rudimentäre Sprache entwickelt hat.

Ursachen für eine Sprachentwicklungsstörung sind

- fehlende Sprachanregung von außen
- familiäre Sprachschwäche
- Intelligenzdefekte
- hirnorganische Schäden
- Störungen des Hörorgans
- Schädigungen der Sprachregion.

Bei Schädigung der zentralen Sprachregion kann sich eine sogenannte Entwicklungsaphasie mit motorischer oder sensorischer Stummheit bei vorhandenem guten Gehör ergeben. Fälschlich wird der Begriff Aphasie als Verlust der menschlichen Sprache bei hochgradigen Sprachentwicklungsstörungen benutzt. Von Aphasie sollte nur gesprochen werden, wenn ein Kind eine bereits erlernte Sprache wieder verloren hat.

Ebenfalls zu den zentralen Sprachstörungen gehört die Dysarthrie (innervatorische Apraxie der Artikulationsmotorik). Sie tritt vorrangig bei infantilen Zerebralparesen auf und verändert meist auch den Sprachklang (Näseln) sowie die Sprachdynamik (monotone Sprache, skandierende Sprache).

Stark verzögert ist der Spracherwerb bei autistischen Kindern, wobei diese verzögerte Sprachentwicklung von einem Mangel an sprachlicher Anregung (z. B. bei Hospitalismus) abzugrenzen ist.

13.4 Störungen des Sprechens

Hierzu gehören Stottern, Stammeln und Poltern.

Stottern

Hier besteht eine Störung des normalen Sprachflusses bei intakten peripheren Sprachorganen, eine Hemmung des Sprechablaufes mit spastischen und unharmonischen Veränderungen von Atmung, Stimme und Artikulation. Zugrundeliegen kann eine neurotische Störung oder eine frühkindliche Hirnschädigung. Physiologisch ist das zwischen dem zweiten und vierten Lebensjahr auftretende Entwicklungsstottern als Ausdruck der Diskrepanz zwischen dem Wunsch, Gedanken auszudrücken und einer noch mangelnden Sprechfähigkeit anzusehen. Falsch ist es, von den Kindern ein langsames, nochmaliges und richtiges Nachsprechen zu verlangen, da dies lediglich eine Verstärkung bewirkt.

Als pathologische Formen beobachtet man das **klonische Stottern** mit Wiederholung von Wörtern und Silben, vor allem am Satzanfang, und das **tonische Stottern**, gekennzeichnet durch Pressen, Ersatzbewegungen und manierierte Gesichtsmimik.

Die Störung findet sich bei 2 % der Bevölkerung in mittlerer bis schwerer Ausprägung und bei 10 % in leichter und sehr leichter Form. Die primären Ursachen werden verstärkt durch Selbstwertproblematik und Erwartungsangst. Aggressionshemmung spielt ebenfalls eine Rolle, ebenso wie chronische Konflikte.

Therapeutische Maßnahmen sind Psychotherapie und heilpädagogische Verfahren, ferner Logopädie und in schweren Fällen medikamentöse Sedierung bei starken Erwartungsängsten. Wichtig ist eine möglichst frühe Behandlung. Leider ist die Prognose nicht sehr günstig, und eine vollständige Beseitigung wird nur in 50 % der Fälle erreicht.

Stammeln

Hier besteht die Unfähigkeit, bestimmte Laute oder Lautverbindungen richtig zu formen. Auch hier beobachtet man wie beim Stottern eine physiologische Form zwischen dem zweiten und vierten Lebensjahr. Werden die meisten Konsonanten falsch ausgesprochen, spricht man vom *multiplen Stammeln*.

Am häufigsten ist der **Sigmatismus** (Lispeln) mit der Unfähigkeit, S-Laute zu artikulieren. Als organische Ursache kommen Zahnlücken, motorische Störungen der Zunge und Verlust des Hochtonhörens in Frage. Beim **Gammazismus** werden G wie D, beim **Kappazismus** K wie T oder D gesprochen. Ein gleichzeitig bestehender Entwicklungsrückstand ist häufig.

Das therapeutische Vorgehen hängt von der Ursache der Störung ab. Logopädie und Psychotherapie können erforderlich sein. Nur gelegentlich sind kieferorthopädische Eingriffe erforderlich, können aber in entsprechend gelagerten Fällen zu einer Besserung führen.

Poltern

Hier handelt es sich um eine Störung des Sprachablaufes mit hastigem, überstürztem Sprechen. Die Artikulation ist verwaschen, Worte werden verändert und Silben verschluckt. Gelegentlich liegt eine hirnorganische Störung zugrunde, wobei diese auch sehr gering sein kann. Im Gegensatz zum Stottern ist die Gefahr einer sekundären Neurotisierung gering.

Die Therapie besteht in intensivem Sprechtraining, eventuell ergänzt durch motorische Übungen und rhythmische Gymnastik.

Differentialdiagnostisch müssen Stottern, Stammeln und Poltern gegen psychogene Sprechstörungen, aber auch gegen Agrammatismus und

Mutismus abgegrenzt werden. Letzterer entsteht nach weitgehend abgeschlossener Sprachentwicklung. Eine Abgrenzung muß auch zum **elektiven Mutismus** erfolgen, bei dem es sich um einen partiellen Mutismus handelt.

13.5 Sensorisch-expressive Störungen

Diese finden sich bei pyramidalen und extrapyramidalen Bewegungsstörungen, ferner beim frühkindlichen exogenen Psychosyndrom.

Zu den dyspraktischen Störungen ist die „Linkshändigkeit" zu rechnen, die allerdings keiner Behandlung bedarf. Dabei ist zu berücksichtigen, daß reine Linkshändigkeit selten ist, und die meisten Linkshänder genaugenommen Beidhänder sind, also mit der linken wie mit der rechten Hand gleiche Fertigkeit zeigen.

13.6 Rechenstörungen (Dyskalkulien)

Im Gegensatz zu den Lese-Rechtschreib-Störungen haben die Rechenstörungen deutlich weniger wissenschaftliches und pädagogisches Interesse gefunden. Über Zusammenhänge von Rechenstörungen mit anderen psychischen Erkrankungen ist kaum etwas bekannt. Wie die Legasthenie kann die Dyskalkulie zu emotionalen und dissozialen Störungen führen als Folgen des Leistungsversagens, der erlebten Erschütterung des Selbstwertgefühls und der Interaktionsstörungen durch Eltern, Lehrer und Mitschüler. Abzugrenzen sind allgemeine Leistungs- und Intelligenzminderungen sowie hirntraumatisch erworbene Akalkulien und Dyskalkulien.

14 Schulversagen

14.1 Intellektuelle Leistungsfähigkeit

In den meisten Fällen läßt sich Schulversagen auf eine der entsprechenden Schulform nicht angemessene intellektuelle Leistungsfähigkeit zurückführen. Das Kind als Prestigeobjekt der Eltern wird gezwungen, die von den Eltern ausgesuchte Schule zu besuchen; die Leistung wird mit elterlicher Anerkennung oder aber Bestrafung gesteuert. Hier wird oft der Grundstein für neurotische Störungen gelegt.

Da die Einschulung eines Kindes von dessen Reife und vom gewählten Schultyp abhängt, wurden spezielle Intelligenztests entwickelt. Der sogenannte Schulreifetest soll die verschiedenen Aspekte prüfen, die zur Schulreife erforderlich sind. So ist es heute oftmals üblich, daß alle Kinder im schulpflichtigen Alter vor Eintritt in die Schule einer psychologischen und körperlichen Untersuchung zugeführt werden. Diese Tests prüfen – zumeist im spielerischen Rahmen – Einzelfähigkeiten.

> Zur Feststellung der intellektuellen Leistungsfähigkeit finden für Kinder zwei Testverfahren Anwendung:
> - Stanford-Binet-Intelligenztest
> - Hamburg-Wechsler-Intelligenztest für Kinder (HAWIK)

14.2 Psychische und psychosoziale Ursachen von Schulversagen

Häufige Ursachen sind
- Schulphobie als Folge von Trennungsängsten
- Schulangst bei Schwierigkeiten mit Lehrern und Mitschülern
- Unzureichende oder fehlende Leistungsmotivation
- neurotische Leistungshemmung
- Schulschwänzen als Störung des Sozialverhaltens.

Fast 25 % aller Kinder mit Schulschwierigkeiten weisen eine überdurchschnittliche Intelligenz auf. Häufig ist die Behinderung des Lernens Folge, oftmals aber auch Ursache einer psychischen Störung. Das Kind wird gehindert, die vorhandene Intelligenz zu nutzen. Dabei kann die Behinderung u. a. auf das Schulsystem, die Familie, auf Mitschüler oder auf einen aktuellen Konflikt zurückzuführen sein.

Häufige Ursachen für Schulphobie, Schulangst und Schuleschwänzen sind
- Trennungsängste
- Schwierigkeiten mit Mitschülern und Lehrern
- mangelnde Anpassungsfähigkeit
- körperliche Gebrechen
- mangelnde Aufsicht seitens des Elternhauses
- geistige Überforderung bei Intelligenzmangel
- Aufwachsen im dissozialen Milieu.

Differentialdiagnostisch abzugrenzen sind
- phasenspezifische Einflüsse, z. B. Pubertät
- beginnende und blande verlaufende Psychosen
- beginnende Demenzprozesse
- nicht erkannte zerebrale Anfallsleiden
- ungenügend berücksichtigte Hirntraumata.

14.3 Spezifische Testdiagnostik

Wichtige Testverfahren für das Kindesalter und bei Schulversagen sind
- **Fähigkeitstests** (Pauli-Test, Durchstreichtests, Züricher Lesetest, Deutscher Rechtschreibtest, Biglmair's Lesetestserie)
- **Entwicklungstests** (Wiener Entwicklungstest von Bühler/Hetzer, Bailey Scales for Infant Development, Denver development screening Test, funktionelle Entwicklungsdiagnostik von Hellbrügge und Bechstein)
- **Schulreifetest**
- **Intelligenztest** (Stanford-Binet-Intelligenztest, Hamburg-Wechsler-Intelligenztest für Kinder (HAWIK), progressive Matrices nach Raven)
- **Projektive Verfahren zur Persönlichkeitstestung** (Rorschach-Formdeuteversuch, thematische Apperzeptionsverfahren, Sceno-Test, Familien-Test, Baumtest, Wartegg-Zeichentest, Zeichne-einen-Menschen-Test).

15 Frühkindliche Psychosen

15.1 Vorkommen und Ätiologie

Psychosen im Kindesalter sind ausgesprochen selten. Von einigen Autoren wird das Existieren von Psychosen bei Kindern, speziell der aus dem schizophrenen Formenkreis, bestritten. Unter frühkindlichen Psychosen versteht man Psychosyndrome, die innerhalb der ersten 36 Monate auftreten und sich vom angeborenen oder früherworbenen Schwachsinn unterscheiden. Sie sind in der Regel irreversibel. Bekannteste Form ist der **frühkindliche Autismus**.

Für die Entstehung speziell des kindlichen Autismus gibt es eine Reihe von Hypothesen, von denen aber noch keine bewiesen werden konnte. Am verbreitetsten ist heute die Meinung, daß eine anlagebedingte und früh erworbene kognitive Erfassungsstörung vorliegt, die bei den Kindern die Reizaufnahme sowie die Reizverarbeitung so verändert, daß der Aufbau eines gemeinsamen Realitätsbezuges nicht möglich ist. In Familien mit autistischen Kindern finden sich gehäuft Kontaktgestörte und Schizoide, was auf einen Anlagefaktor hinweist. Ungeklärt ist, warum autistische Kinder deutlich häufiger in Familien der Oberschicht und der oberen Mittelschicht vorkommen.

15.2 Frühkindlicher Autismus

Dieser ist differentialdiagnostisch gegen die Schizophrenie abzugrenzen. Es fehlen die typischen Symptome der echten Schizophrenie.

Symptomatik
- **Autismus (Selbstbezogenheit):** Kinder nehmen in schweren Fällen keinerlei Kontakte zu den umgebenden Menschen auf, auch nicht zur Mutter. Diese wird lediglich wie ein Objekt behandelt. Vermutlich entfalten die Kinder ein lebhaftes Innenleben, an dem sie niemanden teilnehmen lassen. Die Kinder wirken nicht schwachsinnig.
- **Intensive Objektbeziehung:** Es besteht in schweren Fällen eine ausgeprägte und starre

Fixierung an bestimmte Gegenstände. In leichten Fällen besteht lediglich eine Spezialisierung auf eine bestimmte Art von Gegenständen. Diese beanspruchen die ganze geistige Aktivität des Kindes

- **Veränderungsangst:** In schweren Fällen gerät das Kind in Panik, wenn sich Veränderungen in der Art, Form und Anordnung der fixierten Gegenstände ergeben. In leichten Fällen zeigt sich lediglich eine Art Ritualisierung der täglichen Abläufe. Hier fällt eine ungewöhnliche Perseverationstendenz auf.
- **Sprachstörungen:** In schweren Fällen bleibt die Sprachproduktion gänzlich aus. Vermutlich fehlt dann auch das Sprachverständnis. In leichteren Fällen beobachtet man bei guter Sprachentwicklung Wortneuschöpfungen, manirierte Sprechweise und ständige Wiederholungen im Wortklang. Typisch ist das verspätete Erlernen besitzanzeigender Fürworte sowie das späte Erlernen oder Fehlen der pronominalen Umkehr.

Die genannten Grundsymptome können mit Intelligenzminderung einhergehen. Gelegentlich kommt es zu abnormen Reaktionen auf akustische und optische Eindrücke.

Die Kontaktstörung zeigt sich in Form einer Distanzstörung sowie in einem situativ unangepaßten Verhalten. Die Kinder kümmern sich wenig um die Belange und die Reaktionen der Umwelt. Mitunter beobachtet man extreme Spezialinteressen mit weit überdurchschnittlichen Einzelleistungen, wobei letztere kaum in bezug zu den übrigen Kenntnissen und Fähigkeiten stehen, d. h. eine soziale Verwertbarkeit ist nicht gegeben. Deutlich zum Vorschein kommt das Krankheitsbild in der Vorpubertät; die Kinder bemerken dies selbst und reagieren darauf oft depressiv oder gar mit Suizidideen, ohne diese in die Tat umzusetzen.

- **Mahler-Typ (Symbiotische Psychose):** Von Seiten der Psychoanalyse abgetrennte Form, bei der das Kind mit der Mutter in der Wir-Welt lebt und bei intensivstem Kontakt mit ihr keine andere Person miteinbezieht. Eine Lösung der Mutterbeziehung ist nicht mehr möglich, und die Selbstfindung bleibt aus. Oft verstärken die Mütter aus eigenem Bedürfnis diese Bindung zusätzlich und ungewollt.

15.3 Formen

Im europäischen Raum unterscheidet man drei Formen, wobei die Unterscheidung dem Schweregrad nach erfolgt:

- **Kanner-Typ:** Schwere bis schwerste Ausprägung. Meist kein Erlernen des Sprechens sowie schwere Störung der Kommunikationsfähigkeit. Oft aber starkes Interesse an charakteristischen Objekten. Erhebliche Störung der meßbaren Intelligenz.
- **Asperger-Typ:** Leichtere Form mit großen Variationen. Oft fallen die Kinder zunächst wenig auf, erlernen frühzeitig das Sprechen oder erst verspätet, dann aber auffallend rasch.

15.4 Diagnose und Differentialdiagnose

Meist läßt sich die Diagnose erst nach dem 3. Lebensjahr sicher stellen durch die zunehmende Kontaktstörung, die verzögerte Sprachentwicklung und die anderen typischen Verhaltensweisen. Autistische Kinder vom Asperger-Typ fallen oft erst nach der Einschulung auf, manchmal erst zu Beginn der Pubertät. Fehlen viele der typischen Symptome, dann spricht man von geistiger Behinderung mit autistischen Zügen oder auch nur von autistischen Symptomen.

Abzugrenzen vom frühkindlichen Autismus sind Oligophrenie, psychischer Hospitalismus, Sprachentwicklungsstörungen, Hörstummheit, Imbezillität.

Der **psychische Hospitalismus** als Frühverwahrlosung durch ungenügende affektive Betreuung während der ersten Lebensjahre läßt sich noch am ehesten mit dem frühkindlichen Autismus verwechseln. Der psychische Hospitalismus zeigt eine verzögert verlaufende motorische Entwicklung sowie eine verzögerte Sauberkeitsentwicklung. Man beobachtet Apathie, Verlangsamung und Unlust, verzögerte Sprachentwicklung und mangelndes Interesse an sachlichen Umweltbezügen. Gelegentlich kommt es auch zu motorischer Unruhe, Bewegungsstereotypien und Jaktationen (rhythmische Bewegungen von Kopf und Körper), zu Händewedeln, Augenbohren und Automanipulationen. Das gestörte Kontaktverhalten täuscht Autismus vor.

15.5 Therapie und Verlauf

Behandelt wird ausschließlich psychotherapeutisch und heilpädagogisch über einen langen Zeitraum hinweg. Die Therapie erfaßt gegebene sensorische Fähigkeiten, die zum Kommunikationsaufbau geeignet sind (z.B. Musikalität). Teilerfolge ließen sich mit der Festhaltetherapie nach TINBERGEN und WELCH erzielen, allerdings nur im emotionalen Bereich, kaum im kognitiven.

Pädagogische Förderung ist beim Asperger-Typ indiziert. Eine medikamentöse Behandlung ist nicht bekannt.

Der Verlauf ist vom Schweregrad sowie von der Konsequenz der Therapie abhängig. Eine Heilung wird nicht erreicht, lediglich eine Besserung in begrenztem Maße. Während der Kanner-Typ einer lebenslangen geschützten Unterbringung und Betreuung bedarf, ist beim Asperger-Typ je nach Intelligenz und Bereitschaft der Umwelt eine soziale Eingliederung möglich. Einige Autisten vom Asperger-Typ fallen später lediglich noch als Sonderlinge auf, während andere in der Pubertät dekompensieren und zunehmend das Bild einer schizophrenen Psychose zeigen.

15.6 Endogene Psychosen im Kindesalter

Ob es kindliche Schizophrenien oder kindliche endogene Depressionen gibt, ist umstritten. Phasenverläufe sind im Jugendalter selten, im Kindesalter sehr selten. Es ist im Kindesalter kaum möglich, die verschiedenen depressiven Erscheinungen einer speziellen Diagnose zuzuordnen. Gelegentlich zeigen Kinder im vierten oder fünften Lebensjahr Schuldgefühle und Versündigungsideen, die aber nicht ohne weiteres mit den typischen Wahnideen des endogen Depressiven gleichgesetzt werden können.

Bei den seltenen Fällen kindlicher Zyklothymien fällt die Symptomatik zum Teil in erheblichem Ausmaß aus, d.h Tagesschwankungen im Befinden können extrem sein und manische Phasen können mit erhöhter Aggressivität und extremer motorischer Unruhe einhergehen. Das Umschlagen von manischen Phasen in depressive und umgekehrt geschieht oft innerhalb weniger Stunden.

Wahn bei Kindern zu diagnostizieren ist schwierig, weil Kinder ohnehin über eine lebhafte Phantasietätigkeit verfügen und oft wahnhaft anmutende Ideen entwickeln. Gleiches gilt für Sinnestäuschungen. Häufiger begegnet man hier den illusionären Verkennungen, vor allem bei Affekten und bei Fieber.

16 Hyperaktive Syndrome

16.1 Vorkommen und Ätiologie

Ursachen eines hyperaktiven Syndroms sind neben einer anzunehmenden genetischen Komponente:

- frühkindliches exogenes Psychosyndrom (Hirnschädigung)
- Heimerziehung oder Erziehung in gestörten Familien
- pathogene Milieubedingungen und emotionale Mangelzustände
- chronische Depressionen, verdeckt durch Hyperaktivität
- Überforderung und rigide erzieherische Haltungen
- Reizüberflutung
- Latente chronische elterliche Konflikte
- hektische Atmosphäre durch überforderte berufstätige Mütter
- möglicherweise Lebensmitteladditive.

Zuweilen wird bei Kindern gerade in den ersten Schuljahren eine auffällige Hyperaktivität mit Konzentrationsstörungen beobachtet. Hier wirken sich besonders Lehrerwechsel, familiäre Schwierigkeiten und Entfernung aus vertrauter Umgebung negativ aus.

Bei Kindern mit Intelligenzmangel und Schulschwierigkeiten begegnet man häufig hyperaktiven Syndromen; solche Kinder treiben es gelegentlich besonders wild, übernehmen die Rolle des „Klassenkaspers" um bei den Mitschülern „anzukommen".

16.2 Symptomatik

Hyperkinetische Syndrome zeigen
- unangemessen gesteigerte motorische Aktivität, Bewegungsdrang
- Aufmerksamkeitsstörung
- Impulsaktivität
- emotionale Störung
- impulsiv-aggressives Verhalten
- erhöhte Ablenkbarkeit
- erhebliche Konzentrationsstörung.

Hieraus ergeben sich zwangsläufig Störungen im Leistungs- und Sozialverhalten.

16.3 Diagnostik, Therapie und Prognose
✓

Ein Zurechtweisen der Kinder beeindruckt diese nur wenig und nur für kurze Zeit. Manchmal zeigen sie sich über ihr Verhalten betroffen, nehmen sich gute Vorsätze, ohne diese aber lange durchhalten zu können. Hyperaktivität ist weder Mutwilligkeit noch Bosheit.

In der Diagnostik stehen körperliche, neurologische und psychiatrische Untersuchung neben Testverfahren im Vordergrund. Weiterhin ist eine eingehende Verhaltensbeobachtung, möglicherweise stationär, erforderlich.

Heilpädagogische Maßnahmen sind hier die wesentliche Therapieform: Unterricht in reizarmer Umgebung, in möglichst kleinen Klassen mit kurzen Unterrichtseinheiten unter individueller Zuwendung. Weiterhin sind psychomotorisches Turnen und andere sportliche Betätigungen sinnvoll.

Eine Besserung der Hyperaktivität wurde auch bei Gabe von Amphetaminen (z. B. Ritalin®) beobachtet. Wenngleich hier eine Suchtgefährdung offensichtlich nicht besteht, läßt sich diese Medikation nur zusammen mit kooperativen Eltern durchführen. Einige Kinder sprechen auch gut auf niedrigdosierte niederpotente Neuroleptika (z. B. Theralene®, Melleril®) an. Benzodiazepine hingegen wirken nicht selten paradox mit einer Steigerung der Hyperaktivität.

Wesentlicher Bestandteil der Therapie ist die Nichtbeachtung hyperaktiver Symtome, vor allem beim „Klassenkasper". Oftmals läßt dann in leichteren Fällen die Aktivität nach.

Die Prognose kann als befriedigend bezeichnet werden. Nur selten wird eine völlige Beseitigung hyperaktiver Symptome erreicht.

17 Häufige emotionale Störungen in Kindheit und Jugend

17.1 Formen und ✓✓✓ Symptomatik

Die Symptomatik ist vorzugsweise geprägt durch

- Ängstlichkeit und Niedergeschlagenheit
- Empfindlichkeit und Abkapselung
- Kontaktschwierigkeiten
- Identifikationsprobleme bei Jugendlichen.

Angstsymptome sind in der Kindheit recht häufig, jedoch nicht immer pathologisch (z. B. „Achtmonatsangst" als Differenzierungsangst). Oft ist Ängstlichkeit induziert durch überängstliche Mütter. Entspricht die Situation nicht der bestehenden Angst, so ist letztere pathologisch und kann zu weiteren psychischen und psychosomatischen Störungen führen.

Habituelle Manipulationen am eigenen Körper

a) Daumenlutschen oder Lutschen an Fingern und/oder Zehen
Pathologisch ist diese Verhalten jenseits des zweiten Lebensjahres. Das Daumenlutschen stellt eine Ersatzbefriedigung dar. Ursachen sind milieubedingte Störungen und mangelnde Zuwendung durch die Mutter sowie Tendenzen des Kindes, in einer passiv-kleinkindhaften Rolle zu verharren. Häufig ist die Kombination mit anderen Verhaltensauffälligkeiten. Ein Persistieren bei Mädchen ist häufiger als bei Jungen. Die Prognose ist schlecht; auch verhaltenstherapeutische Versuche (Behandlung der Finger mit bitteren Lösungen) führen nur selten zum Erfolg.

b) Nägelbeißen (Onychophagie)
Tritt häufig zwischen dem achten und elften Lebensjahr auf und ist mit die häufigste Form habitueller Manipulationen am eigenen Körper. Varianten sind Beißen auf Fingerglieder, Handrücken, in Bleistiftenden und Federhalter sowie Zähneknirschen (Bruxismus). Ursachen sind vermutlich eine mangelnde Möglichkeit zu indi-

vidueller Entfaltung, zum Sichaustoben im Spiel sowie verhaltene aggressive Entäußerungen. Auch konstitutionell bedingte Impulsivität und Hyperaktivität spielen eine Rolle. Meist verschwindet dieses Fehlverhalten von selbst, kann aber bis in das Erwachsenenalter hinein in abgeschwächter Form fortbestehen.

c) Haareausreißen (Trichotillomanie)
Relativ seltene, aber schwere seelische Beeinträchtigung. Hier wird noch deutlicher als beim Nägelbeißen die Verbindung lustvoller und schmerzhafter Empfindung erkennbar. Varianten sind das Schlagen mit Fäusten oder Knien in das Gesicht sowie das Schlagen des Kopfes gegen die Wand (Automutilatio). Nicht zu dieser Gruppe gehören die Autoaggressionen bei Harnsäure-Enzephalopathie.

d) Genitale Manipulationen
Häufige Verhaltensstörungen im Vorschulalter bei Jungen und Mädchen im Sinne einer Spielonanie ohne Orgasmus. Die Übergänge zu den zielgerichteten und gewohnheitsmäßigen Manipulationen mit Orgasmus sind fließend und treten nahezu in allen Altersstufen auf, besonders in der Pubertät. Jungen reizen manuell das äußere Genitale und Mädchen pressen die Oberschenkel zusammen (sog. „Drucksen"). Mitunter führen letztere auch Gegenstände in die Vagina ein. Ursachen sind oftmals sexuelle Probleme in der Ehe der Eltern, ungenügende Spielmöglichkeiten, Langeweile und seelische Mangelsituationen. Differentialdiagnostisch sind lokale Reizzustände, wie unzweckmäßige Kleidung, Oxyuren und Phimose abzugrenzen.

e) Jactationen
Dies sind stereotype, streng rhythmische Bewegungen, meist bei alleingelassenen Kindern, die sich als Pendelbewegungen des Kopfes zur Seite oder aber in heftigen Vor- und Rückwärtspendelbewegungen des Oberkörpers, gelegentlich verbunden mit Grunzen und Singen, äußern. Auftreten vor allem beim Einschlafen. Die Kinder wirken traumverloren, manchmal auch angespannt und erregt. Jactationen treten vorrangig bei älteren Säuglingen und Kleinkindern, besonders häufig bei Heimkindern mit seelischen Mangelsituationen auf, ferner bei debilen Kindern und bei konstitutionell oder enzephalopatisch überaktiven Kindern sowie bei Ängstlichkeit und familiären Spannungen.

f) Tic
Hier erkennt man rasch koordinierte, unwillkürliche Bewegungen, die in unregelmäßigen Abständen funktionell zusammengehörige Muskelgruppen erfassen, wobei vorrangig Kopf- und Schulterbereich betroffen sind. Auch beobachtet man Augenzwinkern, ruckartige Kopfbewegungen zur Seite, Stirnrunzeln, Augenbrauenbewegungen. In schweren Fällen gesellen sich dazu Schnüffeln, Schnauzbewegungen, Ausstoßen von Lauten, heftiges Grimassieren, auch unter Beteiligung von Zwangsmechanismen. Bei Erregung nehmen die Symptome zu, im Schlaf ab. Als Ursache werden chronische Überforderung, starke Mutterbindung und eine Einengung der motorischen Entfaltung diskutiert. Auch eine konstitutionelle Disposition in Form einer „Striatumschwäche" wird vermutet. Die therapeutische Beeinflußbarkeit ist gering; Besserungen erreicht man aber durch spannungsfreies Milieu und medikamentöse Unterstützung. Eine Sonderform ist das **Gilles-de-la-Tourette-Syndrom** als besonders schwere Form mit Beginn zwischen dem sechsten und zehnten Lebensjahr. Es zeigt sich mit Ausstoßen von Grunz- und Schmatzlauten; hierzu kommen *Echolalie*, *Echokinese* und *Koprolalie* (Ausstoßen grober Schimpfwörter, meist aus dem Fäkalbereich). Dieses Syndrom hat seine Ursache in einer schweren Milieubelastung und muß zusätzlich zu heilpädagogischen Maßnahmen auch neuroleptisch behandelt werden.

g) Respiratorische Affektkrämpfe
Diese zeigen sich zwischen dem sechsten Monat und dem dritten Lebensjahr in einem Aussetzen der Atmung in der Exspirationsphase zu Beginn des erregten Schreiens des Kindes. Dieses Phänomen zeigt sich bei seelischer Erregung in Zusammenhang mit Wut, Angst und Trotz. Die

Kinder werden rasch zyanotisch, fuchteln hilflos mit den Armen, bis sich der Zustand nach etwa 15 Sekunden mit tiefer Inspiration von selbst wieder löst. Gefährlich sind die Anfälle nicht, können aber leicht mit generalisierten tonisch-klonischen Krampfanfällen verwechselt werden. Es besteht keine Beziehung zur Epilepsie. Therapeutische Grundregel ist hier das Ignorieren der Anfälle neben leichter medikamentöser Sedierung und Elterntherapie. Abzugrenzen sind **Wutanfälle** älterer Kinder, die nicht den Charakter des reflektorischen Ablaufes haben, sondern sich in Form von Schreien, Toben, Sich-Hinwerfen und Zerstörungsdrang äußern. Strafen ist hier ebenso wie bei respiratorischen Affektkrämpfen sinnlos. Auch hier gilt das oben erwähnte Ignorieren, ferner das Meiden der auslösenden Situation.

h) Psychogene Anfälle

Diese sind im Kindesalter eher selten, nehmen aber zur Pubertät hin an Häufigkeit zu, finden sich vorrangig bei Mädchen und zeigen eine der Hysterie ähnliche Symptomatik mit Ringen der Hände, Vorwölben des Beckens, Opisthotonus, Sich-fallen-lassen. Von epileptischen Anfällen lassen sich psychogene Anfälle wegen des erhaltenen Bewußtseins leicht unterscheiden; schwieriger ist allerdings die Abgrenzung von psychogenen Dämmerzuständen, die gelegentlich auch mit einer gesteigerten motorischen Aktivität einhergehen können. Psychotherapie ist hier die Therapie der Wahl. Typisch für psychogene Anfälle sind die meist während des Anfalles geschlossenen Augen.

i) Psychogene Lähmungen

Auch bei Kindern, vorwiegend im Pubertätsalter, können Konversionssyndrome auftreten. Da der Lähmungstyp nicht den anatomischen Verhältnissen enstpricht, ist eine Abgrenzung gegen neurologische Erkrankungen gut möglich. Versucht man, die Patienten mit der scheinbaren Lähmung aus dem Bett zu heben, so machen sie sich steif; sobald die Füße den Boden berühren, lassen sie sich langsam zu Boden gleiten, auch darum bemüht, sich nicht zu verletzen. Ursachen sind meist Anforderungen, denen die Kinder nicht gewachsen sind. Dies gilt für den Leistungsbereich wie für den sexuellen Bereich. Wie bei den psychogenen Anfällen ist Psychotherapie die Therapie der Wahl.

j) Mutismus

Hier handelt es sich um ein Verstummen der Kinder nach weitgehend abgeschlossener Sprachentwicklung. Im Rahmen einer hysteriformen Reaktion oder bei akuten psychotischen Zustandsbildern kann es dabei zum **totalen Mutismus** kommen. Bleibt die sprachliche Kommunikation mit vertrauten Menschen der nächsten Umgebung erhalten, besteht aber gegenüber anderen Menschen eine krankhafte Sprechscheu, so spricht man vom **elektiven Mutismus**. Hiervon abzugrenzen sind Hörstummheit, Aphasie bei hirnorganischer Erkrankung sowie Autismus.

k) Schlafstörungen

Häufig sind **Einschlafstörungen** im Rahmen einer Trennungsangst von der Mutter. Eine Verstärkung tritt in der ersten Ablösungsphase des Trotzalters oder in Situationen, in denen das Kind vermehrte Zuwendung durch die Mutter wünscht, auf. Letzteres ist beispielsweise bei der Geburt von Geschwistern der Fall. **Durchschlafstörungen** treten mit oder ohne Angstsymptomatik auf: Kinder beginnen oftmals mitten in der Nacht in ihren Betten zu spielen, ohne daß hierfür eine Ursache erkennbar ist. Andererseits rufen Kinder ängstlich nach der Mutter, kommen zu ihr in das Bett. Eine Sonderform stellt der **Pavor nocturnus** dar, der 30 Minuten bis zu 2 Stunden nach dem Einschlafen auftritt. Die Kinder schreien gequält auf, weinen, berichten bruchstückhaft von Angsterlebnissen, zeigen dabei inadäquates Verhalten auf eine Anrede und erscheinen bewußtseinsgetrübt. Fließender Übergang besteht zum **Somnambulismus (Noctambulismus)**, volkstümlich auch Schlafwandeln genannt. Hier kommt es bei zurücktretender Angstsymptomatik zu koordinierten handlungs-, geschicklichkeits- und situationsgerecht erfolgenden Handlungsabläufen, ohne daß die Betroffenen ansprechbar wären. Therapeutisches Ziel ist die Beseitigung der auslösenden Spannungen bei eingehender Beratung der Eltern.

l) Lügen

Erst im Verlauf der sozialen Reife wird die Verpflichtung zur Wahrhaftigkeit als tragender Bestandteil zwischenmenschlicher Beziehungen erkannt und erlernt. Kinder sagen die Unwahrheit nicht immer in Absicht; vielfach entstehen Lügen auf dem Boden von Wunschvorstellungen. Bei kleineren Kindern handelt es sich dabei um naive Konfabulationen. Um die Reaktion Erwachsener zu testen, setzen Kinder auch ganz bewußt Lügen geradezu experimentell ein. Dies kann spielerisch geschehen oder aber nachahmend dem Verhalten der Bezugspersonen entsprechen. Das echte Lügen zeigt sich bei Kindern mit mangelndem Vertrauen zur Umwelt, ferner bei Angst vor Strafe und körperlicher Züchtigung oder Liebesentzug. Ausgeprägtes Phantasielügen im Sinne einer Pseudologia phantastica kommt bei übersteigertem Geltungsbedürfnis als Kompensation erheblicher Selbstwertproblematik vor. Psychotherapie ist hier die adäquate Therapieform.

m) Stehlen

Stehlen hat erst dann Symbolcharakter, wenn das Kind gelernt hat, fremdes Eigentum zu respektieren. Kleinere Gelddiebstähle aus elterlichen Geldbörsen sind ein Hinweis auf mangelnde Liebeszuwendung. Von älteren Kindern wird bei Gleichaltrigen Zuwendung mit gestohlenem Geld erkauft. Immer häufiger begegnet man dem Stehlen aus Abenteuerlust in kleineren Gruppen. Krankhaftes Stehlen bezeichnet man als **Kleptomanie**; oftmals persistiert dieses Verhalten bis in das Erwachsenenalter hinein.

n) Fortlaufen

Wache und antriebsreiche Kinder zeigen oftmals die Tendenz, wann immer möglich auf „Entdeckungsreise" zu gehen. Als Folge einer starken affektiven Reaktion der Mutter erscheint dann dem Kind sein Verhalten derart interessant, daß es sogar Strafen in Kauf nimmt und dieses Verhalten fortsetzt. Das Fortlaufen kann zunehmen und zu ausgeprägten Machtkämpfen zwischen Mutter und Kind führen. Das Verhalten gewinnt Krankheitswert im späteren Lebensalter des Kindes und ist ein Hinweis darauf, daß das Kind sich in der Familie nicht akzeptiert fühlt und durch sein Weglaufen die Zuwendung erzwingen will über eine Ängstigung der Eltern. Abzugrenzen ist das krankhafte Weglaufen vom Weglaufen aus Sehnsucht nach einem vom Kind getrennten Elternteil oder aufgrund der Suche eines Adoptivkindes nach seinen leiblichen Eltern.

o) Suizidversuche im Kindesalter

Diese beobachtet man selten, in zunehmendem Maße aber in der Pubertät. Kindliche Suizidversuche dienen der Aufmerksamkeitsgewinnung sowie dem Erzwingen von Zuwendung. Auch als Bestrafung einer gehaßten Person kann das Kind sich suizidieren. Weitere Motive sind der Verlust einer geliebten Person und der Wunsch nach Wiedervereinigung mit dieser sowie körperliche und sexuelle Mißhandlungen.

p) Aggressivität

Im Umgang mit Gleichaltrigen entdecken Kinder, daß sie stärker sind als diese und entwickeln manchmal eine naive Freude, die schwächeren Kinder umzustoßen. Als spielerisches Ausprobieren, als Austestung der Toleranzschwelle sind aggressive Entäußerungen gegen Eltern und Erwachsene einzuordnen. Zerstören von Spielzeug dient oft dem kindlichen Forschungsdrang. Eine Zunahme der Aggressivität beobachtet man bei Rivalität gegenüber älteren und überlegenen Geschwistern im Sinne einer Aggression durch Frustration. Therapeutisch darf der Aggression nicht wieder mit Aggression begegnet werden. Psychotherapie ist meist erforderlich. Differentialdiagnostisch abzugrenzen ist die krankhafte Aggressivität bei postenzephalopatischen Zustandsbildern.

q) Enuresis

Hiervon sollte man erst sprechen, wenn nach Vollendung des vierten Lebensjahres mit Regelmäßigkeit eingenäßt wird. Dies trifft angeblich für 20 % der Kinder zu. Überwiegend handelt es sich um nächtliches Bettnässen (Enuresis nocturna), seltener um Einnässen am Tag (Enuresis diurna). Auch eine Kombination aus beiden ist möglich. Wichtig ist die Unterscheidung zwischen **primärer Enuresis** (Kind war nie trocken) und **sekundärer Enuresis** (Kind war wenigstens sechs Monate trocken). Nicht krankhaft ist das gelegentliche Einnässen im Vor- oder Grundschulalter bei Aufregungen, Klimawechsel oder im Spiel. Die Ursachen der Enuresis sind vielfältig: Die sekundäre Enuresis entsteht weitaus häufiger psychogen als die primäre Form. Ursachen sind Geburt von Geschwistern, Ehescheidung, berufliche Krisen des Vaters, sexueller Mißbrauch, schulische Überforderung. Die Prognose der beim Jungen häufigeren primären Form ist gut bei meist spontaner Normalisierung. Bei der sekundären Form kann das Bettnässen bis in das Erwachsenenalter persistieren, spricht aber oft gut an auf verhaltenstherapeutische Methoden (z. B. Klingelmatte, Weckgerät nach STEGAT). Weitere Möglichkeiten sind Blasentraining als übendes Verfahren sowie die abendliche Gabe von Imipramin (Tofranil®). Differentialdiagnostisch abzugrenzen sind organische Störungen im Bereich der ableitenden Harnwege.

r) Enkopresis

Vorkommen meist zwischen dem siebten und neunten Lebensjahr, häufiger beim Jungen. Dabei ist die sekundäre und hauptsächlich psychogen entstandene Form häufiger als die primäre, auf dem Boden eines allgemeinen Entwicklungsrückstandes oder erzieherischer Verwahrlosung sich entwickelnde Form. Ursächlich kommen für die sekundäre Form schwerwiegende Konflikte, übertrieben strenge Erziehung, unausgelebte Aggressionen und liebloses Verhalten durch die nächste Bezugsperson in Frage. Differentialdiagnostisch abzugrenzen sind das idiopathische Megakolon sowie die Incontinentia alvi. Die Therapie sollte unter stationären Bedingungen erfolgen, ist meist langwierig und oftmals nicht von Erfolg gekrönt.

s) Appetitstörungen

Diese sind bei Kindern sehr häufig und dann zu beachten, wenn sie nach der Umstellung auf selbständiges Essen zur Zeit der Trotzphase auftreten oder wenn bestimmte Speisen einmal bevorzugt, dann wieder abgelehnt werden. In der Regel genügt die Beruhigung der Mutter. Lediglich bei schweren Formen ist psychotherapeutische Behandlung des Kindes, meist auch der Mutter erforderlich, da die Haltung dieser meist von erheblicher Ambivalenz dem Kind gegenüber gekennzeichnet ist. Differentialdiagnostisch abzugrenzen sind akute Appetitstörungen bei körperlichen Erkrankungen und Depressionen.

t) Kindliche Adipositas

Ursache ist meist eine gewohnheitsmäßige Polyphagie verbunden mit Bewegungsmangel und passiven Formen der Bedürfnisbefriedigung. Eine Rolle spielen auch oft erzieherische Fehlhaltungen bei Müttern von Einzel- und Adoptivkindern (Zuwendung in Form von Nahrungszufuhr). Abzugrenzen ist die Bulimie (siehe Abschnitt 9.3.11). Grundvoraussetzung für eine erfolgreiche Therapie ist die drastische Reduktion der Kalorienzufuhr sowie die Verordnung einer Diät. Um depressiven Reaktionen und sich entwickelnden anderen süchtigen Haltungen vorzubeugen, muß neben heilpädagogischen Maßnahmen auch Therapie durch die Eltern sowie bei den Eltern selbst erfolgen.

u) Obstipation

Darmträgheit kann organische und psychogene Ursachen haben. Häufige Ursachen sind familiär-konstitutionelle Darmträgheit, Stuhlverhaltung bei Angst vor Schmerz bei Rhagaden, Hyperaktivität mit Stuhlverhaltung wegen „nicht genügend Zeit" beim Spiel. Psychogene Ursachen lassen sich auf hypochondrische Ängstlichkeit oder Depressivität in der Familie zurückführen. Gerade bei Kindern mit chronischer Obstipation kontrollieren Mütter regelmäßig exzessiv die Darmträgheit des Kindes. Leichte Unregelmäßigkeiten veranlassen die Mutter zur Verabreichung von Laxantien und Einläufen, was die

Obstipation weiter verstärkt. Die Defäkation wird zum Machtkampf zwischen Mutter und Kind. Therapeutisch steht die symptomatisch-medikamentöse Behandlung einerseits und die Elternberatung bzw. Elterntherapie andererseits im Vordergrund. Erfolge brachten bei älteren Kindern Entspannungstechniken. Eine chronische Obstipation bedarf u. U. einer stationären Behandlung.

v) Kopfschmerzen

Angeblich leidet ein Viertel aller deutschen Schulkinder an rezidivierenden Kopfschmerzen, wobei der Altersgipfel zwischen dem neunten und dem elften Lebensjahr liegt. Beide Geschlechter sind etwa gleich häufig betroffen. Häufig werden Kopfschmerzen morgens beklagt, gelegentlich verbunden mit Erbrechen. Grundsätzlich sind organische Ursachen auszuschließen, vor allem Erkrankungen des ZNS. Psychogene Kopfschmerzen sind als Spannungskopfschmerzen meist an Tageszeiten gebunden. Auch spielt in Familien mit häufig geklagten Kopfschmerzen beim Kind ein gewisser Lerneffekt eine Rolle (sog. Symptomtradition). Weitere Ursachen sind Schlafmangel, Ernährungsfehler, häufiges Fernsehen, schulische Überforderung, Leistungsdruck bei leistungsbezogenen Eltern und aktuelle Konflikte. Auch Aggressionshemmung wird parallel zu Kopfschmerzen beobachtet. Kopfschmerzmittel sollten bei Kindern nur in Ausnahmefällen gegeben werden; ansonsten steht auch hier psychotherapeutisches Vorgehen im Vordergrund. Auch auf ausreichend Freizeit, auf Spiel und Sport ist ein Augenmerk zu richten.

17.2 Diagnostik, Therapie und Prognose

Für alle Formen kindlicher und jugendlicher emotionaler Störungen gilt: Je früher die Behandlung, desto besser die Prognose. Allerdings bilden sich die recht zahlreichen und häufig auftretenden passageren Verhaltensstörungen rasch, spontan, nachhaltig und meist auch vollständig zurück. Immer ist auch das Alter des Auftretens zu berücksichtigen: Daumenlutschen gilt erst jenseits des dritten Lebensjahres als pathologisch. Andererseits können Verhaltensstörungen sich auch hartnäckig bis über die Pubertät hinaus halten und selbst noch im Erwachsenenalter persistieren. In einigen Fällen bewährt sich abwartendes Verhalten bei konsequenter Beobachtung der Verhaltensstörung. Kommt es zur Verstärkung der Symtomatik, ist rascher Therapiebeginn erforderlich.

Eine spezifische Therapie ist für die emotionalen Störungen des Kindes und Jugendlichen nicht bekannt. Wichtige Bestandteile der Therapie sind verhaltenstherapeutisch orientiertes Vorgehen, Beratung und eventuell auch Behandlung der Eltern, Entspannungsverfahren, Heilpädagogik, aber auch die Herausnahme des Kindes aus einem pathogenen Milieu.

Die Prognose der einzelnen Störungen ist unterschiedlich und hängt – wie erwähnt – von der Therapie sowie von der Krankheit selbst ab. So ist die Prognose der primären Enuresis recht gut, die des krankhaften Weglaufens und der Trichotillomanie schlecht.

18 Störungen des Sozialverhaltens

18.1 Ätiologie und Pathogenese

Für die Entstehung gestörten Sozialverhaltens spielen nachfolgende Faktoren eine Rolle:

- Anlage und Vererbung
- frühkindliche organische Schädigungen
- Erziehung und emotionaler Kontakt
- Empfindlichkeit der jeweiligen Altersstufe.

Selbst ein kleiner, möglicherweise erzieherisch bedingter Verhaltensdefekt kann sich ausweiten und zu immer umfangreicheren und schwereren Verhaltensabweichungen führen. Stigmatisierungseffekte haben eine kumulierende Wirkung.

Eine frühkindliche Hirnschädigung kann als Faktor entweder die Entwicklung eines adäquaten Sozialverhaltens stören oder aber die Wurzel gestörten Sozialverhaltens sein. Ein zerebral geschädigtes Kind vermag Lebenskonflikte weit weniger gut zu bewältigen als ein hirngesundes.

Letztlich sind alle psychischen Störungen des Kindes und Jugendlichen auch Störungen des Sozialverhaltens oder führen hierzu. So ist auch für die Neurosenentstehung die Auseinandersetzung des Individuums mit der Gesellschaft und den sich daraus ergebenden Konflikten bedeutsam.

18.2 Symptomatik und Verlauf

Es lassen sich Störungen aller Schattierungen beobachten. Eigentlich hat fast jeder Mensch eine mehr oder minder ausgeprägte soziale Verhaltensstörung, der jedoch zumeist keine krankhafte oder zumindest keine erhebliche Bedeutung beigemessen werden kann. Als Beispiele seien die allgemeine Gehemmtheit bei fremden Personen, Effektheischerei und die Redeangst vor größerem Publikum genannt. Eine scharfe Grenze läßt sich nur schwer ziehen, zumal gesellschaftliche Normen mit einbezogen werden müssen. Außerdem sind auch das soziale Milieu und der Kulturkreis des Kindes zu berücksichtigen.

Zeitweiliges Sozialversagen ist zu unterscheiden vom anhaltenden Sozialversagen. So machen sich im Kindesalter immer wieder passagere abnorme soziale Verhaltensweisen bemerkbar, deren Auftreten jedoch im Rahmen der Persönlichkeitsentwicklung zu sehen ist. Solche Störungen können allerdings auch bestehen bleiben, erst im Laufe von Jahren abklingen oder aber sich verstärken und fixieren.

Zum anhaltenden Sozialversagen rechnet man die persistierende Unfähigkeit, mitmenschliche Beziehungen zu knüpfen und aufrechtzuerhalten.

Soziale Ächtung verstärkt das soziale Fehlverhalten, was zu dessen Persistieren, zu verstärkter sozialer Ächtung und weiter zur Manifestierung und zur weiteren Verstärkung des Fehlverhaltens führt im Sinne eines Circulus vitiosus.

18.3 Sozial unsicheres Verhalten

Man spricht auch von Schüchternheit und Gehemmtheit. Folge ist meist der Weg in die soziale Isolierung und Einsamkeit. Sozial unsicheres Verhalten kann sich auf verschiedenen Bereichen zeigen:

- **verbaler Bereich:** Das Kind erzählt nichts, spricht undeutlich und leise, antwortet nur mit „Ja" oder „Nein". Oft verquickt mit einer Sprachstörung
- **nonverbaler Bereich:** Das Kind weint oft, ist unsicher, hält keinen Blickkontakt. Es ist zittrig, spielt nervös mit den Fingern, bewegt sich nicht von der Stelle, zeigt stereotype Bewegungen.
- **sozialer Bereich:** Das Kind spielt nicht allein, zeigt keine Interessen, hat kein Hobby oder aber es spielt ausschließlich alleine und nicht mit anderen Kindern. Soziale Verpflichtungen werden in Familie und Schule verweigert. Trennung von Bezugspersonen ist nicht möglich; das Kind verläßt die elterliche Wohnung nicht.

 Sozial unsicheres Verhalten kann in mangelnden sozialen Fertigkeiten oder aber in einer sozialen Angst begründet sein. Einige Autoren führen es auch auf eine erlernte Hilflosigkeit zurück.

Diese Hilflosigkeit kann sich auf drei Ebenen zeigen:

- als motivationale Störung zeigt ein Individuum keine willentlichen Reaktionen und Handlungen. Es kommt zu passivem und initiativelosem Verhalten.
- als kognitive Störung kann ein Individuum nur noch schwer oder nicht mehr lernen, daß eigenes Verhalten zu beabsichtigten Ergebnissen oder Zielen führt.
- als emotionale Störung kann ein Individuum keinen oder einen nur verhältnismäßig schwachen Gefühlsausdruck zeigen. So kommt es zu gleichgültigem und apathischem Verhalten, auch in Gestik und Mimik.

▶ **Beispiel:** Der Lehrer ruft Martin auf, die von ihm gestellte Frage zu beantworten. Martin weiß die Antwort auch, senkt aber den Kopf, blickt nervös nach unten, spielt verlegen mit den Händen, murmelt irgend etwas vor sich hin. Keiner versteht ihn. Der Lehrer fordert ihn erneut auf zu antworten. Doch Martin bleibt stumm.

18.4 Diagnostik und Therapie

 Fast immer ist es erforderlich, nicht nur das Kind, sondern auch die Eltern zu behandeln. Dabei richtet sich die Therapie nach dem Grad des Fehlverhaltens.

Die Diagnostik sozial gestörten Verhaltens umfaßt:

- Verhaltensbeobachtung durch Eltern und Psychologen
- neurologische und körperliche Untersuchung
- psychiatrische Untersuchung
- Gespräche mit Eltern und Kind, gemeinsam und getrennt
- psychologische Testverfahren.

Die Therapie besteht in
- pädagogischer Intervention
- Therapie auch der Bezugspersonen
- in schweren Fällen langfristiger stationärer Behandlung
- Aufnahme in speziellen Schulen
- verhaltenstherapeutischer Intervention
- Entspannungsverfahren
- Spieltherapie
- Aufnahme in Mutter-Kind-Gruppe.

18.5 Prognose und Prävention

Gestörtes Sozialverhalten im Kindesalter ist vielfach nur eine vorübergehende Erscheinung. Dies gilt beispielsweise für die Trotzphase, das aggressive Verhalten des pubertierenden Kindes und für kleinere Eigentumsdelikte im Kleinkindesalter.

Liegen bei gestörtem Sozialverhalten keine hirnorganischen Schäden oder schwerere Erziehungsfehler zugrunde, dann ist die Prognose meist gut. Wenig ist mit Gewalt zu erreichen; Tadeln und Bestrafung verstärken oft das abweichende Verhalten und begünstigen die Entwicklung einer neurotischen Störung.

Präventive Maßnahmen sind pädagogische Erziehungsberatung, ausreichende emotionale Zuwendung, Vermeidung von übermäßiger Überforderung und von unnötigem und zu häufigem Schul- und Wohnungswechsel, Vermeidung von Ehekrisen, Verhaltensbeobachtung bei Auftreten abnormer Verhaltensweisen sowie rechtzeitige und adäquate therapeutische Intervention.

Vierter Teil

Suizidalität

19 Formen der Selbsttötung

In der Bundesrepublik Deutschland steht seit 40 Jahren das Erhängen bei den zum Tod führenden Suizidversuchen an erster Stelle, gefolgt von Erdrosseln, Vergiftung, Ertränken, Erschießen, Überfahrenlassen, Sturz aus der Höhe, Stich und Schnitt. Die Häufigkeit der einzelnen Methoden veränderte sich allerdings durch zeitgeschichtliche Einflüsse, so z. B. durch Entgiftung von Stadtgas und Verbot von Schußwaffen. In den letzten Jahren und Jahrzehnten wurde ein deutliches Anwachsen der Suizidversuche mittels Tabletten beobachtet.

Bei der Wahl der Mittel zeigt sich auch ein geschlechtsspezifischer Unterschied; so bevorzugen Männer sogenannte „harte" Methoden wie Erhängen und Erschießen; Frauen neigen zu „weichen" Methoden wie Vergiften und Eröffnen von Pulsadern, wobei letzterem mehr ein demonstrativer Charakter zukommt. Zunehmend wird auch das Auto als Tatmittel eingesetzt.

Bei Kindern und Jugendlichen weisen die Suizidmethoden ebenfalls geschlechtsbezogene Unterschiede aus. Jungen bevorzugen mehr das Erhängen und Erdrosseln, Mädchen die Einnahme von Tabletten und Gift, aber auch das Überfahrenlassen durch Zug und U-Bahn. Bei Jugendlichen und alten Menschen beobachtet man gehäuft Paarsuizide.

Wichtigste Suizidformen sind
- Medikamentenüberdosierungen und Gifteinnahme
- Erhängen
- Pulsaderneröffnung
- Sturz in die Tiefe
- Erschießen
- Überfahrenlassen
- Suizid mit KFZ
- Stromsuizid
- Giftgasinhalation (Autoabgase)
- Selbstverbrennung
- Ertränken.

Zu unterscheiden sind **Doppelsuizid** und **erweiterter Suizid**. Bei ersterem wird der Partner mit seinem Einverständnis einbezogen, bei letzterem werden einer oder mehrere Menschen gegen ihren Willen mit in den Tod genommen.

20 Epidemiologie und Einflußfaktoren

20.1 Häufigkeit
✓

Nach Schätzungen der WHO begehen jährlich etwa eine halbe Million Menschen Suizid; in der Bundesrepublik Deutschland sterben jährlich etwa 14.000 Menschen durch Selbstmord. Dies sind 21 gelungene Suizide pro 100.000 Einwohnern. Mit anderen Worten: etwa 1,8 % aller Todesfälle sind Suizide. In der Altersgruppe zwischen 15 und 35 Jahren ist Selbstmord die zweithäufigste Todesursache.

Der prozentuale Anteil der Suizide an sämtlichen Sterbefällen in der Altersklasse von 25 bis 35 Jahren beträgt circa 18 % und in der Altersklasse zwischen 75 und 85 Jahren etwa 0,5 %.

Während Selbstmordversuche häufiger von Frauen und Jugendlichen unternommen werden, sind gelungene Suizide bei Männern und älteren Menschen häufiger.

Die Selbstmordrate ist relativ stabil, die Zahl der Versuche allerdings nahm in den letzten 10 Jahren erheblich zu und liegt um ein Vielfaches über der Selbstmordrate.

20.2 Besonders gefährdete Personengruppen
✓✓

Besonders gefährdet sind

- Menschen mit endogenen und exogenen Psychosen
- Suchtkranke
- Personen mit Trennungs- und Verlusterlebnissen
- sozial Isolierte, alte und einsame Menschen
- existentiell Bedrohte, Personen in finanzieller Notlage
- chronisch und unheilbar Kranke
- rassisch, religiös und politisch Verfolgte
- Inhaftierte
- Alleinstehende (etwa doppelt so häufig wie Verheiratete)
- Menschen mit häufigen und chronischen zwischenmenschlichen Konfliktsituationen (Ehekrisen, Differenzen am Arbeitsplatz)
- Menschen mit tiefgreifenden Veränderungen im Leben (Berentung, Übertritt in ein Altenheim, Tod des Partners).

Menschen begehen Selbstmord, um sich dem Leben in unerträglichen und unlösbar scheinenden Situationen zu entziehen. Bei Psychosen können auch Wahn und imperative Stimmen Grund für einen Suizid sein.

Bei vielen Selbstmördern wird der Suizid ohne genauen Plan durchgeführt, und in der Mehrzahl der Fälle ist eine Rettung einkalkuliert. Oft ist es Absicht des Betreffenden, die Umwelt zu alarmieren, Angehörige in Angst und Schrecken zu versetzen. Nicht immer aber ist der Appell an die Umwelt die Ursache. Auch genauestens vorgeplante und den Tod voll einkalkulierende Suizidhandlungen sind nicht selten, aber deutlich weniger häufig als Suizidhandlungen zur Alarmierung der Umwelt.

Mit zunehmendem Alter nimmt die Ernsthaftigkeit der Selbstmorde zu. Ältere und alleinstehende Menschen haben wegen der meist geringeren zwischenmenschlichen Beziehungen ein höheres Suizidrisiko. Einsamkeit stellt grundsätzlich eine erhöhte Gefährdung dar; dies gilt für Ledige, Geschiedene, Flüchtlinge, kontaktarme Menschen und Menschen nach zerbrochener Partnerschaft (Liebeskummer). Die Existenz des sogenannten *Bilanzselbstmordes,* der planmäßigen und überlegten Selbsttötung, wird heute angezweifelt, da es fraglich ist, ob ein Mensch tatsächlich die Gründe für den beabsichtigten eigenen Tod so nüchtern beurteilen kann, wie er es vielleicht bei anderen tun würde.

Süchtige verüben häufig den Suizid unter Drogen- oder Alkoholeinfluß, versuchen Hemmung und Angst vor dem Tod zu beseitigen.

Besonders gefährdet sind Personen, die von Suizid sprechen; falsch ist die Meinung, daß derjenige nicht zu Selbstmordhandlungen neigt, der über diese spricht.

Eine erhöhte Gefährdung besteht auch zu Beginn einer psychiatrischen Behandlung, vor allem, wenn mit antriebssteigernden Antidepressiva behandelt wird.

Besonders hoch ist die Selbstmordgefahr auch bei Jugendlichen in der pubertären und vorpubertären Phase, also in der Phase der Ablösung von den Eltern. Selten sind Suizidhandlungen bei kleinen Kindern und Kindern bis zum 10. Lebensjahr.

20.3 Typische psychische Krankheiten mit gehäuftem Suizid

> Aus der Vielzahl von Publikationen ist bekannt, daß *Depressionen* das Hauptrisiko in Bezug auf Suizidhandlungen darstellen. Für die Beurteilung der Suizidalität ist nicht die nosologische, sondern die phänomenologisch-syndromale Diagnose ausschlaggebend.

Statistisch (nach W. PÖLDINGER) verteilen sich die Suizidversuche auf die psychischen Erkrankungen wie folgt:

- Depressive Erkrankungen, circa 62 %
- Alkoholismus und Drogenabhängigkeit, circa 21 %
- Neurosen und Pubertätskrisen, circa 7 %
- andere psychische Störungen, circa 10 %.

Bei agitierten und angstbesetzten Depressionen ist die Gefährdung größer als bei gehemmten Depressionen, da bei letzteren die willentliche und psychomotorische Hemmung die Umsetzung einer geplanten Suizidhandlung verhindert.

20.4 Psychodynamik

Nach KASCHNIG unterscheiden sich Selbstmord und Selbstmordversuch dadurch, daß der Versuch eine „strategische Funktion" hat, um Konfliktsituationen zu lösen, während der Selbstmord hingegen nur dann durchgeführt wird, wenn der „soziale Tod" bereits eingetreten ist. Allerdings gibt es hier fließende Übergänge. In der Regel entwickelt sich der Gedanke an eine Selbsttötung bis zur Ausführung der Tat nicht von heute auf morgen, abgesehen von Kurzschlußhandlungen. Es können Tage, ja Monate und Jahre über eine derartige präsuizidale Entwicklung vergehen. Der Verlauf läßt sich folgendermaßen darstellen:

I Erwägung
- Psychodynamische Faktoren (Aggressionshemmung und soziale Isolierung)
- Suggestive Momente (Suizide in der Familie und Umgebung, Pressemeldungen, Literatur und Film)

II Ambivalenz
Direkte Suizidankündigung (Hilferuf als Ventilfunktion, Kontaktsuche)

III Entschluß
Indirekte Suizidankündigung (Vorbereitungshandlungen, „Ruhe vor dem Sturm")

Im Stadium I wird der Suizid als mögliche Problemlösung betrachtet. Dabei spielen sowohl *suggestive Momente* als auch *nach innen gerichtete Aggressionen* eine große Rolle. In der Folge kommt es zum Kampf zwischen selbsterhaltenden und selbstzerstörerischen Kräften. In dieser Situation deutet der Suizident den Selbstmord an. Diese Appelle, die das Stadium II der suizidalen Entwicklung kennzeichnen, sind als Hilferuf zu verstehen. Im Stadium III kommt es zum Entschluß. Auffällig ist die Beruhigung, die Ruhe vor dem Sturm. Diese Phase wird oft falsch gedeutet; es wird angenommen, daß die Krise und damit die Gefahr vorbei sei.

21 Prophylaxe suizidaler Handlungen

21.1 Hinweise auf Suizidgefahr

> Aktuelle Hinweise auf eine bestehende Suizidgefahr sind
>
> - schwere depressive Verstimmungen
> - vorangegangene Suizidversuche
> - direkte und indirekte Suiziddrohungen
> - konkrete Vorstellungen über Durchführung und Vorbereitung
> - gelegentlich rasche unerwartete Besserung einer Depression und scheinbare Beseitigung suizidaler Tendenzen.

Aus Mimik und Gestik ist mitunter mehr zu entnehmen als aus Worten. Von erheblicher Bedeutung ist die **Verhaltensbeobachtung** durch Ärzte und Krankenpflegepersonal, die den Patienten nicht täglich sehen; denn wer den Patienten in Abstand von mehreren Tagen sieht, registriert sein Anderssein weitaus alarmierender und drastischer. Die Kenntnis des sogenannten **präsuizidalen Syndroms nach Ringel** (siehe 21.2) genügt in der Regel nicht, um eine drohende Suizidgefahr sicher zu beurteilen. Wenn aber bei einem Menschen Einengung, gehemmte Aggression und der Wunsch nach Flucht in die Unwirklichkeit sichtbar werden, deutet dies auf Selbstmordabsichten hin.

Die Scheu des Therapeuten und Arztes, das Thema zu berühren, erschwert das Urteil; doch gerade das Ansprechen einer möglichen Suizidalität ist von erheblicher Bedeutung für die Beurteilung einer Suizidalität.

Wertvolle Hinweise liefern gezielte Fragen, die in einem Fragenkatalog nach PÖLDINGER zusammengestellt und damit auswertbar sind:

- Dachten Sie in letzter Zeit an Selbstmord?
- Haben sich Ihnen diese Gedanken aufgedrängt, ohne es zu wollen?
- Hatten Sie konkrete Ausführungspläne?
- Haben Sie schon einmal einen Selbstmordversuch unternommen?
- Hat in Ihrem Bekannten- oder Familienkreis jemand versucht, sich zu suizidieren?

- Fällt es Ihnen schwer, an etwas anderes zu denken?
- Halten Sie Ihre Situation für aussichts- und hoffnungslos?
- Haben Sie deutlich weniger mitmenschliche Kontakte als früher?
- Interessieren Sie sich noch für Beruf und Hobbies?
- Haben Sie jemand, mit dem Sie offen sprechen können?
- Wohnen Sie allein oder mit Bekannten oder Verwandten?
- Fühlen Sie sich durch erhebliche familiäre oder berufliche Verpflichtungen belastet?
- Fühlen Sie sich in einer religiösen bzw. weltanschaulichen Gemeinschaft verwurzelt?
- Können Sie Aggressionen zeigen, können Sie hassen?

21.2 Präsuizidales Syndrom nach RINGEL

Aus einer Vielzahl von Beobachtungen bei Suizidpatienten arbeitete RINGEL das **präsuizidale Syndrom** heraus, das sich unabhängig von der psychiatrischen Diagnose zur Beurteilung der Suizidalität bewährt hat. Dieses Syndrom, das in jedem Fall auf einen psycho-pathologischen Zustand hinweist, baut sich aus drei großen Symptomenbereichen auf:

- Einengung
- gehemmte und auf die eigene Person gerichtete Aggression
- Selbstmord- und Todesphantasien.

Die Einengungen lassen sich in vier Bereiche unterteilen: situativ, dynamisch, zwischenmenschlich und wertspezifisch.

Bei der **situativen Einengung** fühlt man sich durch schwierige Lebensumstände (objektiv oder subjektiv) überwältigt, ohnmächtig, bedroht und hilflos. Man hat das Gefühl, in eine Sackgasse geraten zu sein. Unter der **dynamischen Einengung** versteht RINGEL, daß sich die Gefühle des Menschen in eine bestimmte Richtung bewegen, nämlich in die Richtung der Depression, der Verzweiflung, der Hoffnungslosigkeit. Die sonst vorhandenen Gegenregulationsmechanismen versagen. Die **Einengung in zwischenmenschlicher Hinsicht** entspricht dem Sachverhalt, daß der Betroffene ein vereinsamter Mensch ist. Dabei erstreckt sich das Erscheinungsbild dieser sozialen Isolierung vom alten Menschen, der keine Kommunikation mehr hat, bis hin zu Personen mit anscheinend guten sozialen Beziehungen, die jedoch nur äußerlichen Kontakten ohne tragfähige Basis entsprechen. Die **Einengung der Wertwelt** beruht auf einer Reduktion des Selbstwertgefühls. Diese Menschen glauben nicht an die Wichtigkeit ihrer Existenz. Der Sinn des Lebens wird in Frage gestellt.

Der zweite Baustein des präsuizidalen Syndroms beschreibt eine spezifische Art der **Aggression**. So ist der Selbstmordgefährdete nicht in der Lage, seine Aggressionen nach außen abzureagieren, sondern richtet sie in ohnmächtiger Wut gegen die eigene Person. Zwar wird die eigene Person getroffen; zugleich findet aber auch eine Rachetendenz an anderen ihre Befriedigung.

Den letzten Baustein des Syndroms stellen Selbstmordphantasien dar. Dabei flüchtet sich der Mensch aus einem unerträglich empfundenen Dasein ins Phantasieren: Er möchte tot sein und spielt mit Selbstmordgedanken, macht sich aber auch konkrete Gedanken über die Ausführung.

21.3 Wichtige Maßnahmen zur Suizidverhinderung ✓

Suizidhandlungen sind meist überraschende Handlungen, und es ist oftmals nicht möglich, noch rechtzeitig zu intervenieren. Viele Selbstmörder kündigen ihre Absicht an, häufig aber nur versteckt, so daß Andeutungen zu spät erkannt werden. Vorausgegangene Suizidversuche sind ein ernster Hinweis auf eine erhöhte Suizidgefährdung.

> Dem Suizidalen stehen verschiedene Instanzen zur Verfügung:
> - der Hausarzt
> - die Telefonseelsorge
> - der Psychiater oder Nervenarzt
> - der Seelsorger.

Über die Hälfte der Suizidgefährdeten suchen drei bis vier Wochen vor der Tat einen Arzt auf, weshalb dem Arzt eine Schlüsselstellung bei der Suizidprophylaxe zukommt. Der Suizidgefährdete muß die Gelegenheit haben, sich über das auszusprechen, was ihn bewegt. Nahe Bezugspersonen sollten mit in das Vorgehen einbezogen werden, da der Patient in der kritischen Zeit nicht allein gelassen werden soll.

Auch sollte der Arzt mit dem Suizidgefährdeten einen Pakt abschließen, in welchem dieser per Handschlag und Ehrenwort verpflichtet wird, über einen gewissen Zeitraum hinweg, also z. B. bis zur nächsten Konsultation, nicht Hand an sich zu legen.

In Fällen akuter Suizidalität ist eine stationäre Einweisung erforderlich, unter Umständen auch eine Zwangseinweisung. Gelegenheit zur Entlastung durch ein Gespräch bietet die Telefonseelsorge (bundesweit einheitliche Telefonnummer 111–01/02).

Was man als Arzt beachten sollte

- Selbstmordgedanken immer hinterfragen
- Drohungen ernst nehmen
- Vorsicht, wenn Alkohol im Spiel ist
- Familienmitglieder und Freunde des Betroffenen als Verbündete im Sinne für den Patienten gewinnen
- auf verschlüsselte Andeutungen achten
- Vorsicht, wenn ein Suizidgefährdeter keinen neuen Termin vereinbaren will
- Mißtrauen hegen bei allen Unfällen, hinter denen sich ein Suizidversuch verbergen könnte
- auch demonstrative Suizidversuche sind ernstzunehmen
- an den Imitationseffekt nach einem Suizid denken und besonders wachsam sein
- Vorsicht bei der Verschreibung von Medikamenten (nur kleinste Packungen)
- auch Suizidäußerungen von Kindern ernstnehmen, zumal sie im Zunehmen begriffen sind.

Was man als Arzt vermeiden sollte

- dem Trugschluß verfallen, daß bestimmte Formen von Suizidversuchen mehr oder weniger große Gefährdung bedeuten
- Anhaltspunkte nach mißglücktem Suizid geben, warum die Selbsttötung mißlungen ist
- feindliche Haltung einnehmen und den Richter spielen
- bei Patienten nach Suizidversuch Zeitmangel und Eile vorgeben
- sich Illusionen machen, daß es eine sichere Suizidprophylaxe gibt
- bei Suizidgefährdeten Medikamente in größeren Dosen verschreiben (immer kleinste Packungsgröße wählen!)
- einem Suizidalen Vorwürfe zu machen (auch Angehörige hierauf aufmerksam machen, da dies die Suizidbereitschaft deutlich erhöhen kann).

22 Therapeutisches Handeln nach Suizidversuchen

22.1 Gezielte therapeutische Maßnahmen kurz nach dem Suizidversuch

Die Therapie nach Suizidhandlungen besteht aus zwei Teilen:

- Akutbehandlung (Reanimation, Entgiftung in speziellen Abteilungen von Allgemeinkrankenhäusern und psychiatrischen Kliniken, Krisenintervention in psychiatrischen Abteilungen)
- Nachbehandlung (stationäre und ambulante Psychotherapie, Soziotherapie, Familientherapie, Gruppentherapie, Selbsthilfegruppen, Beratungsstellen, soziale Hilfestellung).

Durch Intensivpflegeeinheiten, die Erfahrungen mit Suizidpatienten haben, konnte die Mortalität bei Arzneimittelintoxikationen auf unter 1 % gesenkt werden.

Die Selbstmordhandlung birgt in sich eine eigene Dynamik, die die Lebenssituation positiv verändern kann. Die *kathartische Funktion* des Suizidversuchs bedeutet eine affektive Entladung und damit eine Entlastung. Das *wiedergeschenkte Leben* wird meist als Gottesurteil erlebt, als eine schicksalhafte Fügung, die akzeptiert wird. Auch ist der Appell an die Umwelt meist erfolgreich; der Betreffende erfährt mehr Zuwendung aus der Umgebung mit der Folge einer Änderung der früheren Lebenssituation.

Der Arzt und Psychologe sollte im Rahmen der Krisenintervention eine tragfähige Bindung herstellen und den Suizidpatienten einladen, bei ähnlichen verzweifelten Situationen in Zukunft freiwillig wiederzukommen, selbst wenn erfahrungsgemäß dieses Angebot nur relativ selten genutzt wird.

Grundsätzlich ist es von vorrangiger Bedeutung, die dem Suizidversuch zugrundeliegende Erkrankung (z. B. eine Psychose) sofort zu behandeln. Bei weiterbestehender Suizidgefahr können simultan zur Antidepressivatherapie auch dämpfende Neuroleptika oder Benzodiazepine solange gegeben werden, bis die eigentliche stimmungsaufhellende, antidepressive Wirkung einsetzt.

22.2 Abschätzung des Wiederholungsrisikos

Besonders stark gefährdet sind Patienten, die sich auch nach dem Suizidversuch nicht besser oder gar schlechter fühlen. Dann ist längerfristige stationäre Behandlung unter Überwachung angezeigt. Weniger gefährdet sind solche Patienten, die ihre Handlung bedauern, sich schämen oder das Überleben als Schicksalsfügung ansehen.

Um das Risiko richtig einschätzen zu können, ist von großer Bedeutung

- die diagnostische Klärung und Analyse der Vorgeschichte
- die Analyse der Vorbereitung
- die Analyse der Methode und der Durchführung
- die Analyse der Reaktion des Patienten und seiner Umgebung
- die Analyse des Motivs.

Entscheidend ist die Frage, ob der Selbsttötungsversuch geplant oder impulsiv unternommen wurde, ob allein oder in Anwesenheit anderer Personen. Wichtig ist auch die Klärung der Frage, ob rechtzeitige Entdeckung sichergestellt oder zufällig war.

22.3 Therapeutische Maßnahmen auf längere Sicht

Wichtig ist die Unterstützung des Betreffenden auch nach Entlassung aus der Klinik; hier ist vor allem an eine fortgesetzte ambulante Psychotherapie und an soziale Hilfestellungen zu denken.

Die kathartische und entlastende Wirkung des Suizidversuchs und die neue Lebensmotivation sollten durch eine psychotherapeutische, tiefenpsychologisch orientierte Krisenintervention gefördert werden. Bei bindungsschwachen Menschen ist Gruppentherapie besonders geeignet, die Katharsis zu fördern.

Es ist nicht sinnvoll, in den Monaten nach dem Suizidversuch die Suizidhandlung totzuschweigen und nicht mehr anzusprechen. Vielmehr sollte sie in die folgende längerfristige Therapie dosiert mit eingebaut werden. Aus dem umfassenden Charakter des Suizidproblems ergeben sich Anhaltspunkte für eine wirksame Nachbetreuung selbstmordgefährdeter Patienten. Der Erfolg der Nachbetreuung darf nicht nur allein an der Vermeidung neuer suizidaler Handlungen gemessen werden. So erscheint es notwendig, den sozialen Bereich, in dem sich letztlich das Leben des Menschen abspielt, als wesentliches Kriterium für die Entwicklung suizidaler Menschen schwerpunktmäßig zu erfassen.

Fünfter Teil

Psychotherapeutische Verfahren

23 Übersicht über die psychotherapeutischen Verfahren und Definition

Psychotherapie fand ihren Eingang als Fachdisziplin in die Medizin erst, als das Interesse an psychotherapeutischen Dienstleistungen zunahm, also Anfang der 50er Jahre. Der Einzug in die Medizin hatte aber zur Folge, daß die Psychotherapie unter den Druck gesetzt wurde, ihre therapeutischen Grundlagen und Möglichkeiten wissenschaftlich zu klären und ihren Standort in der ärztlichen Versorgung zu bestimmen.

Psychotherapie ist Grundlage jeder psychiatrischen und eigentlich jeder ärztlichen Therapie. Wenn man sich aus historischer Sicht der Frage nähert, was Psychotherapie überhaupt darstellt, so muß man erkennen, daß Ansätze der Psychotherapie in autoritativen Behandlungsmethoden liegen, die heute unter dem Begriff der suggestiven Behandlungsverfahren zusammengefaßt werden (z.B. Hypnose).

Letztlich war das erste Paradigma in der Psychotherapie die Formulierung der Psychoanalyse durch S. Freud. Aber nicht nur die psychoanalytische Entwicklungslinie, sondern auch die Verhaltenstherapie, die sich aus dem Behaviorismus und der Reflexologie entwickelte, war mit Wegbereiter. Dabei ist die Verhaltenstherapie, im Gegensatz zur Psychoanalyse, weder an die Theorien über Persönlichkeitsentwicklung, interseelische Konflikte und seelische Krankheiten gebunden, sondern beschränkt sich lediglich auf die Anwendung experimentell ermittelten Wissens über Lernvorgänge bei der Behandlung psychischer Störungen und Krankheiten.

Anfang der 50er Jahre entwickelten sich dann eigene psychotherapeutische Behandlungskonzepte, wie die vom Psychoanalytiker Rogers entwickelte wissenschaftliche Gesprächspsychotherapie, die verschiedenen erlebnisorientierten Therapien (z.B. Gestalttherapie) sowie die an der Kommunikationswissenschaft unter Systemforschung orientierten Psychotherapien (z.B. nach Watzlawik).

Eine Definition für Psychotherapie zu finden ist schwer wegen der vielen verschiedenen Therapieformen. Grundsätzlich handelt es sich bei Psychotherapie um einen bewußten und interaktionellen Prozeß zur Beeinflussung von Verhaltensstörungen und Leidenszuständen mit psychologischen Mitteln, verbal oder averbal, in Richtung auf ein definiertes, nach Möglichkeit gemeinsam erarbeitetes Ziel (z.B. Symptomänderung, Symptombeseitigung, Strukturänderung der Persönlichkeit) mittels lehrbarer Techniken auf der Basis einer Theorie des normalen und pathologischen Verhaltens. Dabei stützt sich Psychotherapie sowohl auf die Sprache als auch auf die Gestik des Therapeuten und bemüht sich um eine veränderte Haltung und Erfahrung des Patienten. Der Gegenstandskatalog für Mediziner gibt folgende **Definition**: „Psychotherapie ist das methodische Handhaben psychologischer Verfahren auf emotionaler, kognitiver und verhaltensbezogener Ebene zur Therapie von psychischen oder psycho-somatischen Störungen oder Bearbeitung von Lebensproblemen.

Man unterscheidet
- einfache Intervention
- psychoanalytische Verfahren
- klientzentrierte Verfahren (Gesprächspsychotherapie)
- tiefenpsychologisch orientierte Verfahren
- Verhaltenstherapie
- suggestive Verfahren
- Gruppenpsychotherapie
- soziotherapeutische Techniken (Familientherapie, Paartherapie).

24 Psychoanalytische Verfahren

24.1 Ziel, Wesen, Definition ✓✓✓ und Begriffe

Allen Varianten der „klassischen" Technik FREUDS ist das tiefenpsychologische Vorgehen gemeinsam (Erinnern, Wiedererleben, Verarbeiten). Ziel ist die *Konfliktaufdeckung* und *Konfliktbearbeitung* durch Introspektion und Deutung unbewußter Vorgänge unter besonderer Beachtung der Beziehung zum Analytiker. Der Patient soll bis dahin unbewußte Persönlichkeitsanteile kennenlernen und in seine eigene Gefühls- und Wunschwelt Einblick gewinnen. Dabei beschränkt sich die Psychoanalyse nicht nur auf die Bearbeitung frühkindlicher Konflikte.

Das Gespräch zwischen Therapeut und Patient unterscheidet sich vom konventionellen Gespräch und der üblichen Arzt-Patienten-Unterredung grundlegend. Psychoanalyse ist eine spezielle Technik, die darauf abzielt, in das Unbewußte verdrängte Erlebnisse in die freie Verfügung des Ich's zurückzubringen und überstarke Über-Ich-Forderungen zu reduzieren. Sowohl über freie Assoziationen als auch über Verhalten und Fehlhandlungen, aber auch über Träume kann Zugang zum Unbewußten erreicht werden.

Es gilt die Grundregel, den Patienten anzuhalten, sich seinen spontanen Einfällen hinzugeben und all das mitzuteilen, was er denkt, fühlt und empfindet oder ihm plötzlich in den Sinn kommt. Der Analytiker folgt dem freien Assoziieren des Patienten aufmerksam, bleibt aber im allgemeinen passiv; er ist gewissermaßen Katalysator, der die Gedankenassoziationen in Gang bringt, ohne aktiv einzugreifen.

Die psychoanalytische Diagnostik verwertet Informationen aus folgenden Quellen
- objektive, d. h. prinzipiell nachprüfbare Informationen
- subjektive Situations- und Erlebnisschilderung des Patienten
- Gegenübertragungsgefühle des Analytikers
- Reaktion des Patienten auf Probedeutungen des Analytikers.

In der Regel setzt der Patient dem Wiederbewußtwerden verdrängter Erlebnisinhalte und

Impulse im neurotischen Geschehen *Widerstand* entgegen. Daneben existieren weitere individuelle Abwehrmechanismen, die in der individuellen Persönlichkeitsstruktur des Patienten ihre Ursache haben. Hauptaufgabe analytischen Vorgehens ist die Analyse der Widerstände. Widerstand kann sich beispielsweise dadurch äußern, daß der Patient der Analysesitzung fernbleibt oder zu spät kommt.

Früheres Verhalten wird in der *Übertragung* wiederholt; man spricht von Übertragungsneurose. So kann es sich z. B. um eine „Neuauflage" der Vater- oder Mutterbeziehung handeln. Im weiteren Sinne bedeutet Übertragung das Ausrichten von Gefühlsregungen auf einen anderen Menschen. Unter „Übertragungsneurose" versteht man eine Wiederholung der infantilen Neurose innerhalb der psychoanalytischen Behandlung. Durch Übertragung wird es dem Patienten möglich, frühere ungelöste Konflikte erneut aufzugreifen, nachzuerleben, mit dem Analytiker durchzuarbeiten und in positiver Weise zu lösen.

Es besteht aber auch die Möglichkeit, daß der Therapeut in seiner Beziehung zum Patienten ebenso reagieren kann, wie dieser ihm gegenüber. Man spricht hier von *Gegenübertragung*. Bleibt diese unkontrolliert, so kann sie die Behandlung erheblich stören. Wie die Übertragung bedarf die Gegenübertragung einer Analyse in Form einer Selbstanalyse oder Kontrollanalyse durch einen erfahrenen Analytiker. Unbewußte und unkontrollierte Gegenübertragung kann sich sehr ungünstig für den Patienten auswirken.

Gegenübertragung kann bedeuten
- Übertragung von einem Behandler auf einen Patienten (im engsten Sinn)
- gezielte Reaktion eines Menschen auf eine ihm entgegengebrachte Übertragung (sog. Reziprok-Übertragung)
- persönlichkeitseigene Tendenz des Therapeuten oder Arztes, bestimmte oder die meisten seiner Patienten in einer bestimmten Weise und Form zu sehen („alles Spinner")
- sämtliche Wahrnehmungen, Gefühle, Phantasien, Erwartungen usw., die ein Behandler seinem Patienten entgegenbringt.

Übertragungsanalyse und *Widerstandsanalyse* kommen hauptsächlich auf dem Wege der *Deutung* zustande. Scheinbar Sinnloses wird wieder sinnvoll, Unklares wird geklärt, Fremdes vertraut und Unbeachtetes oder Liegengebliebenes erhält plötzlich einen neuen und dynamischen Bewegungsgehalt.

Nicht beabsichtigtes Versprechen und ungewollt fehlerhaftes Verhalten werden aus analytischer Sicht als *Fehlleistung* bezeichnet.

24.2 Charakteristische Techniken und Varianten

Aus der Psychoanalyse hervorgegangen ist die **tiefenpsychologisch orientierte Psychotherapie**, die sich von der Psychoanalyse vor allem darin unterscheidet, daß keine Übertragungsneurose mehr angestrebt wird. Übertragungsphänomene werden nur dann bearbeitet, wenn sie zu einer Fehleinschätzung der realen Lebenssituation führen. Die soziale Komponente steht bei der tiefenpsychologisch orientierten Psychotherapie im Vordergrund; außerdem ist sie von kürzerer Dauer, was sich durch einen weitgehenden Verzicht auf Regression und Übertragungsneurose ergibt.

Die **Behandlungsfrequenz** der klassischen Psychoanalyse beträgt 3–5 Stunden pro Woche, die der tiefenpsychologisch orientierten Therapie 1–3 Stunden pro Woche. Eine Psychoanalyse erstreckt sich über Jahre und wird selten unter 200 Stunden beendet sein.

Bei der tiefenpsychologisch orientierten Psychotherapie sitzen sich Patient und Therapeut zur Vermeidung der Regression gegenüber, bei der Psychoanalyse liegt der Patient, während der Therapeut am Kopfende hinter ihm sitzt.

Die **Behandlungsregeln** der klassischen Psychoanalyse:

- Behandlungsfrequenz 3–5 Wochenstunden zu je 50 Minuten
- Patient liegt, Therapeut sitzt am Kopfende
- Behandlung muß freiwillig sein
- Patient soll alles erzählen, was ihm einfällt
- Patient darf mit Außenstehenden nicht über die Analyse sprechen
- Während der Analyse sollten keine lebenswichtigen Entscheidungen getroffen werden.
- Übertragungsneurose soll hergestellt werden und Analytiker deutet Übertragung und Widerstand
- keine Beratung durch den Therapeuten in lebenswichtigen Entscheidungen.

In der Theorie der Behandlungstechnik der Psychoanalyse sind folgende Maßnahmen wichtig:

- Klären (Herausarbeiten der Problematik in Lebenssituationen)
- Durcharbeiten (gewonnene Einsichten wiederholen und ausformen)
- Konfrontation (Aufzeigen von Vermeidungen, Widersprüchen usw.)
- Deutung (unbewußte Quellen des Erlebens bewußtmachen).

Sonderformen und Varianten

- tiefenpsychologisch orientierte Psychotherapie
- Fokaltherapie (maximal 50 Sitzungen, eine Stunde pro Woche; auch konfliktzentrierte Psychotherapie genannt)
- Neopsychoanalyse (zwei Richtungen, von Freud's Thesen ausgehend)
- analytische Psychologie nach C.G. Jung
- Individualpsychologie nach A. Adler.

24.3 Indikationsstellung und Prognose

Indikationen für eine klassische Psychoanalyse oder verwandte Verfahren

- chronifizierte (bis 10 Jahre) und aktuelle Neurosen
- charakterneurotisch fixierte Neurosen
- psychosomatische Erkrankungen
- Phobien.

Nachteilig sind die lange Dauer und die damit verbundenen hohen Kosten der Psychoanalyse, ferner die geringe Zahl gut ausgebildeter Psychoanalytiker.

Ungünstige Voraussetzungen für eine Psychoanalyse

- schwache asthenische Persönlichkeiten
- chronifizierte Neurosen von über 10 Jahren Dauer
- sexuelle Perversionen
- unstete, süchtige und verwahrloste Persönlichkeiten
- schwere endogene Psychosen
- geringer Leidensdruck.

Indikationen für tiefenpsychologisch orientierte Verfahren

- akute Konflikte, Ängste und depressive Reaktionen
- Panikzustände und Katastrophenreaktionen
- Suizidgefährdung und Zeit nach Suizidversuch
- Lebenskrisen mit neurotischem Hintergrund
- Die Prognose ist in jedem Fall ungünstig, wenn der Patient sich nicht völlig freiwillig in Therapie begibt, sondern von Angehörigen und Ärzten hierzu gedrängt wird. Eine unterstützende Mitarbeit von Angehörigen ist bei der Psychoanalyse im Gegensatz zu den Kurztherapien unerwünscht.

Eine Erhebung des Zentralinstituts für psychogene Erkrankungen der AOK Berlin aus dem Jahre 1985 ergab eine gute bis sehr gute Besserung bei psychoanalytischer Therapie nach etwa 200 Einzelsitzungen bei etwa 38 % der Patienten. Bei 25 % war die Besserung befriedigend bis zufriedenstellend. Die unbehandelte Kontrollgruppe schnitt deutlich schlechter ab.

25 Klientzentrierte Psychotherapie

25.1 Ziel, Wesen und Definition

Schöpfer dieser sogenannten Gesprächspsychotherapie oder auch nicht-direktiv genannten Therapieform ist der amerikanische Psychologe ROGERS. Diese Therapieform ist auf den Patienten und nicht auf die Krankheit oder Symptomatik bezogen. Ärztlich-psychotherapeutische Gespräche, tiefenpsychologisch orientierte Kurzpsychotherapien und diese Therapieform haben wesentliche Gemeinsamkeiten.

Charakteristisches Merkmal dieser Therapieform ist der Arzt-Patient-Dialog, der durchaus sehr unterschiedliche Formen annehmen kann.

Wichtig ist die unbedingte emotional positive Zuwendung und Annahme des Patienten, „Echtheit" und empathisches Verstehen. Nur wenige Regeln bestimmen das praktische Vorgehen: Alles, was der Patient über sein Erleben und Verhalten berichtet, wiederholt der Therapeut, formuliert dies möglichst genau, präzisiert das Gesagte durch sprachliche Verdeutlichung, ohne jedoch in Form von Deutungen Interventionen vorzunehmen. Es wird damit versucht, den Patienten zur Selbstexploration zu bewegen, damit er den emotionalen Gehalt seiner Erlebnisse zu erkennen vermag.

Hauptziele sind
- Unterstützung der Selbstentfaltungstendenz und Förderung emotionaler Sicherheit
- Förderung von Flexibilität im Denken und Verhalten
- Entwicklung von Verhaltensalternativen zur Situationsveränderung des Patienten nach seinen Zielen und durch ihn selbst
- Förderung von Bereitschaft und Fähigkeit zur Aufnahme und Gestaltung sozialer Beziehungen
- Förderung der Fähigkeit, Konflikte und Probleme zu verarbeiten.

25.2 Techniken und deren Indikationen ✓

Hinsichtlich der Technik gibt es nur wenige Regeln
- Der Therapeut wiederholt alles, was der Patient über sein Erleben und sein Verhalten erzählt und versucht, dies zu präzisieren und zu verdeutlichen ohne zu deuten
- Der Therapeut regt zur Selbstexploration an
- Diese Therapieform umfaßt in der Regel 4–20 Gespräche von je 45 Minuten Dauer.

ROGERS selbst hält die Technik für verhältnismäßig unwichtig; viel wichtiger erscheint ihm die menschliche Zuwendung und Einfühlung des Therapeuten.

Anwendung findet dieses Verfahren bei
- psychoneurotischen Persönlichkeitsstörungen
- Kriseninterventionen
- aktuellen Konflikten (beruflich, sexuell, partnerschaftlich)
- Anpassungsschwierigkeiten
- Selbstwertproblematik
- allgemeiner Ängstlichkeit und Unsicherheit.

Für Patienten, die im klinischen Sinne als krank gelten, ist die klientzentrierte Psychotherapie nicht das geeignete Behandlungsverfahren.

26 Verhaltenstherapie

26.1 Ziel, Wesen und Definition

Die Verhaltenstherapie entwickelte sich aus Experimenten und Theorien der Lernpsychologie der letzten 30 Jahre. Vor allem die an Tieren gewonnenen lernpsychologischen Erkenntnisse versuchte man sich nutzbar zu machen.

Verhaltenstherapie sieht Verhaltensstörungen als gelerntes Fehlverhalten im Sinne einer Konditionierung an, und neurotisches und anderweitig psychopathologisches Verhalten wird als fehlerhaft angepaßtes, erlerntes Verhalten betrachtet.

Folgende lerntheoretische Grundbegriffe sind von Bedeutung
- klassische Konditionierung
- operante Konditionierung
  (Lernen am Erfolg)
- Imitation (Lernen am Modell).

Verhaltensmodifikation wird erreicht durch Anwendung klassischen und/oder operanten Konditionierens.

An die Stelle fehlerhafter Verhaltensweisen sollen neue erwünschte Verhaltensweisen treten. Verhaltenstherapie orientiert sich an Modellvorstellungen der Neurophysiologie, der Kybernetik, der Lerntheorien und vor allem an experimentell erhobenen Befunden. Wichtigstes methodisches Prinzip ist das *Konditionieren*.

26.2 Techniken und deren Indikation

 Das Prinzip der Verhaltensänderung ist immer das Einüben oder Löschen von bedingten Reflexen.

Wichtigste verhaltenstherapeutische und nach diesem Prinzip aufgebaute Methoden sind

- Desensibilisierung
- Selbstbehauptungstraining
  (Self-Assertive-Training)
- operantes Konditionieren
- Aversionstherapie (negatives Üben)

- Biofeedback
- Kontakttraining.

Die **systematische Desensibilisierung** findet Anwendung bei Phobien. Der Patient soll sich in entspanntem Zustand die ihm geläufigen Angstreize vorstellen, wobei diese in ihrer Intensität abgestuft sind. Die angstauslösenden Reize und Situationen listet man in der Folge ihrer Stärke der Wirkung auf (sog. **Angsthierarchie**). Bei gelungener Entspannung kommt es zur Hemmung der Angstreaktion, da Angst und Entspannung zwei Reaktionen darstellen, die miteinander nicht vereinbar sind. Wichtig ist eine ausreichende Kooperationsbereitschaft des Patienten.

Beim **Selbstbehauptungstraining** werden soziale Ängste geschwächt oder beseitigt und ein soziales Verhalten stufenweise aufgebaut. Die Durchführung erfolgt u. a. mittels Rollenspiel in Gruppen, wobei emotionales Sprechen, Widersprechen, expressives Sprechen, Angreifen und der häufige Gebrauch des Wortes „ich" sowie allgemeine Spontaneität erlernt werden sollen.

Bei chronisch Schizophrenen mit Verhaltensstörungen und Autismus findet das **operante Konditionieren** Anwendung. Erwünschte Verhaltensweisen werden nach dem Prinzip der Verstärkung belohnt. Zu dieser Methode gehört auch das **Tauschpfand-System (token-economy)**; dieses arbeitet mit systematischen Verstärkungen.

Die **Aversionstherapie** findet Anwendung bei Tics, Stottern und süchtigem Verhalten (z. B. Alkoholismus). Süchtiges und abartiges Verhalten wird mit sogenannten Aversivreizen gekoppelt. Die „Bestrafungen" führen dann zu einer Aversion gegen das ursprüngliche Verhalten. Eine typische Aversionstherapie ist die Einnahme von Antabus® bei Alkoholikern. Meist findet die Aversionstherapie Anwendung zusammen mit anderen verhaltenstherapeutischen Verfahren.

27 Suggestive Verfahren

27.1 Wichtige Formen und Indikation

Bei Suggestion sind Einsicht und Kritik ausgeschaltet; die emotionalen „Tiefenschichten" werden direkt angesprochen. Beeinflußt wird das ES, das ICH bleibt unberührt. Suggestive Techniken arbeiten mit der bewußt eingesetzten direkten oder indirekten Beeinflussung der Vorstellungen des Patienten. Suggestion ist eigentlich legitimer, ja sogar wichtiger Bestandteil der ärztlichen Behandlungsformen. Auf Suggestion beruht auch der **Plazebo-Effekt**, der zu Fehlbeurteilungen von Medikamenten führen kann.

> Suggestion kann auch *gezielt* eingesetzt werden. Bei suggestiven Therapieformen ist Suggestion Hauptbestandteil der Therapie. Zu den gebräuchlichsten suggestiven Verfahren gehören
>
> - Fremdhypnose
> - Autohypnose (autogenes Training)
> - progressive Relaxation (nach JAKOBSEN).

27.1.1 Fremdhypnose

Die Bewußtseinsveränderung bei Fremdhypnose gleicht dem Dämmerzustand. Gegenüber der Wachsuggestion handelt es sich bei Fremdhypnose um eine Suggestion bei veränderter Bewußtseinslage. Anwendung findet dieses Verfahren noch bei einfachen Schlafstörungen, Tics, Schmerzsyndromen, Schreibkrämpfen sowie bei konversionsneurotischen Symptomen. Kontraindikation besteht bei Psychosen.

Von allen Psychotherapieverfahren sind ärztliche Führungsintensität und Patientenabhängigkeit bei Hypnose am stärksten ausgeprägt.

27.1.2 Autogenes Training

Dieses von J.H. SCHULZ entwickelte Verfahren dient der konzentrativen Selbstentspannung mit einer Minimalisierung der Abhängigkeit vom Arzt. Die Aktion des Arztes beschränkt sich auf die Einübung der autohypnotischen Techniken.

Indiziert ist das Verfahren zur allgemeinen Ruhigstellung, zur Entspannung sowie bei akuten und chronischen Schmerzen und bei psychovegetativen Syndromen.

27.1.3 Progressive Relaxation

Auch hier handelt es sich um ein suggestives Verfahren. Der Patient selbst ist aktiv und erlernt das Verfahren vom Arzt. In der ersten Phase lernt der Patient, die Empfindung bei Muskelanspannung und in der zweiten Phase den Übergang von der Anspannung zur Entspannung zu vollziehen. Er muß verschiedene Muskelgruppen nacheinander anspannen und entspannen. Bekannteste Methode ist die progressive Muskelrelaxation nach JACOBSON. Weitere Verfahren sind die aktive Tonusregulierung nach STOKVIS, die gestufte Aktivhypnose von KRETSCHMER und LANGEN sowie die Entspannungsübungen zur Geburtserleichterung nach DICK-READ.

28 Führende und stützende Psychotherapie auf längere Sicht

Psychotherapie ist meist über Monate und Psychoanalyse über Jahre hinweg notwendig. Eine führende und stützende Psychotherapie auf längere Sicht ist eine langfristige *Kontakttherapie* mit konfliktbearbeitendem, stützendem (supportivem) Vorgehen auch unter Berücksichtigung soziotherapeutischer Maßnahmen. Von erheblicher Bedeutung ist dabei der langfristige Arzt-Patienten-Kontakt.

Führende und stützende Psychotherapie ist auf lange Sicht nur dann sinnvoll, wenn entsprechende Kriterien erfüllt sind:

- langfristiger, guter Arzt-Patienten-Kontakt
- Arbeitsplatzbeschaffung
- Wohnraumbeschaffung
- Kontakt des Arztes zur Familie
- Kontakte zu Reha-Institutionen (z. B. Caritas)
- Nutzung von Selbsthilfeorganisationen und Arbeitsgruppen
- evtentuell Pharmaka-Langzeittherapie.

Auf langfristige psychotherapeutische Führung und Stützung angewiesen sind vorrangig depressiv strukturierte Persönlichkeiten, asthenische Menschen, Süchtige, Patienten mit stark fixierter neurotischer Fehlhaltung und Patienten mit Residualzuständen nach Psychosen. Wichtig ist es dabei, das richtige Maß zwischen Engagement und Distanz zu finden und alles zu unternehmen, was der Stützung und Entlastung dienlich ist.

Vermieden werden muß eine neue Abhängigkeit und Bevormundung des Patienten ebenso wie eine Überforderung des Therapeuten. Führende und stützende Psychotherapie auf längere Sicht stellt eine der wichtigsten Aufgaben des Psychiaters und Psychotherapeuten dar.

29 Ärztlich-psychotherapeutisches Gespräch und psychologische Beratung

Das ärztlich-psychotherapeutische Gespräch entspricht in etwa der analytischen Kurzpsychotherapie. Grundsätzlich steht vor jeder Psychotherapie ein solches Gespräch. Abgezielt wird dabei nicht nur auf die Erstellung einer Diagnose, sondern vor allem auch auf die therapeutische Wirkung. Weiteres Ziel ist auch die Erweiterung des Verstehens der psychosozialen Komponenten und Konsequenzen des Krankseins unter Berücksichtigung der gesunden Persönlichkeitsanteile.

Das ärztlich-psychotherapeutische Gespräch sollte auch ein verstehendes Gespräch sein, bei dem der Arzt unvoreingenommen und aufmerksam zuhören muß und zeigen soll, daß er das Gesagte ernst nimmt. Selbstverständlich hängt das Verhalten des Arztes weitgehend von dessen Persönlichkeit und individuellem Stil ab. Keinesfalls sollte er jedoch kühl und unpersönlich, aber auch nicht aufdringlich sein, vielmehr freundlich, hilfsbereit und ernst.

> Zu den Interventionen im Rahmen eines ärztlich-psychotherapeutischen Gesprächs gehören
> - Provokation, Überredung und energischer Zuspruch
> - Überrumpelung
> - Resonanzverweigerung
> - paradoxe Intention
> - Gegen-Vorstellungen
> - Widerspiegelung
> - Konfrontation.

Gelegentlich bedient man sich rationaler, Einsicht fördernder Techniken, mit denen der Patient zu Selbstreflektion angeregt wird. Dies sind im Grunde Hilfen zur Selbsterziehung, wie z. B. Führen eines Tagebuches oder eines Tagesplanes.

Das aktiv-direktive Vorgehen, d.h das Vorschlagen von Verhaltensweisen unter Appell an die Einsicht des Patienten, also das anleitende und beratende Vorgehen, steht im Gegensatz zu den einsichtsorientierten Psychotherapiemethoden. Der Arzt appelliert bei einsichtorientierten Verfahren an die Einsicht des Patienten und rät diesem unter nicht mitgeteilter Verwendung entwicklungspsychologischen, psychodynamischen und lerntheoretischen Wissens zu entsprechenden Verhaltensweisen. Vorschläge und Vorstellungen trägt der Therapeut an den Patienten so heran, daß dieser sie übernimmt. Die Übergänge zur Suggestion sind fließend. Zu diesen Therapieverfahren gehören u. a. die **Persuasionstherapie** nach FRANKL sowie die **paradoxe Intention** und die **Logotherapie** nach FRANKL.

Vermeiden sollte man im Rahmen eines ärztlich-psychotherapeutischen Gesprächs oder einer psychologischen Beratung:

- psychologisches „Herumdeuten"
- massive Konfrontation
- unpassende Ratschläge (z. B. Frauen mit psychischen Problemen zur Heirat raten)
- lapidare Ratschläge (z. B. „freuen Sie sich mal wieder").

30 Gruppenpsychotherapie

Man bedient sich heute verschiedener Verfahren mit unterschiedlich starker Beachtung der Gruppensituation. Bei diesen Therapieformen werden auf verschiedene Teilnehmer verschiedene Übertragungen gebildet; man spricht von *multilateraler Übertragung*.

Gruppenpsychotherapie hat gegenüber der Individualpsychotherapie Vorteile und Nachteile.

Vorteile sind
- Möglichkeiten der Nachahmung (Identifizierung mit anderen und Lernen am Modell
- Katharsis als Möglichkeit, Gefühle in wohlwollender Atmospäre auszudrücken
- Gruppenkohäsion wegen des Erlebens von Zusammenhalt und Kontinuität in der Gruppe
- korrigierende Wiederholung von Erfahrungen aus der Familie als Primärgruppe.

Nachteile bestehen, da
- wegen Zeitmangel keine umfassendere Konfliktbearbeitung
- Affektverstärkung meist nicht kontrollierbar
- meist künstlich zusammengestellte Gruppen nach dem Motto: „So heterogen wie möglich und so homogen wie nötig".
- Entwicklung einer festen Bindung an bestimmte Interaktionspartner, die sich komplementär zur eigenen Persönlichkeitsstruktur verhalten (Kollusion).

Bei Gruppentherapien wird die Dynamik der Gruppe ausgenutzt, um bei jedem der etwa 8–10 Gruppenteilnehmer einen psychotherapeutischen Prozeß in Gang zu bringen. Belastungen müssen die Teilnehmer selbst bearbeiten. Die Gruppe dient als Modell einer sozialen Situation.

Sowohl Verhaltenstherapie, Entspannungsverfahren und auch analytisch orientierte Verfahren können in der Gruppe durchgeführt werden. Speziell für eine Gruppe von Patienten wurden die **analytische Gruppentherapie** und die „**therapeutische Gemeinschaft**" geschaffen.

Für die Dauer der Gruppenarbeit sollte die Gruppe in sich geschlossen bleiben. Pro Woche werden eine oder zwei Sitzungen von 90-minütiger Dauer abgehalten. Nach psychoanalytischen Prinzipien werden durch Besprechung von Träumen, freie Assoziation und Analyse von Widerstand und Übertragung, Konflikte der Gruppenmitglieder behandelt und bearbeitet.

Speziell für die Gruppe entwickelte Verfahren sind

- das **Psychodrama** nach Moreno, das sich Elemente des Spiels, vor allem des Theaterspiels zunutze macht. Dabei spielt der Patient gemeinsam mit anderen Kranken unter ärztlicher Anleitung problematische und unbewältigte Situationen aus seinem Leben. Der Konflikt eines Patienten wird zusammen mit anderen dargestellt und über eine Art Handlungskatharsis zu lösen versucht.
- das **Gruppenlabor**, bei dem durch sogenannte Gruppenexperimente den Patienten Gelegenheit zur Selbsterfahrung gegeben werden soll.
- die **Selbsthilfegruppen**, zu denen sich Patienten mit gleichen Störungen zusammenschließen, um innerhalb der Gruppe Probleme besser lösen zu können (z. B. anonyme Alkoholiker).
- die **Milieugruppen**, in denen Menschen zusammenleben und Lebensgemeinschaften bilden. Sie dienen der Findung neuer Rollen und der Einübung sozialer Flexibilität. Es handelt sich um offene Gruppen mit bis zu 40 Mitgliedern.
- die **kreativen Aktionsgruppen.**

Der psychotherapeutisch geschulte wie ungeschulte Arzt ist im allgemeinen ohne Hilfen, also ohne Supervision nicht längere Zeit in der Lage, bei Patienten als psychotherapeutische Stütze zu fungieren. Aus diesem Grund entwickelten sich Supervisionsgruppen, geführt von ausgebildeten und erfahrenen Psychotherapeuten. Nach ihrem Begründer wurden sie **Balint-Gruppen** genannt.

31 Paartherapie und Familientherapie

Die Familientherapie als jüngster Zweig der Psychotherapie sieht in der Familie das wichtigste Beziehungsfeld des Patienten und zielt zudem therapeutisch auf die Familie selbst ab. Sie bezieht sich also auf die gesamte Familie und nicht nur auf das einzelne Familienmitglied. Man spricht auch vom *„Patient Familie"*. Viele Verhaltensstörungen, vor allem bei Jugendlichen, können nur erfolgreich behandelt werden, wenn zugleich eine Familientherapie erfolgt (z. B. bei Anorexia nervosa).

Vielfach ist Familientherapie gleich Paartherapie; Paartherapie ist letztlich die einfachste Form einer Familientherapie.

Paartherapie und Familientherapie dienen der Bearbeitung von interpersonellen Konflikten auf der Basis von psychoanalytischen, lerntheoretischen und systemtheoretischen Modellen.

Paartherapie (Ehetherapie) und Familientherapie befassen sich vorrangig mit den wechselseitigen Erwartungen der Partner, bzw. Mitglieder, wobei diese Erwartungen ausgesprochen, stillschweigend oder bewußt sein können. Von der Gruppenpsychotherapie unterscheidet sich die Familientherapie nicht nur durch die Anzahl der Teilnehmer; von größerer Bedeutung ist die Tatsache, daß die Teilnehmer der Familientherapie miteinander durch eine gemeinsame Lebenssituation und fast immer durch eine gemeinsame Lebensgeschichte verbunden sind.

Die Familientherapie ist eine überwiegend einsichtsorientierte Therapie in zum Teil verhaltenstherapeutisch ausgerichteter Form. Zwingende Voraussetzung ist eine umfassende Ausbildung des Therapeuten sowohl in individueller Psychotherapie als auch in Gruppenpsychotherapie.

Sechster Teil

Forensische Psychiatrie

32 Rechtliche Bestimmungen

32.1 Strafrecht

32.1.1 Schuldfähigkeit

Im Rahmen einer forensisch-psychiatrischen Begutachtung ist die Diagnostik der Persönlichkeit von erheblicher Bedeutung. Im Vordergrund stehen die ausführliche psychiatrische Exploration, testpsychologische Verfahren und die biographische Anamnese. Weiterhin sind Fremdanamnese, Verhaltensbeobachtungen und körperliche Untersuchungen erforderlich.

In der Bundesrepublik Deutschland, Schweiz und in Österreich wird weiterhin am Schuldstrafrecht festgehalten. Seit 1.1.1975 regeln die §§ 20 und 21 die Frage der Schuldfähigkeit und ersetzen damit den früheren § 51 StGB.

§ 20 StGB: Schuldunfähigkeit wegen seelischer Störungen.
Ohne Schuld handelt, wer bei Begehung der Tat wegen einer krankhaften seelischen Störung, wegen einer tiefgreifenden Bewußtseinsstörung oder wegen Schwachsinns oder einer schweren anderen seelischen Abartigkeit unfähig ist, das Unrecht der Tat einzusehen oder nach dieser Einsicht zu handeln.

§ 21 StGB: Verminderte Schuldfähigkeit.
Ist die Fähigkeit des Täters, das Unrecht der Tat einzusehen oder nach dieser Einsicht zu handeln, aus einem der im § 20 bezeichneten Gründe bei Begehung der Tat erheblich vermindert, so kann die Strafe nach § 49 Abs. 1 gemildert werden.

Bei der **Schuldfähigkeitsbeurteilung** muß der Gutachter vor allem darauf achten, den ihm gesetzten Rahmen nicht zu überschreiten. Aufgabe des Sachverständigen ist es, durch klinische, psychiatrische, psychopathologische und verhaltensanalytische Untersuchungen die momentanen psychischen Gegebenheiten und den psychischen Zustand zur Tatzeit zu ergründen. Er muß sich auch dazu äußern, welche der im Gesetzestext genannten Begriffe diesen psychischen Zuständen gegebenenfalls zuzuordnen sind.

Der § 20 StGB spricht nicht von den medizinischen Begriffen „krankhafte Störung der Geistestätigkeit" oder „Geistesschwäche", sondern von „**krankhaften seelischen Störungen**". Darunter versteht man psychische Veränderungen, die auf bestimmten Krankheitsvorgängen beruhen (ZNS, Endokrinium, Psychosen, Intoxikationen). Weiterhin spricht der § 20 von „**tiefgreifender Bewußtseinsstörung**", wobei hier nicht organisch bedingte Bewußtseinsstörungen gemeint sind, sondern vielmehr nicht-krankhafte Zustände aus dem normal-psychologischen Bereich (z. B. Ermüdung, hochgradiger Affekt, Erschöpfung, Schlaftrunkenheit).

Eine Schuldminderung oder Schuldlosigkeit ist nur bei besonderem Schweregrad zuzuerkennen.

32.1.2 Maßregeln zur Besserung und Sicherung

Im Vordergrund steht heute das Ziel zur Besserung mit Wiedereingliederung eines Straftäters. Auf diese Weise kam die forensische Psychiatrie in ein neues Licht, und man hat ihr damit wesentliche therapeutische Aufgaben übertragen. Für den psychiatrischen Sachverständigen sind folgende Maßregeln von Bedeutung:

- § 63 StGB Unterbringung in einer psychiatrischen Krankenanstalt
- § 64 StGB Unterbringung in einer Entziehungsanstalt
- § 65 StGB Unterbringung in einer sozialtherapeutischen Anstalt

Besteht bei einem psychisch kranken Straftäter die Gefahr einer erneuten Straftat, so kann nach § 63, 64 oder 65 eine Unterbringung angeordnet werden. Dabei müssen erneute Straftaten „zu erwarten sein", was bedeutet, daß diese Straftaten nicht nur „möglicherweise", sondern vielmehr „mit Wahrscheinlichkeit" begangen werden. Durch eine Unterbringung soll somit eine vorbeugende Maßnahme ergriffen werden. Andererseits kann die Maßregelvollstreckung (§ 63, § 65) nach § 67 b zur Bewährung ausgesetzt werden. Dies ist aber nur dann möglich, wenn die Gefahr, die von einem Straftäter ausgeht, anderweitig ausreichend behoben werden kann. Dies ist beispielsweise der Fall bei einer freiwilligen Aufnahme in ein psychiatrisches Krankenhaus oder bei kontinuierlicher ambulanter Behandlung. Bei Aussetzen des Maßregelvollzuges auf Bewährung wird aber grundsätzlich Führungsaufsicht notwendig (§ 67 b – d).

Ist der Straftäter vermindert schuldfähig, so wird in der Regel der Maßregelvollzug nach § 63–65 noch vor einer Freiheitsstrafe durchgeführt, jedoch dann nicht, wenn eine vorangehende Freiheitsstrafe für die darauffolgende Maßregel von Vorteil wäre. Folgt eine Freiheitsstrafe einer Maßregel, so wird die Zeit hierauf angerechnet.

32.2 Zivilrecht (Bürgerliches Recht – BGB)

Im bürgerlichen Recht muß der psychiatrische Gutachter vorrangig feststellen, ob die Tätigung von Rechtsgeschäften durch bestehende seelische Störungen verhindert oder beeinträchtigt wird oder aber beeinträchtigt werden kann. Rechtsgeschäfte können angefochten werden, wenn bei Abgabe einer Willenserklärung aufgrund einer psychischen Erkrankung eine freie Entscheidung nicht möglich war. Dies hat dann eine Nichtigkeitserklärung des Rechtsgeschäftes zur Folge.

32.2.1 Geschäftsfähigkeit

§ 104 BGB Geschäftsunfähigkeit
Als geschäftsunfähig gilt:

1. Wer nicht das 7. Lebensjahr vollendet hat;
2. Wer sich in einem die freie Willensbestimmung ausschließenden Zustand krankhafter Störung der Geistesfähigkeit befindet, sofern

nicht der Zustand seiner Natur nach ein vorübergehender ist.

Für eine Geschäftsunfähigkeit muß eine schwere seelische Störung vorliegen, eine psychische Verfassung, bei der die Unfreiheit des Willens als gesichert gelten kann. Die Beurteilung gestaltet sich häufig schwierig, weil oft erst jahrelang nach Abschluß eines Geschäfts eine Beurteilung erfolgt und auf Zeugenaussagen nicht immer Verlaß ist. Im übrigen kann die Fassade eines Patienten noch derartig gut erhalten sein, daß sogar schwerere Störungen der freien Willensbestimmung oder der Affektivität sowie der Kritikfähigkeit einem Nichtsachverständigen kaum auffallen. Grundsätzlich ist die Beweisführung von demjenigen zu führen, der eine Geschäftsunfähigkeit eines Geschäftspartners behauptet.

32.2.2 Vormundschaft und Pflegschaft nach altem Recht

Das alte Recht kannte die Vormundschaft (§ 6 BGB) und die Gebrechlichkeitspflegschaft (§ 1910 BGB).

Der Vormundschaft ging eine Entmündigung voraus, die die Betroffenen weitgehend entrechtete. Wer entmündigt war, konnte weder wählen noch ein Testament errichten. Beruhte die Entmündigung auf Geisteskrankheit, konnten Betroffene auch nicht heiraten oder Rechtsgeschäfte abschließen; nicht einmal eine Kinokarte oder Kleidung konnte der oder die Entmündigte rechtswirksam kaufen. Bei einer Entmündigung aus sonstigen Gründen (Geistesschwäche, Verschwendung, Trunksucht oder Rauschgiftsucht) durften Betroffene nur mit Einwilligung ihres Vormundes heiraten oder Geschäfte abschließen.

Gebrechlichkeitspflegschaften wurden überwiegend als Zwangspflegschaften, also ohne Einwilligung der Betroffenen, angeordnet. Auch die Pflegschaft führte zum Verlust des Wahlrechtes. Zwar wurde ein Ausschluß vom Rechtsverkehr (Abschluß von Geschäften, Testamentserrichtung, Heirat) nicht formell ausgesprochen; da die Anordnung der Zwangspflegschaft aber voraussetzte, daß das Gericht die Betroffenen für „geschäftsunfähig" hielt, hatte dies in der Praxis ähnliche Auswirkungen wie die Entmündigung.

Künftig kann kein Erwachsener mehr unter Vormundschaft stehen (für Minderjährige gilt aber nach wie vor das Vormundschaftsrecht des BGB; die Gerichte, die sowohl für Minderjährige wie für Volljährige zuständig sind, heißen weiterhin „Amtsgericht – Vormundschaftsgericht"). Auch die Gebrechlichkeitspflegschaft gibt es ab 1992 nicht mehr. Für Volljährige gilt das neue **Rechtsinstitut der Betreuung**, das auf der bisherigen Gebrechlichkeitspflegschaft aufbaut.

32.2.3 Betreuungsrecht (Betreuungsgesetz – BtG)

Die Betroffenen bekommen für die Angelegenheiten, die sie ganz oder teilweise nicht mehr besorgen können, einen Betreuer als gesetzlichen Vertreter, den das Vormundschaftsgericht bestellt (§ 1896 BGB). Der Betreuer muß eine natürliche Person sein (§ 1897 I und II BGB), kann jedoch Angehöriger einer Behörde (§ 1900 Abs. 4 BGB) oder eines sogenannten Betreuungsvereins (§ 1900 Abs. 1 BGB) sein. Das Gericht definiert Aufgabenkreise, für die der Betreuer zuständig ist.

Dies alles gilt auch dann, wenn Betreute geschäftsfähig sind. Die Betreuung hat keine automatischen Auswirkungen auf die Geschäftsfähigkeit. Wer die Bedeutung seiner Erklärung im Rechtsverkehr einzusehen und auch dieser Einsicht zu handeln vermag, kann also auch als Betreuter Kaufverträge, Mietverträge und andere Rechtsgeschäfte abschließen, heiraten oder ein Testament errichten. Nur wenn jemand sich selbst oder sein Vermögen erheblich gefährdet (z. B. durch häufige für ihn sinnlose Versandhausbestellungen großen Umfangs), wird das

Gericht einen Einwilligungsvorbehalt (§ 1903 BGB) anordnen. Dann kann der Betreute nur mit Zustimmung seines Betreuers rechtswirksame Willenserklärungen abgeben. Auf die Eheschließung und auf Verfügungen von Todes wegen kann sich ein Einwilligungsvorbehalt aber nie beziehen; kein Betreuer darf also künftig durch Einverständnis oder Ablehnung die Entscheidung eines Volljährigen lenken, wen er heiraten oder zum Erben einsetzen will.

Die Bestellung eines Betreuers hat auf das Wahlrecht der Betreuten grundsätzlich keinen Einfluß. Nur dort, wo sich die Betreuung ausnahmsweise auf alle Angelegenheiten erstreckt, können Betreute nicht mehr wählen.

Eingriffe in Rechte der Betroffenen sind nur so weit und so lang zulässig, wie dies erforderlich ist. So wird dem Betreuer nur derjenige Aufgabenkreis zugewiesen, für den der Betroffene Unterstützung braucht (z.B. „Bestimmung der ärztlichen Behandlung einer genau bezeichneten Krankheit"; „Unterbringung in einem Heim, Wohnungsauflösung"; „Angelegenheiten im Zusammenhang mit Arbeitsverträgen"; „Verwaltung von Immobilienbesitz" usw.). Nach längstens fünf Jahren muß die Betreuerbestellung überprüft werden. Soll sie verlängert werden, so sind ihre Voraussetzungen in einem Gerichtsverfahren mit entsprechenden Verfahrensgarantien erneut festzustellen.

Die Betreuung tritt gegenüber anderen – privaten oder öffentlichen – Hilfen zurück. Wo die Unterstützung durch den Ehegatten, Verwandte, Nachbarn, kirchliche oder soziale Einrichtungen ausreicht, ist die Betreuung nicht erforderlich (§ 1896 Abs. 2 BGB). Auf sie kann vor allem dann verzichtet werden, wenn der oder die Betroffene in Voraussicht einer späteren altersbedingten Geschäftsunfähigkeit jemand anderem eine Vollmacht erteilt hat („Altersvorsorge – Vollmacht"). Selbstverständlich gilt dies auch für Vollmachten, die für andere künftige Situationen – etwa Handlungsunfähigkeit wegen eines Unfalles – oder zu einer Hilfsbedürftigkeit erteilt wurden. Muß der Bevollmächtigte überwacht werden, so kann ein „Kontrollbetreuer" bestellt werden.

Lehnen die Betroffenen eine bestimmte Person als Betreuer ab, so soll hierauf ebenfalls Rücksicht genommen werden (§ 1897 Abs. 4 BGB). Nur bei Vorliegen besonderer Gründe darf dieser dann zum Betreuer bestellt werden. Schlägt der oder die Betroffene niemanden vor, der zum Betreuer bestellt werden kann, so hat das Gericht bei der Auswahl des Betreuers auf die verwandtschaftlichen und sonstigen persönlichen Bindungen des Volljährigen, insbesondere auf die Beziehungen zu Eltern, Kindern und zum Ehegatten, sowie auch auf die Gefahr von Interessenkonflikten Rücksicht zu nehmen.

Wünsche der Betroffenen sind nicht nur dann zu beachten, wenn sie im Verfahren auf Betreuerbestellung oder während einer laufenden Betreuung geäußert werden. Schon in „guten Tagen" kann jeder durch eine Betreuungsverfügung (vielfach auch als „Alterstestament" bezeichnet) vorsorglich Anordnungen für einen späteren Betreuungsfall treffen. Man kann etwa festlegen, wer Betreuer werden soll. Auch Anordnungen für die Lebensführung und Vermögensverwaltung können niedergelegt werden.

> Zur Personensorge gehört vor allem die Sorge für die Gesundheit und die Freiheit der Betreuten. Innerhalb seines Aufgabenkreises hat jeder Betreuer dazu beizutragen, daß Möglichkeiten genutzt werden, die Krankheit oder Behinderung des Betreuten zu beseitigen, zu bessern, die Verschlimmerung zu verhüten oder ihre Folgen zu mildern.

Für besonders wichtige Angelegenheiten der Personensorge enthält das Gesetz Sonderregelungen, nämlich für

- Gesundheitsfürsorge (§ 1904 BGB)
- Sterilisation (§ 1905 BGB)
- Unterbringung und
- unterbringungsähnliche Maßnahmen (§ 1906 BGB)
- Wohnungsangelegenheiten (§ 1907 BGB).

Die von der Rechtssprechung entwickelten Verfahrensgarantien sind in das Gesetz aufgenommen und noch verstärkt worden. Soweit es Betroffenen möglich ist, können sie sich selbst am Verfahren aktiv beteiligen. Für die Entmündigung war früher das Prozeßgericht zuständig und verfuhr nach den Vorschriften der Zivilprozeßordnung (ZPO). Über Fragen der Vormundschaft und der Gebrechlichkeitspflegschaft hatte das Vormundschaftsgericht zu entscheiden. Das Verfahren richtete sich nach dem Gesetz über die freiwillige Gerichtsbarkeit (FGG). Im Betreuungsverfahren werden alle Betreuungs- und Unterbringungsangelegenheiten vom Vormundschaftsgericht in einem einheitlichen FGG-Verfahren geführt (§ 65 bis 70 n BGB). Betroffene sind in allen Verfahren, die sich auf die Betreuung beziehen, auch dann verfahrensfähig, wenn sie geschäftsunfähig sind. Das Gericht bestellt nur wenn erforderlich einen Verfahrenspfleger, z. B. einen Rechtsanwalt (§ 67 FGG).

Das Gericht muß den Betroffenen zu Beginn des Verfahrens über dessen möglichen Verlauf unterrichten (§ 69a FGG). Vor der Bestellung des Betreuers oder der Anordnung eines Einwilligungsvorbehaltes hat das Gericht die Betroffenen persönlich anzuhören (§ 68 FGG). Ausnahmen sind nur unter ganz engen Voraussetzungen möglich (z. B. wenn die Anhörung einen Gesundheitszustand verschlechtern würde). Auch Angehörige und Vertrauenspersonen des Betroffenen sollen angehört werden, wenn dies ohne erhebliche Verzögerung möglich ist.

Betreuer dürfen erst bestellt werden, nachdem ein Gutachten eines Sachverständigen über die Notwendigkeit der Betreuung eingeholt worden ist (§ 68 b FGG). Ein ärztliches Attest reicht nur dann aus, wenn der Betroffene auf die Begutachtung verzichtet und die Gutachtenseinholung im Hinblick auf den Umfang des Aufgabenkreises des Betreuers unverhältnismäßig wäre. Gleiches gilt für Unterbringungsmaßnahmen (§ 70 e BGB).

Das Ergebnis der Anhörung, das Gutachten des Sachverständigen oder das ärztliche Zeugnis, der Umfang des Aufgabenkreises und die Frage, welche Person oder Stelle als Betreuer in Betracht kommt, sind mit dem Betroffenen mündlich in einem Schlußgespräch zu erörtern.

Für die Unterbringung des oder der Betreuten durch den Betreuer, für die Unterbringung eines Kindes durch Eltern, Vormund oder Pfleger, für unterbringungsähnliche Maßnahmen und für polizeirechtliche Maßnahmen nach Landesrecht gilt künftig ein einheitliches Gerichtsverfahren, das durch starke rechtsstaatliche Garantien geprägt ist (Verfahrensfähigkeit ab dem 14. Lebensjahr, erforderlichenfalls Verfahrenspfleger, persönliche Anhörung, Begutachtung).

Betreuungen und Einwilligungsvorbehalte werden spätestens alle fünf Jahre gerichtlich überprüft, Unterbringungen jährlich und bei offensichtlich langer Unterbringungsbedürftigkeit alle zwei Jahre.

Mit Inkrafttreten des Betreuungsgesetzes im Jahr 1992 wandelten sich bestehende Vormundschaften über Erwachsene und Gebrechlichkeitspflegschaften automatisch in Betreuungen nach neuem Recht um. Vormünder oder Pfleger werden Betreuer. Bei Vormundschaften gilt ein umfassender Einwilligungsvorbehalt als angeordnet, nicht aber bei Pflegschaften.

32.2.4 Testierfähigkeit
✓

Wer wegen krankhafter Störung der Geistestätigkeit, wegen Geistesschwäche oder wegen Bewußtseinstörung nicht in der Lage ist, die Bedeutung einer von ihm abgegebenen Willenserklärung einzusehen und nach dieser Einsicht zu handeln, kann kein Testament errichten.

Bei der Testierfähigkeit handelt es sich eigentlich um eine „Spezialform" der Geschäftsfähigkeit.

Auch eine nachträgliche Stellungnahme zur Testierfähigkeit abzugeben, ist nicht immer leicht, da man sich dabei meist auf Aktenunterlagen und Zeugenaussagen verlassen muß. Argumen-

32.2.5 Eherecht

Die Auflösung einer Ehe ist möglich durch
- Nichtigkeitserklärung
- Aufhebung
- Scheidung.

Das Gesetz des § 18 EheG. fordert, daß zum Zeitpunkt der Eheschließung die freie Willensbestimmung ausgeschlossen und die damalige Willenserklärung ungültig war. Durch den Abs. 2 des § 32 EheG. soll Mißbrauch weitgehend vermieden werden.

Der im Gesetz erwähnte Begriff der „persönlichen Eigenschaften" meint nicht nur vorübergehende, körperliche, seelisch-geistige und sittliche Merkmale. Hierzu rechnet man auch körperliche oder seelische Krankheiten, wenn sich aus diesen in der Folgezeit schwerwiegende Folgen ergeben, die zu einer Ehezerrüttung führen.

Als „arglistige Täuschung" nach § 33 EheG. gilt, wenn ein Ehepartner bewußt „persönliche Eigenschaften" vor Eingehen der Ehe verschwiegen hat, wie sie in § 32 EheG. angeführt werden (z.B. Homosexualität, Suchtverhalten).

32.3 Jugendgerichtsgesetz

Die Strafmündigkeit beginnt mit dem 14. Lebensjahr unter bestimmten Voraussetzungen, wie sie im § 3 JGG festgelegt sind.

Verlangt wird vom Jugendlichen, die seinem Alter entsprechende Einsichtsfähigkeit, d.h. die intellektuelle Reife zur Unterscheidung von Recht und Unrecht, um einsichtig handeln zu können. Berücksichtigt werden müssen dabei auch Tat und Tatzeitpunkt, da ein jugendlicher Täter beispielsweise für einen Diebstahl nach § 3 JGG verantwortlich gemacht werden kann, andererseits aber z.B. für eine Brandstiftung u.U. nicht. Dieser Sachverhalt ist vor allem dann von besonderer Bedeutung, wenn mehrere Straftaten von einem jugendlichen Täter verübt wurden.

Die verminderte Verantwortlichkeit, wie sie im § 21 StGB zu finden ist, ist im § 3 JGG nicht enthalten. Eine Beurteilung kann nur lauten: „verantwortlich" oder „nicht verantwortlich". Nach § 5 JGG besteht die Möglichkeit der Anordnung von Erziehungsmaßregeln (Heimerziehung, Schutzaufsicht, Führsorgeerziehung usw.).

Adoleszente sind in der Regel immer strafmündig, weshalb eine Prüfung nach § 3 JGG entfällt. Die Beurteilung der strafrechtlichen Verantwortlichkeit von Heranwachsenden ist nach § 20 und § 21 StGB zu prüfen.

Der psychiatrische Sachverständige wird häufig herangezogen, um festzustellen, ob der Heranwachsende nach dem Jugendstrafrecht abzuurteilen ist. Fernerhin muß er eine Stellungnahme zur Prognose abgeben, damit weitere erzieherische Maßnahmen eingeleitet werden können.

32.4 Gesetz über die Unterbringung psychisch Kranker

Neben der Unterbringung in einem psychiatrischen Krankenhaus nach § 63 StGB oder in einer Entziehungsanstalt nach § 64 StGB sowie der Unterbringungsregelung nach § 64, a – i FGG existieren landeseigene Unterbringungsgesetze, die dann in Kraft treten, wenn jemand psychisch krank, geistesschwach oder durch Sucht psychisch gestört ist und dadurch in erheblichem Maße die öffentliche Sicherheit oder Ordnung gefährdet. Dabei wurde vor allem auf die Allgemeinheit abgestellt: Im Bayerischen

Unterbringungsgesetz vom 20.4.1982 wird in Artikel 1 ausdrücklich daraufhingewiesen, daß die Unterbringung nur möglich ist, wenn der Betreffende sein Leben und in erheblichem Maße seine Gesundheit gefährdet und dadurch auch die öffentliche Sicherheit oder Ordnung. Selbstgefährdung allein würde demnach nicht ausreichen, wird aber in der Regel auch als Gefahr für die Allgemeinheit angesehen.

Die Unterbringungsgesetze unterscheiden sich von Bundesland zu Bundesland nur unwesentlich und orientieren sich am Bundesgesetz (Gesetz über die freiwillige Gerichtsbarkeit – FGG).

Während üblicherweise nur der Richter des zuständigen Amtsgerichtes über die Zulässigkeit und Fortdauer einer Unterbringung entscheiden kann, ist auch eine sofortige Unterbringung dann möglich, wenn dringende Gründe für die Annahme vorhanden sind, daß bei Vorliegen der Voraussetzungen eine gerichtliche Entscheidung nicht mehr rechtzeitig ergehen kann, um einen für die öffentliche Sicherheit oder Ordnung drohenden Schaden zu verhindern. Dann kann auch die Verwaltungsbehörde, z. B. das Amt für öffentliche Ordnung die vorläufige Unterbringung anordnen; in unaufschiebbaren Fällen kann die Polizei den Betroffenen ohne Anordnung der Kreisverwaltungsbehörde in eine geschlossene psychiatrische Einrichtung einliefern. Die Polizei hat aber umgehend die Verwaltungsbehörde zu informieren und diese dann das Gericht spätestens bis 12 Uhr des auf das Ergreifen folgenden Tages.

Die Verwaltungsbehörde bedient sich für ihre Entscheidung eines Sachverständigen, eventuell auch des zuständigen Gesundheitsamtes.

Wird die Unterbringung eines Betreuten durch den Betreuer beantragt, so muß das Vormundschaftsgericht zustimmen, d. h. die Unterbringung nach Einholung eines Gutachtens und nach Anhörung des Betroffenen beschließen. Laut Bundesverfassungsgerichtsurteil vom 10.2.1960 stellt eine zwangsweise Unterbringung eines psychisch Kranken in einer geschlossenen Anstalt einen Freiheitsentzug im Sinne des Art.104 GG dar. Dabei kommt es auch nach Auffassung dieses Gerichtes nicht auf den Willen des gesetzlichen Vertreters, sondern vielmehr auf den „tatsächlichen, natürlichen Willen des Betroffenen" an.

33 Psychische Erkrankungen und psychische Störungen und deren forensische Besonderheiten

33.1 Schizophrenie
✓

Schizophrene sind keineswegs grundsätzlich gemeingefährlich; die meisten Schizophrenen sind sozial angepaßt. Nur ein relativ kleiner Teil bedarf einer Unterbringung, und gefährlich sind gerade diejenigen, die unerkannt an einer Schizophrenie mit einem schleichenden Wahn leiden. Gewalttaten sind relativ selten und werden allenfalls erst durch das Verhalten der Umwelt ausgelöst. Dabei darf jedoch nicht übersehen werden, daß Schizophrene von allen psychisch Kranken am wenigsten einschätzbar sind und daß Straftaten überraschend, grotesk anmutend, unvorhersehbar und zum Teil mit erheblicher Brutalität begangen werden. Ernst zu nehmen ist auch eine zunehmende und sich über einen längeren Zeitraum hinweg entwickelnde paranoide Entwicklung, die auf dem Höhepunkt durchaus in Form eines Gewaltverbrechens entarten kann.

Bei Schizophrenen im akuten Schub ist in der Regel der § 20 StGB anzuwenden und auch die Unterbringung bei bestehender Fremd- und Selbstgefährdung in einem psychiatrischen Krankenhaus ist sinnvoll.

Man kann nicht generell Schizophrene für jede Strafhandlung schuldfrei sprechen; dies gilt vor allem für remittierende Formen mit meist nur geringer oder nicht nennenswerter Beeinträchtigung der strafrechtlichen Verantwortlichkeit. Zu denken ist aber immer an die schizophrene Persönlichkeitsveränderung, die auf längere Sicht so massiv sein kann, daß praktisch jede Verhaltens- und Handlungsweise durch den Krankheitsprozeß beeinträchtigt ist und eine volle Verantwortlichkeit deshalb nicht besteht.

33.2 Depression

Bei depressiv Erkrankten spielt weniger die Fremdgefährdung als vielmehr die Eigengefährdung (Suizidabsichten) eine Rolle.

Von erheblicher forensischer Bedeutung ist jedoch der erweiterte Suizid, bei dem eine oder mehrere Personen des engeren Lebenskreises mit in den Tod genommen werden. Nach Tötung des Angehörigen kann der eigene Suizid mißlingen und der Depressive dann zur Verantwortung gezogen werden. Für Patienten, die an endogener Depression erkrankt sind, besteht nach § 20 StGB Schuldlosigkeit; möglich ist dies auch bei abnormen Erlebnisreaktionen sowie bei schweren neurotischen Depressionen (entweder verminderte Schuldfähigkeit oder gar Schuldunfähigkeit).

Von zunehmender Bedeutung ist auch der Suizid im Straßenverkehr. Es ist anzunehmen, daß viele ungeklärte, tödliche Unfälle aus Selbstmordabsicht heraus entstehen.

Bei erlebnisreaktiven und neurotischen Depressionen spielt nicht selten die enthemmende Wirkung des Alkohols eine Rolle. Das klinische Ausmaß der Verstimmung und der Grad der Alkoholbeeinflussung sind dann für die Beurteilung der Schuldfähigkeit von Bedeutung. Auch kleinere Alkoholmengen können bei gleichzeitiger Zufuhr von Psychopharmaka eine erhebliche Verstärkung erfahren und somit von forensischer Bedeutung werden. Hier ist es Aufgabe des behandelnden Arztes, den Patienten entsprechend aufzuklären.

33.3 Schwachsinn

Intellektuell höherstehende Menschen sind häufiger in Vergehen und Verbrechen verwickelt als Schwachsinnige. Bei Schwachsinnigen wiederum werden Debile deutlich häufiger straffällig als Imbezille und Idioten. Bei schwerem Schwachsinn fehlt häufig die Möglichkeit, Delikte überhaupt zu begehen. Gerade dies ist von erheblicher Bedeutung: Psychische Störungen stellen nicht immer eine Prädisposition für Straftaten dar, sondern sind u. U. in der Lage, diese zu verhindern oder zumindest zu behindern.

Schwachsinnige neigen besonders dann zu strafbaren Handlungen, wenn Abstumpfung und Enthemmung besonders stark ausgeprägt sind und dabei die Fähigkeit zur Eigenkontrolle und Steuerung eigener Handlungen fehlt. Dabei ist nicht von Bedeutung, ob es sich um eine angeborene, frühkindliche oder später erworbene Hirnschädigung handelt. Häufige Straftaten bei Schwachsinnigen sind Diebstähle, Trieb- und Affekthandlungen sowie Fehlreaktionen in bestimmten Situationen. Besonders Schwachsinnige mit übermäßigem und unbefriedigtem Geltungs- und Kontaktbedürfnis sind anfällig. Hier finden sich dann häufig Exhibitionismus, Sodomie, Pädophilie und unsittliche Handlungen an Kindern und Jugendlichen.

Sind Schwachsinnige besonders reizbar und dabei auch uneinsichtig, so muß mit unvorhersehbaren Handlungen gerechnet werden. Dabei stehen dann die strafbaren Handlungen in keinem Verhältnis zum geringfügigen Anlaß der Reaktion. Gelegentlich werden Brandstiftungen von Schwachsinnigen begangen, wobei die Handlungen hier meist als Ersatzbefriedigung dienen.

33.4 Epilepsie

Die Straffälligkeit eines Epileptikers muß unterschiedlich beurteilt werden, je nachdem, ob die Straftat während eines Dämmerzustandes, während einer psychomotorischen Entäußerung oder im anfallsfreien Intervall begangen wurde.

Vorrangig kommt den epileptischen, postparoxysmalen Dämmerzuständen erhebliche Bedeutung zu, da es zu sexueller Enthemmung, affektiver Entgleisung sowie zu Gewalttätigkeiten kommen kann. Ein Dämmerzustand ist nicht immer leicht zu erkennen, da die Kranken nach außen geordnet erscheinen können. Trotz verändertem Bewußtseinszustand werden Delikte begangen, die geplant erscheinen. § 20 StGB kann nur dann Anwendung finden, wenn Grund zur Annahme besteht, daß ein Dämmerzustand vorlag.

Von Interesse ist die strafrechtliche Verantwortlichkeit im Intervall; ein Epileptiker muß deshalb auf Wesensänderung und Demenz hin untersucht werden; denn ein im Intervall straffällig gewordener Epileptiker kann nicht einfach von Schuld freigestellt werden. Je näher eine Straftat dem letzten oder aber dem nächstfolgenden Anfall steht, desto eher muß mit eingeschränkter oder gar ganz aufgehobener Verantwortlichkeit gerechnet werden.

33.5 Neurosen und Psychopathien

Früher gestand man Psychopathen, Neurotikern und abnormen Persönlichkeiten volle Verantwortlichkeit zu und hielt einen Krankheitswert im forensisch-psychiatrischen Sinne nicht für gegeben. Jedoch werden in den §§ 20 und 21 StGB „schwere seelische Abartigkeiten" als schuldmindernde Gründe angegeben. Damit wird eine erheblich verminderte Schuldfähigkeit bei schweren abnormen Persönlichkeitsformen sowie bei sehr auffälligem neurotischen Verhalten angenommen.

Bei abnormen Persönlichkeiten und neurotischen Störungen kann Schuldunfähigkeit nur selten angenommen werden; weit häufiger kommt eine verminderte Schuldfähigkeit in Betracht.

33.6 Alkoholeinfluß und ✓ Alkoholismus

Keine andere Droge hat bei Straftaten auch nur annähernd eine ähnliche Bedeutung wie der Alkohol. Die Spanne zieht sich von banalen Verkehrsdelikten über Unfallflucht und Totschlag bis hin zum geplanten Mord, zu dessen Ausführung die alkoholische Enthemmung notwendig war.

Als unterste Gefährdungsgrenze werden Alkoholkonzentrationen von 0,5–0,8 ‰ angesehen. In diesem Bereich machen sich meist erste Alkoholwirkungen bemerkbar:
- Euphorie mit gesteigertem Selbstwertgefühl
- Rededrang mit gesteigerter Lautstärke
- Distanzlosigkeit und Bewegungsdrang
- Unternehmungslust und Schwächung des Verantwortungsgefühls.

Bei Blutalkoholkonzentrationen von 1 ‰ kommt es zu
- Verlust ethischer Hemmungen mit Rücksichtslosigkeit und leichtsinniger Wagnisbereitschaft
- euphorischer Kritikschwäche, Täuschung des Ermüdungsgefühls, Schädigung der Willenssphäre, Aufmerksamkeitsstörungen, Konzentrations- und Geschicklichkeitsminderung
- beginnender Herabsetzung perzeptiver Leistungen der Sinnesorgane
- Versagen der sicheren Fixation während eigener Bewegung durch vestibulooculomotorischen Ausgleich der Bewegungsschärfe.

Ab 2 ‰ kommt es zu
- Gleichgewichtsstörungen und Störungen der Bewegungskoordination
- Störungen der Tiefensensibilität und der Artikulation.

Ab 3 ‰ sind wahrscheinlich
- motorische Lähmung und
- Bewußtlosigkeit.

Subjektive Symptome können durch Stimulation zwar vorübergehend gebessert werden, nicht aber die objektiven Ausfälle. Enthemmung spielt grundsätzlich eine größere Rolle als die Störung der Urteilsfähigkeit. Eine alkoholbedingte Amnesie beginnt unscharf mit einzelnen verschwommenen Erinnerungslücken. Völlige Amnesie über mehrere Stunden hinweg oder auch nur eine kurze Lücke für Minuten der strafbaren Handlung sind unglaubwürdig.

Straftaten unter aktuem Alkoholeinfluß sind verhältnismäßig häufig und dies vor allem bei Personen zwischen dem 18. und 24. Lebensjahr.

Man muß unterscheiden zwischen Straffälligen, die zufällig unter Alkoholeinfluß standen und chronischen Alkoholikern, die straffällig wurden. Bei letzteren sind die Handlungen eher einförmig und es kann durchaus notwendig werden, chronische Alkoholiker, die wiederholt zu Straftaten neigen, zu entmündigen oder dauernd in einer Anstalt unterzubringen.

Selbstverständlich wird nicht jeder Alkoholtäter schuldfrei gesprochen, und bei Bewußtseinsstörungen infolge Alkoholzufuhr werden andere Maßstäbe angelegt, da ein gesunder Erwachsener den Rauschzustand aus freiem Entschluß herbeigeführt hat.

Nicht die Rauschtat selbst, sondern das Sich-Berauschen wird im § 330 a StGB bestraft. Es muß sich bei der Erfüllung der Voraussetzungen des § 330 a StGB um einen die Zurechnungsfähigkeit ausschließenden Rauschzustand handeln, für den die Aufnahme von Alkohol oder anderer berauschender Mittel kausal gewesen ist.

Grundsätzlich spielt im Rahmen der Alkoholwirkung die Steuerungsunfähigkeit (Enthemmung) eine größere Rolle als die Störung der Einsichtsfähigkeit.

Bekanntlich besteht zwischen der Höhe des Blutalkoholspiegels und dem Berauschungsgrad keine absolute Proportionalität, weshalb die Beurteilung des Promillesatzes nur im Hinblick auf die Tatsituation erfolgen kann. Für die Frage der Zurechnungsfähigkeit ist vorrangig das Verhalten entscheidend. Wird eine Straftat im Rausch als persönlichkeitsfremde Tat bezeichnet, so ist dies oft die Folge mangelhafter Persönlichkeitsanalyse. Amnesie ist Kennzeichen des Vollrausches und wird oft als Schutzbehauptung aufgestellt.

Ist aufgrund der Alkoholwirkung die Zurechnungsfähigkeit infrage gestellt, so kann ein Straftäter dennoch wegen der von ihm begangenen Straftat und nicht nach § 330 a StGB bestraft werden. Dies ist beispielsweise dann der Fall, wenn jemand sich Mut antrinkt, in der Absicht, eine Körperverletzung zu begehen.

Leicht zu kurzschlußartigen Gewalttaten kommt es beim komplizierten Rausch, der vom gewöhnlichen quantitativ zu unterscheiden ist. Vorraussetzungen für einen komplizierten Rausch sind meist zerebrale oder andere körperliche Erkrankungen, aber auch Schwachsinn oder eine abnorme Persönlichkeitsstruktur. Im komplizierten Rausch ist die Schuldfähigkeit in der Regel erheblich vermindert, eventuell völlig aufgehoben.

Von anderen Rauschformen unterscheidet sich qualitativ der pathologische Rausch, der verhältnismäßig eigengesetzlich abläuft. Bei hirnorganisch Geschädigten kann bei niedriger Alkoholtoleranz schon nach geringen Alkoholmengen plötzlich ein Dämmerzustand einsetzen, der mehrere Stunden, höchstens aber wenige Tage dauert. Ein Dämmerzustand bei pathologischem Rausch kann durchaus mit gefährlichen Affektentladungen einhergehen. Schwerste Gewaltakte beobachtet man, wenn es zu Erregungszuständen kommt. Auch wenn die Tat nicht völlig persönlichkeitsfremd wirkt, findet beim pathologischen Rausch der § 20 StGB Anwendung.

Völlige Abstinenz wird von einem Täter erwartet, der bereits einmal eine Tat im pathologischen Rauschzustand beging; trinkt er jedoch wieder und kommt es erneut zu einer Straftat in einem pathologischen Rauschzustand, so würde § 330 a StGB Anwendung finden, selbst wenn der Alkoholgenuß noch so gering war.

33.7 Hirnorganische Erkrankungen und Geriatrie

Bei hirnorganischen Erkrankungen stehen im Vordergrund

- Enthemmung und verminderte Kritikfähigkeit
- Aggressivität und leichte Reizbarkeit.

Die Kriminalität geht im Greisenalter eher zurück. An Sittlichkeitverbrechen stehen unzüchtige Handlungen an Kindern im Vordergrund und dies meist durch ältere Männer. Ursache für solche Handlungen ist nicht gesteigerte Sexualität, sondern vielmehr Abstumpfung der ethisch-ästhetischen Gefühlswelt bei gleichzeitig bestehender sexueller Insuffizienz. Unzüchtige Handlungen an Kindern im Greisenalter bedeutet nicht generell Schuldunfähigkeit oder verminderte Schuldfähigkeit. Sind aber die Täter bisher in dieser Hinsicht noch nie aufgefallen, so muß ein pathologisches Geschehen angenommen werden. In der Regel tritt dann § 21 StGB in Kraft; eine Unterbringung ist nur selten erforderlich.

Bei hirnorganisch Kranken besteht in der Regel Geschäftsunfähigkeit; meist wird Betreuung erforderlich sein.

33.8 Homosexualität

Die Unterscheidung der verschiedenen Homosexualitätsformen (siehe Kap 10.6) ist von besonderer Bedeutung für die forensische Psychiatrie. Entwicklungshomosexualität, Pseudohomosexualität und Hemmungshomosexualität spielen forensisch-psychiatrisch eine eher geringe Rolle. Bei Neigungshomosexualität handelt es sich um die Homosexualität schlechthin.

Seit langem abgeschafft ist der § 175 StGB. Darnach wurde ursprünglich jede sexuelle Beziehung zwischen Männern bestraft. In Justizvollzugsanstalten kann auch wohl kaum eine homosexuelle Triebrichtung beseitigt werden. Unabhängig von der Abschaffung des § 175 StGB wird allerdings die Verführung von Jugendlichen sowie der Mißbrauch von Abhängigkeitsverhältnissen und auch die gewerbsmäßige Homosexualität (z.B. bei der Pseudohomosexualität häufig) bestraft.

33.9 Borderline-Syndrom

Basierend auf Erfahrungen zahlreicher Kliniker, daß sich immer wieder einmal krankhafte Störungen in keiner der drei relativ gut definierbaren Kategorien *Psychose, Neurose* oder *Persönlichkeitsstörung* einreihen lassen, entstand in den 60er Jahren der Begriff „Borderline-Syndrom". Inzwischen hat sich aus dieser Restkategorie ein eigenständiges psychisches Syndrom entwickelt, welches sich phänomenologisch im Grenzbereich zwischen Neurose, Psychose und Persönlichkeitsstörung bewegt, also von jedem dieser drei verschiedenen Bereiche einen Anteil hat.

Relativ häufig geraten Menschen mit einer „Borderline-Persönlichkeit" mit dem Gesetz in Konflikt. Dabei gewinnt das Borderline-Syndrom forensische Bedeutung bei der Frage, ob das Jugendstrafrecht (§ 105 JGG) anzuwenden ist und ob eine verminderte Schuldfähigkeit oder gar Schuldunfähigkeit angenommen werden kann. Wegen der erheblichen diagnostischen Unsicherheit, bei der im § 105 JGG geforderten „Reifebeurteilung" kommt bei Heranwachsenden in der Regel das Jugendstrafrecht zur Anwendung. Nur selten dürfte Schuldunfähigkeit vorliegen. Verminderte Schuldfähigkeit kann nur in Sonderfällen unter Berücksichtigung der Gesamtsituation, der Tatumstände und der Persönlichkeitsstruktur des Heranwachsenden zugestanden werden.

34 Spezielle Delikte und deren Bedeutung für die forensische Psychiatrie

34.1 Notzucht und Vergewaltigung

Unter Notzucht versteht man nach § 177 StGB „eine Nötigung durch Gewalt oder durch Drohung mit gegenwärtiger Gefahr für Leib und Leben einer Frau zur Duldung außerehelichen Beischlafes". Dabei muß sich der Täter der Gewaltanwendung bewußt sein. Notzucht trifft nicht zu, wenn sich die Frau nur schamvoll sträubt und der Täter bei deutlich werdendem ernsthaften Widerstand abläßt.

§ 20 und § 21 StGB können Anwendung finden, falls die Voraussetzungen zur Tatzeit hierfür gegeben waren (z.B. bei geistiger Behinderung, Alkohol- und Drogenrausch).

34.2 Unzucht mit Kindern und Abhängigen, Verführung und Inzest

Von Unzucht spricht man bei einer Verletzung des Scham- und Sittlichkeitsgefühls sowie bei einer Handlung mit wollüstiger Absicht, d.h. zur Erregung oder Befriedigung eigener oder fremder sexueller Lust.

Nach § 176 StGB wird Unzucht mit Kinden (Pädophilie) bestraft, d.h. die unzüchtige Handlung mit Personen unter 14 Jahren oder Verleitung dieser zur Verübung oder Duldung unzüchtiger Handlungen. Nach § 174 Abs. 1 und 2 StGB wird auch die Unzucht mit Abhängigen bestraft. Dabei braucht der Abhängige nicht minderjährig zu sein. Hat die abhängige Person das Volljährigkeitsalter überschritten, so erfolgt eine Bestrafung bei Gewaltanwendung oder gegenwärtiger Gefahr für Leib und Leben. Abhängigkeitsverhältnisse bestehen beispielsweise bei Erziehern und Zöglingen, bei Lehrherren und Lehrlingen.

Nach § 173 StGB wird der Beischlaf zwischen Verwandten auf- und absteigender Linie bestraft (Inzest), wenn diese das 18. Lebensjahr noch nicht vollendet haben. Bei Geschwistern ist hierbei die Blutsverwandtschaft entscheidend. Unter Beischlaf und damit Inzest zwischen Verschwägerten fällt auch der Verkehr zwischen Schwiegermutter und Schwiegersohn oder zwischen Stiefvater und Stieftochter.

Strafbar ist die Verführung von Minderjährigen unter 14 Jahren und von geistig Behinderten. Im Alter bis 16 Jahren erfolgt Bestrafung nur dann, wenn die Verführung einseitig erfolgte.

34.3 Exhibitionismus

Hierunter versteht man das öffentliche Entblößen des Genitale mit oder ohne Masturbation, wobei Bestrafung nach § 183 StGB erfolgen kann.

Von Bedeutung ist, daß sich Exhibitionisten in nahezu allen sozialen Bereichen der Gesellschaft finden. Ihre Handlungen beruhen ausschließlich auf dem Wunsch nach sexueller Befriedigung, die anderweitig nicht erreicht werden kann. Der Lustgewinn ergibt sich vorrangig aus dem Verhalten der jeweiligen weiblichen Person (Neugier und Erregung oder Empörung und Angst).

Die Bedeutung des Exhibitionismus wurde bisher wohl überschätzt; die psychische Traumatisierung der „Opfer" ist relativ gering. Nichtbeachtung des Täters führt zu raschem Nachlassen der Triebspannung.

Die Rückfalltendenz ist groß, was selbst schwere Strafen nicht verhindern konnten. Erfolgreicher sind hier psychotherapeutische Therapieformen, gegebenenfalls kombiniert oder ersetzt durch medikamentöse Schutzbehandlung mit Androcur® (Cyproteronacetat). Strafaussetzung ist bei medikamentöser Behandlung mit Androcur® möglich.

§ 20 und 21 StGB kommen nur selten zur Anwendung, allenfalls bei geistiger Behinderung oder schweren neurotischen Fehlhaltungen sowie bei Psychosen.

34.4 Brandstiftung

Hier sind zu unterscheiden:

- Spekulationsbrand (Versicherungsbetrug)
- Deckungsbrand (Vertuschen von Straftaten)
- Brandstiftung aus Sensationslust (bei Psychopathen)
- Brandstiftung als Affekthandlung (Wut, Neid, Rache)
- Brandstiftung ohne speziellen Grund (bei „Lust am Feuer", früher „Pyromanie" genannt)
- Brandstiftung bei Geisteskranken (z. B. bei imperativen Stimmen).

Von forensischer Bedeutung sind die letzten drei Formen. Die Rückfallquote ist hoch und es ist immer auch mit einer „psychischen Ansteckung" zu rechnen.

Für die strafrechtliche Verantwortlichkeit muß festgestellt werden, welche Art von Brandstiftung vorliegt und aus welcher Motivation heraus die Brandstiftung erfolgte.

34.5 Kindestötung

Hier handelt es sich um die Sonderform einer Straftat, da angeblich der seelische Zustand einer Gebärenden eine Ausnahmesituation darstellt. Zu diskutieren ist dabei jedoch die Dauer des abnormen Gemütszustandes der Mutter, was von erheblicher Bedeutung ist. Je nach Einzelfall muß auch beurteilt werden, inwieweit körperliche Faktoren eine Rolle spielten (z. B. Blutverlust, hypotone Kreislauflage).

Nach § 217 StGB wird eine Mutter, die ihr Kind während oder gleich nach der Geburt vorsätzlich tötet, mit Freiheitsstrafe nicht unter drei Jahren bestraft. Bei mildernden Umständen liegt die Freiheitsstrafe zwischen 6 Monaten und 5 Jahren. Obwohl es sich hier um eine geplante Tötung, also eigentlich um Mord handelt, fällt die Bestrafung vergleichsweise niedrig aus, da die Ausnahmesituation sowie die erhöhte psychovegetative Labilisierung der Mutter zum Tatzeitpunkt berücksichtigt ist. Ob die §§ 20 oder 21 StGB Anwendung finden können, hat der psychiatrische Sachverstänige zu beurteilen (z. B. Schwachsinn, hirnorganische Erkrankungen, Psychosen).

Meist handelt es sich bei den Müttern um sensitive Persönlichkeiten mit moralistischer Weltanschauung. Eine solche Persönlichkeit gerät dann mit der unerwünschten Schwangerschaft in einen schier unlösbaren Konflikt, was zur Kindestötung aus Furcht vor Schande und Vorwürfen vor allem bei unverheirateten Frauen führt. Ein Großteil der meist jungen Mütter zeigt eine mitunter erheblich verzögerte Persönlichkeitsentwicklung.

34.6 Affekttaten

> § 20 und 21 StGB treten dann in Kraft, wenn der Affektzustand zum Zeitpunkt der Tat so hochgradig war, daß eine tiefgreifende Bewußtseinsstörung angenommen werden muß. Schwierig ist die Beurteilung, ob „tiefgreifend" auch wirklich zutrifft.

Leitsymptome sind

- zeitlich scharfe Begrenzung mit plötzlichem Beginn und Ende
- mehr oder minder deutliche Abkehr von der Außenwelt
- Einengung des Bewußtseins auf einen engen Erlebnisbereich
- schwere Veränderung des Denkens (z. B. Verwirrtheit)
- unzusammenhängendes Denken
- anschließende mehr oder weniger totale Amnesie.

Tiefgreifende Bewußtseinsstörungen sind eher die Ausnahme, werden aber wahrscheinlicher bei Alkoholeinfluß zur Tatzeit, bei frühkindlichen Hirnschäden, neurotischen Fehlhaltungen sowie bei abnormer Persönlichkeitsentwicklung. Nur sehr selten kann völlige Schuldunfähigkeit zur Tatzeit angenommen werden.

34.7 Schwangerschaftsabbruch

Im Jahr 1976 trat die gesetzliche Neuregelung des Schwangerschaftsabbruches in Kraft, wonach durch § 218 StGB der Schwangerschaftsabbruch sowie der Versuch dazu bis auf wenige Sonderfälle unter Strafe gestellt wird. Bestraft wird nach § 219 StGB auch, wer Hilfestellung durch Rat und Mittel leistet oder hierzu wirbt, ferner nach § 220 StGB wer seine oder fremde Dienste hierzu öffentlich anbietet.

Da die Leibesfrucht nur beschränkte Rechte und beschränkten Schutz genießt, gilt deren Tötung nicht als Mord, sondern als Abtreibung. Die volle Rechtsfähigkeit im Sinne des § 1 BGB beginnt erst mit Vollendung der Geburt.

Schwangerschaftsabbruch ist in nachfolgenden Fällen legal
- Aus medizinischer Indikation, wenn Gefahr für Leben und Gesundheit der Mutter besteht
- Aus kindlicher/genetischer Indikation, wenn anzunehmen ist, daß nicht mehr behebbare und schwerwiegende Gesundheitsschäden beim Kind vorliegen.
- Aus kriminologischer/ethischer/Vergewaltigungs-Indikation, wenn eine aufgezwungene Schwangerschaft vorliegt.

- Bei Notlagenindikation, wenn dadurch die Gefahr einer schwerwiegenden Notlage von der Schwangeren abzuwenden ist, die nicht auf andere zumutbare Weise abzuwenden wäre.

Das Gesetz setzt Fristen für die kindliche und die Notlagenindikation, innerhalb derer ein Abbruch der Schwangerschaft möglich ist (kindliche Indikation 22 Wochen, Notlagenindikation 12 Wochen). Keine Frist besteht für die medizinische Indikation. Das Gesetz beantwortet nicht die Frage, ob ein Arzt bei Fristüberberschreitung strafrechtlich belangt werden kann. Wenn er allerdings wider besseren Wissens eine Indikation bescheinigt, macht er sich nach § 219 StGB strafbar.

Diese Fassung des § 218 wurde 1992 durch eine modifizierte Fristenregelung ersetzt, die jedoch in der vom Bundestag verabschiedeten Form vom Bundesverfassungsgericht für nicht verfassungskonform beschieden und verworfen wurde.

Siebter Teil

Notfallpsychiatrie

35 Die wichtigsten notfallpsychiatrischen Interventionen

In psychiatrischen Notfallsituationen sind durch psychopathologische Veränderungen Schäden oder Gefährdungen für den Patienten selbst und möglicherweise auch für seine Umgebung gegeben. Wichtig ist es, rasch eine Syndromdiagnose zu stellen, da im Notfall syndromorientiert therapiert wird. Dabei ist es aber auch von Bedeutung, orientierend die Ursache und Art der Störung festzustellen.

Die wichtigsten psychischen Störungen, bei denen häufig notfalmäßig eingegriffen werden muß, sind

- Angstzustände und Panikattacken
- akute Suizidalität, schwere depressive Zustände
- Erregungszustände und Aggressivität
- delirante Zustände
- Halluzinationen und Wahn
- Bewußtseinstörungen
- Verwirrtheit
- Stupor
- Komplikationen bei Drogenkonsum
- Intoxikationen
- Dyskinesien
- schwere psychogene Reaktionen.

35.1 Angstzustände und Panikattacken

Vorkommen
Bei akuten Angstneurosen und bei Herzphobie, bei schweren agitierten Depressionen und bei Schizophrenien, bei Drogenkonsum (z. B. Horrortrip), bei Panikkrankheit.

Sofortmaßnahmen:
- **akute Angstneurose und Herzphobie:** Anwesenheit des Arztes, in schweren Fällen einmalig Diazepam (Valium® 10 mg i.m.)
- **Panikattacke bei Panikkrankheit:** Diazepam (Valium® 10 mg i.m.)
- **Agitierte Depression mit Angstattacke:** Valium® 10 mg i.m., evtentuell Kombination mit Aponal® oder Stangyl® 25 mg oral oder i.m..
- **Angstattacke bei Schizophrenie:** Haloperidol 5–10 mg oral oder i.m., auch Valium® 10 mg oral oder i.m.
- **Horrortrip bei LSD-Konsum:** talking down (ärztl. Gespräch), in schweren Fällen Valium® 10 mg i.m.

In schweren Fällen, verbunden mit Suizidalität und Selbst- und Fremdgefährdung stationäre Einweisung in ein psychiatrisches Krankenhaus.

35.2 Akute Suizidalität und schweres depressives Syndrom

Vorkommen
Endogene Depression, Schizophrenie, abnorme Erlebnisreaktion, neurotische Dekompensation

Sofortmaßnahmen
- stationäre Einweisung
- zur Beruhigung Valium® 10–20 mg oral oder i.m.
- eventuell Unterbringungsbeschluß
- bei Schizophrenie auch Haloperidol 5–10 mg oral oder i.m.
- bei endogener Depression auch Aponal® 25 mg i.m. oder 50 mg oral

35.3 Erregungszustände und Aggressivität

Vorkommen
Bei Abhängigkeit und im Entzug, bei Manien und Schizophrenien, bei Hirnerkrankungen und Allgemeinkrankheiten, bei Epilepsie sowie postreaktiv, beim Durchgangssyndrom.

Sofortmaßnahmen
- **Alkoholismus und im Entzug:** Valium® 10 mg i.m.
- **Manische und schizophrene Erregung:** Haloperidol® 5–10 mg i.m. oder langsam i.v.
- **Zerebrovaskulär bedingte Erregung:** Valium® 5–10 mg oral oder i.m., oder Distraneurin® 2–4 Tabletten zu je 0,5 g oder Haloperidol 2–4 mg oral.
- **Hirnerkrankungen und Allgemeinkrankheiten:** sparsam mit Psychopharmaka, eventuell Haloperidol niedrig dosiert (1–3 mg)
- **Dämmerzustand bei Epilepsie:** Valium® 10–20 mg i.m. oder i.v.
- **Abnorme Erlebniszustände, postreaktive Erregung:** Valium® 10 mg als Rektiole oder i.m., eventuell in schweren Fällen i.v.

Möglichst stationäre Einweisung, vor allem bei Psychosen.

35.4 Delirante Zustände

Vorkommen
Unterschiedlich. Auftreten im Entzug, seltener auch bei Antidepressiva.

Sofortmaßnahmen
- stationäre Einweisung
- Mittel der Wahl: Distraneurin®
- bei Distraneurin®-Abhängigkeit Haloperidol i.m. oder Infusion
- Kreislaufstabilisierung.

35.5 Halluzinationen und Wahn

Vorkommen
Bei Schizophrenien und Zyklothymie (endogene Depression und Manie), hirnorganischen Erkrankungen, im Delir.

Sofortmaßnahmen
Im Delir Distraneurin®, eventuell kombiniert mit Haldoperidol, möglichst als Infusion. Bei Schizophrenien und bei Zyklothymien neben der Basismedikation zusätzlich Haloperidol 5–10 mg i.m. oder i.v.

Immer möglichst stationäre Einweisung in psychiatrisches Krankenhaus.

35.6 Bewußtseinsstörungen

Vorkommen
Bei vielen körperlichen Erkrankungen und nach Traumen, bei Verwirrtheitszuständen, im Delir und bei Dämmerzuständen.

Das Bewußtsein kann quantitativ und qualitativ gestört sein. Dem Grad nach unterscheidet man Somnolenz (Schläfrigkeit) und Koma (Bewußtlosigkeit).

Sofortmaßnahmen
Hier ist die stationäre Einweisung besonders wichtig und vordringlich. Da körperliche Ursachen im Vordergrund stehen, ist oft die Einweisung in ein internistisches oder chirurgisches Krankenhaus sinnvoll.

Psychopharmaka möglichst keine, um nicht den aktuellen Bewußtseinszustand zu verändern und zu verschleiern.

35.7 Verwirrtheit

Vorkommen
Bei vielen psychischen und körperlichen Erkrankungen, häufig im Alter bei zerebrovaskulär bedingter Demenz sowie bei allen Formen fortgeschrittener Demenz, bei Intoxikationen, bei Drogen- und Alkoholabhängigkeit/Mißbrauch. Am häufigsten: amentielles Syndrom der organischen Psychosen.

Sofortmaßnahmen
- stationäre Einweisung, möglichst Intensivstation
- sparsame Verwendung von Psychopharmaka (Gefahr der Verstärkung)
- Abgrenzung zu zerfahrenem Denken und zur Ideenflucht
- Suche nach Medikamenten (Tablettenintoxikation, Drogen?)

35.8 Stupor

Vorkommen
Schizophrenie (hauptsächlich Katatonie), endogene Depression, Encephalitis.

Sofortmaßnahmen
- immer stationäre Einweisung
- bei endogener Depression hochdosiert Antidepressivum
- bei Schizophrenie Haloperidol (5–15 mg i.m.) oder Benperidol (Glianimon®) 2–4 mg i.m. oder i.v.

Zu beachten ist, daß der Stuporöse voll wach ist und alles wahrnimmt, was um ihn herum geschieht. Außerdem kann der Stupor unvermittelt in eine schwere Erregung umschlagen.

35.9 Komplikationen bei Drogenkonsum

Formen
Schweres depressives und suizidales Syndrom, während des Konsums und im Entzug; Horrortrip; paranoid-halluzinatorische Syndrom während und nach Konsum; flash back; schwere Angstattacken.

Sofortmaßnahmen
- Erregung, Angst und Horrortrip: beruhigendes Gespräch und Valium® 10 mg oral oder i.m.
- flash back: beruhigendes Gespräch und Valium® 5–10 mg oral oder i.m.
- psychotische Symptomatik bei Kokain: Neuroleptika.

35.10 Intoxikationen mit Psychopharmaka

Vorkommen

Bei Suizidversuch, Überdosierung bei Verwirrtheit, ungewollte Intoxikation bei Einnahmefehlern.

Die Therapie erfolgt in der Regel in Intensivabteilungen internistischer Krankenhäuser. Die stationäre Einweisung ist unumgänglich.

Sofortmaßnahmen

- Antidepressiva: anticholinerge Krise wird mit Physostigmin als Antidot behandelt. Zusätzlich kreislaufstabilisierende Maßnahmen. Im frühen Stadium Versuch der Medikamentenentfernung aus dem Magen.
- MAO-Hemmer: Antidot sind Alpha-Blocker (z.B. Phentolamin, Regitin®)
- Lithium: forcierte Diurese und Hämodialyse
- Neuroleptika: toxisch sind vor allem die trizyklischen Formen. Antidot bei anticholinerger Krise ist Physostigmin.
- Tranquilizer: Kreislaufstabilisierung; wenig toxisch.
- Mischintoxikationen: rasche qualitative und quantitative Analysen; ansonsten sofort Stabilisierung der vitalen Funktionen.

35.11 Dyskinesien

Vorkommen

Bei Behandlung mit Neuroleptika, meist in der Frühphase, organische Ursachen.

Sofortmaßnahmen

- 1 Ampulle Biperiden (Akineton®) langsam i.v. bis zum Verschwinden der Symptomatik während der Injektion.
- Absetzen der Neuroleptikatherapie und Medikamentenwechsel (z.B. Clozapin, Leponex®).

35.12 Schwere psychogene Reaktionen

Vorkommen

Auch bei psychisch sonst normalen Menschen, häufig bei Hysterikern; bei extremen Belastungssituationen, Katastrophen, im Schock.

Starke Erregung oder aber psychogener Stupor, meist im Anschluß an das Geschehen.

Sofortmaßnahmen

- ärztliches Gespräch mit energischem Zuspruch
- Valium® 10 mg i.m. oder Haloperidol 5 mg i.m.
- Überwachung

Achter Teil

Anamneseerhebung und psychischer Befund in der Psychiatrie

36 Anamneseerhebung und psychischer Befund

Der vorliegende Abschnitt ist als Hilfe für den angehenden psychiatrisch tätigen Arzt und den Studenten im praktischen Jahr gedacht und soll ihm das Erheben eines psychiatrischen Befundes erleichtern.

36.1 Familiäre und persönliche Grunddaten

Familie: Vater, Mutter, Geschwister, andere Familienangehörige (Angaben über Name, Alter, Beruf, Familienstand, Todesjahr, Todesursache)

Patient: Geburtsangaben, Geschwisterzahl, Stellung in der Geschwisterreihe, Kindheit, Schule, Beruf, Ausbildung, Ehe, Kinder usw.

36.2 Biographische Anamnese („Werdegang")

Allgemeines
Kindheit, Pubertät, Adoleszenz: Geburt, frühe Kindheit, Verhalten als Säugling und Stillverhalten der Mutter, Entwicklungsphasen, Gehen- und Sprechenlernen, Reinlichkeitserziehung, Familienatmosphäre, Kindheitserinnerungen, pathogene Umweltfaktoren und neurosefördernde Frühbedingungen, Heimerziehung, Verwöhnungen und Versagungen, neurotische Symptome im Kindesalter (z. B. Nägelbeißen, Enuresis, Enkopresis), Ängste in der Kindheit, spätere Kindheit bis zur Adoleszenz.

Sexualanamnese
Menarche, Menstruation, Menopause, Schwangerschaften, Fehlgeburten; infantile Sexualphantasien, Masturbation, sexuelle Aufklärung (wann, wie?), Doktorspiele, Perversionen, sexuelle Beziehungen, Einstellung zur Sexualität, Ehe, Familienplanung, usw.

Soziale Entwicklung

Alter, Beruf, schulische Ausbildung, sozialer Status der Eltern, soziales Milieu während des Heranwachsens, Einschulung (wann?), sonstige Ausbildung, Wehrdienst; soziale Anpassung und Bewährung, Muttersprache und sprachliche Einordnung, Rollenübernahme, Freundschaften und Lebensstil, religiöse und ethische Orientierung, Weltanschauung, bisherige Lebensbewältigung und Bewältigung von Schwellensituationen.

Jetziger sozialer Status

Berufliche Stellung, Beschäftigungsdauer, finanzielle Gegebenheiten, Wohnverhältnisse, Zivilstand, Kinderanzahl, Schulden, Vorstrafen, Einkommen usw.

Selbstcharakterisierung

Charakterisierung weiterer Bezugspersonen: Ehefrau, Ehemann, Kinder, Freund/in, stabile Objektbeziehungen

36.3 Familienanamnese und Familienerkrankungen

Frage nach psychischen Erkrankungen und Auffälligkeiten bei Verwandten 1. Grades und bei ferneren Verwandten. Somatische (vor allem neurologische) Erkrankungen und Frage nach Erkrankungen der Mutter in der Gravidität.

36.4 Somatische Anamnese

- Kinderkrankheiten, ZNS-Erkrankungen, frühkindliche Hirnschäden, zerebrale Anfälle, Schädel-Hirn-Traumen, zerebrale Durchblutungsstörungen, delirante Syndrome, Geschlechtserkrankungen, endokrine Erkrankungen, weitere Hirnerkrankungen. Gefragt werden sollte auch nach sonstigen somatischen Erkrankungen, Operationen, Unfällen (mit zerebraler Beteiligung?), gynäkologischen Erkrankungen und Operationen, vegetativen Funktionen. Derzeitiger Gesundheitszustand, Schlaf, Appetit, Verdauung, Speichelfluß, Schweißsekretion, Miktion.
- Einnahme von Genußmitteln und welche?
- Medikamente und Drogen in der letzten Zeit (Art, Dosis und Dauer); Arztbesuch in der letzten Zeit.

36.5 Frühere psychische Erkrankungen

- Zeitpunkt und Beginn, Dauer, Art und Behandlungsweise früherer psychischer Störungen; vorausgegangene Suizidversuche (Zahl, wie, warum, usw.).
- Anzahl bisheriger abgrenzbarer Erkrankungsmanifestationen, Anzahl stationärer Aufnahmen in psychiatrischen Abteilungen (wann, warum und wo).
- Bisherige Vorbehandlungen; somatische Therapie (Psychopharmaka, Heilkrampf) und Psychotherapie, Verhaltenstherapie.

36.6 Jetzige Erkrankung

Symptomatik (psychische und somatische): Schilderung der Beschwerden und Anlaß der Aufnahme; eingehende Symptomdarstellung, auch an Hand von konkreten Beispielen und Situationen; Wiedergabe spontaner Äußerungen. Beschreibung des Verhaltens des Patienten während des Aufnahmegesprächs und Charakterisierung der Gesprächssituation.

Auslösende Situation: Beginn und Entwicklung der jetzigen Symptomatik, Reaktion auf Symptome und Verarbeitung.

36.7 Psychischer Befund

Äußere Erscheinung: Vigilanz und Orientiertheit, Antrieb und Psychomotorik, interpersonaler Kontakt, Stimmung und Gefühle, Wahrnehmungen und Wahrnehmungsstörungen, Konzentration und Gedächtnis, Wahn, Denkstörungen, Intelligenz und Intelligenzstörungen, Ich- und Persönlichkeitsstörungen, subjektives Erleben der Krankheit, Suizidalität, Vitalstörungen, Psychodynamik, Persönlichkeitsstruktur, Neurosenstruktur, Glaubwürdigkeit, Affektivität, Bewußtseinslage, Orientierung zur Person zur Zeit und zum Ort; Stimmungslage, Sprachstörungen, Sexualität, Charakterzüge, Sozialverhalten.

36.8 Körperlich-neurologischer Aufnahmebefund

Vor allem neurologischer Befund, aber auch Laborwerte und notwendige technische Untersuchungen (EEG, EMG, CCT, NMR usw.).

36.9 Fremdanamnese

Kurze Schilderung des Berichtenden, Angaben zur Person und zu seiner Beziehung zum Patienten. Angaben, zu welchen Abschnitten der Krankheitsgeschichte der Berichtende Mitteilungen machte.

Die Fremdanamnese sollte in keiner psychiatrischen Anamnese fehlen!

36.10 Diagnosestellung

Es hat sich bewährt, beim ersten Gespräch lediglich von „vorläufiger Diagnose" zu sprechen. Von Vorteil ist auch die Stellung einer sog. **Syndromdiagnose**.

Angaben zu Verlauf und Verlaufsanalyse, Ätiologie, Differentialdiagnose, Syndrom.

Eine endgültige Diagnose sollte erst am Ende des stationären Aufenthaltes gestellt werden (sog. „Entlassungsdiagnose").

36.11 Therapie und Verlauf

Während des stationären Aufenthalts sollten in entsprechenden Zeitabständen Eintragungen über den Krankheitsverlauf gemacht werden. Ferner: Begründung diagnostischer und therapeutischer Maßnahmen, Gegenüberstellung von Änderungen des psychopathologischen Befundes während des Klinikaufenthaltes unter besonderer Berücksichtigung der Therapie; Begründung für die Beendigung eines stationären Aufenthaltes, Wiedergabe wichtiger Punkte des Entlassungsgespräches mit dem Patienten, dessen Angehörigen oder anderen Personen; Stellungnahme zu weiteren Therapiemöglichkeiten, zur Betreuung und Prognose.

36.12 Epikrise oder Arztbrief

Name, Geburtsdatum, Aufenthaltsdauer; Entlassungsdiagnose mit ICD-Nummer und oder DSM-Nummer, evtl. Angabe mehrerer Diagnosen; Anlaß zur stationären Aufnahme und kurze Zusammenfassung wichtiger anamnestischer Angaben, ferner somatischer Status bei der Aufnahme; Untersuchungsbefunde (Neuroradiologie, Neurophysiologie, Labor, EKG usw.)

Psychischer Status und Exploration bei der Aufnahme, evtl. Daten aus tiefenpsychologischer Exploration; Angaben zur Behandlung und zum Verlauf während des stationären Aufenthaltes, diagnostische Überlegungen, Angaben zur Diagnose und Therapievorschlag für den weiterbehandelnden Arzt.

In geschlossenen psychiatrischen Anstalten wird als weiterer Punkt „die Rechtsgrundlage zur Aufnahme in eine geschlossenen Anstalt" hinzukommen: z. B. freiwillig gegen Unterschrift, Unterbringungsgesetz.

Herausgabe von psychiatrischen Krankenunterlagen ausschließlich nach ausdrücklicher schriftlicher Zustimmung des Patienten.

Arztbriefe und andere Aufzeichnungen dürfen selbst den Kostenträgern, also den Krankenversicherungen ohne schriftliche Genehmigung des Patienten nicht übermittelt werden. Arztbriefe sind nur für den zuweisenden Arzt bestimmt. Auch der Patient selbst hat kein Recht auf Überlassung psychiatrischer Aufzeichnungen und Berichte über ihn, da Patienten nur objektive Daten über sich erhalten dürfen, was natürlich bei psychiatrischen Aufzeichnungen und Berichten fachspezifisch nicht immer gewährleistet ist. Letztlich müßte man die tatsächlich oder vermeintlich subjektiven Inhalte bei Weitergabe von Kopien der Aufzeichnungen abdecken oder schwärzen.

Anhang

Überblick über zwei- bis fünfstellige diagnostische Kategorien

Gesamtaufstellung der ICD10

Überblick über zwei- bis fünfstellige diagnostische Kategorien

F0 Organische, einschließlich symptomatischer, psychischer Störungen

F00 Demenz bei Alzheimer'scher Erkrankung
- F00.0 Demenz bei Alzheimer-Erkrankung mit frühem Beginn
- F00.1 Demenz bei Alzheimer-Erkrankung mit spätem Beginn
- F00.2 Demenz bei Alzheimer-Erkrankung, atypische oder gemischte Form
- F00.9 nicht näher bezeichnete Form

F01 Vaskuläre Demenz
- F01.0 Vaskuläre Demenz mit akutem Beginn
- F01.1 Multiinfarktdemenz (vorwiegend kortikal)
- F01.2 Subkortikale vaskuläre Demenz
- F01.3 Gemischte (kortikale und subkortikale) vaskuläre Demenz
- F01.8 Sonstige Formen
- F01.9 nicht näher bezeichnete Formen

F02 Demenz bei sonstigen anderorts klassifizierten Erkrankungen
- F02.0 Demenz bei Pick'scher Erkrankung
- F02.1 Demenz bei Creutzfeldt-Jacob'scher Erkrankung
- F02.2 Demenz bei Huntington'scher Erkrankung
- F02.3 Demenz bei Parkinson'scher Erkrankung
- F02.4 Demenz bei Erkrankung durch das Humane Immundefizienzvirus (HIV)
- F02.8 Demenz bei anderorts klassifizierten Krankheitsbildern

F03 Nicht näher bezeichnete Demenz
Die fünfte Stelle beschreibt das klinische Erscheinungsbild einer Demenz (F00-F03) mit zusätzlichen Symptomen:
- F03.x0 ohne zusätzliche Symptome
- F03.x1 andere Symptome, vorwiegend wahnhaft
- F03.x2 andere Symptome, vorwiegend halluzinatorisch
- F03.x3 andere Symptome, vorwiegend depressiv
- F03.x4 andere gemischte Symptome

F04 Organisches amnestisches Syndrom, nicht durch Alkohol oder sonstige psychotrope Substanzen bedingt

F05 Delir, nicht durch Alkohol oder psychotrope Substanzen bedingt
- F05.0 Delir ohne Demenz
- F05.1 Delir bei Demenz
- F05.8 Sonstiges Delir
- F05.9 nicht näher bezeichnetes Delir

F06 Andere psychische Störungen aufgrund einer Schädigung oder Funktionsstörung des Gehirns oder einer körperlichen Erkrankung
- F06.0 organische Halluzinose
- F06.1 organische Katatone Störung
- F06.2 organische wahnhafte (schizophreniforme) Störungen
- F06.3 organische affektive Störungen
- F06.3.30 organische manische Störung
- F06.3.31 organische bipolare Störung

F06.3.32	organische depressive Störung	F1.x.21	gegenwärtig abstinent, aber in beschützender Umgebung
F06.3.33	organische gemischte affektive Störung	F1.x.22	gegenwärtig Teilnahme an einem ärztlich überwachten Ersatzdrogenprogramm (z. B. Methadon)
F06.4	organische Angststörung		
F06.5	organische dissoziative Störung		
F06.6	organische emotional labile (asthenische) Störung	F1.x.23	gegenwärtig abstinent, aber in Behandlung mit aversiven oder hemmenden Medikamenten (z. B. Disulfiram oder Alcamprosat)
F06.7	leichte kognitive Störung		
F06.8	sonstige näher bezeichnete psychische Störung	F1.x.24	gegenwärtiger Substanzgebrauch
		F1.x.25	ständiger Substanzgebrauch
F06.9	nicht näher bezeichnete psychische Störung	F1.x.26	episodischer Substanzgebrauch (z. B. Dipsomanie)

F07 Persönlichkeits- und Verhaltensstörungen aufgrund einer Erkrankung, Schädigung oder Funktionsstörung des Gehirns

		F1.x3	Entzugssyndrom
F07.0	organische Persönlichkeitsstörung	F1.x.30	unkompliziert, ohne Komplikationen
F07.1	postenzephalitisches Syndrom	F1.x.31	mit Krampfanfällen
F07.2	organisches Psychosyndrom nach Schädelhirntrauma	F1.x4	Entzugssyndrom mit Delir
		F1.x.40	ohne Krampfanfälle
		F1.x.41	mit Krampfanfällen
F07.8	sonstige organische Persönlichkeits- und Verhaltensstörung	F1.x5	psychotische Störung
		F1.x.50	schizophreniform
F07.9	nicht näher bezeichnete Störungen	F1.x.51	vorwiegend wahnhaft

F09 nicht näher bezeichnete organische oder symptomatische psychische Störungen

		F1.x.52	vorwiegend halluzinatorisch (einschl. Alkoholhalluzinose)
		F1.x.53	vorwiegend polymorph

F1 Psychische und Verhaltensstörungen durch psychotrope Substanzen

		F1.x.54	vorwiegend depressive Symptome
		F1.x.55	vorwiegend manische Symptome
F10	Störungen durch Alkohol	F1.x.56	gemischt
		F1.x6	amnestisches Syndrom
F11	Störungen durch Opioide	F1.x7	Restzustand und verzögerte psychotische Störung
F12	Störungen durch Cannabinoide	F1.x.70	Nachhallzustände (flashbacks)
		F1.x.71	Persönlichkeits- oder Verhaltensstörung
F13	Störungen durch Sedativa oder Hypnotika	F1.x.72	affektiver Restzustand
		F1.x.73	Demenz
F14	Störungen durch Kokain	F1.x.74	andere anhaltende kognitive Beeinträchtigung
F15	Störungen durch sonstige Stimulantien einschließlich Koffein	F1.x.75	verzögert auftretende psychotische Störung
		F1.x8	sonstige psychische oder Verhaltensstörungen
F16	Störungen durch Halluzinogene	F1.x9	nicht näher bezeichnete psychische oder Verhaltensstörung
F17	Störungen durch Tabak		

F2 Schizophrenie, schizotype und wahnhafte Störungen

F18 Störungen durch flüchtige Lösungsmittel

F20 Schizophrenie

F19 Störungen durch multiplen Substanzgebrauch und Konsum anderer psychotroper Substanzen

Die vierte und fünfte Stelle beschreiben das klinische Erscheinungsbild:

		F20.0	paranoide Schizophrenie
F1.x0	akute Intoxikation	F20.1	hebephrene Schizophrenie
F1.x.00	ohne Komplikationen	F20.2	katatone Schizophrenie
F1.x.01	mit Verletzung oder anderer körperlicher Schädigung	F20.3	undifferenzierte Schizophrenie
		F20.4	postschizophrene Depression
F1.x.02	mit anderer medizinischer Komplikation	F20.5	schizophrenes Residuum
		F20.6	Schizophrenia simplex
F1.x.03	mir Delir	F20.8	sonstige Schizophrenie
F1.x.04	mit Wahrnehmungsstörungen	F20.9	nicht näher bezeichnete Schizophrenie
F1.x.05	mit Koma	F20.x0	kontinuierlich
F1.x.06	mit Krampfanfällen	F20.x1	episodisch, mit zunehmendem Residuum
F1.x.07	pathologischer Rausch	F20.x2	episodisch, mit stabilem Residuum
F1.x1	schädlicher Gebrauch	F20.x3	episodisch remittierend
F1.x2	Abhängigkeitssyndrom	F20.x4	unvollständige Remission
F1.x.20	gegenwärtig abstinent	F20.x5	vollständige Remission
		F20.x8	sonstige Formen
		F20.x9	Beobachtungszeitraum weniger als ein Jahr

F21	**Schizotype Störung**		**F32**	**Depressive Episode**

F21 Schizotype Störung

F22 Anhaltende wahnhafte Störungen
- F22.0 wahnhafte Störung
- F22.8 sonstige anhaltende wahnhafte Störungen
- F22.9 nicht näher bezeichnete anhaltende wahnhafte Störungen

F23 Vorübergehende akute psychotische Störungen
- F23.0 akute polymorphe Störung ohne Symptome einer Schizophrenie
- F23.1 akute polymorphe psychotische Störung mit Symptomen einer Schizophrenie
- F23.2 akute schizophreniforme psychotische Störung
- F23.3 sonstige akute vorwiegend wahnhafte psychotische Störung
- F23.8 sonstige akute vorübergehende psychotische Störungen
- F23.9 nicht näher bezeichnete akute vorübergehende psychotische Episode

F24 Induzierte wahnhafte Störung

F25 Schizoaffektive Störungen
- F25.0 schizomanische Störung
- F25.1 schizodepressive Störung
- F25.2 gemischte schizoaffektive Störung
- F25.8 sonstige schizoaffektive Störungen
- F25.9 nicht näher bezeichnete Formen

F28 Sonstige nichtorganische psychotische Störungen

F29 Nicht näher bezeichnete nichtorganische Psychose

F3 Affektive Störungen

F30 Manische Episode
- F30.0 Hypomanie
- F30.1 Manie ohne psychotische Symptome
- F30.2 Manie mit psychotischen Symptomen
- F30.8 sonstige manische Episoden
- F30.9 nicht näher bezeichnete Formen

F31 Bipolare affektive Störung
- F31.0 gegenwärtig hypomanische Episode
- F31.1 gegenwärtig manische Episode, ohne psychotische Symptome
- F31.2 gegenwärtig manische Episode, mit psychotischen Symptomen
- F31.3 gegenwärtig mittelgradige oder leichte depressive Episode
- F31.30 ohne somatische Symptome
- F31.31 mit somatischen Symptomen
- F31.4 gegenwärtig schwere depressive Episode ohne psychotische Symptome
- F31.5 gegenwärtig schwere depressive Episode mit psychotischen Symptomen
- F31.6 gegenwärtig gemischte Episode
- F31.7 gegenwärtig remittiert
- F31.8 sonstige Formen
- F31.9 nicht näher bezeichnete Formen

F32 Depressive Episode
- F32.0 leichte depressive Episode
- F32.00 ohne somatische Symptome
- F32.01 mit somatischen Symptomen
- F32.1 mittelgradige depressive Episode
- F32.10 ohne somatische Symptome
- F32.11 mit somatischen Symptomen
- F32.2 schwere depressive Episode ohne psychotische Symptome
- F32.3 schwere depressive Episode mit psychotischen Symptomen
- F32.8 sonstige Formen
- F32.9 nicht näher bezeichnete Formen

F33 Rezidivierende depressive Störungen
- F33.0 gegenwärtig leichte Episode
- F33.00 ohne somatische Symptome
- F33.01 mit somatischen Symptomen
- F33.1 gegenwärtig mittelgradige Episode
- F33.10 ohne somatische Symptome
- F33.11 mit somatischen Symptomen
- F33.2 gegenwärtig schwere Episode ohne psychotische Symptome
- F33.3 gegenwärtig schwere Episode mit psychotischen Symptomen
- F33.4 gegenwärtig remittiert
- F33.8 sonstige Formen
- F33.9 nicht näher bezeichnete Formen

F34 Anhaltende affektive Störungen
- F34.0 Zyklothymia
- F34.1 Dysthymia
- F34.8 sonstige Formen
- F34.9 nicht näher bezeichnete Formen

F38 Sonstige affektive Störungen
- F38.0 sonstige einzelne affektive Störungen
- F38.00 gemischte affektive Episode
- F38.1 sonstige rezidivierende affektive Störungen
- F38.10 rezidivierende kurze depressive Störung
- F38.8 sonstige näher bezeichnete Formen

F39 Nicht näher bezeichnete affektive Störungen

F4 Neurotische-, Belastungs-, und somatoforme Störungen

F40 Phobische Störungen
- F40.0 Agoraphobie
- F40.00 ohne Panikstörung
- F40.01 mit Panikstörung
- F40.1 soziale Phobien
- F40.2 spezifische (isolierte) Phobien
- F40.8 sonstige Formen
- F40.9 nicht näher bezeichnete Formen

F41 Sonstige Angststörungen
- F41.0 Panikstörung (episodisch paroxysmale Angst)
- F41.1 generalisierte Angststörung
- F41.2 Angst und depressive Störung, gemischt
- F41.3 andere gemischte Angststörungen

F41.8 andere näher bezeichnete Formen
F41.9 nicht näher bezeichnete Formen

F42 Zwangsstörung
F42.0 vorwiegend Zwangsdenken oder Grübelzwang
F42.1 vorwiegend Zwangshandlungen (Zwangsrituale)
F42.2 Zwangsgedanken und -handlungen, gemischt
F42.8 sonstige Formen
F42.9 nicht näher bezeichnete Formen

F43 Reaktionen auf schwere Belastungen und Anpassungsstörungen
F43.0 akute Belastungsreaktion
F43.1 posttraumatische Belastungsstörung
F43.2 Anpassungsstörungen
F43.20 kurze depressive Reaktion
F43.21 längere depressive Reaktion
F43.22 Angst und depressive Reaktion, gemischt
F43.23 mit vorwiegender Beeinträchtigung von anderen Gefühlen
F43.24 mit vorwiegender Störung des Sozialverhaltens
F43.25 mit gemischter Störung von Gefühlen und Sozialverhalten
F43.28 sonstige spezifische Anpassungsstörung
F43.8 sonstige Reaktionen auf schwere Belastung
F43.9 nicht näher bezeichnete Formen

F44 Dissoziative Störungen (Konversionsstörungen)
F44.0 dissoziative Amnesie
F44.1 dissoziative Fugue
F44.2 dissoziativer Stupor
F44.3 Trance und Besessenheitszustände
F44.4 dissoziative Bewegungsstörungen
F44.5 dissoziative Krampfanfälle
F44.6 dissoziative Sensibilitäts- und Empfindungsstörungen
F44.7 dissoziative Störungen (Konversionsstörungen), gemischt
F44.8 sonstige Formen
F44.80 Ganser-Syndrom
F44.81 multiple Persönlichkeitsstörung
F44.82 vorübergehende dissoziative Störungen (Konversionsstörungen) in der Kindheit und Jugend
F44.88 näher bezeichnete sonstige Formen
F44.9 nicht näher bezeichnete Formen

F45 Somatoforme Störungen
F45.0 Somatisierungsstörung
F45.1 undifferenzierte Somatisierungsstörung
F45.2 hypochondrische Störung
F45.3 somatoforme autonome Funktionsstörung
F45.30 kardiovaskuläres System
F45.31 oberer Gastrointestinaltrakt
F45.32 unterer Gastrointestinaltrakt
F45.33 respiratorisches System
F45.34 Urogenitalsystem
F45.38 sonstige Organe oder Organsysteme
F45.4 anhaltende somatoforme Schmerzstörung
F45.8 sonstige Formen
F45.9 nicht näher bezeichnete Formen

F48 Sonstige neurotische Störungen
F48.0 Neurasthenie (Erschöpfungssyndrom)
F48.1 Depersonalisations-, Derealisationssyndrom(-störung)
F48.8 sonstige näher bezeichnete Formen
F48.9 nicht näher bezeichnete Formen

F5 Verhaltensauffälligkeiten mit körperlichen Störungen und Faktoren

F 50 Eßstörungen
F50.0 Anorexia nervosa
F50.1 atypische Anorexia nervosa
F50.2 Bulimia nervosa
F50.3 atypische Bulimia nervosa
F50.4 Eßattacken bei anderen psychischen Störungen
F50.5 Erbrechen bei psychischen Störungen
F50.8 Sonstige Formen
F50.9 nicht näher bezeichnete Formen

F51 Nicht-organische Schlafstörungen
F51.0 nicht-organische Insomnie
F51.1 nicht-organische Hypersomnie
F51.2 nicht-organische Störung des Schlaf-Wach-Rhythmus
F51.3 Schlafwandeln (Somnambulismus)
F51.4 Pavor nocturnus
F51.5 Alpträume (Angstträume)
F51.8 sonstige Formen
F51.9 nicht näher bezeichnete Formen

F52 Nichtorganische sexuelle Funktionsstörungen
F52.0 Mangel oder Verlust von sexuellem Verlangen
F52.1 sexuelle Aversion und mangelnde sexuelle Befriedigung
F52.10 sexuelle Aversion
F52.11 mangelnde sexuelle Befriedigung
F52.2 Versagen genitaler Reaktionen
F52.3 Orgasmusstörung
F52.4 Ejaculatio praecox
F52.5 nicht-organischer Vaginismus
F52.6 nicht-organischer Dyspareunie
F52.7 gesteigertes sexuelles Verlangen
F52.8 sonstige Formen
F52.9 nicht näher bezeichnete Formen

F53 Psychische oder Verhaltensstörungen im Wochenbett, nicht andernorts klassifizierbar
F53.0 leichte psychische Störungen im Wochenbett, nicht andernorts klassifizierbar
F53.1 schwere psychische Störungen im Wochenbett, nicht andernorts klassifizierbar
F53.8 sonstige Formen
F53.9 nicht näher bezeichnete Formen

F54 Psychische Faktoren oder Verhaltenseinflüsse bei andernorts klassifizierten Erkrankungen

F55 Mißbrauch von nicht abhängigkeitserzeugenden Substanzen
- F55.0 Antidepressiva
- F55.1 Laxantien
- F55.2 Analgetika
- F55.3 Antazida
- F55.4 Vitamine
- F55.5 Steroide oder Hormone
- F55.6 bestimmte pflanzliche oder Naturheilmittel
- F55.8 sonstige
- F55.9 nicht näher bezeichnete

F59 Nicht näher bezeichnete Verhaltensauffälligkeiten mit körperlichen Störungen und Faktoren

F6 Persönlichkeits- und Verhaltensstörungen

F60 Persönlichkeitsstörung
- F60.0 paranoide Persönlichkeitsstörung
- F60.1 schizoide Persönlichkeitsstörung
- F60.2 dissoziale Persönlichkeitsstörung
- F60.3 emotional instabile Persönlichkeitsstörung
- F60.30 impulsiver Typ
- F60.31 Borderline Typ
- F60.4 histrionische Persönlichkeitsstörung
- F60.5 anankastische (zwanghafte) Persönlichkeitsstörung
- F60.6 ängstliche (vermeidende) Persönlichkeitsstörung
- F60.7 abhängige Persönlichkeitsstörung
- F60.8 sonstige Persönlichkeitsstörungen
- F60.9 nicht näher bezeichnete Persönlichkeitsstörungen

F61 Kombinierte und andere Persönlichkeitsstörungen
- F61.0 kombinierte Persönlichkeitsstörungen
- F61.1 störende Persönlichkeitsstörungen, nicht klassifizierbar in F60 oder F62

F62 Andauernde Persönlichkeitsänderungen, nicht Folge einer Schädigung oder Erkrankung des Gehirns
- F62.0 andauernde Persönlichkeitsänderung nach Extrembelastung
- F62.1 andauernde Persönlichkeitsänderung nach psychischer Erkrankung
- F62.8 sonstige Formen
- F62.9 nicht näher bezeichnete Formen

F63 Abnorme Gewohnheiten und Störungen der Impulskontrolle
- F63.0 pathologisches Spielen (Glücksspiel)
- F63.1 pathologische Brandstiftung (Pyromanie)
- F63.2 patologisches Stehlen (Kleptomanie)
- F63.3 Trichotillomanie
- F63.8 sonstige Formen
- F63.9 nicht näher bezeichnete Formen

F64 Störungen der Geschlechtsidentität
- F64.0 Transsexualität
- F64.1 Transvestitismus unter Beibehaltung beider Geschlechtsrollen
- F64.2 Störung der Geschlechtsindentität des Kindsalters
- F64.8 sonstige Formen
- F64.9 nicht näher bezeichnete Formen

F65 Störungen der Sexualpräferenz
- F65.0 Fetischismus
- F65.1 fetischistischer Transvestitismus
- F65.2 Exhibitionismus
- F65.3 Voyeurismus
- F65.4 Pädophilie
- F65.5 Sadomasochismus
- F65.6 multiple Störungen der Sexualpräferenz
- F65.8 sonstige Formen
- F65.9 nicht näher bezeichnete Formen

F66 Psychische und Verhaltensprobleme in Verbindung mit der sexuellen Entwicklung und Orientierung
- F66.0 sexuelle Reifungskrise
- F66.1 ichdystone Sexualorientierung
- F66.2 sexuelle Beziehungsstörung
- F66.8 sonstige psychosexuelle Entwicklungsstörungen
- F66.9 nicht näher bezeichnete Formen

Die fünfte Stelle bezeichnet die sexuelle Orientierung:
- F6x.x0 Heterosexualität
- F6x.x1 Homosexualität
- F6x.x2 Bisexualität

F68 Sonstige Persönlichkeits- und Verhaltensstörungen
- F68.0 Entwicklung körperlicher Symptome aus psychischen Gründen
- F68.1 artifizielle Störung (absichtliches Erzeugen oder Vortäuschen von körperlichen oder psychischen Symptomen oder Behinderungen)
- F68.8 sonstige näher bezeichnete Formen

F69 Nicht näher bezeichnete Persönlichkeits- und Verhaltensstörungen

F7 Intelligenzminderung

F70 Leichte Intelligenzminderung

F71 Mittelgradige Intelligenzminderung

F72 Schwere Intelligenzminderung

F73 Schwerste Intelligenzminderung

F78 Sonstige Intelligenzminderung

F79 Nicht näher bezeichnete Intelligenzminderung

Mit der vierten Stelle kann das Ausmaß der begleitenden Verhaltensstörung beschrieben werden:
- F7x.0 keine oder minimale Verhaltensstörung
- F7x.1 eindeutige Verhaltensstörung, betreuungs- oder behandlungsbedürftig
- F7x.8 sonstige
- F7x.9 nicht näher bezeichnete

F8 Entwicklungsstörungen

F80 Umschreibende Entwicklungsstörungen des Sprechens und der Sprache
- F80.0 Artikulationsstörung
- F80.1 expressive Sprachstörung

F80.2 rezeptive Sprachstörung
F80.3 erworbene Aphasie mit Epilepsie (Landau-Kleffner-Syndrom)
F80.8 sonstige Formen
F80.9 nicht näher bezeichnete Formen

F81 Umschriebene Entwicklungsstörungen schulischer Fertigkeit
F81.0 Lese- und Rechtschreibstörung
F81.1 isolierte Rechtschreibstörung
F81.2 Rechenstörung
F81.3 kombinierte Störung schulischer Fertigkeiten
F81.8 sonstige Formen
F81.9 nicht näher bezeichnete Formen

F82 Umschriebende Entwicklungsstörung der motorischen Funktionen

F83 Kombinierte umschriebene Entwicklungsstörung

F84 Tiefgreifende Entwicklungsstörungen
F84.0 frühkindlicher Autismus
F84.1 atypischer Autismus
F84.2 Rett-Syndrom
F84.3 sonstige desintegrative Störung des Kindesalter
F84.4 hyperkinetische Störung mit Intelligenzminderung und Bewegungsstereotypien
F84.5 Asperger-Syndrom
F84.8 sonstige Formen
F84.9 nicht näher bezeichnete Formen

F88 Sonstige Entwicklungsstörungen

F89 Nicht näher bezeichnete Entwicklungsstörungen

F9 Verhaltens- und emotionale Störungen mit Beginn in der Kindheit und Jugend

F90 Hyperkinetische Störungen
F90.0 einfache Aktivitäts- und Aufmerksamkeitsstörungen
F90.1 hyperkinetische Störung des Sozialverhaltens
F90.8 sonstige Formen
F90.9 nicht näher bezeichnete Formen

F91 Störung des Sozialverhaltens
F91.0 auf den familiären Rahmen beschränkte Störung des Sozialverhaltens
F91.1 Störung des Sozialverhaltens bei fehlenden sozialen Bindungen
F91.2 Störung des Sozialverhaltens bei vorhandenen sozialen Bindungen
F91.3 Störung des Sozialverhaltens mit oppositionellem, aufsässigem Verhalten
F91.8 sonstige Formen
F91.9 nicht näher bezeichnete Formen

F92 Kombinierte Störung des Sozialverhaltens und der Emotionen
F92.0 Störung des Sozialverhaltens mit depressiver Störung
F92.8 sonstige Formen
F92.9 nicht näher bezeichnete Formen

F93 Emotionale Störungen des Kindesalters
F93.0 emotionale Störung mit Trennungsangst des Kindesalters
F93.1 phobische Störung des Kindesalters
F93.2 Störung mit sozialer Überempfindlichkeit des Kindesalters
F93.3 emotionale Störung mit Geschwisterrivalität
F93.8 sonstige Formen
F93.9 nicht näher bezeichnete Formen

F94 Störung sozialer Funktionen mit Beginn in der Kindheit und Jugend
F94.0 elektiver Mutismus
F94.1 reaktive Bindungsstörung des Kindesalters
F94.2 Bindungsstörung des Kindesalters mit Enthemmung
F94.8 sonstige Formen
F94.9 nicht näher bezeichnete Formen

F95 Ticstörungen
F95.0 vorübergehende Ticstörung
F95.1 chronische motorische oder vokale Ticstörung
F95.2 kombinierte, vokale und multiple motorische Tics (Tourette-Syndrom)
F95.8 sonstige Ticstörungen
F95.9 nicht näher bezeichnete Formen

F98 Sonstige Verhaltens- und emotionale Störungen mit Beginn in der Kindheit und Jugend
F98.0 Enuresis
F98.1 Enkopresis
F98.2 Fütterstörung im frühen Kindesalter
F98.3 Pica im Kindesalter
F98.4 stereotype Bewegungsstörung
F98.5 Stottern (Stammeln)
F98.6 Poltern
F98.8 sonstige Formen
F98.9 nicht näher bezeichnete Formen

F99 Nicht näher bezeichnete psychische Störungen

Index

A

Abhängigkeit 116
- Behandlung 121
- Entstehung 117
- psychische und physische 120
- soziale Folgen 121
abnorme Erlebnisreaktion 151
abnorme Verlustreaktion 152
Abstinenz 122
Abulie 43, 91
Abusus 118
Abwehr, psychosoziale 161
Abwehrmechanismen 161
Adipositas, kindliche 230
Adoleszentenkrise 160
Adrenochrom 139
Aerophagie 168
Affekt, inadäquater 32
- Inkontinenz 32
- Labilität 32
- Starre 33
- Stauung 32
- Stupor 33
Affektillusion 12
affektive Psychosen 48
Affektive Verarmung 32
Affektkrämpfe, respiratorische 227
Affekttaten 280
Aggression 90
Aggressivität 229, 285
Agoraphobie 173
Agrammatismus 217

Agraphie 215
Agrophobie 173
AIDS-Demenz-Komplex 46
Akathisie 102
Akinese 30, 101
Akoasmen 41
akute schizoide Episode 84
akute schizophrene Psychose 110
akuter exogener Reaktionstyp 39
Alexie 215
Alexithymie 215
Alibidinie 194
Alkoholabhängigkeit 117
Alkoholembryopathie 150
Alkoholhalluzinose 39, 147
Alkoholismus 117, 125
- Folgen 144
- forensische Besonderheiten 275
- Formen 125
Alkohol-Psychose 147
Alkoholrausch, gewöhnlicher 129
- komplizierter 130
- pathologischer 129
Alkoholtoleranz 128
Altersdepression 58
Altersschizophrenie 85, 113
Ambitendenz 90
Ambivalenz 90, 155, 177, 188
amentiell-delirantes Syndrom 41
amentielles Syndrom 42, 286
Amimie 101
Amnesie 22, 23, 43, 129
- anterograde 22

- retrograde 22
- transitorische globale 22
Amphetamin-Derivate 12
Amphetamine 130, 136, 148
anale Phase 158
Analgetikaabusus 131
Anamnese 2, 290
- objektive 3
- psychiatrische 4
- subjektive 3
Anankasmus 27, 177
Anfall, epileptischer 150
Anfälle, psychogene 228
Angels dust 116
Angst 33, 90, 170
Angsthierarchie 255
Angstneurose 170
Angstzustände 284
Anorexia nervosa 160, 161, 180
Anorgasmie 193
Antabus® 124
Antidepressiva 63, 65, 97
- Nebenwirkungen 67
- Regeln zur Therapie 66
- Wirkung 69
Antiparkinsonmittel 97, 102, 105
Antriebsenthemmung 30
Antriebshemmung 29, 53
Antriebsminderung 29
Antriebssperre 29
Antriebssteigerung 53, 55
Antriebsstörungen 29, 90
Antriebsverarmung 29

Apathie 32
Appetitstörungen bei Kindern 230
Appetitzügler 136
Arbeitstherapie 108
Arc de cercle 174
Arztbrief 6, 292
ärztliches Gespräch 3
Asperger-Typ (Autismus) 222
asthenische Persönlichkeit 186
Athymie 90
Auffassungsstörungen 24
Aufmerksamkeitsstörungen 24
Autismus 79, 81, 85, 90, 91
– frühkindlicher 121, 209
Autogenes Training 256
Aversionstherapie 254

B

Balint-Gruppen 262
Ballismus 102
Barbituratabhängigkeit 132
Bedeutungswahn 15
Beeinträchtigungswahn 15
Befehlsautomatie 31, 91
Begriffsverschiebung 20, 88
Begriffszerfall 18, 88
Benzodiazepine 132
– Einteilung 134
– Entzugssyndrom 135
Berufungswahn 16
Beschäftigungsdelir 145
Beschäftigungstherapie 108
Beschäftigungszwang 30
Betreuung 268
Betreuungsrecht 268
Bettnässen 230
Bewegungsstörungen, zerebrale 212
Bewußtseinseinengung 23
Bewußtseinsstörungen 34, 286
Bewußtseinstrübung 39
Beziehungsfalle 81
Beziehungswahn 15
– sensitiver 15
Bilanzselbstmord 238
Biofeedback 255
Borderline-Persönlichkeitsstörung 188
Borderline-Schizophrenie 84
Borderline-Syndrom 182
– forensische Besonderheiten 277
Brandstiftung 279
broken home 81, 156
Bufotenin 139
Bulimarexie 160, 180
Bulimie 160, 180
Bürgerliches Recht 267

C

Cannabis 137
Charakterneurosen 163
Clomethiazol 136, 146
Cocain 139, 141
Codein 141
Coenästhesien 88
Coffein 137
Creutzfeld-Jakob'sche Erkrankung 46

D

Dämmerzustand 23, 34, 42
Dauerschlafbehandlung 71
Daumenlutschen 226
Debilität 206, 207
Déjà-vu-Erlebnis 12, 23
Delir 34, 41, 103, 124, 136, 144, 147
– Therapie 146
Delirante Zustände 285
Delirium acutum 146
Delirium tremens 144
Dementia praecox 78
Demenz 23, 40, 93, 206
– Creutzfeld-Jakob'sche Erkrankung 46
– Huntington'sche Erkrankung 46
– Parkinsonsche Erkrankung 46
– Pseudo- 46, 53
– Schein- 46
– vaskuläre 44
– vom Alzheimer-Typ 40, 43
– vom Multiinfarkt-Typ 40
Denken, autistisches 91
– dementielles 21
– gehemmtes 20
– ideenflüchtiges 20
– inkohärentes 19
– zerfahrenes 18, 88
Denkhemmung 53
Denkstörungen 17
– formale 17, 88
Depersonalisation 26, 179
Depravation 120, 150, 183
Depression, atypische 68
– Entlastungs- 59
– Erschöpfungs- 58
– forensische Besonderheiten 273
– Involutions- 58
– Jammer- 53
– klimakterische 57
– larvierte 48, 53, 54
– mehrschichtige 58
– neurotische 169, 169
– Phasen 60
– Psychotherapie 70
– reaktive 169

– rechtliche Folgen 56
– symptomatische 59
– Therapie 63
– Umzugs- 59
– Wochenbett- 57
– zyklothyme, endogene 1, 52, 57, 62
depressive Persönlichkeit 185
depressive Verstimmung 53
Derealisation 26, 179
Dermatozoenwahn 137
Desensibilisierung 254
Desorientiertheit 43
Deutung 249
Dipsomanie 127
dissoziale Persönlichkeit 186
Distraneurin® 122, 124, 136, 146
Dokumentation 6
double bind 81
Drogenabhängigkeit 117, 130
Drogenmißbrauch 130
DSM-III-R (Diagnostic and Statistical Manual) 9
Durchgangssyndrom 38
– postoperatives 46
Dysarthrie 216
Dyskinesien 287
Dysmenorrhoe 168
Dyspareunie 193

E

Echokinese 227
Echolalie 31, 91, 227
Echopraxie 31, 91
Egopathie 82
Eherecht 271
Eidetisches Phänomen 12
Eifersuchtswahn 15, 147, 148
Ejaculatio praecox 192
Ejaculatio retardata 192
Ekmnesie 23
Ekphorieren 21
Elektrokonvulsionstherapie 106
Elektrokrampfbehandlung 50
Elektrokrampftherapie 63, 70
Engraphieren 21
Enkopresis 230
Entfremdungserlebnisse 25
Entfremdungssymptome, neurotische 179
Entgiftung 122
Entlastungsdepression 59
Entmündigung 268
Entwöhnung 122
Entziehung 122
Enuresis 158, 229
Enzephalopathie, Wernicke 148
Epikrise 6, 292

Epilepsie, forensische Besonderheiten 274
Erektionsschwäche 192
Ergotherapie 108
Erklärungswahn 15, 16
erregbare Persönlichkeit 185
Erregung 31
Erröten 167
Ersatzbefriedigung 119
Erschöpfungsdepression 58
Erschöpfungsreaktion 153
Erythrophobie 167
Exhibitionismus 196, 279
Exploration 3
Extrembelastung 154

F

Familienanamnese 291
Familientherapie 263
Fehlleistung 249
Fetischismus 196
Fettleber 149
Fettsucht, psychogene 160
flapping tremor 149
flash back 138, 140
Flexibilitas cerea 30, 91
Fokaltherapie 250
Folie à deux 17, 114
Fremdanamnese 3, 292
Fremdhypnose 256
Frotteurismus 197
Frühdyskinesien 100
frühkindliche Psychosen 221
Frühreife 191
Furcht 90

G

Gammazismus 217
Ganser-Syndrom 47, 189
Gastritis, akute 149
Gedächtnisstörungen 21
Gedankenabreißen 88
Gedankenentzug 88
Gedankenlautwerden 86
Gegenübertragung 249
gemütsarme Persönlichkeit 186
Gemütsverödung 90
Geriatrie, forensische Besonderheiten 277
Geschäftsfähigkeit 267
Geschlechtsumwandlung 203
Gespräch, ärztlich-psychotherapeutisches 259
Gilles-de-la-Tourette-Syndrom 227
Grenzpsychosen 182

Größenwahn 16, 113
Großhirnatrophie, alkoholtoxische 147
Gruppenlabor 262
Gruppenpsychotherapie 261

H

Haareausreißen 227
Halluzinationen 10, 11, 41, 86, 285
Halluzinogene 11, 42, 137, 139
Halluzinose, chronisch taktile 11
Halluzinose 12, 42, 147
haltschwache Persönlichkeit 188
Haschisch 130, 137
Haschischpsychose 138
Hebephrenie 83, 94, 111, 183
Heller'sche Demenz 209
Heroin 140, 141
Herzangstsyndrom 172
Herzphobie 172, 284
Heultag 57
Hirnfunktionsstörungen 211
hirnlokales Psychosyndrom 42
hirnorganisches Psychosyndrom 39, 40
Hirnschädigung, frühkindliche 211
HIV-Virus 142, 149
Homosexualität 199
– Entwicklungs- 201
– forensische Besonderheiten 277
– Hemmungs- 201
– Neigungs- 201
– Pseudo- 201
Horrortrip 140, 286
Hospitalismus, psychischer 209, 223
Huntington'sche Erkrankung 46
hyperaktive Syndrome 224
Hypererotismus 192
hyperkinetisches Syndrom 137
Hypermnesie 22
Hyperphagie 162
hyperthyme Persönlichkeit 187
Hypertonus, labiler 168
Hyperventilationssyndrom 175
Hypnose 11, 256
hypochondrische Neurose 176
hypochondrischer Wahn 16
Hypokinese 30
Hypomnesie 23
hysterische Neurose 174
hysterische Persönlichkeit 185

I

ICD (Int. Classification of Diseases) 9
Ich-Desintegration 26
Ich-Erleben 25
Ich-Schwäche 80
Ich-Störung 25, 91
Ideenflucht 20, 55
Identifikation 163
Idiotie 207, 208
Illusion 12
Imbezillität 206, 208
Impotentia coeundi 192
Impotentia concupiscentiae 192
Impotentia generandi 192
Impotentia satisfactionis 192
Infantilismus, sexueller 191
Infektionskrankheiten 168
Insulinkur 71
Insulinschocktherapie 106
Intelligenztest 4, 208
Intervention 259
Interview 3
Involutionsdepression 58
Inzest 278
Isolierung 161

J

Jactationen 227
Jamais-vu-Erlebnis 23
Jammerdepression 53
Jugendgerichtsgesetz 271

K

Kanner-Typ (Autismus) 222
Kappazismus 217
Kastration 199
Kastrationskomplex 158
Kastrationswunsch 159
Katalepsie 30, 91
Kataplexie 31
Katatonie 84, 102, 106, 110, 286
Kernneurosen 163
Kinderschizophrenie 85
Kindestötung 279
Kindsmißbrauch 180
Klaustrophobie 173
Kleinheitswahn 16
Kleptomanie 28, 198
Koma 34
Konditionieren, operantes 255
Konditionierung 254
Konfabulation 23, 43
Konflikt 155

Konfliktreaktion 151
Konflikttrinker 127
Konkretismus 20
Kontaktmangelparanoid 34, 113
Kontaktstörungen 33
Kontakttherapie 258
Kontakttraining 255
Kontamination 18, 88
Kontrazeption 194
Kontrollverlust 117, 126
Kontrollzwang 28
Konversion 163
Konversionshysterie 174
Konversionsreaktion 174
Konzentrationsschwäche 89
Konzentrationsstörung 24
Kopfschmerzen (bei Kindern) 231
Koprolagnisten 197
Koprolalie 227
Korsakow-Syndrom 25, 43, 146, 147
Krampfanfall 150
Krankheitsgewinn 156, 164, 174
Kryptomnesie 12
Kurzpsychotherapie 259
KZ-Syndrom 152

L

larvierte Depression 53, 54
Latenzphase 190
Latenzzeit 159
Lebensbilderschau 22
Leberzirrhose 149
Legasthenie 214
Leibhalluzinationen 86
leibliche Beeinflussungserlebnisse 87
Leistungstest 4
Lernen 165
Lerntheorie 165, 173
lesbische Liebe 199
Lese-/Rechtschreibschwäche 214
Leukotomie 71
Liebeszwang 194
Linkshändigkeit 218
Lithium-Intoxikation 75
Lithium-Prophylaxe 72
Logorrhoe 55
Logotherapie 260
LSD (d-Lysergsäurediäthylamid-tartrat) 139
Lügen 229

M

Magersucht, psychogene 160
Mahler-Typ (Autismus) 222
Makropsie 13
malignes neuroleptisches Syndrom 101
Mallory-Weiss-Syndrom 149
Manie 48, 55, 62
– geordnete 20
– progressive 61
– rechtliche Folgen 56
– Therapie 71
– verworrene 20
Manieriertheit 89
MAO-Hemmer 64, 68
Marihuana 137
Masochismus 181, 197
– femininer 159
Massensuggestion 11
Megalomanie 16, 45
Meprobamate 133
Merkfähigkeitsstörungen 21
Merkstörung 89
Mescalin 139
Metamorphopsie 13
Metatropist 198
Mikropsie 13
minimale cerebrale Dysfunktionen 211
Minussymptomatik 100, 110
Minussymptome 38
Morbus, Alzheimer 40
– Alzheimer 43
– Pick 118, 40, 45
Multiinfarktdemenz 44
Münchhausen-Syndrom 189
Mutismus 30, 91, 218, 228
Myokardiopathie, alkoholische 149
Myopathie, alkoholische 149

N

Nachschwankung, hypomanische 60
Nachtangst 158
Nägelbeißen 226
Naloxon 143
Narkolepsie 31, 137
narzißtische Persönlichkeit 188
Negativismus 31, 91
Neologismen 89
Neopsychoanalyse 250
Neurasthenie 153, 186
neurasthenisches Syndrom 153, 167
Neuroleptika 69, 71, 80, 97, 113
– Einteilung 98
– Kontraindikationen 104
– Nebenwirkungen 100

– neuroleptische Potenz 98
– Wirkungen 99
Neurose, forensische Besonderheiten 275
Neurosen 151
– spezielle Formen 167
– Symptome 165
– Verlaufsformen 166
Neurosenlehre 155
Neurosenübertragung 161
neurotische Entfremdungssymptome 179
Nichtigkeitswahn 16
Nikotin 144
Nomenklatur 9
Nosologie 8
Notzucht 278
Nymphomanie 192, 193

O

Obstipation (bei Kindern) 230
ödipale Phase 158, 190
Ödipuskomplex 158
Ödipuskrise, negative 158
Oligophrenie 206
Onanie 158
Oneiroid 41
Onychophagie (Nägelbeißen) 226
Opiate 140
Opioide 140
Opium 140
Opiumkur 71
orale Phase 157
Ordnungszwang 28
Orgasmusstörungen 168
Orgasmusunfähigkeit 193
Orientierungsstörungen 35
overprotection 156
Ovulationshemmer 194

P

Paartherapie nach Masters und Johnson 195
Paartherapie 263
Päderastie 197
Pädophilie 197, 278
Panikattacke 172, 284
Paniksyndrom 170, 172
Pankreasinsuffizienz 149
Pankreatitis 149
paradoxe Intention 260
Paramnesie 23
Paranoia 113
paranoide Erlebnisreaktion 112
paranoide Persönlichkeit 184

Paraphrenie 114
Parathymie 32, 90
Pareidolie 12
Parkinsonoid 98, 101, 105
Parkinsonsche Erkrankung 46
Pavor nocturnus 228
Pelvopathia dolorosa 167
Penisneid 158, 159
Perseveration 20
Personenverkennung, wahnhafte 14
Persönlichkeit, asthenische 186
– depressive 185
– dissoziale 186
– erregbare 185
– gemütsarme 186
– haltschwache 188
– histrionische 185
– hyperthyme 187
– narzißtische 188
– paranoide 184
– querulatorische 187
– schizoide 187
– sensitive 187
– zwanghafte 185
Persönlichkeitsdefekt 94
Persönlichkeitsspaltung 25
Persönlichkeitsstörungen 151, 183
Persönlichkeitstest 4
Persönlichkeitsveränderung 84
Persuasionstherapie 260
Perversion 195
Pflegschaft 268
phallische Phase 158
Phencyclidin 116
Phenylketonurie 207, 209
Phobie 33, 173
Pisa-Syndrom 102
Plazebo-Effekt 256
Plussymptomatik 100, 110
Plussymptome 38
Poltern 217
Polyneuropathie 150
Polytoxikomanie 135, 137
Porphyria cutanea tarda 149
Postwithdrawel-Syndrom 135
Potenzstörungen 168
Prädelir 145
präsuizidales Syndrom 241
Priapismus 193
progressive Paralyse 45
progressive Relaxation 257
Projektion 162
Pseudoamnesie 23
Pseudodebilität 209
Pseudodemenz 46, 53, 189
Pseudoencephalitis haemorrhagica superior 148
Pseudohalluzination 11, 12
Pseudopsychopathie 184

Psilozibin 139
Psychoanalyse 248
– Indikationen 250
Psychodrama 262
psychometrische Tests 40
Psychopath 183
Psychopathie, forensische Besonderheiten 275
Psychopathologie 10
Psychopharmaka, Intoxikation 287
Psychose, affektive 48
– akute schizophrene 110
– einfache, paranoide 112
– exogene 38, 41
– frühkindliche 1
– Grenz- 182
– im Kindesalter 223
– induzierte 114
– organische 38, 39
– psychogene 115
– schizoaffektive 59
– symbiontische 114
– symptomatische 38
– Wochenbett- 49
Psychostimulantien 71, 136
Psychosyndrom, frühkindliches, exogenes 213
– hirnlokales 42
Psychotherapie 113, 246
– klientzentrierte 252
– tiefenpsychologisch orientierte 249
psychovegetative Syndrome 167
Pubertät 159, 190
Pubertätskrise 183
Puerilismus, hysterischer 47
Puerilismus 189

Q

Querulantenwahn 15, 114
querulatorische Persönlichkeit 187

R

Rabbit-Syndrom 102
Rapid Cyclers 61
Raptus 31
Rationalisierung 163
Rauchen 144
RDC (Research Diagnostic Criteria) 9
Reaktionsbildung 162
Regression 162, 169
REM-Latenz 62
REM-Phasen 50, 70
Renifleurismus 197

Rentenneurose 164, 179
Residualwahn 86
Residualzustand, schizophrener 93
Rhinitis, psychogene 168
Rohrschach-Test 4

S

Sadismus 182, 186, 197
Sadomasochismus 182, 198
Salonschwachsinn 209
Satyriasis 192
Scheindemenz 46
schizoaffektive Psychose 59
schizoide Persönlichkeit 187
Schizophrenia simplex 83, 94, 111
Schizophrenie 78
– Behandlung 110
– Diagnostik 94
– forensische Besonderheiten 73
– Formen 83
– psychotherapeutische Maßnahmen 107
– soziale Heilung 93
– Soziotherapie 107
– Symptome 85, 95
– Therapie 96
– Verlauf 91
Schlafentzug 50, 63, 70, 170
Schlafmittelabusus 131
Schlafstörungen, bei Kindern 228
Schlafwandeln 228
Schnüffelsucht 143
Schüchternheit 233
Schuldfähigkeit 266
Schuldlosigkeit 267
Schuldminderung 267
Schuleschwänzen 220
Schulphobie 219
Schulversagen 219
Schwachsinn, forensische Besonderheiten 274
Schwangerschaftsabbruch 280
Schwerhörige 115
Scopophilie 196
Seelenwanderung 12
Selbstbehauptungstraining 254
Selbstexploration 252
Selbsthilfegruppen 123, 262
sensitive Persönlichkeit 187
sensitiver Beziehungswahn 112
Sexualabweichungen 190
Sexualanamnese 290
Sexualstörungen 190
sexuelle Funktionsstörungen 192
sexueller Mißbrauch 180
Sigmatismus 217
Simulation 175
Sinnestäuschungen 10

Sodomie 198
Somnambulismus 228
Somnolenz 34
Sopor 34
Sozialverhalten, gestörtes 232
Sozialversagen 233
Soziophobie 173
Spätdyskinesie 102
Spätschizophrenie 78
Sperrung des Denkens 17, 88
Sperrung 91
Spielsucht 117
Sprachentwicklungsstörungen 216
Sprechstörungen 217
Stammeln 217
Stehlen 229
Stelzensprache 89
Stereotypie 31, 91
Stimmenhören 86
Stottern 158, 217
Strafrecht 266
Streß 168
Stupor 30, 91, 286
– depressiver 53
Sublimierung 162
Sucht 116
– Persönlichkeitsstruktur 118
Suchtmittel 117
Suchtpotential 120
Suggestion 256
Suizid, bei Depressionen 238
– erweiterter 236
– im Kindesalter 229
– Verhinderung 242
Suizidalität 235, 285
Suizidformen 236
Symboldenken 20, 89
Symptomneurosen 163
Syndrom, amentiell-delirantes 41
– amentielles 42
– expansiv-maniformes 45
– psychopathologisches 10
Syndromdiagnose 3, 7

T

Tag/Nacht-Klinik 108
Tagträume 12, 91
Tasikinese 102
Taubstummheit 115, 216
Tauschpfand-System 255
Testierfähigkeit 270
Tests, im Kindesalter 220
Tetrahydrocannabiol 138
Tic 227
Tierphobie 173
Tinnitus 115
Tobsucht 55
Torpidität 32

Torticollis 102
Tranquilizerabhängigkeit 134
Tranquilizerabusus 132
Tranquillantien 71, 97
Transsexualismus 202
Transvestismus 202
Trauerarbeit 169
Trauerreaktion 169
Tremor 174
Trichotillomanie (Haareausreißen) 227
Triebentwicklung, kindliche 157
Trip 140
Trotzphase 158

U

Übergangseinrichtungen 109
Überlebendensyndrom 152, 154
Übertragung 249
– multilaterale 261
Umzugsdepression 59
Ungeschehenmachen 162
Unterbringung 271
Untersuchung 2
– körperliche 3
– neurologische 3
Unzucht 278
Urvertrauen 157

V

Vaginismus 193
vegetative Dystonie 153, 167
Verarmungswahn 16, 54
Verbigeration 20, 31, 89
Verdrängung 161
Verfolgungswahn 14, 15, 113
Verführung 278
Vergewaltigung 278
Verhaltenstherapie 254
Verkehrung 162
Verleugnung 161
Verlustreaktion, abnorme 152
Verschiebung 162
Verstimmung, depressive 53
Versuchungs-/Versagungssituation 163
Versündigungswahn 16, 54, 57
Verwirrtheit 286
Verwirrtheitszustand 35, 42
Vitalstörung 53
Vormundschaft 268
Voyeurismus 197

W

Wahn 13, 113, 285
– hypochondrischer 16, 54
– nihilistischer 54
– Schuld- 54
– symbiontischer 17
– Verarmungs- 54
– Versündigungs- 54
Wahnchaos 86
Wahneinfall 14, 86
Wahnentwicklung 112
Wahnerinnerung 14
Wahnformen 14
Wahnkriterien 14
Wahnspannung 14
Wahnstimmung 14, 86
Wahnsystem 15
Wahnwahrnehmung 14, 86
Wahrnehmungsveränderungen 10
– einfache 12
Waschzwang 28, 177
Weckamine 137
Weltschmerz 160
Wendung gegen die eigene Person 163
Werdegang 290
Wernicke-Krankheit 148
Wesensänderung 41, 150
– alkoholische 147, 148
Widerstand 249
Wochenbettdepression 57
Wohngemeinschaft, therapeutische 108
Wortneubildungen 89
Wortsalat 18
Wutanfälle 228

Z

Zähneknirschen 226
Zeitgitterstörung 23
zerfahrenes Denken 18
Zivilrecht 267
Zwang 26
zwanghafte Persönlichkeit 185
Zwangsbefürchtung 27
Zwangscharakter 158
Zwangsdenken 17
Zwangshandlungen 28
Zwangsimpulse 27
Zwangskrankheit 28
Zwangsneurose 164, 177
Zwangssymptome 54
Zwangsvorstellung 27
Zwangszeremoniell 28
Zwillingsuntersuchungen 79
Zyklothymie 48